21世纪旅游管理专业系列教材

旅游营销策划理论与实务

Tourism marketing planning

主 编 熊元斌

副主编 吴 恒 熊 凯 李帅男

武汉大学出版社

WUHAN UNIVERSITY PRESS

图书在版编目(CIP)数据

旅游营销策划理论与实务/熊元斌主编;吴恒,熊凯,李帅男副主编.—武汉:武汉大学出版社,2005.1(2018.1 重印)
21 世纪旅游管理专业系列教材
ISBN 978-7-307-04432-6

Ⅰ.旅…　Ⅱ.①熊…　②吴…　③熊…　④李…　Ⅲ.旅游业—市场营销学—高等学校—教材　Ⅳ.F590.8

中国版本图书馆 CIP 数据核字(2005)第 001615 号

责任编辑:柴　艺　　　责任校对:黄添生　　　版式设计:支　笛

出版发行:**武汉大学出版社**　　(430072　武昌　珞珈山)
(电子邮件:cbs22@ whu.edu.cn　网址:www.wdp.com.cn)
印刷:虎彩印艺股份有限公司
开本:720×1000　1/16　　印张:22　字数:387 千字
版次:2005 年 1 月第 1 版　　2018 年 1 月第 5 次印刷
ISBN 978-7-307-04432-6/F·899　　定价:28.00 元

21世纪旅游管理专业系列教材

编写委员会
（按姓氏笔画排列）

主 任　张　薇
副主任　张立明
委　员　邓　辉　　陈　筱　　张金霞
　　　　胡　静　　崔　进　　曹诗图
　　　　鄢志武　　熊元斌　　熊剑平

总　序

　　随着世界的和平、稳定及经济的发展与人民生活水平的提高，旅游逐渐成为现代人类生活中不可或缺的重要内容，是人类社会最重要的生活方式和社会经济活动之一。自改革开放以来，中国旅游经历了起步、发展和日趋成熟几个阶段。20 世纪 90 年代以来，中国旅游业的快速增长，使旅游经济产业化进程加快，旅游对整个社会的促进作用和关联作用日益突出，旅游业已成为全国经济新的增长点之一。21 世纪之初，中国旅游业的综合实力已位居世界第五，据世界旅游组织预测，到 2020 年，中国将成为世界第一大旅游接待国和第四大旅游出境国。

　　旅游实践的发展客观上为旅游学科的发展提供了千载难逢的机遇，对旅游学科理论建设提出了更加迫切的要求，同时也给旅游研究工作与教育工作创造了良好的外部环境。与我国旅游学科发展相适应的是我国旅游教育事业的进步，二十多年来我国旅游高等教育和中等职业教育均获得了飞速发展，全国开办有旅游系（专业）的高等院校达 200 余所。伴随着高等旅游教育的迅速发展，旅游专业的教材建设也从无到有，从粗到精。为了进一步完善旅游管理专业教材体系，吸取国内外最新研究成果，充实教材内容，满足日益增长的旅游管理专业高等教育的发展需要，武汉大学出版社精心组织了国内部分高等院校旅游管理专业的专家学者，编写了一套 21 世纪旅游管理专业系列教材。全套教材选题广泛，并紧扣教育部颁发的高等院校旅游管理专业教学指导计划。教材编写注重理论阐述与实际案例分析相结合，既考虑到国内外旅游业发展的现实需要，又注重理论研究的超前性和未来旅游业发展的宏观态势；既系统总结了旅游学科发展的研究现状和取得的研究成果，又指出了不同研究内容的未来发展方向；既注重使读者易于掌握研究的理论和方法，又兼顾技能的培养，体现系统、创新、前瞻、实用的特色。全套教材包括《旅游学概论》、《旅游资源学》、《旅游营销策划理论与实务》、《饭店管理实务》、《旅游法规》、《旅游文化与审美》、《旅游心理学》、《实用礼仪教程》、《旅游区管理》、《旅行社管理》、《导游业务》、《客源地概况》、《旅游信息系统概论》和《新编旅游英语》、《新编导游英语》、《新编饭店英语》共十六本教材。

　　本套教材既可作为高等院校旅游管理专业教学用书，又可作为高等职业教育、自学考试、职业培训或相关专业的参考用书。欢迎本专业师生和旅游行业人士选用。

　　　　　　　　　　　　　　　21 世纪旅游管理专业系列教材
　　　　　　　　　　　　　　　　　　编写委员会

目　　录

第一章
旅游营销策划基本理论

第一节　旅游营销策划原理

一、策划、营销策划与旅游营销策划

（一）策划

"策划"（Planning）一词在我国古籍中出现较早，在《后汉书·魏嚣传》中就有"是以功名终申，策划复得"的记载。流传至今的"三思而后行"、"凡事预则立，不预则废"、"运筹帷幄之中，决胜千里之外"、"多算胜，少算不胜"、"好谋而成"等，都蕴涵着丰富的策划思想，而其中的"思"、"预"、"运筹"、"算"、"谋"等，则是"策划"意义的直接表达。《辞源》将"策划"解释为"谋略"、"筹谋"之意；《辞海》将"策划"定义为"策画"，即计谋、计划、打算的意思。从中国传统的策划思想来看，策划与谋略、计谋、谋利、筹划、筹谋、出谋、献策、计划等含义比较接近，在一般情况下是可以互换的。

自从有了人类，策划活动就开始了。从早期的原始人围捕兽猎活动，到后来几千年的人类文明的演进，策划活动始终伴随着人类的社会生活，尤其在军事、政治方面表现得格外充分。历史上著名的"田忌赛马"的典故和诸葛亮"三分天下"的《隆中对》，都是经典的策划案例，还有战国时的"完璧归赵"、汉初时的"鸿门宴"等也是非常成功的策划例子；而荆轲刺秦王、王莽新政等，则成为流传千古的策划败笔的同义词。在现代，军事策划日趋成熟，如第二次世界大战中的诺曼底登陆、我国解放战争时期的"三大战役"，就是成功的军事策划的著名范例。

策划起源于军事领域，但随着实践的发展和理论上的完善，它迅速走向政治、经济、外交、文化、体育等各个领域，特别是企业策划的兴起，使得

策划成为企业经营成功与否的重要手段，因而魅力四射，成为新时代的宠儿。

策划，简单地讲就是出谋划策，它是指对未来将要发生的事情和从事的活动进行当前的谋划、设计和决策的行为过程。从理论上说，策划是指人们为达到某种预期的目标，借助科学方法和创造性思维，对策划对象的环境因素进行分析，对资源进行整合和优化配置而进行的调查、分析、创意、设计并制定行动方案的行为。从实践本质上看，策划是人类运用脑力的理性行为，是一种思维活动、智力活动，其结果是要找出事物之间的因果关系，衡量未来可采取的策略。换言之，策划就是预先决定做什么，何时做，何地做，何人做，如何做的问题，它要对未来一段时间将要发生的事情做出当前的决策。因此，策划是一座跨越时空的桥梁，它将现在与未来有机地连接起来了。

（二）营销策划

营销（Marketing）也称市场营销，它是一种以交换为目的的经营活动。为了实现交换，企业作为市场营销者，必须以"消费者为导向"，力求在合适的时间、合适的地点，以适当的价格和方式向适当的顾客提供合适的产品或服务，并通过满足他们的需求，从而实现自己的利润目标。在这一过程中，企业既要科学地分析市场、顾客以及各种影响因素，又要合理安排、有效设计和实施、控制自己的经营行为，而为了使目标更好地实现，企业营销人员所做的分析、判断、推理、预测、构想、设计、安排、部署等工作，便是市场营销策划。

策划渗透到市场营销领域后大显神威。在现代商战中，企业家们需要策划来帮助他们打赢这场没有硝烟的战争。被誉为"美国企业界巨子"的亚科卡，曾成功地策划推出"野马"越野车，创下当年销售的最高纪录。日本的"西铁城"手表广告策划，不仅成功地将该手表打入美国市场，而且还逐步将瑞士手表挤出美国市场。海尔集团创始人张瑞敏"怒砸冰箱"的策划，使得海尔声誉鹊起，现在，海尔已成为我国最有品牌价值的大型企业集团之一。可见，在市场竞争日趋激烈的今天，谁能成功地运用策划，谁就可能抓住机会，保持竞争优势。

综上所述，市场营销策划（Marketing Planning）是指企业对将要发生的营销行为和开展的营销活动而进行的超前谋划、设计与决策。具体来说，市场营销策划是指企业在市场营销活动中，为达到预期的目标，根据企业现有的资源状况，在充分调查、分析市场营销环境的基础上，运用科学、系统的方法，激发创意，对一定时间内企业某项营销活动制定出有目标、可能实现的、解决问题的一套策略规划和行动方案。简而言之，它是在市场营销中为某一企业、某一商品或某一活动所做出的策略谋划与计划安排。它强调：第一，营销策划的对象可以是某一个企业整体，也可以是某一种商品或某一项服务，还可以是一次活动；第二，营销策划需要设计和运用一系列计谋，这是营销策划的核心和关键；第三，营销策划需要制定周密的计划和做出精心的安排，以保证一系列计谋运用成功。

（三）旅游营销策划

旅游营销策划是指将市场营销策划的原理与方法运用于旅游经营活动的专项营销策划活动。它是旅游营销策划人员根据旅游区和旅游企业现有的资源状况，在分析和研究旅游市场环境的基础上，对旅游营销活动或某一个方面的旅游营销项目、产品、促销等进行创意构思、设计规划并制定营销行动方案的行为。

旅游营销策划的出现是与当前我国旅游业发展的背景与形势分不开的。

第一，近年来，我国旅游业发展非常迅速，无论是游客规模还是旅游外汇收入，我国都已进入世界前列，并正在由旅游大国向旅游强国迈进。随着经济的快速发展和居民收入水平的提高，旅游消费需求正在成为热点，因此，从战略上来说，我国旅游市场开发的潜力是非常大的，然而旅游经营者尤其是旅游景区、景点，市场营销的意识还很淡薄，营销策划根本没有纳入其战略规划和议事日程之中。面对旅游业快速发展的形势和旅游市场的变化，规范化的营销策划必将成为旅游经营者应该着重考虑的一个方面。

第二，经过连续数年爆发式的发展后，旅游市场渐趋平稳，旅游消费者日益成熟，其对旅游出行的选择有了更理性的思考，其消费决策将更加慎重，他们再不会盲目地跟风而花钱买罪受，而是要使旅游对自己来说变成真正的享受。这样，旅游经营者如何吸引、争取持币待游的旅游者，使他们成为自己的顾客，就成为一个重要的课题或一个艰巨的任务。

第三，旅游业在快速发展中的竞争性越来越强，特别是在区域旅游资源同质化的状态下，要想赢得竞争优势，就必须打有准备之仗，通过精心的策划和设计，提高旅游营销活动的效率和效益，使旅游区和旅游企业更具竞争力。

第四，加入世界贸易组织之后，中国旅游业开始了面向国际市场、参与世界旅游市场的竞争，因而必须高起点、规范化地运作，并符合国际惯例，在国际市场的竞争中体现中国旅游企业的真正实力，而营销策划正是中国旅游企业实现这一愿望的有效途径和手段。

第五，在旅游业蓬勃发展的过程中，我国一些旅游目的地、旅游城市、旅游景区（景点）和旅游企业，已逐步认识到了旅游营销策划的重要性，它们开始了这方面的摸索和实践，并取得了良好的效果，如张家界的"飞机钻山洞"策划，曾经轰动一时，大大提高了张家界在全球的知名度，增强了张家界对国内外游客的吸引力。这些成功的实践和良好的效应，无疑为我国旅游营销策划工作的开展提供了有益的样板。

二、旅游营销策划的分类与特点

（一）旅游营销策划的分类

旅游营销策划的分类有多种，所依据的标准不同，划分的类型也不同。

（1）根据对象划分，可分为旅游地或旅游区域营销策划、旅游企业营销策划，前者是把一个旅游目的地或一个旅游区域作为对象来进行的策划，后者则是把一个旅游企业作为对象来进行的策划。它们都是整体性的营销策划，如中国三峡旅游区营销策划、武汉市旅游营销策划和武汉大学旅行社营销策划等。

（2）根据业务划分，可分为旅游景区（景点）营销策划、旅行社营销策划、旅游饭店营销策划、旅游交通营销策划、旅游娱乐营销策划、旅游购物营销策划等。

（3）根据功能划分，可分为旅游形象策划、旅游产品开发策划、旅游客源市场开发策划、旅游定价策划、旅游分销渠道策划、旅游广告与公共关系策划、旅游节事活动策划等。

（4）根据类别划分，可分为生态旅游营销策划、文化旅游营销策划、休闲度假旅游营销策划、体育旅游营销策划、城市旅游营销策划、乡村旅游营销策划等。

（5）根据内容划分，可分为旅游线路策划、旅游项目策划、旅游活动策划等。

（二）旅游营销策划的特点

（1）目的性。旅游营销策划是一种理性的思维活动，它是为了制定旅游营销战略和策略，或者进行旅游产品开发、客源市场开发，以及进行某个旅游项目或节事活动，或者以解决旅游营销过程中某一特殊问题而进行的谋划，因而针对性强，目标比较明确。

（2）超前性。旅游营销策划是对旅游营销环境的判断和对未来营销行动的计划安排，是一种超前性的谋划行为。

（3）复杂性。旅游营销策划涉及旅游学、营销学、资源学、文化学、地理学、信息学、心理学、传播学、社会学、工程学等许多学科的知识和理论，它需要引入大量的间接经验和直接经验，需要对庞杂的信息进行处理，需要高智慧的脑力操作，如创意、设计等，因而它是一项非常复杂的智力操作工程。

（4）系统性。旅游营销策划是一项系统工程，它不仅表现在时间的前后呼应上，还表现在空间的立体组合上，同时为了保证旅游营销策划方案的合理性与成功率，一般要按照谋划的程序来进行。这种程序性将各方面的活动有机地结合起来，使各个子系统之间相互协调，最终形成一个合理的、系统的整体性策划。

（5）调适性。一是在旅游营销策划开始时，要充分设想未来旅游业发展形势和旅游营销环境的变化，使旅游营销策划方案具有相应的灵活性，能适应环境的变化；二是在旅游营销策划方案的执行过程中，可根据市场的反馈信息及时修正、调整方案，让方案充分贴近市场，取得预期的效果。

（6）可选择性。在旅游营销策划过程中，针对同一目标能够做出多个不同的策划方案，这就需要从多个策划方案中进行权衡和比较，从中选出合理的或最佳的方案，并用于旅游市场营销实践。

三、旅游营销策划的作用

策划的目的在于解决一定的实际问题。旅游营销活动中总会存在这样或那样的问题，主要有以下几种。

（1）旅游地或旅游企业尚无系统的营销方案，需要根据市场特点策划一套未来遵循实施的营销方案；

（2）旅游地或旅游企业在成长过程中，原有的营销方案已经不适应新的形势，需要重新设计；

（3）旅游地或旅游企业调整了营销战略，需要相应地调整营销策略；

（4）旅游地或旅游企业原有的营销方案严重失误，需要进行重大修改或重新设计；

（5）旅游市场行情发生变化，原方案已不适应变化后的市场；

（6）在总的方案下，需要在不同时期，根据旅游市场的特征，设计新的阶段性营销方案。

旅游营销策划的主要作用表现在：

第一，强化了旅游营销目标。从管理心理学的角度看，目标对行为有牵引力，而行为者又有朝向目标的趋近力。两种力的综合作用，不仅可以加速旅游地或旅游企业的营销由现实状态向目标状态靠近，而且可以减少许多迂回寻找目标造成的无效劳动。旅游地或旅游企业通过精心的策划，使营销目标更清晰，更具有牵引力，从而强化了旅游地或旅游企业对营销目标达成的愿望和努力。

第二，加强了旅游营销工作的针对性。旅游营销策划的一个基本任务就是要找到市场的空当，为旅游地或旅游企业进行市场定位，即根据竞争者的市场地位和旅游消费者对旅游产品的某种特征或属性的需求程度，强有力地为旅游地或旅游企业塑造与众不同、个性鲜明的旅游形象，并把这种形象生动地传递给旅游者，从而使该旅游地或旅游企业在市场上确定适当的位置。一旦位置确立，旅游地或旅游企业就可以围绕其开展定向营销。

第三，提高了旅游营销活动的计划性。旅游营销策划就是要确立未来营销的行动方案。方案一经确定，就成了未来营销的行动计划，未来的各项营销操作都可以依照此计划执行，从而使旅游地或旅游企业的营销工作有章可循，有条不紊。

第四，降低了旅游营销活动的费用。经过精心策划的旅游营销活动，可以用较少的费用支出取得较好的效果。因为旅游营销策划要对未来的营销活动进行周密的费用预算，并对费用支出进行最优组合安排，这样就能有效避免在旅游营销过程中由于盲目行动所造成的巨大浪费。据美国布朗市场调查事务所统计，有系统营销策划的企业比无系统营销策划的企业在营销费用上要节省 $2/5\sim1/2$。

四、旅游营销策划的原则

1. 战略性原则

旅游营销策划实质上是旅游营销中的一种战略性决策。首先，策划一旦完成，就成为旅游地或旅游企业在相当长一段时间内的工作方针和行动指南，必须严格贯彻执行；其次，一个系统完整的旅游营销方案应保持其相对稳定性，不能随意变动；再次，一个成功的旅游营销策划方案，它是站在战略的高度为旅游地或旅游企业所做的谋划，它是旅游地、旅游企业未来进行营销决策的依据。

2. "三本主义"原则

首先是"以人为本"原则。旅游营销策划是否成功，应看其是否以旅游消费者的需求为导向、为中心，是否能较好地满足客源市场的需求，同时也尊重旅游从业人员的利益。其次是"以生态为本"原则。旅游营销的一个重要特点，就是要保持人与自然的和谐，将生态本身作为一种旅游资源，通过保护性开发来为人类的发展服务。保护是第一位的，开发是第二位的，必须在保护的前提下进行开发，在开发中实现更好的保护，目的是促进旅游的可持续发展。再次是"以社会为本"原则。旅游经营者总是在一定的社会环境中生存和发展的，它们所赖以运作的资源、要素及客源等，都来源于一定的社区，来源于社会，因此，旅游经营者必须回报社会，承担相应的社会责任，如提供高质量的产品与服务，保护环境和文化，照章纳税，支持公益事业等。旅游经营者应将以上三者有机地结合起来，并使之趋向统一和协调。

3. 竞争性原则

旅游地或旅游企业能否在市场上获得成功，关键在于它的竞争性及在市场环境中的地位。差异性是竞争性的典型特征，只有具有鲜明特色和个性的营销策划，才能使其具有独一无二的优势，才可能在旅游市场的竞争中赢得优势。

4. 实用性原则

旅游营销策划的目的在于为旅游营销实践服务并提供行动指南，所以，旅游营销策划方案不仅应当实用，而且应易于操作。

5. 经济性原则

旅游营销策划应坚持经济性原则。首先要节约开支，减少不必要的费用；其次要有详细的预算，做到心中有数；再次，要求策划必须产生预期的收益。一个不能带来效益的旅游营销策划方案不可能是好方案，这是检验旅游营销策划方案优劣的基本标准。

五、旅游营销策划的思维方式与方法

（一）旅游营销策划的思维方式

思维是人脑对客观现实概括的、间接的反映，是策划运筹的无形载体，它在策划的产生和发展中起着基础性作用。策划思维则是一种创造新事物、新方法、新方案的思维方式，应用在旅游营销策划活动中则是指策划者在策划过程中经过酝酿、积累所产生的思想、创意、点子或方案等新的思维成果。它具有如下特点：①积极的求异性；②敏锐的洞察力；③活跃的想像力和灵感；④超常的综合力。

策划思维方式有多种，不同的场合、不同的要求可使用不同的思维方式，但总的趋势是多种思维方式的综合运用（如图1-1所示）。

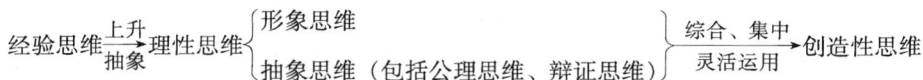

经验思维 $\xrightarrow[抽象]{上升}$ 理性思维 $\begin{cases}形象思维 \\ 抽象思维（包括公理思维、辩证思维）\end{cases}$ $\begin{matrix}综合、集中 \\ 灵活运用\end{matrix}$ 创造性思维

图 1-1　策划思维方式

1. 经验思维

经验思维是一种没有完全摆脱感性阶段的较简单的理性思维，它也是一种最普遍、最常用的思维方式。人们在遇到一个需要处理和决定的问题时，总是把以往经验作为思考的"参照物"，自觉不自觉地要同自己的经验做一番比较，按照过去使之成功的行为方式来确定这次行动。一般而言，经验积累越多、越丰富，经验被吸收并转化为反射、下意识的可能性就越大，对类似问题的处理就越快。但经验思维由于个人认识水平的限制而具有较大的局限性，过分强调和依赖经验容易导致惯性思维，从而造成策划的失误。

2. 理性思维

理性思维中形象思维和抽象思维（又称逻辑思维）是人类理智地把握世界的两种思维方法。在理性思维中，形象思维就是人们不脱离直观形象而进行的思维活动。它在感性认识的基础上，通过典型的方式进行概括，并充分运用形象材料（图形、图表、实物等）进行思维。抽象思维包括公理思维和辩证思维两种方法。公理思维又称"按规则思维"，它是根据公认的原则、原理、规则等对所面临的情况和问题进行谋划，对策划活动有一定的指导意义，特别是在对"大势所趋"类事物及情况的推断上，公理思维的作用很大；但公理具有不完全性，已有的公理很难概括复杂的现实社会现象，因此，刻意抱着既定的公理不放，容易使策划走向教条主义。在策划活动中，人们运用最多的是辩证思维方式。辩证思维主要不是基于经验，而是基于特定情况的本质。辩证思维要求策划者在策划思维一开始，首先着眼于客观事实和现实情况，正确分析、判断数量和质量两方面的因素，透过现象抓住事物的本质。辩证思维强调思维结果的具体性，但这是"思维的具体"而非"感性的具体"，相对后者而言，它自然是一种"具体的抽象"。

3. 创造性思维

创造性思维是指超常思维，它是人们以已有的来源于实践的科学知识、经验逻辑为基础，同时又不受其束缚，常常超越思维的常规，一定程度地摆脱传统结论，甚至一定程度地摆脱传统的逻辑思维，酝酿和实现奇谋妙计的一种具有突破创新性质的思维方式。创造性思维是策划思维的精髓，它并不排斥经验逻辑和抽象思维等方式，而是在辩证思维的指导下，对各种思维方式进行高度综合、高度集中、高度灵活的运用。在创造性思维中，直觉思维占有特别重要的位置，它是策划中综合性创造的核心。

所谓直觉思维是指那种使人茅塞顿开、达到瞬间领悟状态的思维。具体地说，它是思维主体在一定知识经验的基础上，从感性形象的材料中直接捕捉、迅速领悟事物本质的活动，是在一刹那间融会直接感受、复杂体验和深刻理解于一体的过程。直觉思维可表述为"联想——想象——直觉"。人们在直觉思维过程中，通过联想将解决问题的有用信息从大脑庞大的信息库中检索和提取出来，经过想象对这些材料进行加工、改造和重新组合，然后借助直觉对各种想象的结果进行瞬间的、直接的选择和判断，从而达到对事物本质及规律的认识。直觉思维常常是独创策划的先导，在许多情况下，一个新的策划往往通过直觉思维提出来，或者说一个新的策划创意往往通过灵感思维而产生。同时，直觉思维在一定的情况下还可以作为应急策划的重要工具，如旅游形象危机处理策划等。

总之，旅游营销策划不能拘泥于一种思维方式，而要根据实际情况和问题的性质、类型、难易程度以及策划目标来选择和运用不同的思维方式，或综合运用各类思维方式尤其是创造性思维方式，从而保证策划的正确性和快速性。

（二）旅游营销策划思维方法

1. 点子方法

点子方法是指有丰富营销经验的策划人员经过深思熟虑，为营销方案的制定与实施所想出的主意与方法。美国广告专家大卫·欧格威说："要吸引消费者的注意力，同时让他们买你的商品，非要有很多的点子不可。除非你的广告有很好的点子，不然，它就像被黑夜吞噬的船只。"所谓"点石成金"，即表明点子的价值，它是一种创造性的思维。

2. 创意方法

创意不同于点子。"点子"一般是凭丰富的经验积累，经过深思熟虑或受某一客观现象的启发，从某些事实中更深一步地找出新方法，寻求新答案。它在很大程度上以直观、猜测和想像力为基础。而"创意"是指在市场调研的前提下，以市场策略为依据，经过独特的心智训练后，有意识地运用新的方法组合旧的要素的过程，并在其间不断寻找各种事物与事物间存在的一般或不一般的关系，然后将其重新组合、搭配，使其产生奇妙、变幻的主意。

法国文学大师罗曼·罗兰说："创意是历史进化中永远有效的契机。"创意方法是旅游营销策划的起点、前提、核心和精髓。应用创意方法产生了许多成功的策划。例如，1993 年 1 月 25 日的《文汇报》的头版只登载了几个字：西泠冷气全面启动。当时，上海市民手拿这张报纸极为震惊！人们从没见过哪家报纸头版居然没有一个字的新闻，而只有廖廖几个黑体字的广告，他们纷纷打电话给《文汇报》的编辑部，质问为何今天没有新闻，得到的回答是："难道这不是最大的新闻吗？"果然，这一举动真的成了当天上海的头号新闻，上海东方电台、东方电视台都报道了这个大"新闻"；海外的一些媒体，如日本《朝日新闻》、新加坡的《海峡时报》、我国香港的《大公报》都纷纷做了报道，连美国《时代》杂志也发表了评论："1月25日《文汇报》广告策划的创意过程与方法，可以列入中国广告业的教科书。"这次成功的广告创意也使西泠电器成为中国当年的热门话题，给人留下了深刻的印象。再如，2000年7月13日世界三大男高音歌唱家帕瓦诺蒂、多明戈和卡雷拉斯在中国北京紫禁城引吭高歌，庆祝奥林匹克的生日，也为中国申奥成功助威。该创意的实施，使得全世界的目光都关注着中国、关注着北京。

　　3．运筹学方法

　　"田忌赛马"是典型的运筹学方法的应用。对策论、博弈论、组合论等，是运筹学原理运用的具体方式。运筹学方法是指在客观条件相对不变的情况下，运用最合理的方式，最简单、经济的方法，通过最短或有效的途径，达到最佳目的。所谓"尺有所短，寸有所长"，客观条件使然，但只要方法运用得当，也能获得成功。例如：神农架作为一个旅游目的地，如果从山体、文化等方面进行策划，就不可能对游客产生多大的吸引力。因为从山体的秀美方面来看，它比不上黄山、武夷山；从文化积淀来看，它比不上泰山、峨眉山。但神农架也有自己的特色和亮点，它有丰富的动植物资源，有良好的生态环境和适宜的气候，还有神秘的"野人"传说。因此，运用运筹学思维方法，神农架在旅游形象定位与设计、主打产品开发等方面，就可以独树一帜，以科考、避暑度假、生态旅游为基础，以"野人寻踪"为卖点，突出"中国最神秘的原始森林"的形象。这样，神农架才有可能跻身名山大川的行列，成为中国最有魅力的区域旅游目的地之一。

　　4．头脑风暴法

　　头脑风暴法又称集体思考法或智力激励法，其核心是高度自由的联想，提倡创造性思维、自由奔放、打破常规和创造性地思考问题。其目的是以集思广益的方式在一定时间内大量产生各种主意或设想。

　　（1）头脑风暴法应遵循的原则。

　　①自由畅想原则。该原则欢迎"百花齐放"式的自由发言，要求与会者敞开思想，不受任何已知条件、常识和已知真理、规律的束缚，善于从多种角度去考虑问题，要求坚持开放性的独立思考，畅所欲言，敢于提出似乎是荒唐可笑的看法。这一原则的核心是求新、求异、求奇，但也不可走极端，一味地为新奇而新奇，忽视思想的科学性、实用性及可行性。

　　②延迟批评原则。该原则不能批评他人的主意，任何消极的批评都应等待事情经过之后才能提出，中止判断是鼓励快速联想的前提条件。在中止判

断期间，会上所涌现出的主意数量会显著地增加。过早地批评、下结论，等于把许多新观念拒之门外，这是极其有害的。美国心理学家和教育家梅多和帕内斯对此做过调查，结论是：推迟判断在集体解决问题时可多产生70％的设想，在个人解决问题时可产生90％的设想。

③追求数量原则。该原则鼓励与会成员消除任何顾虑，开动脑筋，提出尽可能多的设想，多多益善，以数量求质量。经验表明，创意的数量越多，则产生优秀创意的几率越大。实验表明，最初的设想不大可能最佳，一批设想的后半部分的价值要比前半部分高78％。

④不断完善原则。该法要对所有主意或者设计进行分析、整理，并随着时间的推移与问题的发展而不断完善。

（2）头脑风暴法的实施要点。

①会议主持人不明确指出会议的最终目的，只是就某一方面的议题，要求与会者无拘无束地畅所欲言，自由自在地发表意见，因此，也称这种方法为"畅谈会"法。

②会议人数一般为6～10人，主要是为避免出现没有发言机会或发言机会太少，或只想听别人发言的消极现象。

③会议时间一般为半小时至一小时，因为这种会议使大家处于极度兴奋的状态，时间长了会使人感到疲劳，而在疲劳情况下很难产生更多、更好的点子。

④会上不允许对别人的意见进行反驳，也不允许做结论，但允许并鼓励附议别人的意见。

⑤主持人不发表意见。

⑥点子提得越多越好，先重数量，暂不计质量。

与会者在这种充分自由、开放、宽松的气氛中，积极性得到了很大的鼓舞，彼此互相启发、互相激励，联想的机会大大增多，能使创造性思维产生一系列的共振和连锁反应，从而诱发越来越多的新点子、好点子。

另外，为了收到最优的效果，还应注意以下几个问题：①会议讨论的题目应明确具体，每次最好只讨论一个问题，但对问题本身不能附加任何限制。②会议主持人要善于引导，会掌握火候，并具有一定的幽默感。③会议有两套记录，一套立刻展现在与会者面前，以相互启发，引起连锁反应；一套备会后整理，整理之后立即印发给与会者，进一步激发创造力。④会上、会下的各种设想都应详细分析、比较、综合，从中选出理想的方案。

（3）头脑风暴法评价选择。

对通过头脑风暴法所得的十几个甚至几十个候选营销策划主意要一一进

行评价，评价时要采用专家分析法，具体做法如下。

第一，选定有关专家，包括语言学、心理学、美学、社会学、市场营销学、旅游学等方面的专家，选定人数在15~20名为宜。

第二，由有关专家做初次评价判断，向选定的专家寄发有关旅游产品营销状况的资料和通过头脑风暴法所获得的所有营销策划的资料，请他们独立地对上述营销策划方案做初次判断分析，并要求按规定的期限寄回。

第三，反馈并请专家修改，将收回的所有初次判断资料进行整理综合，再将综合材料寄回专家，请他们根据其他专家的判断及综合的情况修改自己的初次判断，做出第二次分析判断，仍按期寄回。

头脑风暴法在旅游营销策划中经常得到成功的运用。

六、旅游营销策划的误区

1. 策划越复杂越好

策划并不是越复杂越好。很多人认为策划一定需要复杂的构想，其实，策划不像想象的那样困难，策划可以被形象地描述为挑选剧本，然后对观众演出的过程。在实际操作过程中，旅游营销策划往往会忽略戏剧性效果，策划构思随心所欲，只有外表包装而不求实际的内容，更不管受众的心理。策划要与戏剧一样，表现既要简单有力，但有时也需"看人做菜"。

2. 策划要完全靠自己来进行

什么事都靠自己想并靠自己的力量去完成是自我型或个人主义行为，而善于利用他人的智力和想法甚至金钱为自己服务，则为借用型行为。美国百货业巨子约翰·华那卡总结出的策划方程式为：策划成功（PS）＝他人的头脑（OPB）＋他人的金钱（OPM）。那种"理想主义者"之所以会恐吓失败，在于太拘泥于实现自己的理想，暴露了自我型的弱点。

3. 只要有专业知识就能做出与众不同的策划

旅游营销策划是一个涉及面非常广的系统工程，策划人员只有一方面的专业知识是远远不够的，必须打破人文、自然、社会等领域的界限，每天一点一滴地积累知识、经验和信息，不断地获取学科的知识，或借用人文的专业知识和智慧。这里有一个失败的例子：日本东京车站边有一座耗资数亿日元的公园，可遗憾的是，每天来往于车站的旅行者很少注意到公园的存在。这座公园在建造时的确下过一番工夫，公园内树木成林，四季鲜花不断，景色非常美丽，但由于旅行者很少有人发现它的存在，故游客稀少。究其原因，在于当初设计时设计者将公园画成了平面图。如果以千分之一的比例画平面图，1公里就是1米，所以把平面图放在地上，在30厘米之外看它，实际上等于从 300 米高度往下望，如果缩小百分之一，在距离眼睛 30 厘米的桌面上画平面图时，就等于从 30 米的高度俯视公园。而实际上，来公园的人大多是从站立的高度来观赏公园的，如果依此比例缩小，就等于是从 1 公里或 2 公里的地方看公园，根本看不出。所以，公园等于是为坐直升机的人设计的，一般人无论怎么看也看不出它是一座公园，对于在公园旁步行的游客来说就无法发觉它的存在了。

4. 只要作出策划书就万事大吉了

制作策划书仅仅是策划工作的一部分，策划者还要推销策划书的内容，让别人认可和接受你的策划。对旅游营销策划来说，策划书不仅要得到委托者的认可，更重要的是，策划书所包含的内容必须能付诸实施，接受市场的检验，最终得到旅游者和社会公众的认可，这样的策划书才是成功的和完美的。

5. 策划者只关注经营者的事

无论是旅游区还是旅游企业，做旅游营销策划都不应仅仅是为经营者谋利策划者，策划者首先应考虑旅游消费者的利益，在产品设计、价格策划过程中，应充分体现"以人为本"的原则，以满足旅游者需求为己任，在此前提下来实现自己的利益追求目标，不可本末倒置，把自己的利益凌驾于旅游消费者之上。

6. 策划有固定的模式可循，只需"照葫芦画瓢"

旅游营销策划虽然有一定的规律可循，如策划应坚持的原则、策划思维的方式方法等，可以在不同的策划实践中遵循应用，但具体策划的内容由于旅游地地脉、文脉的不同以及旅游企业之间的差异，不可千篇一律，切忌生搬硬套，刻意模仿。如果把别人的设计样式原封不动地照搬过来，不仅所设计的成果价值不大，而且对自己策划能力的提高也不会有太大帮助；而人的思维能力是无限的，策划就是把独到的创意以某种形态加以实现的过程，这是人类独有的行为方式。

第二节　旅游营销策划程序

一、拟定旅游营销策划计划

旅游营销策划是一项非常复杂的工作，在进行正式的策划之前，必须拟定相应的计划。一般而言，旅游营销策划的计划要根据委托方的要求去制定，主要内容应包括：策划的目的、策划的进程、策划的分工、策划费用的确定等。旅游营销策划计划的拟定要能使策划人做到心中有数，有条不紊地去完成每项工作。

1．明确策划目的

旅游营销策划涉及旅游企业或旅游经营单位的人、财、物等诸多要素的投入，关乎其综合的效益性，因而其计划的拟定必须具有十分明确的目的性。

（1）经济目的，也称效益目的或利润最大化目的。通过精心策划，要使旅游企业或旅游经营单位的营销活动更加系统化、科学化和有效化，以最少的投入产生最大的营销效益。

（2）市场目的。经过精心策划，使旅游企业或旅游经营单位的营销活动更具有效率，从而扩大市场影响，提高市场地位，创造市场品牌。

（3）公众形象目的。经过精心策划，使旅游营销活动符合国家方针、政策和法律的规范，符合社会商业道德准则，符合旅游伦理规则的要求，从而建立起独特的旅游企业营销文化，形成良好的社会营销形象

（4）发展目的。经过精心策划，可使旅游企业或旅游经营单位更加明确自己的责任及对未来充满信心，同时也使其对企业发展的阶段性及每一阶段的营销目标能更好地把握。

2．拟定策划进程

在拟定旅游营销计划书时，应明确旅游营销策划工作的具体进程，并列出其进展时序表。旅游营销策划进程大致分为如下几个阶段。

（1）准备阶段。此为旅游营销策划所进行的前期准备阶段，包括明确策划问题，确定策划主题，做好策划的物资、人员、知识和舆论准备等，为正式策划工作的开展提供必备的条件。

（2）调研阶段。此为旅游营销策划收集资料、获取信息的阶段。虽然调研阶段不是策划的核心，也不是策划的目的和结果，但它是旅游营销策划的基础，也是策划成败与否的关键，因此在时间安排上要充足，在资料和信息收集方面要充分，这样才能确保旅游营销策划的质量。

（3）创意设计阶段。这是旅游营销策划的核心阶段。旅游营销策划创意与方案设计，是基于大量的旅游市场调研材料和旅游市场信息，并借助于营销策划理论与实践经验所进行的智力操作活动。如果前期调研与信息收集工作做得扎实到位，环境（地脉、文脉）分析比较透彻，那么，要做到胸有成竹和"心有灵犀一点通"就比较容易，而且不必花费太多的时间，如旅游区主题形象的设计即可如此。否则，策划人会感到茫然无绪，一个好的创意和策划方案就难以设计出来，因而在拟定策划进度时，可根据策划人的经验和

调研准备的情况来灵活确定该阶段的长短。

（4）实施阶段。旅游营销方案实施阶段的时间长短，需由旅游营销方案的性质来定。旅游营销方案一般有两种：一是旅游营销战略方案，该方案涉及旅游营销活动的全局，具有长期性、战略性的特点，因此其实施只有起点而无终点。至于它究竟何时而止，由旅游市场形势、营销环境和旅游企业的产品、竞争实力而定。二是旅游营销策略方案，该方案仅涉及旅游企业或旅游经营单位的某一次或某一段、某一方面的营销活动，如武汉黄鹤楼景区门票调价策划、神农架科考旅游产品开发策划等。它不仅有起点也有终点，但起于何时、终于何时，则由活动的目的和性质而定。

3．策划经费预算

旅游营销策划工作需要一定的资金投入，而投入多少资金，什么时候投入，投入哪些方面等问题，均牵涉策划经费的预算。因此，在拟定旅游营销策划书时，必须认真匡算用于策划的具体费用，使经费预算合理、科学。经费的预算要遵循效益性原则、经济性原则、充足性原则、弹性原则。经费预算中包括的项目主要有以下几点。

（1）旅游市场调研费。该项费用的多少取决于调研规模的大小和难易程度的高低。规模大、难度高，则耗费必然高，反之则费用低。如果资金不足，则会造成调研资料失真，影响调研结果。

（2）旅游信息收集费。该项费用主要包括信息检索、资料购置及复印费、信息咨询费、信息处理费等。其数量大小由收集的规模及层次来确定。

（3）旅游策划人力投入费。为了完成不同的分工，需要投入一定的人力。这一费用比较容易计算。

（4）旅游营销策划报酬。这主要是支付给策划人的报酬。如果是旅游企业内部人员进行的策划，可以奖金形式发放；如果是外聘策划专家，则要事先商定好策划费的多少和支付细则，然后据此发放。

4．预测策划结果

在拟写旅游营销策划书时，必须对策划方案实施后的可能效果进行初步预测，并将其提供给旅游企业或旅游经营单位有关方面的决策者定夺。

（1）经济效果预测。企业经营的目的是为了获利，利润最大化是企业追求的基本目标。旅游企业同样如此，追求旅游收入最大化是其开展经营与营销的主要动机。那么，在进行旅游营销策划并对方案实施后可能产生什么样的经济效果、产生多大的经济效果，需要进行客观的、实事求是的预测。例如，旅游区经过营销策划和包装推广后，游客人次是否会增加，增率是多少？旅游收入是否会增加，增率多少？再如，旅游饭店经过实施营销策划方案后，销售额是否增加，增加了多少？因此，对旅游营销策划方案实施结果的经济预测，将决定着该方案是否需要实施。如果预测结果比较好，则该方案可能被实施；如果预测结果不理想，则该方案就要在修改完善后再实施，或者完全被放弃。

（2）形象效果预测。旅游形象对旅游目的地和旅游企业具有特别重要的意义，它是吸引和激发游客产生旅游购买欲望和动机的主要因素之一。旅游营销策划必须反映旅游形象的内容并体现旅游形象的魅力。旅游营销策划方案实施后对旅游地和旅游企业的知名度、美誉度等有何影响，需要进行预测。凡是预测能对旅游地和旅游企业带来好的影响的旅游形象，其策划方案是可行的，可以被实施；反之，凡是预测对旅游地和旅游企业形象的树立或改善没有多大效果的策划方案，则不宜实施。旅游形象虽然并不立即产生经济效益，但它是旅游地和旅游企业开发潜在客源市场的有效手段和重要保障。

二、界定问题，确定策划主题

在策划之前，需要考虑下列问题：策划到底要解决什么问题？哪个更重要，界定问题还是解决问题？界定问题有助于问题的解决吗？

所谓界定问题，就是要把策划的问题或策划的主题搞清楚。通过界定问题把问题简单化、明确化、重要化，然后明确策划的主题。

1. 界定问题的方法

界定问题的方法有许多种，应根据实际情况予以应用。

（1）专注重要的问题。一个旅游企业、一个旅游目的地，在开展市场营销活动时，总会出现这样或那样的问题，在这些问题中，也总会有那么一个或两个特别需要解决的、对企业自身有着重要影响的问题。策划人员必须关注这些重要的问题，如旅游形象危机、客源市场的严重萎缩等。策划如果没有专注最值得解决的严重问题，则很可能解决了一个不重要甚至不值得解决的问题，这样的策划不但没有什么意义，反而会造成别的难题。

（2）细分问题。实验主义大师杜威曾经说过，将问题明确地提出，等于解决了问题的一半。要把问题明确化，就得缩小问题的范围，而缩小问题范围的最好办法，就是将问题进行细分。例如，武当山风景区既是世界文化遗产，也是中国道教圣地之一，同时武当武术与少林武术齐名，声震海内外，然而武当山旅游业的发展却不尽如人意，年均游客量和年均旅游收入都不到少林寺的一半。造成这种局面的问题是多方面的，有管理体制的问题，有产品开发的问题，有市场营销的问题，有管理水平的问题，等等。概括一句话，武当山风景区的问题主要在于市场营销的问题。

发明家凯特琳说过："研究就是要把问题细分化，因而可以发现其中许多已知的问题，再去专心解决那些未知的问题。"可见，细分问题对解决问题具有重要的作用。

（3）改变原来的问题。著名经济学家弗里德曼碰到别人问他问题时，总喜欢改变一下别人的问题，问题经他改变后，答案就自然浮现出来了，所以改变问题会使问题更明确、更清晰。例如，对待旅游饭店的服务生态度生硬，动作迟缓，接待不热情，做事不认真，服务不规范等，管理人员看到这些现象一般会对服务生进行批评甚至处罚，结果不但不能使情况得到改观，还很可能会引发新的、更多的问题，但如果将问题改变一下呢？即：是不是饭店的管理制度上有问题？饭店对员工的激励是否不够，难以调动其积极性？饭店的员工是不是没有经过培训或培训没有到位？等等。这样，问题就从服务生态度不好、工作不认真转换为饭店的管理制度需要完善、员工需要进一步培训等，改变问题可以使问题迎刃而解。

（4）用"为什么"来界定问题。有很多事情不问不明白，只要不停地问下去，"打破沙锅问到底"，用"为什么"来界定问题，就可以使问题明确化、浅显化、重要化。如某旅游度假村处于风景秀丽的湖畔，交通也比较顺畅，但开业以来效益一直不佳。为什么呢？主要是因为度假游客少。为什么度假客源少呢？因为该度假村开业不久，知名度不高，知道的人少。为什么度假村知名度不高，知道的人少呢？因为没有做市场推广和促销活动。为什么没有做市场推广和促销宣传呢？因为管理层没有重视这个问题。这样，通过不断地追问"为什么"，找到了问题的症结所在，这就是该度假村的领导层市场意识不够，营销观念缺乏。在界定了问题之后，就比较容易找到解决问题的方法了。该度假村领导层只要树立了市场意识，聘请专家做好市场营销策划，同时增加一定的宣传促销投入，一定可以打开市场，使客源大量增加。

2．界定问题的操作步骤

（1）策划人员首先要训练"问题"意识。

策划对象随处可见，但对旅游经营单位来说必须是十分重要、十分紧迫的问题，方能成为策划的主题：包括别人委托或自己搜寻发现的策划主题。策划人员应具备发现策划问题的能力，要用自己的思想和观点来设计策划主题。只有经常训练问题意识，不断提高发现问题的敏感性，才能逐渐具备掌握策划对象的能力。

（2）要弄清委托策划人的本意。

做旅游营销策划，首先要弄清楚委托单位或自己公司的领导，他们到底在想什么？在期待什么？他们委托你或指示你做该营销策划的目的、意图何在？要达到什么要求？例如，旅游风景区委托你做市场营销策划，要解决的问题是对旅游形象进行定位，还是做品牌宣传？是为了扩大知名度，还是为了增加客源和旅游收入？是为了推出新产品，还是为了变动价格？只有事先弄清了委托单位或公司领导的意图，才能在策划中有的放矢，符合委托人或公司领导的要求。

（3）对策划对象进行调查研究。

明确委托人或公司领导的策划意图后，接下来的工作就是对策划对象进行充分的调查研究。通过多看、多听、多问、多查，广泛而深入地掌握相关资料，可以防止策划脱离实际，从而为做出优秀的策划打下良好的基础。

多看：就是通过对现场的仔细观察，可以收集到第一手资料。在观察时，最好能将客观事实和对现场的感受如实地记录下来，这样能帮助策划者找到进行旅游营销策划创意与构想的灵感线索。

多听：就是多接触与策划内容相关的人，了解他们的想法和期待，以及他们的抱怨或不满，向他们提出问题，并勤做记录。

多问：就是策划人员要不断地提出问题，对自己观察到和听到的情况有不解之处，要提出疑问，深入了解，并把自己的疑问和想法说出来征求大家的意见。

多查：就是对过去的事例、案例、经验、教训和其他旅游经营单位的做法等，进行详细的查阅，包括报纸、杂志、宣传资料、策划文案等，都必须仔细搜寻，查找有关线索，寻找创意灵感。

3. 明确策划主题

（1）确定经营目标。

旅游企业的经营目标可以通过业务定义和任务书来明确。从旅游企业的业务来说，应回答下列问题：企业的产品或服务是什么？企业的客源或顾客是谁？顾客为什么喜欢本企业的产品或服务？是什么使本企业与竞争对手区别开来？本企业的经营特色是什么？

旅游企业的业务定义决定了企业的取向，简化了企业的经营目标。而任务书或任务陈述书则是反映企业经营目标的规范化报告，它能使企业经营目标更明确、更简洁。例如：

武汉东湖疑海沙滩浴场经营任务陈述书

经营者：东湖疑海沙滩浴场管理公司

经营对象：东湖疑海沙滩浴场

客源：武汉市及周边地区居民

主要顾客：中小学生、有子女家庭、青年男女

产品：沙滩运动、水上娱乐活动

经济目标：适度利润、稳定的收入

理念：为市民创造快乐而美好的生活

特殊功能：康体、休闲、亲情、快乐

任务陈述书：为本地市民提供沙滩水上休闲娱乐服务，使他们快乐、开心，为其创造美妙的体验和美好的生活！

（2）使经营目标明确化的步骤。

第一步：过滤策划主题。旅游经营业务中可以策划的对象很多，如旅游地形象策划、产品策划、品牌策划、门票定价策划、中间商分销渠道策划、广告宣传策划、公共关系策划、旅游节事活动策划、旅游线路策划、区域竞争战略策划、客源市场开发策划等，但并不需要把每一个策划对象都主题化。原因是旅游经营单位的人力、物力、财力有限，不可能也无必要将所有的问题都进行策划，而是应把握那些重要的、紧迫的，对旅游经营单位有重大影响的问题进行策划，以便通过策划来解决经营中的问题，因而选择策划主题非常重要。

一般来说，旅游营销策划主题的确定大致可分为：

① 旅游经营单位或企业领导决定的主题；

② 旅游地政府决定的主题；

③ 旅游策划人员凭自己的判断选出的主题。

无论是哪种方式确定的策划主题，在进入作业之前，都要明确以下内容：该策划对象为什么会被选为策划主题？如果针对该主题提出策划案，可能会产生什么效果？

第二步：细化策划主题。过滤或设定旅游营销策划主题之后，还需要进一步细化主题，使主题更明确。例如：

① 扩大酒店客源，提高酒店收入的策划；

② 提高酒店营业收入的促销策划；

③ 提高酒店娱乐产品销售收入的促销策划；

④ 提高酒店娱乐产品销售收入 30％的促销策划；

⑤ 提高本年度酒店娱乐产品销售收入 30％的广告促销策划。

上述情况表明，旅游营销策划主题越细化、越明确越好。

4．设定策划目标

旅游营销策划目标按时间段划分可分为长、短期目标，或者远、近期目

标，而强调对旅游营销策划目标的设定，是做好旅游营销策划的重要基础。

所谓目标，就是旅游营销策划所要达到的要求或结果。旅游营销策划目标必须可度量、有期限，而且必须是可信和可实现的。旅游营销策划目标设定以后，能指导并控制旅游经营单位或旅游企业的市场营销行动。为了实现旅游营销策划的总目标，应把目标分解成具体的任务、责任、度量标准及完成的时间。

具体来说，旅游营销策划目标的确定由以下步骤构成。

①描绘策划形象。通过对包含创意、构想以及引发构想的着眼点的描绘，产生构成策划案核心内容的过程，确定旅游营销策划的总体方向。

②设计具体的策划目标。旅游营销策划形象的描绘过程，也就是策划目标化的作业过程。值得注意的是，策划目标值设定得过高则无法实现，但过分偏低又失去了策划的意义。策划目标值的设定应充分考虑旅游经营单位或旅游企业自身的实际情况，以及对策划的期望值，将其设定在既具有现实性又富有挑战性的数值上。

③策划目标数字化。设定旅游营销策划的目标值要尽量数字化，因为目标若以数字（绝对值或相对值）表示时，则构成策划的要素和策划所需的工具就可以根据该目标值来选取；相反，如果目标没有数字化，那么就很难明确掌握该用什么要素和工具的组合来完成目标。不过应注意的是，设定的目标不要太大，不切实际；不同的目标之间不能相互矛盾；目标的先后顺序应予以明确。

三、收集利用信息，打好策划基础

俗话说："巧妇难为无米之炊。"旅游营销策划如果没有充分的信息资料，是难以做出优秀的策划方案来的，因此，信息收集与处理工作是成功策划的关键一环。

1. 要训练信息意识

（1）策划的要领是迅速收集和处理最新的信息。做旅游营销策划，除了较强的策划构想能力之外，收集、选择和处理最新的相关信息是不可缺少的条件。只有依靠敏锐的信息意识掌握更多最新的相关信息，才能迅速做出优秀的策划案。

（2）信息意识能促使人们发现有用的信息。信息的敏感度与信息的洞察力成正比。只有具有很强的信息意识，才会对信息敏感起来，不仅在工作时间，而且在日常生活中也会经常留意各种信息，"这个信息对我的策划是否有用"的想法应常在脑海中盘旋；否则，缺乏信息意识就会对各种信息心不在焉，从而让有用的信息悄悄溜走。

（3）目标明确使信息收集变得容易。明确的目标给策划人指明了收集信息的方向。信息收集目标的确定表明了信息收集的范围，也就等于在目标的特定范围内安装了灵敏度较高的天线，有用的信息就会清晰地浮现在策划者的面前。

（4）不要忽视细微的信息，其中可能蕴涵着价值很高的策划"金矿"。例如，曾有报道说"尼斯湖有水怪出现"，这本是一则似是而非的报道，然而当地人却抓住这一信息，充分利用人们的好奇心，精心策划了"到尼斯湖，看神秘水怪"的旅游开发方案，并通过媒体大肆渲染，结果吸引了世界各地不少游客前来观看，使尼斯湖一跃成为旅游热点。

2．搜寻有价值的信息

策划需要有价值的信息，而有价值的信息就是能使策划人心动的信息。这主要包括：以前不曾有过的新现象、新信息，与以前不一样的现象或信息。有价值的信息并不总是蕴涵在正面的信息中，它也可能来源于旅游市场的负面信息，如游客对旅游经营单位的投诉或提出的意见，对旅游企业来说就是很有价值的信息，它告诉旅游企业在某些方面，如产品质量、服务水平等方面存在着不足，需要改进。这种负面信息是旅游营销策划很重要的着眼点，如果能以诚恳的态度去倾听游客的心声，就可能从中获得很有价值的信息。

有价值的信息主要有两种来源：一是收集现成的信息资料；一是进行市场调研。

（1）收集现成资料。

现成资料主要来源于：公开发表的报刊书籍；企业内部资料，包括会计报表、统计报表、长期研究报告、客户资料等；政府部门发布的有关统计公报、信息、文件、研究报告、部门或地区的规划报告等；商业资料，有关机构、企业、咨询公司出售的研究报告、信息资料等；大学和社会图书馆、网络中心所收藏的资料、网上信息等；过去策划人员所做的策划研究报告、策划书等。由于这些资料都是间接获得的，故称之为"第二手资料"。当这些资料不足或没有找到有价值的信息时，必须进行市场调查，直接获得有关信息。

（2）市场调查。

市场调查是获得第一手资料的有效方法。做旅游营销策划花费时间最多的就是调查研究，它往往需要策划人员做大量的工作。许多有价值的信息资料需要策划人员亲自去收集，而通过市场调查所获得的资料具有较高的可靠性、时效性和真实性。

最常用的调查方法主要有两种。

①询问法。询问法主要有发放问卷和人员访问等方式。发放问卷可以上门发放，也可以在街头发放，还可以通过邮寄方式进行。这种方法送达率较高，成本较低，容易被调查对象所接受。发放问卷要注意几个问题：一是问卷的设计应简洁，回答方式简单易行；二是发放问卷应有礼貌，不强迫别人填写；三是要准备适当的小礼品，必要时应以付费的方式进行，这样能较好地保证问卷的回收率和真实性。

人员访问法是比较好的调查方式，采用面谈方式常常能获得真实的情况。访问人员也可因情况而异，随时调整面谈时间，但人员访问法花费时间、精力较多。电话访问时，先选好样本，再通过电话询问交谈获得资料，如酒店就经常利用此法对入住客户进行调查，获得有价值的信息。电话访问有一定的范围限制，不易访问较深入的问题，无法用眼睛查核对方回答的真实性。拦截式访问方法经常在旅游市场调查中使用，如在旅游景区景点、酒店、飞机场、轮船码头等场所，调查人员通过"拦截"一些旅客进行面访调查，从而获得一些市场信息。采用该方法效率比较高，但合作不好容易影响调查的质量。

②直接观察法。就是策划人员直接用眼睛、仪器或两者兼用，去查看事实并记录下来以获得真实资料的方法。如在旅游景区门口亲自或雇人对游客进出的频率、时间、结构等进行观察与统计；再如对核心景区的游客容量进行测算，以及对电视上旅游广告效果在收看者实验中进行观察等，从而获得有价值的信息。观察法所获得的资料是最直接的，也具有真实性和可靠性，它是策划的直接素材，但这些资料往往是表层次的，尚待进一步分析研究，探讨其深层次的内容。

（3）会议方法。

会议方法也称座谈会议法。会议可由调查人员召集主持，也可由委托方召集开会。在会议上，不仅可调研情况，与会人员还可对某些问题进行程度不同的研讨。会议方法要求调查人员做好会议记录，核实情况，从而获得可靠的资料。

3. 收集有价值信息的常用办法

（1）要有强烈的好奇心。必须具有"什么都想看"的好奇心态，关注各种信息。

（2）养成做记录的习惯。要准备一本小册子，随时记下你所看到的现象或听到的信息。

（3）经常探访书店。书店中各种畅销书籍、杂志因为包含有最新的流行思想和时尚，也许会给你带来某种启迪。

（4）建立广泛的人际关系。积极创造与人交往的机会，多交朋友；接受的同时也要给予；不要长时间地间断与朋友的联系。

（5）把握传播有价值信息的各种媒体。策划人员应经常看报纸杂志，看电影电视，听广播，要养成看到重要新闻立刻收集的习惯，如剪贴报纸，记录电视新闻标题等；收集的新闻纪事要注明出处，并妥善保管好新闻剪贴或记录簿。

4．信息资料的汇集与整理

通过调查，取得了大量的信息资料，策划人员要对其进行汇集、整理。

（1）要定期整理信息资料；

（2）要将资料进行分类，如按问题分类、按策划对象分类等；

（3）要定期删除失去时效价值的信息；

（4）信息资料要策划人员亲自处理。

在整理信息资料的过程中，要掌握好资料的客观性、公正性、时效性和可靠性的原则，通过去粗取精、去伪存真的过程而提炼有用的信息。只有这样，策划人员所收集的信息资料才能为旅游营销策划方案的设计提供科学的依据，否则会给策划带来误导。

四、形成创意，确定策划方案

策划创意阶段是整个旅游营销策划过程的核心部分。一个好的旅游营销策划方案必须要有创意性，没有创意，策划也就没有生命力。

1．寻找灵感

创意通常是由创意的灵感产生的。复旦大学的沈祖祥教授认为："好的策划创意往往来自于创意的灵感，也就是创意暗示、创意联想、模糊印象、灵机闪现等，将灵感经过整理、变型、加工和组合，就形成创意。"

寻找创意灵感的方式大致有两种：其一是从已有的知识、信息中去寻找；其二是通过个人或群体的智慧去寻找。

一般来说，要寻找产生创意的灵感，首先要寻找现存的知识和信息。它主要包括：（1）专业图书、过期的专业杂志、行业刊物、各种简报；（2）旅游企业或其他旅游经营单位所做的营销方面的策划案、建议案、实施计划等档案资料；（3）旅游营销专家所拥有的旅游营销策划的知识和信息；（4）旅游企业或其他旅游经营单位所做的市场调查、市场预测等资料；（5）国外旅游企业有关旅游营销策划方面的知识和信息；（6）各种有关旅游营销策划方面的论文、评论、案例分析、宣传报道等。其次，勤奋是获得灵感的要诀。旅游营销策划单凭头脑凭空想象是不行的，应当积极寻找能形成策划创意的信息。策划者不仅要到书店、图书馆，拜访同业或不同行业的知名人士，而且要多参加相关的座谈会，访问旅游经营者、游客、新闻媒体，要从各种不同的渠道获得有关旅游营销策划的信息和启示。第三，联想是产生灵感的重要源泉。联想是由一种经验想起另一种经验，或者说，联想就是将头脑中储存的形象或反映事物形象的概念连接起来，从而产生新设想的心理活动。

联想的方法有相似联想、接近联想及矛盾联想。相似联想就是联想相似的事物，如由东湖联想到西湖，由苏州联想到威尼斯，由武汉联想到芝加哥等，在此基础上所产生的灵感就可能在旅游营销策划中充分展示出来，进而形成独特的创意。如苏州被定位为"东方威尼斯"，武汉被定位为"东方芝加哥"等，都是相似联想在旅游形象定位中的具体运用。接近联想指经过联想接近目的指向的事物。前苏联心理学家哥洛万和斯塔林认为，任何两个概念都可以通过相近概念的联想建立起联想的联系，如桌子、土地可建立的联想联系是"桌子——木头——树林——土地"；再如作家、猴子的联想联系是"作家——人——动物——猴子"。在旅游营销策划中也可运用这种联想，如梯田、旅游的联想联系是"梯田——乡村景观——旅游景点——旅游"。接近联想在构想解决问题的方案时，有益于拓展思路。矛盾联想是指从相反的角度联想与之对立的事物，如高与矮、大与小、美丽与丑陋等。在旅游营销策划中，这种联想方法也能产生良好的创意，如在客源市场定位和目标市场的选择中，可根据竞争对手定位于青少年市场而联想到相反的方面，从而产生新的创意，即定位于老年人"银发市场"。这种创意能使旅游营销策划在实施中收到明显的实效。

联想是产生灵感进而产生创意的重要方法，但这种方法在实践中存在一些缺陷，即由此产生的创意可能与实际不符。日本策划专家川喜田二郎先生提出了一种新的创意灵感产生的技法，称"资料卡"法。其具体方法是：

①确定主题。当策划者思想处于混乱状态时，希望理出头绪，明确思路。

②收集资料。策划者要亲自到实地了解情况，取得直接的第一手资料；也要倾听别人的意见或建议，以及查阅有关文献资料，取得第二手资料，还可以根据自己的思考提出新的设想，以及通过集体讨论互相启发取得资料。

③资料卡片化。策划者要先准备一些名片大小的卡片，将收集到的语言文字资料按内容逐个分类，并分别用独立的意义、确切的词语或短语扼要地综合制成卡片。

④汇合卡片。将同一类卡片汇合在一起，把内容相近的归在一类，并按顺序排列，进行编号。

⑤做标题卡。将同一类卡片放在一起，经编号后集中，再将该类的基本内容用简单的语言归纳起来，并记录在一张卡片上。

⑥标记。无法归纳的卡片为孤立卡片，自成一组，把最终汇集好的卡片按照比较容易寻找的相互位置进行展开、排列，并按既定的位置把卡片贴在纸上，用适当的记号勾画出相互关系。这时，各标题的相互关系已非常清楚，创意的灵感就会自然浮出。

2．创意产生

策划专家周勇认为："创意就是思想冒险的开始，不断地更换着思想冒险的频道去探'险'，终究会柳暗花明。"创意实际上是一个艰难的过程。创意需要在调查中获得资料，这是基础；创意需要从过去的经验与经历中去寻找，挖掘好的思想；创意需要多思考，同时还要跟踪他人的新观点、新见解；创意需要借鉴、吸收他人成功的经验。

策划离不开创意，创意离不开点子。点子可分为两类：一类是长期职业价值取向和经验的积累。在策划过程中，策划目标装在头脑中，好像经常绷着一根弦，经过某事的诱发，引起联想，突然形成思维闪光或激发灵感，由此产生创意；另一类是经过调查研究，长期酝酿及缜密的理性思考、逻辑推理，演绎出新观点或新思想的"火花"，这就是点子创意。

创意需要接受外来的刺激，这样可使策划者远离惯用的线形思考方式。外来刺激分两种，一是实质上的刺激，如接触、感觉、观看或捡拾一些可以刺激灵感的东西；二是意念上的刺激，如当你在不同的地方散步或在不同的景区度假时，便可体验这种刺激。

创意常常产生于半梦半醒之间，人在幻觉之中往往能想出好的点子，人在睡眠时也可思考问题或"孵化"问题。

创意需要建立"构想银行"，要避免遗忘一些好构想、好点子，应该建立一个记录系统，包括卡片、记事本、录音带、摄像带、软盘等，平时储蓄，随时支取。

不过要注意的是：①不要让所接受的正规教育束缚了创造性；②要时常撇开惯用的思维模式另辟蹊径；③创意永无止境，应不断创新；④创意的产生也可以按一定的步骤去训练。

下面介绍一种"11步创意法"：

第1步：界定问题，即明确要解决的问题；

第2步：界定最佳结果并设想它如何实现；

第 3 步：收集所有相关资料；

第 4 步：打破思维模式寻找新的突破点；

第 5 步：走出你自己的专业领域，不要受其束缚；

第 6 步：尝试各种各样的概念组合，如随意选择一种或几种东西（事物）与你要解决的问题联系起来；

第 7 步：使自己放松，进入创造性状态之中；

第 8 步：利用音乐放松或自然放松；

第 9 步：把思考的问题带入睡眠；

第 10 步：答案突然出现；

第 11 步：检验构想方案。

这种创意法不一定很完善，但可以在旅游营销策划中做一番尝试。

3. 确定策划方案

在旅游营销策划中，往往会出现几个创意、几种思考。选择时应比较哪一种方案更符合实际。如果一种策划方案设计得很好，创意很特别，但需要巨额投资，且涉及面广，实施难度大，这种方案的采用就要慎重考虑。因此，在确定策划方案时，要综合考虑多方面的因素，比较各种创意方案的优劣，最终选择有创意、风险不大、实施难度较小、预期结果较理想的策划方案。

五、撰写策划报告书并组织实施

一项旅游营销策划方案的结果是形成策划报告书。策划报告书是策划的文字化，也是载体。在策划报告中要详细阐述其策划的思想、实施方案和步骤。策划报告书完成的好坏，影响整个策划方案的质量。策划报告书按策划对象不同，一般应由文字、图表、照片、示意图等组成。报告应一式几份，交相关部门验收和实施使用。

策划报告书完成后，要向委托方或有关部门领导汇报、答辩和征求意见。汇报的内容包括：策划的背景资料、策划的主题思想、市场分析、策划方案、实施计划、步骤与预期结果等。在听取了各方面专家、领导的意见或建议后，认真对策划报告书进行修改完善。

当策划方案被同意或批准后就进入实施阶段。在实施过程中，应选择最佳方案进行。同时，策划组应随时跟踪或经常过问策划实施的进展，及时帮助解决实施过程中可能出现的新情况、新问题，做好后期服务工作，保障策划方案的顺利实施。

第三节　旅游营销策划书

一、旅游营销策划书的作用

旅游营销策划书是旅游营销策划者提供给旅游地或旅游企业的营销管理设计蓝图，也是为了实施某一营销的书面文件，也就是说，旅游营销策划书是旅游营销方案的书面反映，是旅游营销策划成果的重要表现形式。策划人经过各项调查，明确目标和创意设计等分析研究之后，会形成解决问题的方案。调查、分析、研究的要点和行动方案的内容与步骤，都以策划书的形式表达出来，供管理者进行决策使用，因此，撰写好旅游营销策划书具有重要意义。

旅游营销策划书是艰苦的旅游营销策划工作的最后一环，也是下一步实施旅游营销活动的具体行动指南。旅游营销策划书的作用可以归结为以下几个方面：

（1）准确、完整地反映旅游营销策划的内容。

旅游营销策划书是旅游营销策划的书面反映形式，因此，旅游营销策划书必须采取适当的形式和准确的文字来传达策划者的真实意图。从整个策划过程来看，旅游营销策划书是达到旅游营销策划目的的第一步，是旅游营销策划能否成功的关键。

（2）充分、有效地说服决策者。

一份合格的旅游营销策划书，首先应获得阅读者的信赖和认可，才有可能使旅游策划意图被传播实施。因此，旅游营销策划应以良好的方案表述和视觉效果去打动和说服决策者采纳旅游营销策划书中的方案和建议，并按旅游营销策划的内容去实施。

（3）作为执行和控制的依据。

旅游营销策划书作为旅游经营单位或旅游企业执行旅游营销策划方案的依据，使营销职能部门在操作过程中增强了行动的准确性和可控性。

因此，如何通过旅游营销策划书的文字表达魅力以及视觉效果，去打动及说服旅游经营单位决策者也就自然而然地成了策划者所追求的目标。

二、旅游营销策划书撰写的原则

为了提高旅游营销策划书撰写的准确性、科学性，在撰写策划书时应把握以下几个主要原则：

（1）逻辑思维原则。策划的目的在于解决旅游营销中的问题，应按照逻辑性思维的构思来编制策划书。首先是设定情况，交代策划背景，分析市场现状，再把策划的目的全盘托出；其次是在此基础上进行具体策划内容的详细阐述；再次是明确提出方案的实施对策。

（2）简洁朴实原则。策划书要简洁、精练、严谨、朴实，突出重点，要抓住旅游营销中所要解决的主要问题、核心问题、关键问题，深入分析，提出相应的对策，使其对实际操作具有指导意义。

（3）可操作性原则。编制旅游营销策划书的目的在于指导旅游营销实践，其指导性涉及旅游营销活动中每个人的工作及各环节关系的处理。因此，其可操作性非常重要，不能操作的方案创意即使再好也无价值。

（4）创意新颖原则。要求旅游营销策划的创意新、内容新，表现形式也要新，新颖的创意是策划书的核心。只有新颖的策划书才能给人耳目一新的感觉，才能得到阅读者的认同和接受。

三、旅游营销策划书的必备项目

旅游营销策划书的撰写，要具有下列必备项目：

（1）策划名称（即策划主题，可加副标题）；

（2）策划者名称（小组名称、成员名称）；

（3）策划制作年、月、日；

（4）策划的目的以及策划内容的简要说明；

（5）策划经过的说明；

（6）策划内容的详细说明（正文部分，文字、图片皆可）；

（7）策划实施时的步骤说明及计划书（时间、人员、费用、操作等计划表）；

（8）策划的预期效果分析；

（9）对本策划问题症结的想法；

（10）可供参考的策划案、文献、案例等；

（11）如果有第二、第三备选方案，列出其概要；

（12）策划实施中应注意的事项。

四、旅游营销策划书的结构及内容

旅游营销策划书没有一成不变的格式，它依据所要策划的内容不同而在编制格式上也有变化。例如武当山风景区客源市场开发策划书与东湖风景区门票价格调整方案在编制格式上肯定会有一定的差异，但从旅游营销策划活动的一般规律来看，其中有一些要素是共同的。旅游营销策划书的结构一般情况下要与旅游营销策划的构成要素或内容保持一致，这样可以提高旅游营销策划书的制作效率。

旅游营销策划书一般由以下几个部分构成（如表 1-1 所示）。

表 1-1　　　　　　　　　旅游营销策划书的基本结构

策划书的构成
1. 封面
2. 前言
3. 目录
4. 策划摘要
5. 策划背景与动机
6. 策划目标
7. 环境与机会分析
8. 战略及行动方案
9. 使用资源、预期收益及风险评估
10. 方案实施计划
11. 结束语
12. 附录

1. 封面

封面是旅游营销策划书的"脸"，它能起到强烈的视觉效果，给人留下深刻的第一印象，从而对策划内容的形象定位起到辅助作用。封面的设计原则是醒目、整洁，切忌花哨，至于字体、字号、颜色则应根据视觉效果具体考虑。策划书的封面可提供以下信息：策划书的名称、被策划的客户、策划机构或策划人的名称、策划完成日期及本策划适用时间段。

封面制作要点为：

（1）标出策划委托方。如果是受委托的旅游营销策划，那么在策划书的封面上要把委托方的名称列出来，如《××饭店××策划书》。

（2）取一个简明扼要的标题。题目要准确、简洁，使人一目了然，有时为了突出策划的主题或者表现策划的目的，可以加一个副标题或小标题。

（3）标上日期。一般日期以正式提交日为准，因为策划具有一定的时间性，不同时间段中市场的状况不同，营销执行的效果也不一样。

（4）标明策划者。一般在封面的最下部标出策划者的名称，如"武汉大学旅游规划设计研究院"。

2. 前言

前言一方面是对策划内容的高度概括性表述，另一方面在于引起阅读者的注意和兴趣。当阅读者看过前言后，要使其产生急于看正文的强烈愿望。

前言的文字以不超过一页为宜，字数可控制在1 000字以内，其内容可集中在以下几个方面：

（1）简单交待接受策划委托的情况，如"武汉大学旅游规划设计研究院接受神农架林区的委托，承担神农架风景区旅游形象的策划项目"。

（2）进行策划的原因，把进行策划的必要性、重要性和意义表达清楚，吸引阅读者进一步去阅读正文。

（3）对策划过程的概略介绍和策划实施后希望达到的效果进行简要说明。

（4）致谢，对委托单位及提供支持的相关单位及个人表示谢意。

3. 目录

目录是为了方便阅读者对策划书的阅读，通过目录使旅游营销策划书的结构一目了然，可以方便查找旅游营销策划书的内容。目录在策划书中必不可少，但要注意目录中所标页码应与实际页码相一致。

4. 策划摘要（或概要）

摘要是对旅游营销策划书内容的概述或浓缩，它能使阅读者对策划内容有一个非常清晰的概念，便于阅读者理解策划者的意图与观点，通过摘要可以大致理解策划内容的要点。

摘要的撰写要求简明扼要，一般控制在2～3页，篇幅不宜过长。摘要一般在策划书正文完成后确定，这样只需把策划内容进行归纳和提炼就行了。

5. 策划背景与动机

这主要介绍策划委托单位的基本情况及要求进行策划的目的。如果是旅行社委托进行营销策划，就要介绍该旅行社的历史沿革、经营状况、主要产品（服务）、销售渠道、主要客源、财务状况、竞争实力、管理能力、营销能力、组织结构、旅行社负责人情况等企业内的环境状况并说明进行策划的相关动机。

6. 策划目标

策划目标是委托策划单位在一定时间内奋斗的方向和要达到的标准，策划人要根据委托单位的资源情况、市场实力、竞争优势等来确定，因此，策划目标是策划书的重要内容，在策划书中需要明示策划所要实现的目标和改善的重点。如新景点的销售目标是全年游客达 50 万人次，销售收入达 2 000 万元，同比增长 10％。策划目标的确定必须满足"SMART"的要求，即重要性（Significance）、可度量性（Measurablity）、可实现性（Achievement）、相关性（Relevant）以及时效性（Time）。

7．环境与机会分析

环境分析是旅游营销策划书的出发点、依据和基础。环境分析包括外部环境和内部环境两个方面。环境分析通常用"SWOT"方法，即优势（Strength）、劣势（Weakness）、机会（Opportunity）、威胁（Threats）。在行业内部应对国内市场、全球市场、行业内部的竞争情况等进行全面了解；在外部环境方面应做好"STEP"分析，即社会因素（Society）、技术进步（Technology）、经济状况（Economy）、政治法规（Politics）等方面的分析，在环境的分析中发现机会、把握机会。旅游营销策划是对市场机会的把握和策略的运用，因此分析市场机会，就成了旅游营销策划的关键。只要找准了市场机会，策划就成功了一半。

8．战略及行动方案

这是策划书中最主要的部分。在撰写这部分内容时，必须非常清楚地提出旅游营销战略与具体的行动方案，包括旅游营销战略目标、战略原则、旅游主题形象、客源市场细分与目标市场定位、旅游产品组合策略、旅游产品定价策略、旅游分销渠道策略、旅游广告宣传与公共关系策略、旅游竞合战略等。在确定旅游营销战略、策略的基础上，根据策划期内各时间段的特点，推出各项具体行动方案。行动方案要细致、周密，操作性强又不乏灵活性，还要考虑费用支出，尤其要注意不同旅游产品淡、旺季营销的侧重点，抓住旺季营销优势。

9．使用资源、预期收益及风险评估

在旅游营销策划书中，应对行动方案执行过程中所需人力、物力、财力及可能产生的有形、无形成本负担进行评估；同时，对方案何时产生收益、产生多少收益以及方案有效收益的长短等也要进行评估。另外，内、外部环境的变化不可避免地会给方案的执行带来一些不确定性（风险），因此，当环境变化时，是否有应变措施，失败的概率有多少，造成的损失是否会危及旅游经营单位的生存和发展等，也要在策划书中加以说明。

10．方案实施计划

对旅游营销策划方案的各工作项目，按照实施时间的先后顺序排列、标示，形成实施的时间表，这样有利于在策划方案实施中的检核。人员的组织配备、相应的权责也应在这部分中给予加以明确。另外，执行中的应变程序也应该在这部分中给予通盘考虑。

11．结束语

结束语与前言呼应，使策划书有一个圆满的结束，主要是再重复一下主要观点并突出要点。

12．附录

附录是策划案的附件，附录的内容对策划案起着补充说明作用，便于策划案的实施者了解有关问题的来龙去脉，附录为旅游营销策划提供有力的佐证。在突出重点的基础上，凡是有助于阅读者理解旅游营销策划内容的和增强阅读者对旅游营销策划信任的资料都可以考虑列入附录，如引用的权威数据资料、旅游者问卷的样本、游客深度访谈等。列出附录，既能补充说明一些正文内容的问题，又显示了策划者负责任的态度和精神，同时也能增加策划案的可信度。编写附录时也要标明顺序，以便查找。

旅游营销策划书的编制一般由以上几项内容构成。旅游营销单位性质不同，旅游产品不同，旅游营销目标不同，则所侧重点的各项内容在编制上也可有详略取舍。

五、旅游营销策划书撰写的基本技巧

可信性、可操作性及具说服力是旅游营销策划书的生命，也是旅游营销策划书追求的目标。因此，在撰写旅游营销策划书时应十分注重可信性、可操作性及具说服力三个方面的问题。

（1）合理使用理论依据。要提高旅游营销策划内容的可信性，更好地说服阅读者，就要为策划者的观点寻找理论依据，这是一个事半功倍的有效办法，但要防止纯粹的理论堆砌。例如地脉—文脉理论、产品生命周期理论、定位理论等，都可以作为旅游营销策划的理论依据和方法工具。

（2）要有效果和结果的预测。策划者必须具有卓越的超前意识和预测能力，能敏锐地审视当今的情况并通过科学推理、论证，洞察未来的趋势以及实现后的情况。第一，要把握主流；第二，要以迄今为止的数据为依据，运用预测手段描绘未来的蓝图。

（3）要突出重点，切勿面面俱到。策划者要善于审时度势，把握住策划的重点，如旅游地主题形象、功能分区、产品与项目设计、客源市场定位与开发、投资效益分析等；再如旅行社的线路组合设计、价格组合策划等。只有抓住了策划的重点并在策划书中表现出来，也就抓住了"纲"，这样有利于阅读者更加清楚地把握关键的内容，理解策划书的脉络。

（4）策划要有个性，富有创意。"创意"是策划的灵魂，没有创意的策划毫无意义。创意体现着策划者的鲜明个性，反映着策划者的独特风格。策划切忌平淡、平庸，要有特色，尤其要尽量避免模式化、形式化，使策划具有鲜活的特征。

（5）策划要同时准备第二、第三方案，以便"未雨绸缪"。在策划过程中，可能会出现令策划者意料不到的事情，如策划的方案遭到否决，这时，如果策划者已预先做好了准备，有第二、第三方案，则可供决策者选择，或者备以后之用。因此，在做策划时，策划人最好能准备几个方案，以备不时之需。

（6）适当举证说明。在旅游营销策划书中加入适当的例子，包括成功或者失败的案例，既可以充实内容，又能增加可信度和说服力。在具体使用时一般以多列举成功的例子为宜，选择一些国外先进的经验与做法，以印证自己的观点，效果会非常明显。

（7）充分利用数字说明问题。编制旅游营销策划报告书是为了指导旅游营销实践，必须保证其可靠性。策划书的内容应有根有据，任何一个论点都应有根据，而数字最能说明问题。在策划书中利用各种绝对数和相对数来进行比较对照是绝对不可少的，但要注意所使用的数字都要有可靠的出处。

（8）运用图表帮助理解。图表有着强烈的直观效果，并且比较美观，有助于阅读者理解策划的内容，用其进行比较分析、概括归纳、辅助说明等非常有效。

（9）注意合理设计版面、装帧。策划书的视觉效果非常重要，一份排版合理、装帧优美的策划书，使阅读者首先产生敬意，会促使其认真阅读，这对领会其中的意图是十分有利的。一份好的策划书在版面设计与装帧方面有如下几点值得注意：①版面大小；②每页标题的位置；③在版面中哪个位置安放文本，哪个位置安放图片；④页码的位置与设计；⑤目录编排；⑥多运用图表、图片、插图、曲线图以及统计图表并辅之以文字说明，通过视觉效果来增强对阅读者的吸引力；⑦通过每一页的策划识别符号来使版面更美观；⑧自行设计的文字符号会产生意想不到的效果，应适当加以利用。总之，旅游营销策划书在制作形式上应装帧考究、图文并茂，排版有层次，突出重点，严谨而不失活泼，没有笔误、印误，用纸质量较好。

本 章 小 结

（1）旅游营销策划是指将市场营销策划的原理与方法运用于旅游经营活动的专项营销策划活动。它是旅游营销策划人员根据旅游区和旅游企业现有的资源状况，在分析和研究旅游市场环境的基础上，对旅游营销活动或某一方面的旅游营销项目、产品、促销等进行创意构思、设计规划并制定营销行动方案的行为。它具有目的性、超前性、复杂性、系统性、调适性和可选择性等特点。

（2）旅游营销策划具有强化营销目标、加强营销工作的针对性、提高营销活动的计划性和降低营销成本等作用。

（3）在旅游营销策划活动中，一般应遵循战略性原则、"三本主义原则"、竞争性原则、实用性原则和经济性原则。

（4）旅游营销策划活动所采用的思维方式与方法主要有：经验思维、理性思维、创造性思维，以及点子方法、创意方法、运筹学方法、头脑风暴法等。

（5）旅游营销策划的基本程序主要有：①拟定旅游营销策划计划；②界定问题，确定策划主题；③收集利用信息，打好策划基础；④形成创意，确定策划方案；⑤撰写策划报告书并组织实施。

（6）旅游营销策划书撰写的具体技巧是：①合理使用理论依据；②要有效果和结果的预测；③要突出重点，切勿面面俱到；④要有个性，富有创意；⑤要有备选方案；⑥适当举证说明；⑦充分利用数字说明问题；⑧运用图表帮助理解；⑨注意合理设计版面、装帧。

思 考 题

1. 什么是旅游营销策划？有何特点？
2. 旅游营销策划有何作用？
3. 进行旅游营销策划时应遵循哪些原则？
4. 什么是头脑风暴法？实施要点有哪些？
5. 目前在旅游营销策划中存在哪些误区？
6. 旅游营销策划有哪些基本程序？
7. 如何确定旅游营销策划主题？
8. 如何在旅游营销策划过程中形成创意？
9. 怎样撰写旅游营销策划书？

☞**案例**

军 事 之 旅①
——松花江旅游营销策划案

一、背　　景

随着我国经济的发展，人们的生活水平日益提高，旅游逐渐成为人们休闲的一种方式。近几年由于我国宏观调控、东南亚金融危机的负面影响，国内产品明显过剩，市场需求严重不足，如何启动市场是我国政府的首要任务。在我国政府的不断摸索与经济专家的建议下，国家提出发展假日经济、旅游经济以启动市场的新思路。旅游经济正成为我国 GDP 的新增长点，旅游业大发展的时机已经到来。

松花江国旅正是在这样的背景下，提出了寻求旅游大发展的课题。本公司受其委托，策划此案。

二、市 场 分 析

随着人们生活水平的提高，人们的需求层次也越来越高，一般常规的观光旅游已不能满足目前消费者的需求，消费市场出现多层次、多元化特征。根据市场的以上特征我们提出了商贸之旅、特色观光之旅、文化之旅、军事之旅等，目前先推出的是军事之旅，原因有两个，一是人们有强烈的消费需求，二是黑龙江省有丰富的旅游资源。

（1）迄今为止，国内尚无完善的旅游市场细分的实际操作，尤其是对军事旅游的认识不足；而我国有着极为丰富的军事旅游资源，这是一块尚待开发的处女地，潜藏着极大的商机。

（2）军事观光可以满足人们对军事的好奇心，同时可满足在第二次世界大战时期亲身经历的部分军人及其后代凭吊、追忆的愿望，更为重要的是这可成为对青少年进行爱国主义教育和国防教育的好方式。

（3）据调查表明，男性80％以上对军事旅游感兴趣，青少年中90％对军事旅游感兴趣，可见，军事之旅有着较大的市场。

---

① 参见雷鸣雏.顶尖策划——中国企业著名策划全案.北京：企业管理出版社，2000：210-212

三、市 场 考 察

黑龙江旅游资源极为丰富，是我国著名的避暑胜地、冰雪旅游之地。我们通过考察发现，黑龙江的军事旅游资源相当丰富，如根据小说《林海雪原》而建造的威虎山城、1969年我国对前苏联自卫反击战战场珍宝岛、第二次世界大战中日本关东军在我国东北边境修筑的庞大军事工程且号称"东方马奇洛防线"的虎头军事要塞等。这些都是进行爱国主义教育和国防教育的良好教材。

1. 威虎山城

威虎山城位于牡丹江市境内，距哈尔滨市近3个小时的路程，交通极为便利，山城威武雄壮，我国军事领导人洪学智曾于1998年9月16日为山城题词。主要参观景点有：清一色仿古建筑"林海镇"、山中隐蔽的地道、座山雕的老巢"威虎厅"以及小常宝藏身之地夹皮沟村。每年6～9月的双休日，还可看到为座山雕"拜寿"的演出。

2. 虎头要塞

虎头要塞位于虎林市境内，从哈尔滨市可乘火车到达，交通便利。这里号称"东方马奇洛防线"，是第二次世界大战的终结地。要塞修筑于1934年，工程庞大，动用了10万民工，花了6年时间建成。是至今发现的第二次世界大战期间修筑最坚固、保持最完整的军事要塞，其牢固程度、完备程度、现代化程度堪称第二次世界大战之最，令人叹为观止；同时也是第二次世界大战期间，前线阵地战斗最激烈、持续时间最长、死亡人数最多的战场。

3. 珍宝岛

珍宝岛位于虎林市境内，距虎林市中心4小时路程。这里曾是20世纪60年代我国著名的"珍宝岛"自卫反击战战场。从这里流传出许多英雄的故事，有"战斗英雄"孙玉国，有毛泽东亲自题词"生命不息、冲锋不止"的于庆阳，有英勇战斗最后光荣牺牲的杨林等。

四、市场推广策略

基于以上分析，我们建议松花江国旅在今夏推出"军事夏令营"旅游活动，通过组织青少年学生参观虎头军事要塞、珍宝岛等地，达到爱国主义和国防教育的目的，开辟一种全新的旅游方式，从而提高松花江国旅的知名度、美誉度。

（一）松花江国旅的优、劣势

1．优势

（1）国家产业政策的支持，当今正是发展旅游的大好时机，这是天时。

（2）松花江国旅在哈尔滨、黑龙江享有一定的知名度，这是地利。

（3）松花江国旅具有高学历、高素质、高水平的战略性人才以及较强的亲和力，这是人和。

（4）另外，旅游线路新奇，旅游方式独特，对大、中学校学生（尤其是男生）及注重素质教育的家长有较大吸引力。

2．劣势

（1）旅游竞争激烈。中、青、工、铁旅等几家大的旅行社无论资源还是实力都对本公司构成强大威胁，是主要的竞争对手。

（2）旅游利薄，开辟一条新线路需支付较大的成本和相当的广告投入，具有一定的风险。

（3）当前的旅游现状是，大多数旅游者还处在非理性状态下，存在盲从心理，国内旅游仍以热线旅游为主，新线、冷线不易形成热点。

（二）机会点

（1）军事之旅是一个全新的旅游概念，能吸引一部分青少年，满足他们对军事的好奇心。

（2）青少年的素质教育已成为国家乃至每位家长关心的问题，旅游中导入素质教育理念，丰富旅游内涵，在特定的场合能起到特殊的教育效果。

（3）这几年五一热线旅游存在各种问题，提醒人们回归理性，适时推出新线路，一定程度上将会分流旅游高峰的客流量，同时也可占领一定的市场份额。

（4）根据马斯洛有关人的需求层次理论，过去大一统的旅游线路和品种，已让有较高需求的人感到乏味。松花江国旅开展主题游，一定会赢得他们的热烈响应，这次"军事夏令营"只是一个开端和尝试。

（三）目标战略

1．总体目标

通过"军事夏令营"系列活动，满足青少年求新求奇的心理需求，达到通过各种方式对青少年进行素质教育的目的，进一步提高公司在市民中的知名度，树立良好形象，提高公司的营业额和利润率。

2．具体目标

（1）把公司的知名度提高 50 个百分点。

（2）促进公司旅游产品的销售，通过"军事夏令营"的宣传，带动其他旅游产品的推广。在活动期间，将销售额提高 60 个百分点，达到 150 万元。

（3）收集游客对活动的反映，为今后新旅游产品的推广投石问路。

（四）目标市场

哈尔滨市 11～21 岁的青少年，特别是小学四年级至高中二年级的在校学生。待取得成功，积累经验后，再推向全国。

（五）市场策略

1．树立新品牌

将"军事夏令营"打造成松花江国旅的一个新品牌。旅行社要想在激烈的竞争中立于不败之地，必须树立品牌意识，保证公司的服务与质量。

2．更新观念

一改过去旅游只注重新、奇、玩、赏的概念，为"军事夏令营"创造附加值，即通过几天的旅程，让游客体验军人生活，增长军事知识，增强民族自豪感，增强爱国意识和国法观念，教育孩子从小树立正确的人生观。

3．组合营销

（1）团体销售，争得部队支持，通过团委、教育部门组织学生夏令营，使"军事夏令营"成为今夏青少年的旅游热线。

（2）散客销售，利用各种公关促销手段，吸引家长与青少年在节假日期间踏上"军事之旅"。

4．服务策略

（1）随团配备一名公司导游、一名军人导游（具有一定文化程度）。

（2）针对一般旅游公司普遍忽略的服务质量问题，将旅游由休闲、游玩的趋利活动，变成寓教于乐、增长知识、开阔眼界、磨炼意志的教育活动；做到故事性、趣味性、知识性、思想性四位一体，使家长和孩子普遍感到花这些钱、这些时间值！

（3）制作旅游纪念册，图文并茂，具有保留价值。

（4）让学生穿上迷彩服，戴上军帽，过上几天军事化生活，对青少年学生一定有较大的吸引力，因而产生较大的兴趣和参与欲望。

（六）广告策略

广告应宣传品牌，突出"让我当一回兵"这个主题，宣传军事内容，更新人们的观念，用各种广告手段，鼓动青少年体验军人生，增强爱国主义精神和国防意识，让学生们在玩中有所得，因而形成较好的品牌效应。

（七）广告表现

1．规范全新的视觉形象

整个"军事夏令营"活动首先要规范全新的视觉形象，给人以耳目一新的感觉。

（1）亮出象征松花江国旅的标志。

（2）寻找或设计一个松花江国旅的形象代表。

（3）设计一套延展的吉祥人物（不同旅游地区、旅游线路有不同的风格）。

（4）统一服装。

（5）军事化、规范化的行动。

2．广告语

（1）主题："让我当一回兵"（或"我爱北疆"、"和平鸽在心中飞翔"），意在将旅游与体验军人生活、了解军事知识、增强国防意识融合在一起。

（2）广告语

①"追抚第二次世界大战创伤、惊叹第二次世界大战奇迹。"

②"战争年代用生命与热血捍卫祖国领土，和平时期用知识和智慧增强综合国力。"

③"让我当一回兵。"

（八）公关促销

1．文字宣传

（1）请名作家写关于第二次世界大战反法西斯的有关文章，内容涉及虎头要塞。

（2）发表有关旅游呼唤品牌的评论员文章，突出"军事夏令营"只是松花江国旅树立品牌的第一步，是旅游业的可喜现象。

2．"军事夏令营"作文竞赛

（1）主题：爱好和平

（2）方式：和团委、教育局联合举办"让我当一回兵"作文竞赛。

（3）奖品：省内旅游

（4）评委：省内知名人士

（九）财务预算（略）

（十）文案（略）

（十一）广告投放计划时间表（略）

（十二）结束语

希望"军事夏令营"成为哈尔滨青少年今夏的旅游首选。

希望松花江国旅成为今夏旅游者的首选。

相信在多方的共同努力下，配合广告攻势，结合整合营销，一定能够达到期望的目标，为松花江国旅拓展更广阔的市场空间，为松花江国旅赢得更佳的市场形象。

问　题：

1. 该策划是如何对旅游消费市场进行分析并确定策划主题的?

2. 该策划是如何进行战略分析与设计的?

3. 请对该策划从整体上进行评价。

第二章
旅游营销形象策划

第一节　旅游营销形象策划概述

一、旅游营销形象的概念及其特征

关于旅游营销形象的概念，存在着不同的表述形式。有的称为旅游形象，如王克坚在《旅游辞典》中认为，旅游形象是指旅游者对某一旅游接待国或地区总体旅游服务的看法和评价；吴必虎、宋治清认为，旅游形象是旅游者对某一旅游地的总体认识和评价。有的人则称为旅游市场形象，如马勇、王春雷在《旅游市场营销》中认为，旅游市场形象指旅游者、社会公众对区域旅游或旅游企业的内在特质及外在表现的总体印象和综合评价。本教材则从市场营销策划的角度定义旅游形象，将其统称为旅游营销形象。

旅游营销形象的定义是：旅游者、社会公众对某一特定的旅游区域或旅游目的地、旅游企业的资源特色与营销活动所给予的总体评价与一般认定。它是旅游者、社会公众通过各种渠道接受旅游目的地、旅游企业的各种信息，包括传媒信息、口碑信息、实地旅游和感受服务等，最终形成的总体印象和综合评价。

旅游营销形象可分为两类：一是区域旅游营销形象，它主要指旅游者、社会公众对某一旅游区域或旅游目的地的资源特色和营销活动的总体印象和综合评价；二是旅游企业营销形象，它主要指旅游者、社区公众和内部员工对旅游企业的营销理念、产品特色、服务品质、管理水平及社会贡献等因素的总体印象及综合评价。

旅游营销形象是由多种因素构成的，内涵十分丰富，它是旅游目的地和旅游企业的地脉、文脉特色和营销理念、营销文化的高度浓缩和象征。旅游营销形象的建立是一个动态的过程，它随着环境、市场需求与旅游者心理等因素的变化而改变。

一般而言，旅游营销形象具有如下特征：

（1）整体性。

旅游营销形象尽管是由多种因素构成的，旅游营销形象也可以有多种表现形式，但是，在旅游者和社会公众的心目中，旅游营销形象是以一个整体的印象或面目出现的；旅游目的地或旅游企业在进行市场营销和形象推广时，也是以整体的形式、整体的表征为特点进行的。例如，西安是以"古都"、昆明是以"春城"、宁夏是以"塞上江南"、西藏是以"雪域高原"等为整体形象推向社会、推向市场的。旅游企业在做市场营销时，也同样以整体形象出现，如国旅、青旅、广之旅、香格里拉饭店、中国大酒店、东方航空、南方航空、西南航空等旅游企业，它们的营销形象带有很强的统一特征和标准性，它们完全从企业的整体出发而不是从某一个别和单一方面来推广自己的市场形象，这一特点有助于旅游消费者对旅游企业的全面认识和整体把握，从而影响其与这些旅游企业的关系。

（2）综合性。

尽管旅游营销形象一般是以整体性特征出现的，然而，由于观察的角度不同，旅游者和社会公众对同一旅游目的地或相同旅游企业的市场形象的心理感受存在着一定的差异。就旅游目的地而言，旅游者一般从评价旅游产品和区域特色的角度来认识该区域的旅游市场形象，而社区居民往往从旅游业的社会贡献、管理水平等方面来认识区域旅游营销形象。就旅游企业而言，旅游者则侧重从产品或服务质量、管理水平的角度来认识旅游企业的市场形象，而社区公众则主要从旅游企业对社区的贡献、旅游企业所承担的社会责任等方面来评价该企业的社会形象。可见，旅游营销形象具有明显的综合性特征，这种特征会直接影响旅游者的购买决策，同时也影响区域旅游的发展。

（3）标志性。

由于旅游营销形象是旅游目的地或旅游企业的象征，因此，它往往能集中反映或突出体现某一旅游区域或旅游企业的特色，如重庆——山城、海南——椰风海韵、苏州——东方威尼斯等。尤其是旅游区域与旅游企业的主题形象一般都比较鲜明，并且逐步成为旅游区域或旅游企业的品牌标志，所以，只要一提到某个旅游目的地或旅游企业，旅游者总能记住，并会想起其标志性景观或产品。从这个意义上说，旅游营销形象即为旅游目的地或旅游企业的标志，它是吸引潜在旅游者变为现实旅游者，从而开发旅游客源市场的有效工具或手段。

（4）相对稳定性。

旅游营销形象是旅游者心目中对旅游目的地或旅游企业的总体评价和综合印象，这种评价或印象是一种心理活动，一经产生和形成，便会具有相对的稳定性。如果旅游目的地或旅游企业所具有的特色和所提供的产品（服务）以及营销环境不发生大的变化，那么，其在旅游者心目中所留下的深刻印象也不会轻易发生改变。同时，大多数旅游者具有相同的心理愿望，他们对旅游资源、旅游产品或服务具有大体相同的审美情趣和好恶标准，因而一旦他们在心目中形成形象，不会在短期内发生改变。另外，旅游目的地或旅游企业基于营销成本和开发市场的需要，更不会随便变动自己的形象，而鲜明的旅游营销形象有助于旅游目的地或旅游企业形成良好的市场口碑，并充分发挥扩散效应，对更多的旅游者产生吸引力。

（5）可塑性。

旅游营销形象虽然形成以后具有一定的稳定性，但它并非一成不变，而是随着市场环境、游客需求的变化而发生改变，只不过这种变化是一个渐进的过程。可以这么说，旅游营销形象同旅游产品、旅游企业、旅游目的地一样，也具有自己的市场寿命或生命周期，在它的形成、成熟阶段，它具有较强的稳定性；而在其处于衰退阶段，则原有的形象期望值会降低，对旅游者的吸引力也会大大下降，这就会严重影响旅游者的购买兴趣，改变旅游目的地或旅游企业在他们心目中的地位。因而，必须不断丰富和深化旅游营销形象的内涵，重塑新的形象，打造新的品牌。

二、旅游营销形象的构成体系

旅游营销形象是一个非常复杂的系统，根据层次、因素的不同，可将其分为历史形象、现实形象和发展形象（如图 2-1 所示）；根据维度的不同，又可将其分为功能—心理维、实征—幻象维及泛征—特征维三个维度（如图 2-2 所示）。

这里我们以旅游营销形象的具体表现形式为依据，将其大体分为三个结构内容：

（1）旅游景观形象：主要是指各种景观外貌特征及视觉形象，包括自然景观、人文景观、城市雕塑、城市布局、城市标志、市容市貌、企业建筑特色、装饰风格等，它们是旅游的主导吸引因素。

（2）旅游产品质量形象：主要是指对旅游企业或旅游目的地所提供的吃、住、行、游、娱、购六个旅游要素的衔接状况及服务质量水平的评价，它们是旅游形象的核心内容。

旅游地总体形象
- 历史形象
  - 待发掘
    - 政治：历史事件、历史人物
    - 经济：历史上的成就与地位
    - 文化：历史人物、文化古迹
  - 已发掘
    - 政治：历史事件、历史文物
    - 经济：历史上的重要地位
    - 文化：历史文物、文化古迹、历史知名度
- 现实形象
  - 内在实力
    - 资源基础：自然与人文旅游资源
    - 环境：经济实力、投资环境
    - 经济环境：综合发展、工业、农业、流通
    - 文化底蕴：文化传统、人文底蕴
    - 技术底蕴：人力资源、科技投入
  - 外显活力
    - 区位条件：地理位置、旅游市场区位
    - 管理水平：政府管理素质与制度
    - 传媒形象：对外交往、对外信息沟通
    - 地区文化：文化宣传、文体事业建设
- 发展形象
  - 发展战略
    - 战略目标：依据、口号
    - 目标：经济目标、社会目标、环境目标
    - 战略重点：旅游及相关产业的位次
    - 战略步骤：阶段划分、阶段目标
    - 战略布局：旅游产业地带、服务体系
  - 发展潜力
    - 基础设施：旅游相关产业基础设施
    - 教育科技：科技潜力、人才储备
    - 资源环境：自然环境、环境保护
    - 政治社会：民主与法制

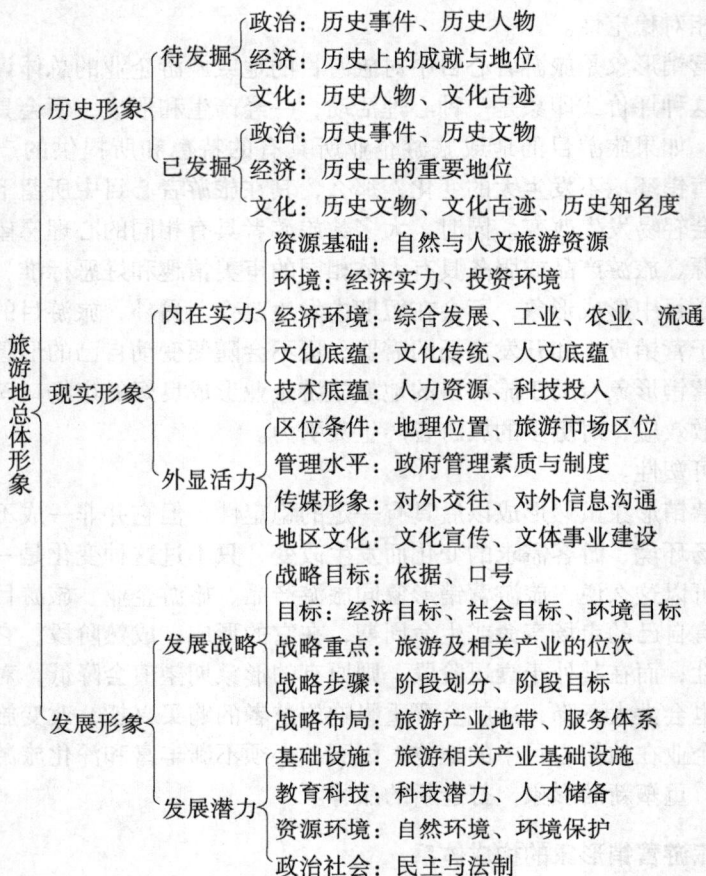

图 2-1 旅游地总体形象的构成体系①

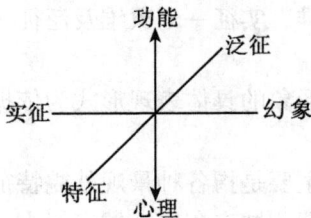

图 2-2 旅游地形象的三维构成

---

① 参见马勇，舒伯阳．区域旅游规划．天津：南开大学出版社，1998：130-131

（3）旅游社会形象：主要是指旅游者在旅游过程中所体验和观察到的当地社会生活的各个层面，包括居民的精神面貌、风俗习惯以及居民对旅游者的态度等，反映出一个城市的文化水准和文明程度，是一种社会旅游资源。它虽为旅游活动中"附带"产生的形象，但随着参与性、个性化旅游需求的增长，这部分形象将愈来愈重要。

三、旅游营销形象策划的必要性和重要意义

旅游营销形象策划是指策划主体通过对旅游目的地或旅游企业的特色（资源、产品、质量、文化等）进行分析，找出与其他旅游目的地或旅游企业的差异，然后在分析市场需求的基础上，对旅游目的地或旅游企业的独特性形象进行科学设计的过程，目的在于形成良好的市场口碑和独特的销售点。

形象策划在 20 世纪 60 年代被欧美企业界正式应用和系统化，后为日本所完善，逐步形成了一套完整的企业形象设计理论，20 世纪 80 年代传入中国。作为一项竞争、营销策略，它在刻画企业个性、完善企业文化、塑造企业形象，进而提升经营业绩诸方面取得了极大的成功，引起了各界广泛的关注，开始被应用到更为广阔的领域。例如日本的神奈县将形象策划导入城市，开始了城市形象设计的全方位试点，通过市徽、吉祥物、基本色彩、标准字体在报刊等宣传物品、社会公共设施、政府机构使用品中统一出现的策略，依靠设计的文化内涵、艺术美感和统一的形象语言，向每一位来到神奈的游客展现其鲜明的地方色彩和文化气息，给人留下了深刻的印象。在中国，进入 20 世纪 90 年代后，旅游产品的区际竞争越来越激烈，在这种区域竞争的条件下，进行区域旅游形象策划和推广显得越来越重要。在 21 世纪精神经济时代里，物质形式的生产和消费逐步让位于非物质产品的生产和消费，而旅游产品很大程度上属于一种精神产品，它的营销更依赖于形象的建立和推广；另外，20 世纪 80 年代以来全球进入信息社会，出现了信息传播的多样化、快速化和个性化。所有这些现象，使得旅游目的地与旅游企业的形象设计的重要性愈来愈突出。

第一，旅游营销形象的确定是旅游开发工程的核心内容。旅游开发工程作为一项系统工程，可称为"三三工程"。所谓"三三工程"是指进行旅游开发需要三项标准和三个步骤。资源、市场和替代产品是判断一个地区能否进行旅游开发的三项标准。我国早期旅游业的特点是资源即产品，无须大力开发（如黄山、黄鹤楼、三峡等）。随着我国改革开放和旅游业的发展，竞争的加剧，市场需要新的旅游产品，这些产品与市场的结合较为紧密，包括

度假旅游、会议旅游等，如深圳和上海等地主题公园的出现和成功完全是因为满足了市场的需要。但有资源和市场不等于就能进行旅游开发，还需要进行替代产品分析，以避免陷入周围地区旅游业的影区。经过上述三项标准的判断后，旅游开发才能进行，但尚需实施三个步骤：第一步，确定形象，地方的众多旅游产品需要一个中心思想，即确定旅游形象，俗称"定调子"；第二步，"定盘子"，围绕旅游形象进行旅游产品开发；第三步，建立支持系统，从政策、法规、行政管理、人才环境以及基础设施等各方面进行配套，所以地方旅游开发的"三三工程"的核心问题就是确定形象。在旅游开发的前期进行资源和市场分析，确定形象，进而围绕形象开发旅游产品，建立支持系统。

第二，在区域竞争很强的条件下开发旅游产品需要旅游形象。我国旅游业从 20 世纪 80 年代资源即产品的开发形态，发展到 20 世纪 90 年代已经成为高投入、高产出，带有很大风险的产业。我国以前把旅游业作为支柱产业来抓的省份很少，而现在已经有近 30 个省、市、自治区明确提出把旅游业作为支柱产业，这意味着竞争大大加剧了。在这种市场环境下，没有特色鲜明的旅游形象就很难获得竞争优势。

第三，21 世纪是精神经济的时代，旅游产品在很大程度上是精神产品。精神经济和传统的物质生产有明显的区别，其产品不是有形的、可以进行工业化生产的物质实体，而是抽象的、以人的经历和感受为主要表现形式，所以，更加依赖于产品形象的创意、设计和宣传。我国长期以来先抓重工业后抓轻工业，先抓第一、第二产业，后抓第三产业，很多地方政府对精神经济的认识不够，例如，对城市文化环境、居民素质等问题重视不够，不愿意加大投入进行建设。事实上，城市文化环境、居民形象也能作为一个旅游目的地的吸引物来吸引游客。著名的旅游城市青岛、大连就是以其优美的城市环境和人文氛围吸引了众多的游人。

在现代旅游业发展过程中，旅游营销形象发挥着越来越大的作用。

（1）旅游营销形象策划可以使旅游目的地或旅游企业的形象更明确、更清晰，有助于提升旅游产品的品位和档次，增加其心理效果和心理附加值。旅游产品的特性是不可贮存性，其价值如果今天不能实现，所造成的损失将永远无法弥补，这决定了宣传促销对旅游产品尤其重要，而旅游形象是宣传促销、市场开拓的重要手段和途径。通过良好的旅游形象对人们心理的诉求和诱导，能有效激起他们强烈的认同感，使他们增加对产品"信得过"的购买信心和勇气。旅游形象一旦较鲜明地形成并广为人知，就会为公众熟悉、接受甚至羡慕，就会在其心目中产生较好的形象，从而对游客产生强烈的吸引力。纵观全球，凡是旅游业兴旺发达的地方，无不具有鲜明独特的旅游形象。如西班牙的三"S"黄金海岸、众多中世纪的城堡和富有特色的建筑、独特的斗牛风情，构成了这个国家最具诱惑力的形象，每年吸引四五千万海外游客到这个世界旅游王国观光、游览。

（2）旅游营销形象策划可以使旅游目的地或旅游企业的特色更突出，有利于增强其吸引力，提高其竞争力。对旅游目的地而言，通过形象策划，可以使其资源、产品特色凸现，形成有较强吸引力和竞争力的品牌，并运用适当的形象传播方式将其传达给旅游者与社会公众，从而迅速提高知名度、美誉度。对于旅游企业而言，通过形象策划，可以使其与其他竞争者在服务种类、服务质量及经营理念上区别开来，形成差异化优势和核心竞争力，从而使旅游企业在激烈的市场竞争中处于主导地位。

（3）旅游营销形象策划，有助于旅游目的地政府和公众对本地旅游资源核心、产品定位和发展目标有更清楚的认识，从而进行更理性的开发与营销；对旅游企业来说，有利于增强企业内部的凝聚力，激发旅游从业人员的自豪感，提升其社会责任意识和服务水平，从而充分发挥其积极性和进取心，形成"以人为本"、"服务至上"的企业精神。

第二节　区域旅游营销形象策划

一、区域旅游营销形象策划目标

区域旅游营销形象设计的目标通常是很明确的，即消除不利于旅游者前往旅游目的地的原有成见和刻板印象，设计富有吸引力的区域旅游营销形象，同时能使旅游者获得满足，并留下良好、深刻、有助于多次前往该地旅游的直接感知形象。

区域旅游营销形象设计的目标不会是千篇一律的，由于营销目的不同，其旅游形象设计目标也会有所差别，目标的差异会带来设计方案的差异。一般来说，这些差异主要来自对旅游地营销形象现状的评估，其评估结果决定着区域旅游营销形象的策划目标。具体来说，区域旅游营销形象的策划主要有 4 种目标。

（1）设计鲜明的形象。这一目标主要是针对那些形象模糊的旅游目的地而言的。有些旅游目的地的形象不明确，旅游者和社会公众无法从中了解旅游目的地的特色及其所推广的市场卖点，也不知是否能从中获得有用的信息而吸引自己去旅游。这种模糊的形象缺乏诱惑力，因此，这些旅游目的地需要通过策划与设计使其形象鲜明起来，给人留下清晰的印象，从而吸引旅游者和社会公众，增强其出游的愿望。

（2）改造不良的形象。这一目标主要是针对那些形象较差、口碑不好的旅游目的地而言的。有些旅游目的地由于旅游环境、产品设计、旅游质量与管理水平等方面存在许多问题，在旅游者和社会公众心目中留下了不好的印象，或者是由于旅游目的地的某些行为违背了法律、道德或没有很好地履行社会责任，如破坏生态环境、损毁文物古迹、从事赌博色情交易等，在社会上造成了不良影响，使自己的形象处于不利的境况。通过形象的重塑与再设计，可以使旅游目的地以新的面貌出现，从而改变不利的形象，重新对旅游者产生吸引力。

（3）更新过时的形象。这一目标主要是针对那些传统旅游目的地而言的。一些开发很早、模式固化的传统旅游目的地，其形象特征由长期的历史积累而成，曾经对旅游者产生过巨大的影响和吸引力；然而，随着旅游业的蓬勃发展，旅游者需求的变化以及旅游市场竞争的加剧，传统旅游目的地市场形象的影响力和吸引力逐步下降，有的甚至成为旅游目的地拓展客源市场的障碍。这种过时的形象需要进行更新、改造，使之重新焕发青春，风光再现。

（4）保持、强化良好的形象。这一目标主要是针对形象优良的旅游目的地而言的。一些旅游目的地、风景名胜区不仅知名度高，而且美誉度也高，形象好，口碑佳，深得旅游者的喜爱与赞赏，对旅游者和社会公众有很大的吸引力。对这样的旅游目的地，应通过有效的策划手段，不断地保持和强化良好的形象，尽力延长其市场的生命周期，永葆青春魅力。

二、区域旅游营销形象策划的基础

在做旅游营销形象策划之前，必要的工作是对旅游目的地形象的现状进行调查，了解当地的知名度、美誉度和认可度，这是进行旅游营销形象策划的基础。缺乏这一基础，其所设计的旅游营销形象就可能是名不副实，即与客观实际相脱离，起不到应有的市场营销效果。

1. 区域旅游营销形象的调查内容

（1）知名度。旅游地的知名度是旅游者（包括潜在旅游者）对旅游目的地的识别、记忆的状况。其测算公式为：

$$知名度 = 知晓旅游地的人数/总人数 \times 100\%$$

知名度本身无好恶之分，但好与恶都可以提高知名度。

（2）美誉度。旅游地的美誉度是指旅游者（包括潜在旅游者）对旅游目的地的褒奖、赞赏、喜爱的情况。其测算公式为：

$$美誉度＝称赞旅游地的人数／知晓旅游地的人数×100\%$$

知名度与美誉度的组合构成旅游地形象的四种状态（如图2-3所示）。

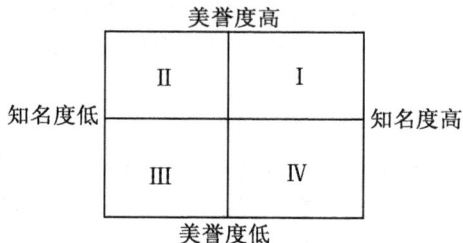

美誉度高

Ⅱ	Ⅰ

知名度低　　　　　　　　　　　　　　　　知名度高

Ⅲ	Ⅳ

美誉度低

图2-3　形象状态识别的象限图

其中：

Ⅰ 表示形象好且知名度高；

Ⅱ 表示形象好但不太出名；

Ⅲ 表示形象既不好也不出名；

Ⅳ 表示知名度高但形象差。

（3）认可度。旅游地的认可度是指旅游者把旅游地的产品和服务纳为自己消费对象的程度。其测算公式为：

$$认可度＝行为人数／知晓人数×100\%$$

2．区域旅游营销形象调查

有关旅游营销形象的资料和信息，特别是旅游者对该旅游区形象认知的信息，一般难以找到现存的资料，需要通过市场调查的方法获得。其基本的调查程序是：

（1）确定调查目标；

（2）明确调查对象；

（3）选择调查方法，包括问卷调查法、深度访谈法等；

（4）问卷设计与拟订访谈提纲；

（5）组织与实施调查。

三、区域旅游营销形象定位

"定位（Positioning）"是广告学的核心概念之一，它强调通过"定位"促使商品进入潜在消费者心中，并占据某处心灵位置。据艾·里特、杰·特劳特所言，定位理论的核心思想就是"去操作已存在心中的东西，去重新结合已存在的联结关系"。市场定位，就是指设计一定的营销组合，以影响潜在顾客对一个品牌、产品线或一个组织的全面认识和感知，而形象定位则是探讨如何使产品进入消费者的心中，最终被消费者接纳的过程。

区域旅游营销形象的定位，就是要使旅游地深入潜在游客心中，使旅游地在游客心中形成生动、鲜明而强烈的感知形象，树立起区域独特的风格和吸引特质。

（一）区域旅游营销形象定位的前提

旅游营销形象定位是建立在地方性分析和市场性分析的基础之上的。前者揭示地方的资源特性、文化背景；后者揭示市场对旅游地形象的需求。这两方面的综合，构成了区域旅游营销形象定位的基础和前提。

1．地方性研究

任何旅游目的地都具有其自身独特的地方特性，或称地格。地格的形成类似于人格的养成过程，既有先天的基础，也有后天的涵育。先天的基础就是当地的自然地理环境和自然资源特性；而后天的涵育则指人类历史文化的积淀和演化。前者称为地脉，后者则称为文脉。

地方性研究就是分析某一旅游目的地的自然地理环境、自然资源特色和历史文化特点对该地旅游营销形象的影响。例如，西安为什么以"古都"作为它的主题形象，原因在于西安是历史上有名的汉、唐朝的国都，显然，历史文脉在其主题形象的形成中发挥了重要作用。再如昆明为什么以"春城"自居，原因在于它独特的自然地理气候使其四季如春，美不胜收。事实表明，地脉与文脉是构成旅游目的地形象的重要因素。一般而言，区域旅游营销形象的设计，必须紧紧抓住地方特色，突出地方特色，通过对地方自然特性与文化特质的提炼、总结，为区域旅游营销形象的设计提供本土化的特征基础。

2．市场性分析

区域旅游营销形象的设计不仅要考虑其地方特性，还要考虑市场因素，即该形象是否符合旅游者和潜在旅游者的心理需求，能否被旅游者认可和接受，并被其吸引而产生购买欲望。同时还要考虑市场竞争的因素，看该形象是否具有独特性，是否与其他竞争者的形象具有显著的区别。因此，区域旅游营销形象设计的市场性分析主要包括两个方面，即受众分析与替代性分析。

（1）受众分析是进行旅游形象市场定位和进行营销推广的科学基础和技术前提。旅游营销形象的构建主要目的是为了向潜在旅游者推销旅游目的地，帮助旅游者更清晰、更方便地了解地方的特点和特异之处，促使其产生旅游动机，由潜在游客变为现实游客。受众分析就是在调查受众对旅游目的地形象感知的基础上，分析他们的感知偏好与满足程度，进而分析旅游目的地营销形象的知名度、美誉度与认可度，最终选择最佳的形象进行定位，使之成为旅游者和潜在旅游者心目中的品牌形象，从而对旅游者的决策行为产生决定性的影响。

（2）竞争性分析也叫做替代性分析，主要研究旅游目的地与它的竞争者在形象定位过程中的差异性。旅游目的地要想保持竞争的优势，必须在突出资源特色的基础上强化形象定位的独特性、异质性，以避免与他人类同、相似，从而减少被替代的风险或威胁。因此，只有独特性、惟一性，才能被旅游者从众多相似的信息中注意和感知，旅游目的地也才具有其真正的核心竞争力。

（二）区域旅游营销形象定位原则

区域旅游营销形象的塑造应依托本地的主要旅游资源，突出特有的区域个性或旅游者的市场利益点，同时还要根据旅游市场开发的程度对主题形象进行不断提升，以适应市场营销的需要和新的竞争形势。

区域旅游营销形象的定位应遵循以下原则。

（1）主题标志化原则。旅游主题的实质就是旅游地的独特性。每个旅游目的地都必须有一个或若干个鲜明的主题，并通过景观设计、建筑风格、项目策划、产品推广等将主题直观地表现出来，以突出本区域旅游产品或服务的特色，树立本区域旅游品牌，从而对游客形成强烈的视觉冲击和心理诱惑。

（2）内容差异化原则。主题标志化是针对受众而言的，目的在于为游客提供一个鲜明的形象，以利于激发游客的出游动机；而内容差异化更多的是针对竞争者而言的，它的目的在于使本区域的旅游形象与其他区域的旅游形象有明显的区别，从而创造独特的吸引力和核心竞争力。差异化原则正是利用了旅游者对其特色的偏爱和忠诚，在进行形象定位时充分挖掘和表现区域特色，突出卖点，显示惟一性，强化垄断性，从而使区域旅游营销形象在市场中成为独一无二的旗帜或品牌。

（3）表现口号化原则。旅游形象定位的最终表述，往往以一句主题口号加以概括。口号是旅游者易于接受、了解旅游目的地形象的最有效的方式之一，它如同广告词，一句恰到好处的口号往往会产生神奇的宣传、促销效果。区域旅游营销形象的定位，需要通过一种方式、一种渠道、一个载体来表现、显示和传播开来，从而在旅游者和潜在旅游者心中占据一定的位置，留下深刻的印象。主题口号就可以起到这样的功效，它是形象定位的最好表现形式。世界上许多城市和省份都有自己的宣传主题口号（Advertising theme），寥寥数言，就把该地区的形象特征栩栩如生地刻画在潜在旅游者和现实旅游者的脑海中，如美国纽约的主题口号是"I Love New York"（我爱纽约），香港回归之后将其主题口号由"万象之都"改为"我们是香港"（We are Hong Kong），起到了良好的宣传效果。区域旅游营销形象的定位要注重通过主题口号来表现，要突出地方特色、行业特点和时代特征；要用浓缩的语言、精妙的文字、绝妙的组合……构成一个有吸引力的旅游地形象，以此打动旅游者的心，激发旅游者的旅游欲望，并使之成为旅游者永久而深刻的记忆。

（三）区域旅游营销形象定位的基本方法

市场营销中的定位方法有很多种，如根据产品的特性进行定位，针对竞争者的产品进行定位，根据不同的产品种类进行定位，根据消费者的需求特点进行定位等。区域旅游营销形象定位的核心思想在于："引导和控制旅游者对目的地的认知，并重新组合已存在的各种联结关系，从而使旅游地获得旅游者的认同和支持。"根据旅游行业的特点，下列方法可用于区域旅游营销形象的定位。

1．领先定位法

领先定位法适合那些具有独一无二和垄断性特征的旅游资源的旅游目的地，例如中国的长城、埃及的金字塔……它们是世界上绝无仅有的人类奇迹，它们的形象在所有旅游地形象阶梯中都始终是占第一位的，不可替代。因此，它们的定位就是领先定位，这种定位可使其形象保持长盛不衰的魅力。不过，这种绝对领先、形象稳固的旅游目的地毕竟只是少数，大量的旅游目的地要依据其他方法进行形象定位。

2．比附定位法

比附定位法也称类比定位法，它主要是将相同、相类似的旅游目的地进行比较，并借用他人的地位声望进行定位的方法。它一般不去争夺原有形象阶梯中的最高位，但力争抢占第二的位置，或者将自己类比为某类旅游地。这种通过与原有根植于人们心中第一位的形象相比附，确定"第二位"形象的定位方法反而会给旅游者留下较深的印象。事实上，不少旅游目的地已经注意并使用过这样"比附"关联的方法，例如苏州定位为"东方威尼斯"、三亚定位为"东方夏威夷"、谷城薤山定位为"中国南避暑山庄"等，即是采用了这种定位方法，它们利用他人形象的声望而抬高自己、扩大影响，从而获得了游客的广泛认知。

3．特色定位法

特色定位法是指旅游目的地突出自己的资源特色、产品特色，以独特的自然景观、人文景观作为自己的卖点，并以这种特定的形象向社会公众展示、推介的方法。如江西婺源不仅山清水秀，景色优美，而且建筑特色鲜明，因而其形象定位为"中国最美丽的乡村"，吸引了大批游客前来游览；湖北神农架为华中第一高峰，莽莽原始森林覆盖大地，生物具多样性且均有特色，尤其是"野人"的神秘传说，对游客产生了极强的诱惑力，其形象定位于"神秘的原始森林，野人出没的地方"，即充分凸现了神农架资源特色和市场卖点。

4．价值定位法

价值定位法是指旅游目的地在形象建立和推广中展示或提供给旅游者或社会公众的独特利益的定位方法。区域旅游营销形象定位的落脚点是通过满足旅游者的价值需求或特殊利益，从而诱惑激发旅游者的出游动机，赢得更大的旅游市场份额。价值定位法实际上就是利益诱导法，它往往用于特定客源市场的形象定位，以此形成独特的市场卖点。如香港曾经定位为"购物天堂"，其形象所显示的价值信息就是：香港物美价廉，只要你到香港来，你就能买到任何你想买而且愿意买的东西！

5．重新定位法

重新定位法并非一种独立的定位方法，而是原旅游目的地根据其形象所处的生命周期的特定阶段采取的一种再定位策略。旅游目的地的发展经历着产生、成长、成熟、衰落等不同的阶段，原先在旅游者心目中建立起来的稳固形象由于时代的变迁而难以适应市场需求的变化，已不能产生号召力和吸引力了。一般来说，大部分消费者都具有"喜新厌旧"的心理倾向，特别是旅游消费者更希望旅游目的地以新的面貌取代旧的，因此，重新定位可以促使新形象替换旧形象，可以重新在旅游者心中引发兴奋点，从而占据一个有利的心灵位置。如香港的旅游形象定位经历了从"购物天堂"、"我们是香港"到"动感之都"的变化，每一个形象定位的变化都给旅游者带来新的感受和惊喜。

四、区域旅游营销视觉景观形象的设计

（一）视觉景观形象设计原则

视觉景观的美是旅游目的地发展的永恒因素之一，设计和开发旅游目的地景观的视觉因素及其形象力是区域旅游营销形象的重要组成部分，因此，在旅游目的地视觉景观形象的设计中应坚持如下原则。

（1）对于自然景观，旅游者出游的目的在于亲近自然、走进自然、回归

自然，与自然融为一体，感受自然的美与和谐，因而在进行自然景观形象的设计时，应充分考虑"天人合一"的哲学理念，体现人与自然的和谐统一。

（2）对于人文景观，特别是历史文化遗存，必须尽量保持原有风貌，修旧如旧，避免产生"焕然一新"的感觉和过分现代化的风格，要为旅游者提供一个感知历史氛围的空间和载体，并能从中获得某种教益和历史的记忆。

（3）视觉景观形象的设计应充分体现区域差异性即地方性特点，特别是一些标志性的视觉识别符号应突出表现当地文化的意蕴和特色，如湖北旅游的视觉景观形象设计中应充分表现"荆楚文化"这一特定的地域文化内涵，才能显示湖北旅游营销形象的独特魅力。

（4）杜绝"视觉污染"，严禁胡乱开发、建设，解决好旅游环境的脏、乱、差问题，创造优美、整洁、赏心悦目的旅游视觉环境。

（二）视觉识别符号系统的设计

视觉识别符号系统是一种符号解释系统，其功能一是引导和帮助旅游者实地感知旅游目的地形象，实现旅游地形象力所要求的清晰、易懂的特征；二是通过理念一致的设计，使众多、分散的人工符号在确定的空间范围内形成统一的形象特征，能强化和突出区域形象的差异。

1. 旅游名称设计

正如人的名字一样，名称是认知旅游目的地的起点。一个好的名字能使人印象深刻，便于传播与扩散，能极大地提高其知名度。我国不少地方依托知名的风景名胜区，将其名称改换，如安徽屯溪市改名为黄山市，湖南大庸市改名为张家界市，四川灌县市改名为都江堰市等，目的在于提高旅游地的知名度和影响力。

名称的采用有多种方法，如采用最早使用的原名（Initials），重新创造一个名字（Invented names），采用数字名称（Numbers）、神话人物名称（Mythological characters, Personal names）、地名（Geographical names）、字典取名（Dictionary words）、外来词或混合词名称（Foreign words or a combination of words）等。目前旅游地通常采用类型名，即以旅游活动的类型名称代表旅游区个体的名称，如使用森林公园、海滨度假区、水上乐园、滑雪场……来表示旅游地。

旅游地名称设计过程中应注意以下几点：

（1）好认；（2）易记；（3）富有诗意；（4）别出心裁；（5）便于扩散与传播。

2. 旅游标徽设计

旅游地的标徽是旅游地形象的标志，如中国"马踏飞燕"的旅游标志成为代表中国旅游形象的图案之一。迪斯尼乐园的标志是圆脸盘和两只小耳朵的"米老鼠"；泰山风景区的标志是"泰山日出"；黄山风景区的标志为"迎客松"等。标徽如同产品的商标一样，它既标示着此旅游地与其他旅游地的区别，也成为人们识别旅游地的标志。

标徽的设计图案可采用如下几种：（1）特征性地理风景；（2）特征性实物图案；（3）人为设计的图案。旅游区应根据自己的具体情况选择图案的设计方式。有的旅游区风景特征非常突出，则可采用特征性地理风景图案为标徽，如桂林山水、香山红叶等；有的旅游区实体产品具有特色，可采用特征性实物图案作为标徽，如湖北省博物馆标徽即为编钟图案，秦始皇兵马俑的标徽即为兵马俑图案。一些人工建造的旅游项目如主题公园等，基本上都采用人工设计的图案作为标徽。

标徽的设计应醒目、特征突出、标志明显，具有独特性。

3．旅游标准字体设计

文字符号是旅游地符号系统中广泛采用的符号，从旅游地的路标、指示牌到导游图和旅游指南等，都会用到文字。旅游地可采用标准文体传达独特的旅游形象。这些标准文体既可以设计，如用电脑进行设计，也可以直接采用名人题字，包括从历史上著名书法家的名帖中挑选出来的文字。

标准字体的设计应注意以下几点：第一，统一性，也就是说旅游地所使用的文字应当具有独特的一致性、规范性。第二，民族性。一般而言，在不影响旅游者的文字理解功能的前提下，尽量使用本地域、本民族的文字，它不仅可以反映旅游地的文化特征，而且本身对旅游者也是一种吸引力，可增加异域形象，还可以作为旅游者识别旅游地的一种依据。

4．旅游吉祥物设计

吉祥物是一种象征性符号，它指代某种事物，便于人们识别和认知。国际上许多著名的主题公园、节事活动等，都设计有自己的吉祥物来传达独特的个性，如迪斯尼的"米老鼠"、"唐老鸭"和深圳华侨城欢乐谷的"皮皮王"等，其生动、有趣的形象，赢得了人们的广泛喜爱，起到了很好的宣传促销效果。

现今，吉祥物已逐渐成为人们认知事物的重要符号之一，在旅游地形象的建立过程中正越来越多地被人们利用。旅游地在设计吉祥物时应把握几项基本的原则：生动、有趣、可爱，容易获得公众的喜爱。

5．旅游象征性人物设计

将真实的人物（主要是名人）与旅游目的地联系起来，使其成为目的地的象征性、符号化的人物，可增强旅游地的形象感召力。

许多地方评选出来的旅游小姐、旅游形象大使等，都是典型的旅游营销象征性人物。一些著名的体育明星、影视明星，甚至政治人物如总统、总理等，都可以作为象征性人物用于区域旅游营销。如香港的著名演员成龙、刘德华、周润发等都曾做过香港的旅游形象大使和旅游先生；我国的歌星孙悦曾被韩国聘为旅游形象大使；韩国前总统金大中在汉城奥运会期间也曾在电视中传播韩国的旅游形象。

象征性人物的设计应把握以下几点：一是象征性人物必须是名人，因为名人有较高的知名度，能产生比较大的影响力和号召力；二是象征性人物必须本身有良好的声誉和口碑，如果声誉和口碑不好，会给旅游地形象带来不利的影响。

6. 旅游户外广告设计

旅游户外广告是指包括招牌、旗帜、标志牌、路牌、方向牌、灯柱、模型、气球、气模、条幅、导游图等在内的旅游地进行宣传促销的各类户外广告，它们与室内广告相对应，是构成旅游地视觉景观的一部分，也是旅游地视觉景观形象的主要元素之一。户外广告的基本功能在于为旅游者提供实地旅游的向导和信息解释。

户外广告的设计应非常醒目，能吸引人的注意；内容要简洁，符合法律道德规范；设置地点合适，能对游客起到向导作用。

7. 旅游纪念品设计

旅游纪念品（包括一些旅游商品）是旅游者从目的地可以购买和带走的一种有形的东西，包括纪念章、纪念币、明信片、导游地图、旅游画册、景点门票、地方手工制品等。旅游纪念品能激起旅游者对曾经有过的旅游经历产生美好的回忆，它能帮助旅游者记住旅游目的地的形象，因而它是旅游目的地形象的体现、延伸与传播的一种很好的载体。发展旅游地独具特色的旅游纪念品，是建立和传播区域旅游营销形象的有效途径之一。

旅游纪念品的设计，最重要的是要有地方特色，体现地方风格。旅游纪念品的地方性越浓、越独特，就越能吸引旅游者的注意，越能激发旅游者的购买欲望，越能促成旅游纪念品的交易和旅游形象的传播。

8. 旅游交通工具设计

独特的旅游交通工具也是一道风景、一种景观，它往往能给旅游者留下深刻印象，从而成为地方旅游形象的构成要素之一。例如长江三峡中的游轮、四川峨嵋山上的滑竿、宁夏大漠里的骆驼、杭州西湖上的一叶扁舟、武汉磨山风景区中的轿子等，这些旅游交通工具事实上都已成为旅游风景区中独特的形象符号，给游客留下难忘的记忆。

旅游目的地风景区中的交通工具，无论是传统的、乡土的，还是现代的、高科技的，越来越成为旅游地形象开发与营销的成分，有些甚至成为了旅游地形象的一个标志符号。因此，旅游目的地在设计旅游交通工具时，应注意如下几点：（1）它首先应当是交通工具，在运载游客的过程中应有充分的安全性；（2）它应当具有鲜明的特点，越体现地方性、文化性，它就越受到游客的青睐；（3）它应当而且可能由于其独特性、别出心裁而成为一道风景。

9．旅游标准色设计

颜色也是能给旅游者以强烈视觉影响的刺激物，颜色设计得当，能给旅游者留下深刻的印象。例如生态旅游目的地的标准色一般为绿色，海上游乐主题图的标准色一定是蓝色，中国帝王陵墓和皇家祭祀庆典的标准色毋庸置疑是黄色等。因此，独具风格的颜色对游客而言有着非同一般的视觉刺激，它作为旅游地形象的标志符号之一，也能给旅游者带来巨大的吸引力。

旅游标准色彩的设计应充分体现自然、和谐、美观、热烈的个性，具有浓郁的地域文化特色。

10．旅游地人的视觉形象设计

旅游地的人（包括当地居民与旅游经营者组织的雇员）不仅仅是旅游者交往的对象，也是旅游者观察、欣赏的风景，如大阪城的姑娘、傣族少女、身着各个民族服饰的居民以及旅游地的服务员工等，他们的穿着打扮、一言一行，都会对旅游者产生影响，旅游者已将他们当成了旅游地形象的元素，有不少旅游者到大阪城观光旅游，是为了寻觅及欣赏西部歌王王洛宾歌中大阪城姑娘的芳姿。

旅游地人的视觉形象的设计应充分体现地域性、民族性、文化性、美观性。

五、其他区域旅游营销形象的设计

除了视觉形象要素的设计外，听觉、嗅觉、味觉等其他感觉形象要素及行为感知形象要素的设计不可或缺。一般来说，旅游地的形象设计越丰富、越全面，它的影响力就越大，吸引力也就越大。

听觉形象设计：主要包括旅游地的语言、方言、地方民歌、宗教音乐、旅游区的背景音乐和主题曲等，它们不仅能营造特殊的旅游气氛，而且也能体现旅游区的形象感应特征。例如少数民族地区独特的语言、自然风景区中山泉溪流虫鸟之声、宗教庙宇的木鱼敲打与念经之声等，都能给旅游者留下非常独特的感受和强烈的印象。因此，旅游地听觉形象的设计应体现自然、神秘、独特、美感等几大特征。

嗅觉和味觉形象设计：主要包括食品、花香、森林气息、庙宇佛香、水环境等要素。特别是"吃"，它是旅游活动六要素中非常重要的一个方面，游客满意度的重要来源之一就是食物享受的水平（对质量与价格之比的评价），如果旅游地的食物不能给游客留下深刻印象，则会影响旅游者对旅游地总体形象的评价；反之，旅游地所提供的特色食品和美味佳肴则会使游客终身难忘。因此，提供良好的嗅觉和味觉要素，对于旅游地形象的建立也具有非常重要的意义。特别注意的是应开发具有独特风味的美食；利用好大自然赐予的花草和树木的清新、香甜之气；加强对水体、建筑环境的规范管理，减少和杜绝由于污染所带来的异味，保护好旅游地的嗅觉、味觉形象。

行为形象设计：主要指旅游目的地的居民与旅游从业人员的态度和行为表现，它们也是构成旅游目的地形象的重要组成部分，甚至旅游者将它们看做与自然旅游资源和人文旅游资源相提并论的又一大旅游资源。事实证明，旅游目的地的居民和旅游从业人员的态度和行为表现，能对旅游者的满意度产生很大的影响。如果当地居民和旅游从业人员态度友好、热情、服务质量高，则会大大提高游客对旅游地的美誉度，扩大旅游地的影响；反之，则会破坏旅游地的形象，给旅游地带来不良口碑。旅游目的地在设计行为形象时，应广泛进行社会营销，让当地居民和旅游从业人员深刻认识旅游者给他们带来的利益，从而自觉地树立与游客互利互惠的交易观念，通过友善的态度和良好的服务来实现双方的愿望。商业化的精神可以减少双方之间的冲突，调节负面影响，而规范化管理是培育良好旅游氛围的关键。

第三节　旅游企业营销形象策划

一、旅游企业营销形象策划的内容

旅游是一种涉及吃、住、行、游、购、娱等多个部门、多种服务的活动，旅游企业便是经营上述业务的经济实体，主要包括旅行社、饭店宾馆、航空公司、旅游汽车公司、旅游商场、旅游购物中心、娱乐中心等。旅游者在旅游过程中，与旅游企业发生着直接而密切的关系，旅游企业的服务态度、服务质量、服务水平、服务风格等，都对旅游者的消费行为产生重要的影响，同时，旅游者对旅游企业营销行为的满意程度也影响着他们对旅游企业营销形象的真实评价。

旅游企业的营销形象是其重要的无形资产，它既是旅游者选择旅游企业的主要依据，也是旅游企业进行市场竞争的有力武器和有效工具，因此，必须重视旅游企业营销形象的策划与设计。

旅游企业营销形象策划与设计可按一般企业形象设计方法 CIS 进行运作。所谓"CIS"是英文词组"Corporate Identity System"的缩写，翻译过来就叫企业形象体系或企业识别系统。CIS 由三个识别子系统构成，它们分别是：理念识别系统，简称 MIS（Mind Identity System）；行为识别系统，简称 BIS（Behavior Identity System）；视觉识别系统，简称 VIS（Visual Identity System）。这三者之间各有其特定的内容，它们相互联系，相互制约，共同作用，有机配合。

在企业形象系统中，理念形象系统 MIS 是核心，是灵魂，只有具备了强有力的、独特的企业理念，才能对自己的企业形象有一个极清晰而明确的定位，因而 MIS 决定了整个 CI 系统的表达与设计。视觉识别系统 VIS 是在企业理念确立的基础上，运用视觉传达设计方法，根据与一切经营活动有关的媒体要求，设计交流的识别符号，以刻画企业的个性、突出企业的精神、凸现企业的特征，目的是使企业内部、社会各界和消费者对企业产生一致的认同感和价值观。企业行为形象系统 BIS 是指企业的经营管理，诸如产品开发、促销活动、公关活动、广告活动等企业的主要经营活动的总体行为形象及其行为表现。

旅游企业营销形象的策划，就是对旅游企业的 MIS、BIS 和 VIS 的策划，它们是旅游企业营销形象体系的核心内容。

二、旅游企业 MIS 策划

MIS 即企业理念识别系统，它是指企业在长期的经营实践中形成的区别于其他企业的企业精神、经营方针、经营宗旨、价值观等方面的内容。企业理念根植于企业文化之中，具有延续性、持久性的特点，但随着时代与社会的变化，企业理念也随之发生改变和创新。

1.旅游企业 MIS 的策划过程

MIS 的策划过程主要包括：

（1）旅游企业实态调查。其主要目的是掌握原有企业形象的状态，了解内外部公众对旅游企业原有理念的反应，重新评价原有理念。如：通过调查看原有理念是否反映了旅游企业的发展目标、实际情况，是否对员工有着实实在在的激励作用，是否真正塑造了旅游企业的凝聚力；看企业理念是否给公众留下了深刻而良好的印象，是否具有鲜明的识别性等。调查可采用访谈、问卷的方式进行。

（2）原有旅游企业理念评价。根据实态调查的结果反馈，评价原有旅游企业理念是否概括了企业的个性特色，是否适应现实与未来的发展战略，是否为企业员工所普遍认同，是否对社会公众有影响力等，要对原有理念的优劣有充分的认识，形成完整的评价意见。

（3）旅游企业营销形象的定位。这是指以实态调查为基础，参照原有企业理念的评价，对旅游企业建立新的形象进行定位。企业形象定位是进行企业理念设计的基础，只有明白了企业形象的具体构想，才能用精确的语言来概括和表达企业形象的精髓——企业理念。

（4）旅游企业新理念设计意向征集。这主要是通过向员工公开征集企业理念设计意向，集思广益，为企业提出好的理念设计构想，激发员工的主人翁责任感，强化参与意识，为企业形象战略实施奠定群众基础。

（5）旅游企业理念定位。这是理念设计的关键一环，要在初步建议方案的基础上，仔细研究从何种角度、以什么为侧重点来表达企业理念，并制定最后的策划方案。

（6）旅游企业 MIS 具体设计。根据理念定位，形成多种设计方案，提出设计初稿。

（7）旅游企业 MIS 策划方案的评价、筛选与定稿。初稿完成后，要对设计方案进行评价，看其是否表达到位，是否反映了定位，是否简明扼要、便于记忆，从而筛选出最好的系列作为定稿，形成完整的企业理念。

2. 旅游企业 MIS 策划内容

（1）经营宗旨。旅游企业的经营宗旨主要是指它的经营使命，包括经济使命、社会使命和文化使命。旅游企业不仅要追求利润，而且还要承担一定的社会责任，注重文化建设，力求创造独特的企业文化和管理文化，以此向社会奉献宝贵的精神财富。

（2）经营方针。这是企业的行动指南，企业通过制定经营方针，使确立的经营理念具体体现和贯穿于经营活动的全过程之中，是对企业经营发展战略的高度概括。美国最大的旅馆连锁企业"假日旅馆"的经营方针是"随时都可来住宿"，并用实际行动和服务来实践其对旅客的承诺。即使旅客没有事先预订房间，旅馆恰好又客满，旅馆人员也会为旅客想办法，他们会与最近的连锁店联系，将客人安置好。"假日旅馆"的这种经营方针在旅客心目中留下了鲜明的印象。

（3）价值观。它是旅游企业全体人员对企业活动共同一致的看法，包括：对企业经营目标的价值判断；对产品和服务质量的价值判断；对服务措施的价值判断；对企业责任心的价值判断；对人才的价值判断；对法律政策规范的价值判断；对纳税义务的价值判断等。企业精神是企业核心价值观的体现，它是形成企业凝聚力的强大动力。

3. 旅游企业 MIS 策划要求

首先，必须独特，具有识别性。MIS 设计作为 CIS 设计的灵魂，必须个性化、典型化，充分体现本企业的特点并与其他企业形象区别开来。这种新颖独特之处在于用最恰当、最有感染力的字眼概括企业的经营目标，反映本企业的特色。

其次，要与民族文化特点相适应。各国文化传统与背景不同、各国民族文化特征不同，导致各民族人民看重的理念也不同。因此，要了解民族文化特征对社会公众的心理影响，从而估计所设定的企业理念在社会公众中可能引起的反应是什么，被企业员工认同的可能性有多大。

再次，语言文字表达上要简洁明了。企业理念设计落到实处就是语言文字的表达。为了企业理念在企业内部贯彻和外部传播的方便，要尽可能使设计简洁、概括、明了，文字表述上力求易读易记。

三、旅游企业 VIS 策划

视觉识别系统设计（VIS）是 CIS 设计中最直观、最具有感染力的一个子系统，它以理念系统为指导，通过点、线、面、字、色彩等构成要素来反映和表现理念。因为人们平常所获信息 80％ 以上来自视觉，所以 VIS 是旅游消费者形成对旅游企业第一印象的起点，是旅游企业营销形象设计影响最广、宣传效果最为直接的系统。旅游企业 VIS 设计的内容包括以下几个方面。

1. 基本要素

（1）企业名称、品牌名称。

旅游企业名称的设计要求尽可能地表达企业理念和服务宗旨，使人们能产生良好的联想；名称要取得有吉祥、喜气的色彩，含义要美好；名称设计要有创新，不落俗套，有充分的识别性；名称还要有时代感。另外，当旅游企业进入国际市场时，还要考虑名称意义的通用性问题。

旅游企业品牌名称的设计必须具有充分的识别性，品牌名称最好能涉及或使人联想到其所提供的产品（服务）的功能，并能带给人一种非常鲜明的印象。

（2）企业标志。

企业标志是专门用来标示企业存在、反映企业理念精神的视觉符号。

企业标志的设计要独特，有创意，具有新颖性；要简洁、明朗、醒目。

（3）标准字。

标准字也是视觉识别系统中一项重要的内容，一般包括企业标准字、品牌标准字、企业宣传标语口号等标准字。

标准字的设计要以民族文字为基础；要有独特美感、统一美感；要充分体现企业理念、品牌特点、企业精神、行业特点；使用范围要限于书写企业名称、品牌名称、标志、宣传、事务用品等方面；在使用时必须严格按照标准规范统一使用。

（4）标准色。

标准色是经过设计而确定的某种特定颜色或一组色彩系统，主要运用在所有的视觉传达媒介上以表达一定的企业形象和产品特质信息。

旅游企业标准色的设计，要符合当代人们的接受心理，要有丰富的表现力，作为企业形象表现的焦点，要使色彩达到诱目性、可视性和象征性三者俱佳。

（5）象征符号。

企业象征符号一般是指经设计而选择企业适宜的动物、人物、植物、器物所形成的具有象征意味的图案形式或者造型图案。其特点是透过亲切可爱、平易近人的造型，给人造成强烈的记忆印象，形成视觉"焦点"，并由此传达企业的经营理念与服务特质。

旅游企业象征符号的设计，要具有企业标志的独立意义，要起到一种吉祥物的作用，但要注意宗教信仰的忌讳和风俗习惯的好恶等问题。

2．应用要素

VIS的应用要素包括产品造型、包装、事务用品、办公设备、室内装饰、建筑外观、绿化环境、招牌旗帜及其他标志牌、服装服饰、交通工具、广告与传播媒体、展示和陈列规划等。

旅游企业最重要的应用要素包括事务用品、企业建筑、绿化环境、服装服饰、交通工具、广告传媒、招牌、旗帜、标志等。

（1）事务用品。事务用品又称办公用品、业务用品，主要包括名片、信封、信纸、便笺、邀请函、贺卡、证书、赠券、票券、入场券、贵宾卡、贴纸、公文卷宗、公文信封、账表、资料夹、笔记本等。事务用品的设计要体现出企业的风格特点或视觉识别，要实用、简洁大方。

（2）企业建筑。企业建筑是企业从事生产经营或提供服务的场所，如酒店、娱乐中心、机场候机楼等，它们构成企业特定的环境，都是对社会公众的直观形象，是企业固有的传播媒体。旅游企业的建筑设计，要在一定程度上反映企业的特性、个性，建筑外观要与所处环境协调一致。

（3）绿化环境。旅游企业的环境形象非常重要，尤其是酒店，绿化环境已成为其整体形象的重要组成部分，它体现着旅游企业的绿色营销、生态经营的理念。旅游企业绿化环境的设计要强调与建筑特色的协调性、一致性，要体现布局的美感与艺术性。

（4）服装服饰。旅游企业员工的制服是 VIS 设计中很重要的一部分，它通过企业员工的穿着体现企业的特色，并在视觉上造成统一、一致、和谐的美感。在设计上首先应体现企业的理念，从衣着服饰设计的角度体现企业的各种特质，如传统型、现代型、开拓型、温馨型等；其次要体现行业与岗位特征，如酒店的服装与航空公司的服装应有区别、总台服务员与门厅接待生的服装也应有区别；再次，在色彩、样式（款式）、图案等方面要统一，使之成为企业的标志。

（5）交通工具。旅游企业使用的交通工具如旅游客车、游艇、汽船等，在视觉设计上要保证其总体风格的统一性，使每种车型的字体、标志、专用图案、象征符号、大小、搭配、色彩等基本要素保持一致，体现企业的风格，并具有视觉上的冲击力，同时也要注意多样性。

（6）广告与传播媒介。旅游企业在进行广告宣传时可选择的媒介有很多，包括报纸、杂志、邮寄品、车厢、墙面、日历、年历、海报、户外广告等。除了上述视觉单向媒介外，还有视听综合媒介，如电视、电台、多媒体、幻灯片等。因而，企业应根据宣传的需要，选择合适的媒体进行立体化宣传，并通过广告设计将企业理念很好地渗透到广告视觉识别中，形成企业的识别性。

（7）招牌、旗帜、标志的设计。企业招牌即写着企业名称的牌子，是起指引和标志作用的企业符号；企业旗帜是企业专用、起象征作用的旗帜，一般用于庆典场合；企业标志指企业建筑内外各种具有标志作用的指示符号，如入口箭头、洗漱间的指示牌等。它们的设计较为简单，在使用了标准色、标准字之后，主要应注意标志的设置与整个建筑室内构造的协调性，合理安排视觉要素的位置、大小、形状、远距离效果，以及材料的选择等。

四、旅游企业 BIS 策划

BIS 即行为的识别系统，是依据企业理念来设计企业行为的个性特色，使公众易于从行为特点上来识别本企业，从而树立本企业形象的企业识别行为。它是一种动态识别形式，规范着企业内部的组织、管理、教育以及企业外部的营销、公关等社会活动，实际上是企业的运作模式。旅游企业 BIS 中的企业行为不同于企业的一般性行为，它应以企业理念为指导，从总体上去设定企业行为的基本范式、经营管理、营销思想等，使之具有一定的识别性，旅游企业 BIS 设计的内容包括以下几个方面。

1. 对内行为识别系统设计

（1）企业的经营管理行为。作为企业行为系统设计的主要内容，它主要包括企业的经营管理思想、组织机构建设、管理制度、管理方法等。

（2）企业对员工的激励、沟通与行为规范。具体包括：与员工的沟通；对员工的激励；对员工的培训；员工的福利待遇；员工的工资待遇；员工的工作环境；员工的行为规范；员工的礼仪规范等。

（3）企业与股东的沟通行为。它包括在思想上确立股东是"企业主人"的观念，尊重股东的特权意识，及时向其通报企业的各种信息，编好年终总结报告，及时收集来自股东方面的信息，报告给有关领导部门。

（4）企业内部文化活动策划。确定好主题；计划好预算；拟定活动举行的时间、地点、形式、负责人及人员名单；向参加者发送通知或请柬；安排具体活动的内容等。

2. 对外行为识别系统设计

（1）市场营销行为。旅游企业的市场营销是旅游企业通过合适的方式、手段和策略，为旅游消费者提供合适的产品或服务，以满足旅游消费者的合理需求，从而实现自己利润目标的经营活动过程。旅游企业的市场营销必须坚持以下几点：第一，以顾客需求为导向，把顾客放在第一的位置；第二，提供高质量的产品或服务；第三，实施全员营销、关系营销、情感营销，与顾客建立良好的关系，用真诚获得顾客的信任和满意。

（2）公共关系行为。开展公共关系是旅游企业建立良好社会形象的重要手段。旅游企业要加强与相关利益者如顾客、新闻媒体、政府、社区等的沟通，与他们建立紧密的联系，同时要加大公关宣传的力度，尽力扩大影响，并在一些合适的时机、合适的场合开展社会公益活动，提升自己的形象，为企业创造良好的口碑。

本 章 小 结

（1）旅游营销形象是旅游者、社会公众对某一特定的旅游区域或旅游目的地、旅游企业的资源特色与营销活动所给予的总体评价与一般认定。它也是旅游者、社会公众通过各种渠道授受旅游区域或目的地、旅游企业的各种信息，包括传媒信息、口碑信息、实地旅游和感受服务等，最终形成的总体印象和综合评价。旅游营销形象具有整体性、综合性、标志性、相对稳定性、可塑性五大特征。

（2）旅游营销形象的结构内容包括三个方面，即旅游景观形象、旅游产品质量形象、旅游社会形象。

（3）区域旅游营销形象策划的目标是消除不利于旅游者前往目的地的原有成见或刻板印象，设计富有吸引力的区域旅游营销形象，同时能使游客获得满足，并留下良好、深刻、有助于多次前往该地旅游的直接感知形象。具体而言，即设计鲜明的形象；改造不良的形象；更新过时的形象；保持、强化良好的形象。

（4）区域旅游营销形象的定位，首先要进行地方性研究和市场性分析，这是定位的基础；其次要确定几项原则，如主题标志化原则、内容差异化原则、表现口号化原则等；再次要掌握好定位的几种基本的方法，如领先定位法、比附定位法、特色定位法、价值定位法、重新定位法等。

（5）区域旅游营销视觉景观形象的设计，主要包括名称设计、标徽设计、标准字体设计、吉祥物设计、象征性人物设计、户外广告设计、旅游纪念品设计、旅游交通工具设计、标准色设计、旅游地人的视觉形象设计；另外，还要进行听觉形象、嗅觉和味觉形象、行为形象等其他形象要素的设计。

（6）旅游企业营销形象的设计可按照一般企业的 CIS 方法进行运作。CIS 即企业识别系统，它包括 MIS、VIS 和 BIS 三个子系统即理念识别系统、视觉识别系统、行为识别系统三个组成部分。MIS 策划内容主要包括企业经营宗旨、经营方针、企业价值观；VIS 策划内容主要包括企业名称和品牌名称、企业标志、标准字、标准色、象征符号等基本要素以及事务用品、企业建筑、绿化环境、服装服饰、交通工具、广告与传播媒介、招牌和旗帜、标志等应用要素；BIS 策划的内容主要包括企业经营管理行为，企业对员工的激励、沟通与规范，企业与股东的沟通行为，企业内部文化活动策划等内部行为识别系统设计，还包括市场营销行为、公共关系等对外行为识别系统的设计。

思 考 题

1．试讨论旅游营销形象的主要特征。

2．结合实际，谈谈旅游营销形象策划有何意义。

3．区域旅游营销形象的定位为何要进行地方性研究和市场性分析？

4．区域旅游营销形象视觉识别符号系统设计主要包括哪些内容？

5．试举例说明旅游企业如何进行 CIS 策划。

☞**案例**

老河口市旅游形象定位策划

旅游形象是旅游者对某一旅游地的总体认识和评价。在现代旅游业发展中，旅游形象的地位和作用日益突出，旅游形象战略已成为区域旅游发展的新措施、新工具、新思路。

老河口市发展旅游业，也必须进行旅游形象的策划与设计。其目的在于通过塑造鲜明的旅游地形象，从而提高知名度、美誉度、认可度，增强旅游地对潜在旅游者的吸引力，诱发旅游者形成到老河口市旅游的愿望并促成旅游者决策行为的实现。这样，不仅会大大拓展老河口市客源市场的空间，而且也会大大提高老河口市旅游地的市场竞争力。

（一）旅游形象定位策划前提分析

旅游形象定位是旅游目的地形象设计的前提。旅游形象定位就是要使旅游地深入潜在旅游者心中，占据某处心灵位置，使旅游地在游客心中形成生动、鲜明而强烈的感知形象，从而吸引广大游客到目的地一游。

旅游形象定位是建立在地方性分析和市场性分析基础之上的。前者揭示地方的资源特性、文化背景；后者揭示市场对旅游地的需求。这两方面的综合，构成了旅游形象定位策划的前提。

1．地方性分析

（1）老河口市地处鄂、豫、渝、陕四省市要冲，古有"东西南北，河口为中"之说，战略地位极其重要。

（2）老河口市文明起源很早，至今已有 3 000 余年的历史，文化底蕴深厚，人文旅游资源丰富。这里是春秋名将伍子胥的故里，汉代开国丞相萧何的封地，北宋文豪欧阳修曾在此担任县令，著名科学家沈括曾在此隐居著书立学；抗日战争时期，国民党第五战区司令部设在老河口历时 5 年之久；著名作家老舍、姚雪垠、臧克家、张光年以及国际友人路易·艾黎、金昌满、金炜等知名人士曾在此客居过。如今这里保留有伍子胥碑、萧何祠、恽代英旧居、李宗仁长官司令部旧址和李宗仁修建并题字的"中山公园"，还有近代西方传教士遗留下来的天主教堂、基督教堂，有钟鼓楼和鄂西北最大的穆斯林清真寺。上述名人雅士的典故和人文景观颇具开发价值和开发潜力。

（3）老河口市自古就有"襄郧要道，秦楚通衢"之称，商业发达，是鄂西北最重要的商品集散地和商贸中心，被冠以"小汉口"之名。

（4）老河口市虽无名山大川，但自然景观也颇具特色。一是百花山森林是鄂北岗地一道难得的绿色屏障，有利于开发建设森林公园；二是汉江百里果园飘香，生态农业已成规模；三是王甫洲水利枢纽工程巧夺天工，并已下闸蓄水，形成了方圆42平方公里的"梨花湖"，景色迷人。

（5）老河口市区位条件优越，交通便利。老河口市位居中华腹地、汉水中游，为湖北省西北部重镇。水路有汉江——长江线；铁路有汉（口）——丹（江）、襄（樊）——渝（重庆）线；公路有汉（口）——孟（楼）线、207国道，已动工修建的（武）汉——中（堰）高速公路经市区而过；航空有飞往北京、广州的航班。水陆空交通优势十分明显。

（6）老河口市是国务院批准的对外开放城市，经济发展快，基础较好，工业门类齐全，居全省县级市之首；同时，城市规划建设起步早，品位高，城市形象独树一帜，在全国县级市中处于领先水平。1992年以来，多次被评为"全国卫生城市"、"全省文明城市"、"全国环境综合整治优秀城市"，但在旅游业发展方面力度不够，与国内和周边地区同类城市相比，存在较大差距。

上述情况表明，无论是在地理文脉，还是在资源条件以及旅游业发展的社会经济背景方面，老河口市发展旅游业都有着得天独厚的条件和优势。

2．市场性分析

（1）老河口市为襄樊市辖区内的一个县级市，距襄樊仅70公里，其客源市场范围与襄樊市大致相同。由于襄樊市与周边5省（市）11地（市）成立了"中国中西部经济技术协作区"，总人口达5 000万，占全国总人口的4.5%，它已成为老河口市比较稳定的客源市场。

（2）老河口市背靠华中第一大城市武汉和湖北省第二大城市襄樊，交通方便。武汉市有700万固定人口和数百万流动人口，襄樊市有60万市民，都可成为老河口市可以分流的重要客源。

（3）老河口市位于著名的三国文化寻踪线、长江三峡观光线、武当山道教朝圣旅游线、神农架生态旅游线的交汇处，可以"借鸡生蛋"，"借势造势"，搭乘旅游名线便车，大大扩展客源市场范围，同时也可以使老河口市成为"三岔口"中的旅游热点。

（4）老河口市的主题旅游类型为观光旅游、休闲度假旅游和生态旅游。从市场前景来看，这三种旅游类型都适应了未来旅游业的发展趋向，适合旅游者的消费需求，有着巨大的市场价值和市场潜力。老河口市较丰富的文物古迹、较深厚的文化底蕴，对于文化观光者、探研者等，具有相当的吸引力。由水利部和湖北省共同投资20亿元修建的汉江王甫洲水利枢纽工程，气势宏大，为工程观光游览的好去处。老河口市"水"资源特色尤为显著，梨花湖方圆 42 平方公里，面积广，范围大，水质清澈，气候宜人，是休闲度假和水上运动、娱乐的理想天地。汉江百里长堤果树成林，梨花似海，恰似一个"世外桃源"，对城市居民具有极大的诱惑力，适于发展生态农业观光旅游。

由上可以看出，老河口市的旅游产品具有相当的市场潜力，适应旅游市场需求变化的趋势，在以襄樊市为依托的背景下，可开发并形成具有特色的区域性旅游市场。

（二）旅游形象定位策划与主题口号设计

1. 总体形象

基于老河口市旅游的条件和优势，综合考虑未来社会的发展和旅游市场的需求，我们设计老河口市的旅游总体形象是具有"人文荟萃，梨海飘香，休闲度假，水上天堂"特色的鄂西北旅游集散中心。

这一形象表述概括了一个重心与四个方块的丰富内涵。鄂西北旅游集散中心为其重心内容，以此为主体，以四大方块为羽翼，主次分明，有分有合，互为支持，形成整体。

"人文荟萃"指老河口有许多的名人雅士典故和人文景观；"梨海飘香"指老河口汉江百里长堤的梨园，梨花似雪，果香四方；"休闲度假"指老河口是一个休闲度假的理想之地，不仅因为它有着开发休闲度假基地的良好环境和条件，而且更因为它有着很大的市场潜力，非常适宜发展休闲度假旅游；"水上天堂"指由王甫洲水利枢纽工程而成的人工湖——"梨花湖"，可大力开发与水有关的水上运动、水上观光、水上娱乐及水上休闲度假等系列产品，使之成为人们理想的水上旅游世界。综合上述资源的特点和优势，再结合老河口市的区位条件、交通条件及与传统客源市场的关系，将老河口市建成鄂西北旅游集散中心的目标形象，既具有现实性，也具有很大的吸引力。

2. 主题形象

在确定总体形象的基础上，为了进一步突出老河口市旅游的特色、亮点和卖点，我们进一步拟定和提炼老河口市旅游主题形象"梨花城"、"沙梨之乡"。

3. 主题口号

旅游形象定位的最终表述，往往以一句主题口号加以概括。它是旅游者易于接受的了解旅游地形象最有效的方式之一，能产生强烈的广告效果。根据老河口市旅游形象的定位，我们拟将其主题口号表述为：

中国老河口：梨花之乡，水上天堂！

山西有个杏花村，湖北有个梨花城。

老河口：中国梨花城，湖北度假村！

老河口：休闲度假胜地，水上运动天堂。

老河口：中国沙梨之都。

洛阳牡丹艳，河口梨花香。

除了上述主题口号外，还可以根据实际需要设计一些临时性的专题口号，比如主题旅游年口号、大型节庆活动的宣传口号等，还可针对不同客源地旅游者不同的出游心理，相应地设计形象主题口号。

问　　题：

1. 旅游形象定位策划的主要依据是什么？

2. 请仿照该案例对某一旅游地或景区的旅游形象进行定位策划。

第三章
旅游客源市场开发策划

第一节　旅游客源市场的特征

　　旅游客源市场是指在一定时期内，某一地区中存在的对旅游产品具有支付能力的现实和潜在的购买者，是相对旅游目的地、旅游企业和经营者而言的旅游产品买方——旅游者（包括现实旅游者和潜在旅游者）的总和。客源市场在旅游活动中具有举足轻重的地位，它是旅游业产生的基础，也是旅游企业生存和发展的源泉，能否实现预期的市场目标更是衡量企业经营成果的主要标准。对旅游客源市场进行合理的开发策划可以帮助企业正确选择合适的细分市场并采取有针对性的开发策略，从而在激烈的市场竞争中发展，而充分了解旅游客源市场的特征，正是进行合理市场开发策划的基础。

一、旅游客源市场的地理特征

　　地理特征是对旅游客源市场进行研究和划分的主要传统指标，且至今仍然得到普遍应用和重视。究其原因，首先是由于地理特征对旅游客源市场的影响十分明显，不同区域旅游客源市场的旅游需求类型有着较显著的差异；其次，地理市场也很容易被使用和测量，因为许多统计资料都是以地理特征划分的，包括不同地理区域的人口统计、旅游者统计、经济数据统计等一系列重要数据；再次，由于大部分传播媒介（电视、电台、报纸、杂志等）都服务于特定的地理区域，对具有不同地理特征的旅游客源市场的研究，有利于运用这些媒介进行有针对性的市场宣传推广活动。

　　一般而言，旅游客源市场的地理特征主要表现在以下几个方面。

　　1.地理位置

　　旅游客源市场的地理位置特征表现为绝对地理位置和相对地理位置两种。绝对地理位置包括大洲、国家、地区、州、省、郡、县、城镇、乡村等，如世界旅游组织（WTO）根据绝对地理位置将全世界划分为六大旅游区域（东亚及太平洋区、南亚旅游区、中东旅游区、非洲旅游区、欧洲旅游区、美洲旅游区）。相对地理位置则主要指以某一特定地区为参照物形成的相对空间位置，如根据与旅游目的地市场的相对距离将旅游客源市场划分为远程旅游市场和近程旅游市场，其依据显然是相对地理位置特征的差异。

我国一般根据绝对地理位置特征将国际客源市场划分为亚洲市场、欧洲市场、美洲市场、大洋洲市场和其他市场 5 类；按照与我国的相对地理位置不同可以划分为两类，东亚及东南亚市场属于近程旅游市场，其余的属于远程旅游市场。2002 年，我国近程客源市场入境人数占我国国际客源市场的64．3％，是我国最主要的入境旅游市场。

随着我国国内旅游市场的日益繁荣，地理位置特征对于出游行为的影响也日益明显化。1997 年对我国国内旅游的主体——城市居民出游行为的一项研究表明，该出游市场随距离增加而衰减；80％的出游行为集中在距城市500 公里以内的范围内；由旅游中心城市出发的非本市居民的目的地选择范围，主要集中在距城市 250 公里的半径圈内。近年来随着我国人民生活水平的提高，私人汽车消费的趋热，旅游者的出游半径有增大的趋势，国内旅游客源市场的地理位置特征也相应地在发生变化。

2．气候与地形地貌

求新求异一直是旅游活动的主旋律，而相异的气候和地形地貌特征对于旅游者而言，正是极大的新奇所在。我国幅员辽阔，地形复杂，气候多变，山川平原兼具，寒冬炎夏同时，因气候与地形地貌差异而产生的旅游活动十分普遍。以国内旅游市场几乎每年冬季都会呈现的两条交互旅游流为例：北方游客向广东、福建、海南等地流动，享受冬日里的温暖；南方游客则涌向北方诸省，体验在南方难得一见的冰雪天地。此外，诸如平原地区的游客乐见高山大川、水乡居民神往大漠风情、内陆省市游客出游往往首选海滨胜地，这些都是地形地貌差异对于旅游客源市场的直接影响。

二、旅游客源市场的人口学特征

旅游客源市场的人口学特征比较多，主要包括性别、年龄、职业、收入、家庭结构、种族、宗教、国籍、受教育程度等。旅游客源市场的需求偏好往往与这些因素密切相关。

1．年龄

不同年龄阶段的旅游者的需求特点有较大差别，根据其年龄层不同可分为青少年市场、中年人市场和老年人市场。青少年旅游者精力充沛，对于新奇刺激的旅游产品喜好度高，但一般经济承受能力不强，背包旅游者较多。中年人旅游市场的特点是经济宽裕，但大多工作繁忙或者家庭琐事缠身，其旅游消费一般表现为公务旅游或家庭集体出游。老年旅游者大多已经退休，有充裕的闲暇时间和丰厚且有保证的收入来源（如退休金等）；而且由于现代医学技术的发展，60 岁以上的老年人仍然具有比较强健的身体，能够进行长时间的出游活动。老年人往往对文化意韵浓厚的旅游产品比较感兴趣，我国国际旅游客源市场中的外国人市场（不包括港澳台）主要就是由银发族构成的。

2. 性别

性别差异会对旅游客源市场的旅游消费特点产生较大的影响，这一点已经得到了证明。传统旅游市场一般由男性居主导地位，但随着女性在社会经济生活中地位的提高，女性客源市场的旅游潜力也日益显现出来。以日本为例，日本社会经济的高速发展改变了日本女性的传统家庭妇女形象，新一代的日本职业女性具有相当的经济实力，形成了不容忽视的日本女青年旅游客源市场。她们对欧洲大陆，尤其是有"浪漫之都"美誉的巴黎情有独钟。20 世纪 90 年代末澳大利亚采取措施吸引日本女青年旅游客源市场，取得了相当的成功。

3. 职业

不同职业者收入不同，可支配的闲暇时间也不相同。可支配收入的差异决定了旅游客源市场消费的层次性。可支配收入相对偏低的旅游者对价格敏感度高，常选择比较经济的大众旅游产品；而可支配收入较高的旅游者则可以承受相对高的价格，选择高价位的豪华旅游线路的几率比较高。另外，因职业差异造成的闲暇时间多少及时间结构不同在旅游活动中也表现得非常突出。如每年夏季我国国内旅游都会迎来暑期高峰，其主体市场为教师和学生群体，暑期旅游高峰的主要成因就是教师和学生拥有其他职业所没有的特殊闲暇时间——寒暑假。

4. 家庭结构

家庭是社会生活的基本单位之一，家庭结构的差异主要体现在家庭规模和在家庭生命周期中所处的位置两个方面。从西方发达国家的家庭发展历程来看，现代家庭的规模越来越呈现小型化的特点。对我国居民家庭结构的调查显示，不论是城镇居民还是农村居民，家庭小型化趋势都是非常明显的。家庭规模变小同时伴随着家庭数量的增加，这些都在一定意义上使家庭出游的概率增大。

家庭生命周期一般可以分为六个阶段：年轻的单身家庭，爱玩，有闲暇时间，喜好尝试新奇刺激的旅游产品；无小孩的年轻夫妇家庭，尤其是所谓的丁克家庭（Double income, no kids，双收入，无小孩），他们的经济实力强，既有较高的购买力又有空闲时间，追求时尚休闲的生活方式，出游概率较高，而且一般喜好度假旅游，人均旅游消费较高，市场潜力很大；孩子尚未自立的夫妇家庭，经济收入主要用于孩子的抚养及教育，用于出游的预算不高，同时家庭琐事缠身，出游几率相对下降，如果出游，也多以有益于孩子教育为目的；孩子已经自立的中年夫妇家庭，家庭收入重归宽裕，家庭琐事也相对减少，出游几率增多，且出游目的以观光、休闲为主；老年夫妇家庭，一般有相当的积蓄，对修养旅游很感兴趣，选择出国旅游方式的可能性也比较高。

三、旅游客源市场的心理特征

美国学者罗伯特·麦金托什的研究表明，大多数旅游者的出游动机不外以下4种：身体健康的动机、文化动机、交际动机、地位和声望动机。日本学者田中喜一将旅游动机分为心情的动机、身体的动机、精神的动机和经济的动机四大类。我国学者吴必虎在对上海市民的旅游动机进行实证分析后认为，我国旅游者的旅游动机主要分为身心健康动机、怀旧动机、文化动机、交际动机、求美动机和从众动机6种。下面将主要分析身心健康动机、文化动机、交际动机、地位和声望动机以及从众动机。

1. 身心健康动机

现代医学认为，健康包括两个层面——身体健康和心理健康。旅游可以强健体魄、增进身体健康的功能早已为人们所了解和熟悉。随着社会生活节奏的加快，人们日常工作和生活中面临的压力也越来越大，极易陷入心理亚健康状态，而旅游可以让人们暂时远离居住地，在旅行中忘掉日常工作和生活中的琐事，释放压力，从而促进心理健康。一般而言，追求身心健康的旅游者比较偏好以自然、休闲为主题的旅游吸引物。

2. 文化动机

到大斗兽场观赏断壁残垣，人们依稀感觉到的是古罗马文明的气息；在西湖断桥上看垂柳依依，心中凭吊的是白娘子的千古痴情。在旅游中追随文化的踪迹，自古以来就是人们出游的主要动机之一，但是由于文化传统的差异，不同国家、不同民族旅游者感兴趣的文化旅游产品不同，面对相同的景物所产生的文化联想也各不相同。通过适当的市场开发和宣传活动，相近的文化或相异的文化都可能成为促使旅游者出游的动机。相近的文化可以使旅游者产生亲切感和归属感，也有利于旅游者深入理解旅游地的文化内涵；而差异明显的文化旅游吸引物则可以产生强烈的新奇感,吸引求新求异的旅游者。

3.交际动机

交际是人们在社会群体中生活时产生的一种较高层次的需求,也是促使人们出游的重要动机之一。在旅游活动中,人们可以在陌生的地方结交许多新的朋友;可以得到一个不用在乎周围人的评价、无拘无束行动的机会;可以暂时抛开已经成为定式的单调生活,与全新的周遭环境进行接触。以交际为主要动机的旅游者往往希望能够多与旅行同伴或旅游目的地的当地人接触,渴望了解旅游地新奇的风俗习惯。

4.地位和声望动机

很多商务旅游者只青睐豪华饭店,从不去光顾那些物美价廉的中档饭店,他们之所以会做出这种消费选择,其动机在于希望通过饭店的豪华体现自己的经济实力和地位。旅游者从高高的蹦极台上跳下,除了体验那种刺激的感觉之外,也是在证明自己的勇敢、维护自己的声望。显然,地位和声望的类型很多,除了主流社会普遍承认的经济地位、政治地位、社会地位之外,在许多小群体中都存在特殊的地位和声望。自行车行里一名不起眼的年轻技师,可能是这个城市民间公路赛车组织的领袖,他会停下工作组织伙伴到另一个城市参加一场公路自行车赛。办公室里紧张工作的职员原来是攀岩运动的爱好者,放假时会选择到未被征服的山峰去证明自己。

5.从众动机

人是一种高度社会性的动物,其心理和行为受到各种社会环境因素的影响。当一种行为或观念被大多数人广泛接受,就会形成社会规则,这种社会规则会反过来形成一种压力,促使人们遵守该规则。从众是人们屈从于社会规则的压力,改变自己的行为或观点来适应该规则的社会现象。目前,不论是在我国还是在世界范围内,旅游都被看做生活中一种不可或缺的有益活动,每年至少外出旅游一次成为许多人的基本生活需要。在这样的社会环境中,"大家都去旅游,所以我也去"就成为了许多人出游的真正动机。因陪同旅伴而产生出游动机和行为的现象也很普遍,旅伴一般是亲戚或朋友。另外,各种传播媒体的旅游介绍或推荐也会使旅游者产生从众式旅游动机。

四、旅游客源市场的历史文化特征

不同历史文化背景的旅游者对旅游产品有不同的好恶,面对相同的景观时也常会有不同的感受。旅游客源市场的历史文化特征主要体现为人们历史背景、文化态度、价值观念和信仰等方面的差异。

1.文化传统

　　文化传统深刻地影响着客源市场出游目的地偏好、时机偏好、出游范围等旅游行为特征。中国儒家文化功利性、人本性的旅游哲学，以及道家文化崇尚自然、逍遥物外的旅行哲学至今仍然对我国旅游者的出游行为有着深远的影响。例如，由于传统文化寄情山水、寓志自然旅游意识的影响，中国人对自然山水景点的出行意愿比例高居第一。同时，中国的大多数会议被安排在旅游旺季和旅游热点城市召开，也受到了儒家功利性旅游哲学的影响。

　　另外，文化传统在国际客源市场开发中的意义也十分重大，相同或相近的文化传统会使旅游者对旅游产品产生文化认同感和亲切感，对于旅游者感知和欣赏旅游吸引物，尤其是文化特征浓厚的旅游吸引物非常重要。东亚及东南亚地区地缘上与我国十分接近，在历史上相互之间的官方和民间交往都非常频繁，受中国文化的影响十分深远。相近的文化传统产生了文化亲近感，促使这些地区旅游者在出游时将中国作为主要的目的地之一。如表 3-1 所示，以日本、韩国以及东南亚五国（马来西亚、菲律宾、新加坡、泰国和印度尼西亚）为代表的东亚及东南亚市场来华旅游市场占我国入境外国旅游者市场的半壁江山，是我国最重要的国际旅游客源市场。而许多当年美国殖民者的后代前往欧洲大陆、非洲裔美国人前往非洲大陆进行"寻根游"，也往往是基于对文化传统的探寻和追思。

表 3-1　　　　**2000～2002 年东亚及东南亚主要旅华客源市场一览表①**

国家	2000 年		2001 年		2002 年	
	人数（万）	占总数比重（%）	人数（万）	占总数比重（%）	人数（万）	占总数比重（%）
日本	220.15	21.7	238.45	21.2	292.56	21.8
韩国	134.47	13.3	167.7	14.9	212.43	15.8
马来西亚	44.1	4.4	46.85	4.2	59.24	4.4
菲律宾	36.39	3.6	40.28	3.6	50.86	3.8
新加坡	39.94	3.9	41.5	3.7	49.71	3.7
泰国	24.11	2.4	29.83	2.7	38.63	2.9
印度尼西亚	22.06	2.2	22.37	2	27.47	2
合计	521.22	51.5	586.98	52.3	730.9	54.4

---

　　① 国家旅游局．中国旅游年鉴．北京：旅游教育出版社，2003：315-316

2.宗教信仰

信奉藏传佛教的藏民磕长头以身体丈量土地，从居住的偏远牧区千里跋涉前往拉萨拜偈活佛，是什么给了他们如此惊人的毅力？那就是宗教信仰。伊斯兰教徒每年从世界各地来到麦加朝圣，给这座圣城带来了大量的宗教旅游者。我国的四大佛教名山峨嵋山、五台山、普陀山和九华山每年的游客也有相当一部分是虔诚的香客。由于宗教信仰从世界观的高度影响着信徒的心理和行为，所以常常能够成为决定特殊客源市场群购买行为的关键因素。近年来我国新开发的旅游景区许多都规划或建设了与宗教相关的项目。我们暂且不论宗教项目大量地与旅游项目嫁接这种做法是否可取，仅仅作为一种客观现象而言，它在一定程度上说明了我国旅游客源市场的宗教特征得到了旅游目的地市场的重视，宗教旅游市场的丰厚利润是催生大量宗教旅游产品的真正原因。

我国是东亚及东南亚地区的传统文化源流地，上述地区的许多国家信奉的神灵都能在我国传统文化中找到踪迹，如关帝、黄大仙等经民间传说渲染的神，在上述地区都有大量的信众。我国如能开发好宗教旅游，对于培养入境旅游客源市场的忠诚度、提高我国旅游产品的国际竞争力将大有裨益。

但是，宗教信仰问题又是相当微妙的，很多国家对于宗教信仰与旅游产业的结合都有一定的限制。如何合理把握二者之间的关系，是一个值得深入研究的课题。

第二节　旅游客源市场开发策划的内涵

一、旅游客源市场开发策划的含义和特点

旅游客源市场开发策划是运用市场营销学的有关理论，对旅游客源市场开发的各个环节进行有效的谋划与设计，以达到一定的市场目标，如开拓新客源市场，或提高对原有市场的占有率等。

一方面，由于主要应用的策划理论都是市场营销学的基本原理，旅游客源市场开发策划与一般产品的市场开发策划具有一定的共性；另一方面，旅游业独特的行业特征也赋予了旅游客源市场开发策划独特的个性。与一般产品的市场开发策划相比，旅游客源市场开发策划主要具有以下特点。

1.对资源的高度依赖性

由于大多数旅游资源赋存状况难以进行人为的改变，所以旅游目的地的资源状况决定着该旅游产品的类型和质量，也对潜在旅游客源市场的范围进

行了限制。与一般商品市场开发策划相比，旅游客源市场开发策划对目的地资源赋存的依赖程度更高，在策划过程中一定要紧紧围绕资源赋存状况进行客源市场开发。如我国的九寨沟景区自然风景优美，尽管"藏在深山"，交通区位条件较差，仍然吸引了大量远道而来的观光游人，其主要客源市场显然是喜爱自然美景的观光旅游市场；我国深圳市的特点则是旅游资源存量相对贫乏，但旅游交通区位条件非常好，所以深圳市选择了主题公园式的旅游产品，锁定休闲娱乐旅游市场，也取得了非常好的市场效果。如果九寨沟和深圳互易角色，九寨沟开发休闲娱乐旅游市场，而深圳开发观光旅游市场，其后果将是九寨沟生态的毁灭、深圳景区的门可罗雀。

2. 差异性

不同特征的旅游客源市场的开发策划具有明显的差异性。旅游客源市场开发实际上是旅游目的地市场向旅游客源市场寻求认知的一种沟通过程，而旅游客源市场开发策划正是对这一沟通过程的谋划与设计。为使沟通更顺畅、更高效，就有必要深入考察目标客源市场的特征，并根据不同客源市场的旅游需求偏好制定差异化的策划方案。例如饭店企业在进行市场开发策划时，可以根据地理位置特征将客源市场划分为本地市场和外地市场两大类，对本地市场以直接沟通为主要开发手段，而对于距离较远的外地市场或国际市场，则主要通过加入国际预订网络，或通过传播媒介宣传等手段进行市场开发。

3. 协调性

旅游客源市场开发策划特别强调协调性，主要有以下两个原因：首先，政府、行会组织和企业作为旅游客源市场开发中的三大开发主体，对客源市场开发的理解和利益出发点同中有异，不可避免地会出现一些矛盾和摩擦；其次，对于旅游者而言，完整的旅游体验包括食、住、行、游、购、娱六大环节，任何一个环节的缺失或不足都会影响旅游体验的完整性和满意度，而在大部分情况下，这六大环节涉及不同的旅游企业，甚至跨越不同的行业，相互之间的沟通和协调有一定的难度。所以，在进行旅游客源市场开发策划时，处理好政府、行业组织和企业之间，以及企业和企业之间的沟通和协调问题，是策划能否成功实施的关键之一。

二、旅游客源市场开发策划的意义

进行旅游客源市场开发策划既是现代企业竞争环境变化的结果，又是旅游产业特点的内在要求，具有重要的现实意义。

1. 旅游产业特点的内在要求

传统商品活动是商品由生产地向其客源市场——消费者所在地移动，以便消费者购买；而旅游活动则恰好相反，是旅游者由其居住地——客源市场向旅游目的地——旅游商品所在地移动，去进行旅游消费。从这方面来说，传统商品活动的流动主要表现为"物流"，而旅游活动则主要表现为独特的"旅游流"——旅游者的流动。所以说，旅游行业是"做人的生意"的行业，没有客源，再美的景色、再完善的设施都是"养在深闺人未识"。由于人们所处的环境不同、经历各异，对于旅游产品的需要也各不相同，只有符合旅游者需要，能够让旅游者满意的旅游产品才能引起旅游者的购买欲望，从而最终促成旅游消费活动。从这方面来说，了解旅游者的需求是第一位的，而深入研究客源市场正是了解旅游者需求的必然路径。合理的旅游客源市场开发策划必须建立在完善的客源市场研究的基础上，只有这样的市场开发策划才能让"旅游者满意"成为现实。

2. 日趋激烈的旅游业市场竞争的必然产物

随着世界经济的发展，以及发展中国家人民生活水平的提高，有能力出游者的绝对数量不断增加，在很大程度上促进了世界旅游业的日益繁荣，也促进了新的旅游目的地数量的不断增加，全球旅游接待能力日益增强。旅游产业发达的国家要继续保持自己的市场地位，众多的新兴旅游目的地国则要打破旧的市场格局，在世界旅游市场分一杯羹。时至今日，无论是在世界上还是在我国国内，旅游业都早已从卖方市场进入买方市场，竞争之激烈与日俱增。在这样的市场环境中，可供旅游者选择的出游方式和出游地空前丰富；加之由于科技的发展，空间距离对于旅游者的出游选择影响趋小，导致旅游者的需求日益分化，不同旅游客源市场群体的旅游需求体现出强烈的差异性。传统的以一种旅游产品吸引所有客源的市场开发模式被颠覆，取而代之的是有针对性的旅游客源市场开发策划活动。许多旅游业发达的国家在完成旅游产业化进程以后，普遍都把有计划、有目的地进行国内、国际客源市场开发策划作为一项重要的工作来开展。他们在深入研究旅游客源市场的基础上，选择适当的市场特征对旅游客源市场进行细分，然后根据自己的具体情况选择一个或数个客源市场进行有针对性的市场开发活动，以充分发挥自身的特点，通过为特定客源市场的旅游者提供最大的满意度，来实现自身的市场目标。

3. 旅游企业持续经营的巨大动力

对于旅游市场的主体——旅游企业而言，能否获得客源市场的青睐，是关系到企业盛衰存亡的关键，是企业持续经营的巨大动力。对于处于初创期的旅游企业而言，首先必须深入研究客源市场，慎重选择与自己的竞争优势相一致的市场进行开发，作为市场切入点。已经步入成熟阶段的旅游企业同样不能放松对客源市场开发的重视，由于旅游者受到内部及外界多种因素的影响，其需求和特点总是在不断变化，而客源市场的变化会导致旅游消费行为的改变；所以这些企业即使已经建立了一定的市场地位，同样不能忽视客源市场的研究和开发工作，否则很可能会遭到市场的抛弃。迪斯尼乐园是世界著名的主题公园，在世界主题公园旅游市场中处于领先地位。迪斯尼乐园非常重视客源市场开发，建立了庞大的客源市场调研机构，每年投入巨资开展市场分析，并根据动态分析反馈的信息，及时调整景点的建设项目和进行针对性的市场开发活动。

三、旅游客源市场开发策划的类型

根据不同的划分标准，可以将旅游客源市场开发策划分为许多不同的类型，例如根据旅游行业内部分工的不同，可以将旅游客源市场开发策划分为景区客源市场开发策划、旅行社客源市场开发策划、饭店客源市场开发策划、旅游交通企业客源市场开发策划等。在这里，我们主要根据市场开发主体的差异，将旅游客源市场开发策划分为政府主导、行会组织主导和企业主导三种类型。政府主导型、行会组织主导型和企业主导型市场开发活动各有其市场优势，同时也都存在一些天然的缺陷。

1. 政府主导旅游客源市场的开发策划

政府主导的旅游客源市场开发活动主要针对距离较远的客源市场（如国际旅游客源市场）或重点旅游客源市场所在地的综合开发和促销。国际旅游可以增加外汇收入，平衡国际收支，一直备受各国政府重视，国际旅游客源市场开发因此也成为各国旅游主管部门的主要职责之一；而国内旅游可以大量回笼资金，提供更多的劳动就业机会，在促进地区社会经济发展方面的作用越来越明显，所以其市场开发也受到政府主管部门的日益关注。

政府主导型旅游客源市场开发的主要优点在于：第一，政府主导型旅游客源市场开发所需的人、财、物等各项资源往往都比较高，一般中小型企业难以独立承受，而政府主办不仅可以负担全部或一部分费用，而且在组织各类旅游企业集体参与方面也具有一定的权威性和优势；第二，这类市场开发活动往往涉及国际交往或不同行政区划之间的往来，可能存在一些外交程序或行政手续方面的障碍，这些障碍一般旅游企业难以逾越，而由政府相关部门出面却可以相对容易地解决；第三，由于这类市场开发活动客源市场所在地往往与旅游目的地之间相隔较远，相互之间了解有限，旅游者对于一般市场开发行为的真实性怀有疑虑，由政府出面组织和领导的市场开发活动，以政府的权威性和信誉作为担保，显然可以最大限度地消除旅游者的疑虑。所以，在进行政府主导型旅游客源市场开发策划时，可以充分发挥其可运用资源丰富、政策优惠、信誉度高的特点，做出一些大手笔的策划活动。以我国近年来流行的"旅游大篷车"活动为例，由旅游目的地政府旅游主管部门牵头，组织一大批旅游企事业单位组成联合促销团，前往各主要旅游客源地进行巡回宣传促销，每到一地都会吸引大量的媒体报道和市民参观，收到了较好的市场效果。

政府主导型旅游客源市场开发的主要缺陷在于灵活性差。首先，政府主导型开发一般规模较大，环节较多，涉及各类组织及人员众多，准备时间长，很难随时根据市场的变化进行应变调整，所以在策划时应充分考虑各种不确定因素的影响，并注意适当留有调整的余地。其次，以政府主导方式进行的市场开发活动其优势在于最大限度地拓展市场广度，但市场深度明显不足，在实际策划操作中需要与其他市场开发方法结合使用，以弥补市场深度不足的缺陷。"政府搭台，企业唱戏"，政府主导型旅游客源市场开发活动为广大旅游企业提供了一个广阔的舞台，旅游企业通过充分发挥主观能动性，可以在这片广阔的舞台上找到最适合自身发展的市场领域进行深度开发。

2．旅游行会组织主导的旅游客源市场开发策划

旅游行会组织是由有关旅游社团组织和企事业单位在平等自愿的基础上组成的非赢利性社会组织，具有独立的社团法人资格。目前我国全国性的旅游行会组织主要有中国旅游协会、中国旅游饭店协会、中国旅行社协会、中国旅游车船协会等，地区性的旅游行会组织就更多了。

相对政府主导型客源市场开发而言，由旅游行会组织主导的市场开发灵活性较强，对市场变化的反应速度较快；而且行会组织主导旅游客源市场开发也可以在一定程度上整合分散在各个旅游企业的资源，有能力实施较大规模的市场开发策划方案。由于行会组织是民间行业管理机构，内部各企业之间是一种松散的平等关系，行会对各会员企业的强制约束力较弱，在进行市场开发策划过程中要十分注意各会员企业之间的沟通和协调。另外，能否公平、公正地处理好市场开发中所获利益的分配工作，也是行会主导型旅游客源市场开发策划成败的关键。

3．旅游企业主导的旅游客源市场开发策划

由于企业在法律允许范围内对自身资源可以进行自主调配和使用，所以，在三种不同开发主体主导的旅游客源市场开发方式中，旅游企业主导的开发方式是最具灵活性的，可以及时根据旅游客源市场的变化调整市场开发战略和具体措施。旅游企业主导的旅游客源市场开发策划的主要特点是机动

灵活，以策划中小型市场开发活动为主。

另外，旅游企业主导的市场开发策划要特别注意对客源市场进行深度开发。企业要在激烈的市场竞争中生存和发展，必须时刻关注市场的变化，深入了解市场需求、尽力满足这些需求，从而培育消费者的忠诚度，而这些正是深度市场开发的要求。

旅游企业主导开发策划的主要瓶颈在于市场开发广度有限。大型旅游企业，尤其是跨国旅游集团，有实力进行大规模、世界范围内的市场开发活动，而大多数中小企业资源有限，能够策划并独立实施市场开发方案的范围有限，市场广度不足。在策划中应注意与政府或旅游行会组织合作，有目的地参与政府及行会组织的市场开发活动，并将参与方案纳入自身的市场开发策划之中，为企业的市场目标服务。

在旅游客源市场开发策划中，首先要充分考虑自身的特点，谋划和设计能够扬长避短的市场开发方案；其次还要善于取长补短，以我为主，兼容并蓄，充分发挥多种旅游客源市场开发活动的整合优势，以达到最佳的策划效果。

第三节　旅游客源市场开发策划的内容

一、旅游客源市场开发策划的原则

1. 实事求是，科学策划

应该本着科学的态度，对旅游客源市场进行研究与分析，然后根据自身的实际情况，进行市场细分、选择、定位和其他市场开发策划活动。一切市场开发策划行为都应该建立在实事求是的基础上，不能盲目拔高。目前我国许多旅游目的地在旅游客源市场开发策划中一味拔高，动则"以国际旅游客源市场为主"，创建"国际一流的"旅游目的地，而根本不考虑自身实际情况是否符合。由于客源市场定位指导着旅游产品的设计、价格制定、销售渠道以及促销措施等一系列关键市场行为的方向，一旦市场定位失误，将带来严重的市场后果。所以，实事求是的科学态度是在进行旅游客源市场开发策划中应该遵循的首要原则。

2. 把握市场，动态策划

以动态的观点来进行旅游客源市场开发策划也是十分必要的。事物总是不断发展变化的，而旅游客源市场的主体是有思想的人——旅游者，他们不断受到各种外部环境和内部因素的影响，其发展变化尤为迅速。所以，旅游客源市场开发策划并不是一劳永逸的事情，而是一项长期的工作，市场策划方案完成之后，还应该持续地跟踪市场情况，及时了解市场变化，并根据实际情况审时度势，对原有的策划方案中已经不能适应市场发展的部分采取适当的措施予以调整和修正。

3. 三大效益并重，可持续策划

同时实现良好的经济效益、社会效益和生态环境效益是旅游客源市场开发策划的重要原则，也是评价旅游业可持续发展的重要指标。

世界旅游者数量的不断增加是促进世界旅游业空前繁荣的一大市场动力，另外，各国、各地区看到了发展旅游业的巨大经济效益，因而积极参与其中也是推进旅游行业飞速发展的一大原因。在我国，旅游开发的经济效益也是各国、各地区乃至各种大大小小的旅游企业进行旅游投资活动的第一诱因，所以在进行旅游客源市场开发策划时一定要充分重视开发的经济效益，以经济效益作为市场开发行为的主要准则之一。例如，所选择的细分市场要具备可进入性，细分市场的旅游者数量足以让企业盈利等。企业的逐利行为是企业发展的原动力，是促使企业深入研究市场、开发市场的原动力，旅游企业也不例外。

同时，旅游业也是一种非常特殊的服务业，往往会对旅游目的地的社会生活和生态环境产生很大的影响。

旅游业对旅游目的地的社会生活的积极影响主要体现在增加就业、促进公共事业与社会福利水平提高，以及促进旅游目的地与外界（主要是旅游客源地）的沟通交流上。由于旅游业是一种劳动密集型服务产业，对就业的拉动较大，能够起到降低旅游目的地的失业率、稳定社会秩序的积极作用。同时，由于旅游业的发展促进了政府财政收入的增长，从而为旅游目的地公共事业和社会福利水平的提高提供了一定的财政基础。另外，旅游开发也是旅游地与外界的重要沟通渠道，通过旅游者对旅游目的地各个方面的亲身经历和感受，能够产生比硬性宣传更好的沟通效果，所以旅游又被誉为"民间外交"。新中国成立之后开展国际旅游的初衷也是为了打破"坚冰"，促进世界各国人民对新中国的了解和支持。开发旅游业对旅游目的地的负面社会影响则主要体现在物价水平升高、为迎合旅游者心理而使传统文化"庸俗化"，以及犯罪率上升等方面。如我国少数景区在进行旅游开发时，为迎合少数客源市场群体的不良嗜好，非法设置一些不健康的旅游项目，虽然短期可能会获得可观的经济效益，实则付出了长期社会效益损失的巨大代价。

随着我国旅游业的发展，旅游开发对于生态环境的负面影响也不断显现。实际上，良好的生态环境是旅游业赖以生存的重要物质基础，破坏环境的旅游开发无异于杀鸡取卵，是必须坚决制止的。在旅游客源市场开发策划中，也可以通过适当的市场策略达到保护生态环境的目的。如从 2004 年 6 月开始，苏州列入世界文化遗产的 8 处园林：拙政园、留园、网师园、沧浪亭、狮子林、艺圃、耦园、退思园的景区门票价格均大幅上涨 30% 以上，通过高价策略实现客源市场细分，控制游客数量，从而达到保护生态环境的目的。

旅游业可持续发展观念在世界范围内得到认可，反映社会效益和生态环境效益已经与经济效益一起受到了旅游界人士的重视，如何通过合理的客源市场开发策划达到旅游业可持续发展的目的，将是有待研究和解决的一大课题。

二、旅游客源市场开发策划的内容

1. 市场细分策划

旅游客源市场开发策划中的市场细分，是在深入研究旅游客源市场的基础上，选择一个或几个市场特征作为划分标准，将整体旅游客源市场划分为数个不同特征的分市场，以便选择合适的目标市场。

市场细分是旅游客源市场开发策划的第一步，决定着后续步骤的方向和路线，而选择何种市场特征作为细分标准，对于市场细分的质量有着至关重要的意义。一般而言，衡量市场细分是否合理的标准主要有以下几点。

（1）可进入性。

可进入性是就细分市场准入程度而言的概念，目前某些国家对于部分旅游市场的准入是有特定限制的。如我国为了保护新生的中国旅行社行业，一直禁止外资旅行社进入中国市场直接办理业务，我国加入世贸组织后，在这方面有所放宽，但仍然有一定的准入限制。由于政府的强制措施而不可进入的细分市场是不可能作为企业的目标市场的，因而不具有可进入性的市场细分方案是没有实际意义的。可进入性差的细分市场，即企业为获得市场准入所付出的代价与企业在该市场获得的收益之比率过高的细分市场一般也是应该放弃的，但是如果作为企业长期战略的一部分，有时也将其作为目标市场予以开发。

（2）可衡量性。

市场细分后的分市场，其范围、容量、旅游需求特征和旅游消费潜力等市场数据应该是可以衡量和得到的。这意味着首先各个分市场之间的界限应该明确，容易辨认，尽可能避免模糊区域的干扰；其次，上述各种市场数据应该有真实可靠的获得途径，以便企业进行相关市场分析，对各细分市场做有依据的取舍，进而确定目标市场。

（3）可获利性。

企业的本质就是要盈利，旅游企业也不例外，所以，可获利性是评价细分市场质量的关键因素之一。一般而言，市场容量足够大、发展前景好、获利水平高是衡量细分市场可获利性的主要标准。在具体细分操作中，主要在于细分标准的尺度把握要准确，既要通过细分将不同类别的市场有效地区分开来，又要防止过度细分影响了市场容量和后续发展。

（4）可实施性。

所谓可实施性，是指旅游企业可以通过对人、财、物等各种企业资源的配置有效地进入细分市场并取得预定的经营目标。可实施性的关键在于进行市场细分时要实事求是，选择企业力所能及的细分市场进行开拓，好高骛远无疑将导致严重的后果。

2．目标市场选择策划

目标市场选择是指在细分市场评估的基础上，根据本企业的实际情况选择合适的一个或几个细分市场作为目标市场。

（1）细分市场评估。

首先要考虑细分市场的规模、增长率和盈利状况。那些市场规模大、增长迅速、盈利状况良好的细分市场往往得到企业的重视。例如，随着我国人民生活水平的提高和政府对于居民出国旅游政策的放宽，我国居民的出国旅游热情不断高涨，虽然我国人民平均生活水平尚远低于经济发达国家，但人口基数大，具备出国旅游经济实力的潜在旅游者绝对数量多。而且由于我国"礼仪之邦"的文化传统，人们大多都有出远门归来时为亲戚、朋友、同事带礼物的风俗习惯，所以我国旅游者出国旅游期间往往进行大量购物消费。这些特点导致中国居民出境游客源市场成为各大旅游目的地国欢迎的"实力派"旅游客源市场，纷纷与我国签订双边旅游协议。应该说，我国居民出境游客源市场已经成为了一个市场容量大、增长迅速、盈利状况优于全行业的增长型市场。在这种市场环境下，一些大型旅行社集团开始重视出国游。如中国康辉旅行社总经理李继烈先生就明确提出，要"把出境游作为核心产品来定位和发展"。

市场规模大、增长迅速、盈利水平高的细分市场必然引来大量竞争对手，所以，在分析细分市场特征的同时，也要对细分市场上已有的和准备进入该市场的所有竞争对手进行了解和分析。新兴旅游市场上竞争对手较少，企业在竞争对手尚未进入该市场，或虽然进入该市场但尚未站稳脚跟时，可以取得较高的垄断利润，但开发新市场必须进行大量的产品研发和市场开发活动，前期费用相对偏高。而旅游业作为一种特殊的服务产业，所研发的旅游新产品无法寻求专利保护，导致垄断期相对偏短，市场竞争对手很快就能对本企业的创新进行模仿。成熟旅游市场已相当发育，旅游需求也已经具有相当规模，但往往是竞争对手林立，企业从一开始进入该市场就要面对非常激烈的市场竞争。

由于市场竞争的巨大压力，旅游企业在对各细分市场进行评测时，还必须综合考虑本企业的核心竞争力、细分市场的需求特点、主要竞争对手三者之间的相互制约关系。本企业的核心竞争力与细分市场的主要需求方向相契合将有利于企业顺利进入该市场，而将本企业竞争优势与市场上主要竞争对手的特点进行现状以及发展趋势对比，可以帮助企业预测进入该细分市场后的竞争态势。如果企业在某一细分市场能够提供给符合旅游者需要且优于其他竞争对手的旅游产品，则说明企业在该细分市场中具有一定的竞争优势，该细分市场具有较高的市场开发价值。

（2）目标市场选择。

在对细分市场进行评估后，旅游企业就将根据评估结果，进行有针对性的取舍，选择符合本企业发展需要的细分市场进行重点开发，"企业选择的目标市场应是那些企业能在其中创造最大顾客价值并能保持一段时间的细分市场"。

一般而言，目标市场选择策略主要有无差异性策略、差异性策略和集中性策略三种基本形式。

无差异性策略是指旅游企业对所有客源市场一视同仁，以一种产品供给所有子市场。应该说，目前采取无差异性策略的旅游企业还是相当多的，他们往往根据最大的细分市场的要求设计旅游产品，然后向所有的子市场推出该旅游产品。在旅游行业发展的初期，由于市场竞争尚未趋于激烈，采取该策略能够以企业有限的资源来满足尽可能多的旅游消费者的需求；但随着市场竞争对手的增多，旅游市场竞争日益激烈，无差异性策略受到了越来越多业内人士的质疑。全行业普遍采取无差异性策略所导致的后果是：大的细分市场竞争异常激烈，利润率下降，甚至不少企业陷入亏损；而小的细分市场的旅游需求却没有受到应有的关注，其消费潜力得不到充分的发掘。

差异性策略则是指旅游企业选择几个细分市场为目标，分别为每个客源市场设计不同的旅游产品和采取不同的市场开发的策略。以旅游饭店业为例，许多世界著名的饭店集团都拥有数个不同的品牌，分别面对不同的细分市场。如世界五百强跨国集团之一的马里奥特饭店集团，既拥有如丽兹·卡尔顿、万豪、万丽等高档品牌，又有万怡、新世纪、华美达等中高档品牌；

而且，同一档次品牌之间的差异也是很明显的，如同为高档品牌，万豪体现欧美古典式风格，万丽则追求智能化的商务现代派风格，不同的风格适应不同的市场需求，满足不同的细分客源市场。差异性策略一般能够带来比无差异性策略更高的总销售额，但同时也意味着更高的产品开发、管理和市场营销费用。不当的差异性策略还可能严重冲击企业的主市场业务，导致企业发展停滞不前甚至倒退。以国际快餐业巨无霸麦当劳为例，在20世纪90年代末和21世纪初的头两年，麦当劳为寻求更大的发展，并购了大量非"汉堡"类品牌，如"波士顿炸鸡"、DONATOUS比萨饼、CHIPOTLE墨西哥烤肉和伦敦的AROMA连锁咖啡店；但是，在投入大量资金完成并购后，由于时间和精力有限，麦当劳无法很好地消化整合这些品牌。这些非"汉堡"类食品在整个麦当劳的经营额中只占到3%，即12亿美元，但却让麦当劳公司在管理和运作上耗费了巨大的财力和人力。2003年初，麦当劳的股票价格跌到7年来的最低点，市场对该公司的运作方式敲响了警钟。所以，选择差异性目标市场策略之前，一定要将企业预期增长的销售额与所需付出的成本做详细的预测和对比分析。

集中性策略是企业在自身资源有限的情况下采取的一种目标市场策略。根据这种策略，企业将"放弃一个大市场中的小份额，而去争取一个或几个亚市场中的大份额"。中小型企业在与实力强劲的大型企业进行竞争时，常常采取集中性策略，重点开发大型企业控制力相对薄弱的、较小的细分市场，从而达到奇兵制胜的市场效果。

随着计算机通信技术以及互联网的发展，集中性策略发展到一个崭新的层面——定制式营销策略。借助科技的力量，企业甚至可以针对每一位顾客的需要为其度身定制能够最大限度满足其需要的产品。一般物化产品生产企业由于存在物流的障碍，其定制式营销策略目前尚不能大规模铺开，但旅游产品天生具有不可移动性，不存在物流的障碍，所以成为定制式营销策略发展的排头兵。目前旅游企业定制式营销的主流是以旅游电子商务的形式向旅游者提供服务，旅游者可以通过互联网，相对自由地组合自己出游时所期望的"食、住、行、游、购、娱"等各项消费。定制式营销策略也在很大程度上推动了世界旅游行业向散客化方向发展。

3．市场定位策划

旅游企业在确定所要进入的目标客源市场之后，还要对企业的市场目标进行谋划，明确指出企业在该客源市场要达到何种市场地位，我们称之为客源市场定位策划。市场定位策划的主要目的在于：通过适当的谋略在旅游消费者心目中建立本企业（或本企业产品）不同于其他竞争对手的独特市场地位，从而影响其旅游购买行为向有利于本企业的方向发展。

旅游企业在进行客源市场定位策划时，首先应该对目标客源市场特征和竞争对手有一个全面的了解；然后从企业与竞争对手的旅游产品或旅游服务差异、企业形象差异以及员工素质差异方面寻找自身的竞争优势所在；并通过确定某一种或某几种竞争优势，就这些竞争优势进行重点的市场开发活动，进而确立企业在市场中的地位。选择何种产品服务差异、形象差异或员工素质差异加以重点宣传和开发，使之成为企业的竞争优势，是市场定位成功与否的关键，而选择的标准主要有以下几点。

（1）该差异应该是旅游者所看重的利益之一，对旅游者具有非常重要的价值，不能为旅游者提供实际价值的差异也不会被市场接受。新加坡的弗斯汀·斯坦福宾馆宣传自己是世界上最高的饭店，但这一特色对于绝大多数旅游者而言并没有什么实际价值，甚至在一定程度上还加深了旅游者对其安全隐患的担心。

（2）竞争对手短期内无法提供这一差异，或者至少不能以一种更有吸引力的方式来提供这一差异。市场上多家竞争企业都能够提供的“特色”也就不能成为特色，不能成为竞争优势，这样也就丧失了对市场的独特吸引力。

（3）目标市场的旅游者有能力购买该差异。科技发展到今天，太空旅游已经从一种可能变为现实，应该说太空旅游产品是一种极具特色的旅游产品，与其他旅游产品的差异非常明显，但是如果以普通的大众旅游市场为主要客源市场，显然该市场没有能力购买这种旅游产品。

（4）企业可以从该差异中获取一定的利润。逐利是企业的天性，不能产生利润的差异也不能成为竞争优势。价格差异的竞争最容易影响利润，在实施时一定要再三权衡。以旅游饭店业为例，优质廉价是旅游饭店企业经常采取的市场定位措施之一，前两年有的三星级旅游饭店打出“四星级的服务、三星级的价格”的口号，力图在消费者心目中建立低价位高品质饭店的形象，但是实际执行起来往往有一些困难，主要就在于如果以四星级饭店的标准来提供服务，经营成本显然高于三星级标准的服务，如果收费标准仍维持三星级标准，则很难达到预定的利润目标，甚至很可能会亏本。

4．市场开发手段策划

随着社会科学技术的发展和世界旅游市场竞争的日益激烈，旅游客源市场开发手段也得到了不断的创新和发展，例如随着网络技术的普及，网络营销作为一种新的市场开发手段受到广泛的重视，通过网络为个体旅游者进行定制式市场开发策划已经成为可能。目前，在旅游业界市场开发策划中广泛使用的市场开发手段主要有以下几种。

（1）与目标客源市场群体直接沟通。

直接与目标客源市场群体进行沟通是常用的市场开发手段之一，直接沟通的方式可以是面谈，也可以通过电话、信件等工具进行。这种市场开发手段的优点在于能够与目标客源建立和维持良好的人际关系，进而产生旅游消费的成功率较高，主要缺点在于人均市场开发费用较高，市场覆盖范围有限。

与目标客源市场进行直接沟通这一方法在旅游饭店、旅行社等企业的客源市场开发中使用极为广泛，如饭店企业对客户进行定期拜访，旅行社企业在居民小区进行现场宣传等都是对直接沟通这一市场开发手段的应用。相对上述旅游企业而言，旅游景区企业在进行客源市场开发策划时，较少采取直接沟通的方式，这主要是因为一般旅游景区企业的市场覆盖面较其他旅游企业更大，以国际旅游客源市场为主要目标市场群体的旅游景区比比皆是，这种情况下采取直接沟通的市场开发方式显然效率较低。

（2）通过各种传播媒介进行宣传和引导。

传播媒介不仅包括传统的大众传播媒介，如电视、广播、报纸、杂志、书籍、宣传册、海报、纪念品、门票广告等，而且还包括许多针对特殊客源市场、新颖独特的传播媒介。运用媒体宣传的方法进行市场开发策划时，媒体的选择、宣传策略的运用、宣传内容的确定等都应该根据实际情况而有所不同和侧重。

如果企业在目标市场选择时采取的是无差异策略，其旅游产品一般是大众化的产品，在进行媒体宣传时也要考虑如何满足普通大众的需求和口味。首先，应该选择普通公众容易接触的大众媒体进行传播，如电视、报纸、广播、大众化杂志等；其次，宣传的内容必须是大众化的，要用大众熟悉的语言，宣传大众能够接受的形象和概念；最后，这种宣传一般应该具有长期稳定的形象、口号和宣传重点，给公众留下相对连续、统一的印象。

如果企业采取的是差异性策略，面对具有不同特征的细分市场，所采取的媒体宣传策略也应该是多元化的。宣传活动不再是大型的统一行动，而应该是整体宣传与具体细分市场宣传相结合的方式。整体宣传主要内容包括旅游形象、品牌等，主要选择在大众媒体上推出；同时，在各种针对性较强的媒体上推出面对不同细分市场的宣传活动。所有媒体活动以旅游企业的整体形象为基点，根据不同细分客源市场的特点进行重点不同的宣传。

（3）网络营销。

随着国际互联网在全世界的普及，网络营销逐渐浮出水面。由于旅游业特殊的消费流向特征——与一般物质商品消费相反，旅游消费者从常住地移动到旅游目的地消费旅游产品，天生适合通过网络营销进行市场开发。目前旅游企业对网络化发展表现得相当积极，它们正尝试着通过互联网进行市场宣传，开展客源市场调查，接受旅游者预订，或者为其提供定制式旅游服务。

利用国际互联网进行旅游客源市场开发策划的核心在于列入各大主要搜索系统如 Google、Yahoo 等的相关关键词搜索结果，并尽量将位置提前，同时力争与各大网站建立链接，通过这些"桥梁"与客源市场进行有效的沟通。

（4）邀请旅游客源地的旅游经销商和媒体记者实地考察。

旅游经销商掌控着宝贵的销售渠道资源，他们是联系旅游产品与旅游消费者的主要纽带，而媒体的报道能够相当程度地影响人们的出游选择。因此，获得旅游经销商和媒体的支持，对于旅游客源市场开发意义重大。邀请旅游客源地的旅游经销商和媒体记者到旅游目的地进行实地考察，让他们获得亲身经历和美好的旅游感受，是获取旅游经销商和媒体支持的重要方法。

目前，邀请旅游客源地的旅游经销商和媒体记者实地考察的方法在各旅游目的地及旅游景区的市场开发策划中已经被广泛采用，常规方式很难产生新闻点，在实际策划运作中如果能够适当进行一些调整，可能会收到意想不到的效果。例如在五一黄金周之前，同时邀请数位著名劳动模范前往实地考察，就很可能形成新闻点，带来良好的社会效益和经济效益。

（5）参加旅游客源地的各种旅游会展活动。

这类旅游会展活动直接面向旅游客源地的所有现实和潜在旅游者，是各旅游目的地和旅游企业展示自身特色、吸引旅游者关注、进而促使其产生出游愿望的好机会。我国国家旅游局 2000 年组织我国旅游企业共参与了包括日本大阪旅游展、日本世界旅游博览会暨 JATA 海外展、韩国国际旅游展览、新马展、伦敦世界旅游博览会、旅游博览会柏林展、芬兰旅游展、丹麦旅游展、瑞典哥德堡旅游展、莫斯科国际旅游展等近二十个国际旅游会展活动，取得了良好的市场开发效果。

各类旅游会展活动是展示企业风采、吸引市场眼球的绝佳舞台，尤其是小型旅游企业，积极参与旅游会展活动对于自身市场广度的开拓大有裨益。作为旅游企业的市场开发策划人员，平时应多方面收集有关该类活动的举办时间、地点、参加条件等方面的信息，并注意获取以往同类活动的资料数据，如会展现场访问流量、成交量、会后评价等，以作为策划决策的重要参考。

（6）举办切合客源市场旅游需求的各类节庆活动。

参加客源地的旅游会展活动是"走出去"，举办各类旅游节庆活动则是"引进来"。2000年我国针对入境旅游市场开展了六大国家级主题促销活动，以"2000年神州世纪游"为主线，结合"北京中华世纪坛庆祝活动"、"首届中国昆明国际旅游节"、"中国湖北长江三峡国际旅游节"、"北京国际旅游文化节"、"2000年世界旅游日中国主会场（沈阳）庆祝活动"等，2000年中国入境外国旅游者达1 000余万人次，同比增长了20.50％。这些促销活动是这一良好业绩的强劲助推器。近年来我国各旅游目的地自主开展的旅游节庆活动更是涉及旅游的各个层面，新颖独特，吸引了众多旅游者的眼球。

在充分考虑目标客源市场的基本旅游需求特征的基础上推陈出新是搞好旅游节庆活动策划的关键。

5. 市场开发竞争策划

旅游市场竞争激烈，企业在进行市场开发时，常常不得不根据竞争的状况决定自己的开发策略。

（1）游击型市场开发。

在市场上面对实力比自己强劲得多的竞争对手时，小企业可以选择游击战术，在游击战中不断发展壮大。游击型市场开发的原则是先寻找一块足以防御的小型市场，最好是能够成为该市场的领导者，然后以这一市场为根据地，实现"进可攻敌，退可据守"。开展游击型市场开发的旅游企业因为规模较小，在决策的迅捷性方面比大企业优越，从而在强调快速灵活的小型旅游市场（如社区旅游市场）的竞争中，比大的旅游企业具有更大的优势。当某个方案还在大企业的办公桌上的时候，小企业已经在开始实施了。

游击型市场开发者常常采取的策略包括致力于成为一个区域性小市场的"地头蛇"，以此为基地与大的"强龙型"旅游企业抗衡；或是采取深入开发某一个细分市场，以专而精的旅游服务赢得该细分市场顾客的忠诚。游击型市场开发者还可以采取互相结盟的方式，通过量变达到质变，形成能够与大型企业相抗衡的竞争者团队，例如为应对入世的挑战，我国旅游企业纷纷寻求联合，以抗衡大型跨国旅游集团的竞争。

（2）奇袭型市场开发。

奇袭型市场开发致力于在短时间内取得大成就。要达到这一目标，该策略的实行者要具备三个前提条件：第一是要具有"人无我有、人有我新"的核心竞争力，这种核心竞争力可以产生巨大的市场能量，从而让实行者迅速占领有利的市场地位；第二是选好时机，完全出乎竞争者的预料，在竞争者完全没有准备的时候才能收到奇袭的效果；第三是乘胜追击，当奇袭获得一定的市场效果之后，应再接再厉，扩大成果。

旅游客源市场开发中运用较多的有价格奇袭、分销渠道奇袭以及产品奇袭。价格奇袭一般是运用低价位策略冲击市场，运用价格奇袭的旅游企业常常在旅游者不注意或不关心的方面不露声色地降低成本，以保持利润或至少避免亏损，但应注意避免形成价格欺诈；分销渠道奇袭是突然推出新的分销渠道攻击阵地稳固的竞争对手，以达到开发市场的效果；而产品奇袭顾名思义是通过产品创新来实现这一目的。

（3）防御型市场开发。

在市场上居于领导地位的旅游企业不断面对着竞争对手的挑战，适当的市场防御战略可以帮助领导者企业保持自身的市场领先地位。"最好的进攻就是最好的防御"，挑战自我，不断引入新的旅游产品和服务，淘汰旧的，可以巩固和加强企业的市场地位，而且这些被攻击目标不断更新显然比静止不动更难以被攻击，竞争对手不得不跟着领导企业的节奏前进，陷入疲于追赶的状态，很难有多余的精力和资源去发动主动攻击。

一旦企业遭受攻击，一定要及时发动反攻。如对手企业采取价格奇袭策略，企业一般要在最短时间内做出反应，用迅速反击的方式使己方不至于陷入被动。

（4）攻击型市场开发。

攻击型市场开发与防御型市场开发是一个事物的两个方面，市场的领导企业常常采取防御策略捍卫自己的市场地位，而那些在市场中处于第二、第三位的企业则常常采取攻击型市场开发策略，向领导者企业发动挑战，试图战而胜之，取而代之。

攻击型市场开发的要点在于集中力量攻击竞争对手的弱点；同时，不要试图在全部客源市场同时开战，而应该首先选取某一个区域客源市场或某一类细分市场，集中力量获得在该市场上的优势。

本 章 小 结

（1）地理特征、人口学特征、心理特征和历史文化特征对旅游客源市场有重要的影响。

（2）对资源的高度依赖性、差异性和协调性是旅游客源市场开发策划的特点。

（3）旅游客源市场开发策划的意义在于：它是旅游产业特点的内在要求，是日趋激烈的旅游业市场竞争的必然产物，也是旅游产业持续经营的巨大动力。

（4）按开发主体的不同，旅游客源市场开发策划可分为：政府主导旅游客源市场开发策划、行会组织主导旅游客源市场开发策划和企业主导旅游客源市场开发策划。

（5）旅游客源市场开发策划的原则主要有：实事求是原则、动态性原则和兼顾三大效益的原则。

（6）旅游客源市场开发策划的主要内容是：市场细分策划；目标市场选择策划；市场定位策划；市场开发手段策划和市场开发竞争策划。

思　考　题

1．旅游客源市场的人口学特征分为几种？

2．谈谈你对宗教旅游产品的看法。

3．结合实际，理解旅游客源市场开发策划的动态性原则。

4．简述旅游客源市场开发策划的内容。

5．注意了解和收集旅游客源市场开发手段的创新策划方案。

☞案例

香港旅游协会制定的 21 世纪香港旅游市场开发策划①

一、准确的定位，崭新的主题

香港旅游协会定下了十分明确的长远目标：在 21 世纪，香港必须继续成为世界各地游客"必到"的国际大都会。

1．市场开发策略

为达到上述长远目标，香港旅游协会针对市场和游客的需要，确定了以下策略：

（1）以崭新的手法促使旅游决策人挑选香港作为旅游目的地；

（2）对游客本身及影响他们选择旅游地点的人士做深入的市场调查，了解他们的需要，从而满足他们对旅游的期望；

（3）针对具备经济能力而且来港交通方便的旅游群体，以及能够影响游

---

① 苏珊．现代策划学．北京：中共中央党校出版社，2002：210-212

客选择地点或代客安排旅游路线的业内人士做专门的营销工作;

(4) 在富裕国家及地区重点出击,全力争取消费力强的旅客。

2．崭新的市场定位

让游客感知香港是一个世界奇迹,它把东方的神秘色彩、勤奋和活力与西方的创意、前卫融合为一,令世界各地的游客慕名而至,香港独特的风采会让他们大开眼界,留下难忘的印象。

3．全新的广告策略

树立优越形象,突显香港是一个多姿多彩、新奇刺激、兼有中国传统色彩和现代西方文化的独一无二的旅游好去处。

(1) 针对海外消费者及旅游业界人士,重点宣传香港除了是"购物天堂"外,还有许多其他吸引游客之处,从而将香港重新包装,提升对外的形象。

(2) 与海外旅游业加强合作,策划各种推动活动,提高香港旅游的含金量。

(3)对外宣传香港的辉煌成就及骄人的世界纪录,建立独特的国际形象。

4．要求

香港旅游协会对全新的推广计划寄予厚望,不仅要切合以上的市场定位和广告策略,更要达到下列特定要求。

(1) 必须有一个长远的宣传主题,既要即时发挥效力,又要经得起时间考验;

(2) 表现出香港的多姿多彩、五光十色,具有足以令来自世界各地游客为之倾倒的惊人魅力和缤纷万象,让人目不暇接、流连忘返;

(3) 反映香港在世界的独特地位,反映香港人的卓越成就、奋斗精神,以及本港的多元文化和生活方式;

(4) 建立港人对继续繁荣的信心,令港人对香港备感自豪;

(5) 跨越地域、语言、文化的限制,适用于世界各地,并且可以针对不同市场的需要灵活变通,突出不同的宣传重点。

二、魅力香港,万象之都

香港旅游协会的市场推广计划,结合了广告代理公司的精心杰作,主体就是——魅力香港,万象之都。

整个推广计划包括电视、报纸及杂志广告、海报、各式宣传及推广物品、橱窗设计、装饰和纪念赠品等,全部采用新奇刺激的动画表达手法,将香港的万千色彩有如万花筒般同时呈现,令人目不暇接;还有一个长达三分半钟的宣传短片,将香港拥有的各种世界纪录、骄人成就、独特风貌和迷人景色一气呵成地尽情展现,节奏明快、充满动感、精彩绝伦,不但在广告攻势开展时率先播放,以收先声夺人之效,更在卫星电视、各地的有线电视及飞机航班上播出,让世界各地的游客都可以通过亮丽缤纷的影像,体会香港的过人魅力。

这套广告有两大特色:崭新标志和拼图设计。

活力十足、缤纷悦目的崭新标志,将多种象征香港魅力的缤纷图案嵌进HONG KONG 英文字样内,配上全新的宣传标语——魅力香港,万象之都,令人一望而知香港是一个拥有万千色彩和无穷魅力的旅游胜地。

别出心裁的拼图设计,突出香港是一个包容东西文化,新旧景物交相辉映,充满五光十色,令人一见难忘的魅力大都会。拼图设计又可以充分表现港人起居作息的不同风貌——名闻中外的影星成龙、醉心太极的长者、舢板为家的渔妇以及香港的缤纷万象——直上庐峰的山顶缆车、无可比拟的港湾景色、全球最大的天坛大佛、东南亚最大的海洋馆、投注额创纪录的沙田跑马场。画面多姿多彩,将香港的魅力展现无遗。

全新的推广计划不但能充分体现旅协的长远目标,还可以灵活变化,衍生为针对各地不同市场而度身定制的旅游主题广告及各种策略性广告,包括以中国节日、国际盛事及冬夏大减价为宣传重点的淡季旅游广告,以及游轮广告、长者旅游、家庭旅游和中国珠江三角洲拓展旅游等有特定对象的广告,既能突出不同的宣传重点,又不失统一的风格。

旅协在全球各地不同媒介的广告以及各式宣传和推广材料,均采用新标志和拼图设计,旅协的赠品、资料小册子及包装纸也在设计上贯彻同一主题。与此同时,旅协呼吁各大酒店、航空公司及旅行社尽量在广告及宣传品上加入香港新标志和新标语,希望可以互相呼应,发挥更大的宣传效力。

问　题:

1.“21 世纪香港旅游市场开发策划”选择了哪些细分市场作为目标市场?

2.“21 世纪香港旅游市场开发策划”运用了哪些市场开发方法?

第四章
旅游营销竞合战略策划

第一节　旅游地空间竞争战略策划

一、旅游地空间竞争战略策划的理论基础

（一）旅游地的内涵

旅游地，又称为旅游目的地。旅游地有狭义和广义之分，狭义的旅游地是指具有某种旅游资源，能够激发旅游者产生旅游动机，促使其采取旅游行为，并能满足其旅游需求的地点和场所。广义的旅游地外延较广，各种短期居停的目的地都可以认定为旅游地。除了资源吸引力外，旅游地还应与客源地及交通运输相对应，只有具有相应的客源条件和可进入性，才能成为真正意义上的旅游地，否则就只能是概念上或潜在的旅游地，不能形成现实的竞争力。

（二）旅游地空间竞争的表现形式及成因

旅游地的空间竞争是客观存在的，不仅主要体现在争夺客源的竞争上，而且还包括旅游地招商引资等其他与旅游业发展相关的竞争。旅游地空间竞争的存在，是由于多个旅游地在同一地域内相对集中而引起的。当多个旅游地同处一个区域时，由于区域经济发展状况、风俗、文化传统等因素对客源市场所产生的吸引力在特定时期内是有限的，因此，该区域内各旅游地的吸引力往往会出现此长彼消的情况，这就会造成各旅游地对客源市场的再分配。此处所说的旅游地空间竞争，主要是指同一区域内同类旅游地之间的竞争。同一区域内的不同类型旅游地由于它们之间的差异性，主要产生互补作用（这是旅游地空间合作的基础之一）。当然，不同区域内相似的旅游地之间也存在着竞争，但是旅游业具有随距离衰减的规律，不同区域内旅游地的竞争远没有同一区域内旅游地的竞争激烈。

（三）旅游地竞争力的理论基础

在提升旅游地的竞争力方面，针对不同类型的旅游地，应采用不同的战略。旅游地竞争力的理论基础主要包括区位论和竞争优势论两大方面。

1. 区位论

区位论主要探讨人类生产与生活的空间选择规律，诸如农业、工业、商业的选址因素以及在地理空间的分布规律，包括农业区位论、工业区位论、商业中心地论等相关理论学说。关于社区居民对居住地之外的旅游和休闲活动进行空间选择的问题，既可从旅游业投资区位论来研究，也可从旅游地对游客吸引力大小的角度来探讨。区域经济学中的"区位"即指某产业对各种要素的相对位置，这些要素形成一种合力，产业布局的最优区位就在合力最大的方向上。换言之，区位即指各种要素对某一产业的影响程度，各个地区既有自身的优势，也存在着劣势，即存在一种比较优势。例如：某一地区或原料充足，或资金充足，但也可能存在劳动力不足、交通不便等情况，这样就存在优势区位与非优势区位。某区域制定本区域产业发展战略时，既要充分利用自身的优势区位，又要避免发展那些对非优势区位因素依赖过大的产业，以充分发挥本区域的比较优势，实现区域经济的协调和持续发展。

随着我国经济的发展，旅游业作为一种新兴产业，发展前景越来越看好，被称为"朝阳产业"。旅游业的类型可分为多种：观光型、度假型、会展型等，究竟哪一种类型的旅游业适于某特定区域的发展，可以通过对旅游地区位因素的分析来确定其竞争力，并制定相应的发展战略。旅游地区位通过与客源地和周围旅游目的地的空间联系以及交通的可达性来体现。一般而言，影响旅游地竞争力的区位因素主要包括三类：资源区位、客源区位和交通区位。

（1）资源区位。

资源区位指特定区域内某旅游地的旅游资源在空间位置上与该区域其他旅游资源的组合关系，亦即旅游资源在各自竞争中的比较优势。资源区位存在两种情况：一是旅游资源具有绝对优势，其知名度以及对客源的吸引力远远高于区域内其他旅游地，如我国的世界自然、文化遗产在全国甚至全世界影响力都很强；二是旅游资源具有相对优势，尽管在某一区域内没有绝对优势的旅游资源，但是它们也拥有一定范围内的比较优势，如湖北神龙溪的旅游资源在鄂西就具有一定的相对优势和知名度。上述两种资源在区域内形成组合关系，对旅游地的发展具有抑制或替代作用。同级类似旅游地产生替代作用，不同级性质差异旅游地大多产生互补作用，而旅游地的空间竞争往往是由于旅游地的替代或抑制作用引发的。

（2）客源区位。

客源区位指旅游目的地相对其他地区居民出游能力的空间关系。出游能力受多种因素的影响，自然、历史、文化、经济等都在某种程度上影响特定区域出游人数的比例以及出游距离、时间和消费水平。一般而言，现实的出游能力由两方面构成：一是居民的出游愿望，随着经济的发展以及观念的转变，社区居民越来越离不开旅游和休闲；二是居民的支付能力，在经济落后的情况下，人们即使具有出游愿望，但由于没有相应的支付能力，也不能形成旅游地的现实客源市场。近年来东部沿海地区出游人数明显高于中西部地区，大城市出游人数明显高于中小城市，就是这两方面作用的结果。

在客源区位定位中，应该明确界定旅游地的主要目标客源市场。旅游业的一个显著特点就是具有随距离衰减的规律，特定旅游地所吸引的客源有一定的范围界限。有研究成果表明，中国城市居民出游和休闲活动有80%集中在距城市500公里的范围内，这实际上是距离衰减的结果。

（3）交通区位。

交通区位即旅游地的可进入性问题，指各种交通方式在空间上的组合关系。旅游地在交通枢纽中的位置以及交通的便捷性在很大程度上决定着旅游地竞争力的大小。交通区位不仅表现在交通的距离长短、方便舒适与否、交通费用的多少，而且更主要地表现为一种心理距离。如果在旅行中能够感到舒适，沿途风光具有吸引力，那么，即使距离稍远也是游客乐于接受的；反之，如果旅途枯燥，沿途需要转乘多种交通工具，在游客心理上加大了距离感，这样的交通区位竞争力就会减弱。

此外，有一种观点认为区位论还应包括认知区位，即人们对某一旅游地的认知程度。如每年都有许多海外华侨回国寻根、探亲等，就是希望寻找一种心理上的归属感。事实上这也是旅游开发的一个卖点，但这种区位可以归属于资源区位的范畴。

在确定上述三类区位各自的优势、劣势的基础上，综合考虑三种区位的组合情况，因为其中任何一种区位必须与其他区位相对应才能客观存在。换言之，应该考察各个区位的综合情况，以此为基础才能确定自身到底处在何种区位。如果旅游地处于优势区位，拥有优势资源和便捷的交通，能够吸引更大范围的游客，那么，它的发展目标就可定位为跨区域的甚至全国、全世界的知名旅游地，如长江三峡；如果旅游地处于非优势区位，资源知名度不高，交通不甚发达，仅能吸引某一特定范围内的游客，其发展目标只能定位为区域性的旅游地，而不宜过度开发。

　　2. 波特的竞争优势理论

　　区位论实际上是用以考察旅游地的比较优势，然后根据其比较优势确定发展战略。"世界竞争战略之父"波特认为：物质禀赋（如劳动力、自然资源、金融资本）的投入在全球化快速发展的今天，其作用日趋减少，取而代之决定一国产业是否具有竞争力的是要素条件、需求条件、支持性产业和相关产业、企业战略、结构和竞争对手、政府行为和机遇六大因素。其中，前四个因素是影响产业国际竞争力的决定因素，它们构成著名的产业竞争力的菱形模型（又称"钻石体系"）。这一理论与区位论强调的重点不同，是从另一角度对竞争力的认识，同样可以用来研究旅游业的竞争力问题。一般认为，在同一区域内政府行为和机遇对所有旅游地的作用差别不大，因此，这里重点强调前四个因素的作用。

　　（1）要素条件。

　　要素条件指旅游地的旅游资源禀赋以及旅游人力资源等要素状况。有些具有较高的知名度的自然旅游资源和人文旅游资源具有不可模仿性，这样的要素对旅游地竞争力起基础作用。旅游管理人才、管理技术和营销技术以及旅游产业的资本投入等要素都是后天形成的，如果具有高级性和专门性，不易模仿，也具有很强的竞争力；但这些后天发展要素具有独特风格而不易模仿是极难的，特别是一些竞争不规范的地区更是如此。因此，应该在历史形成的要素的基础上积极发展后天不易模仿的专门要素，这是提高旅游地持久竞争力的主要途径。

　　（2）需求条件。

　　需求条件指某一区域对旅游地所提供的产品和服务的需求强弱。持续高涨的需求是一个产业发展的原动力，旅游地的发展主要依赖区域内居民对旅游产品和服务的需求。如果对某一旅游地的需求领先于其他旅游地，则该旅游地就能获得竞争优势。这种需求也包括跨区域乃至全国和国际的需求，这要视旅游地的整体竞争力而定。同时，需求领先的旅游地为了保持领先优势，需求不足的旅游地为了扩大需求，都会不断创新，提供更好的产品和服务，均有利于旅游地的持续发展。

　　（3）支持性产业和相关产业。

　　旅游业的相关产业和支持产业涉及行、食、宿、游、购、娱六大行业部门，其竞争力的形成依赖于这些产业群的支撑。换言之，如果某旅游地相关产业群具有竞争优势，该旅游地就有可能形成较强的竞争力；反之，如果某旅游地尽管具有很好的资源优势，但由于相关产业发展的滞后，其竞争力的形成就可能存在诸多障碍。如四川九寨沟在开发的初期交通极不便捷，尽管那里风景如画，但旅游业的发展与预期相差甚远，在全国相对其他风景名胜区而言竞争力不强。在大力改善交通设施之后，其竞争力大大增强，在全国和世界的知名度迅速提升，已成为我国旅游目的地的知名品牌。又如四川的四姑娘山在西南地区具有很高的知名度，但是在国庆、五一长假期间接待的游客总是有限，其原因就是该地旅游住宿设施接待能力不足。

（4）企业战略、结构和竞争对手。

旅游地在资源定位、发展目标定位、目标客源方面的战略规划对该地的持续竞争力至关重要。如云南大理是一个著名的旅游目的地，"大理风光一日游"旅游路线经营状况一直处于良性发展态势，在1999年世博会期间，当地旅游部门为了进一步推动大理旅游业的发展，强行推出了"大理风光二日游"旅游路线，尽管在世博会期间取得了一定成效，但之后由于客源减少，"大理风光二日游"旅游路线就一直处于惨淡经营的状态，以至于不得不恢复以前的"大理风光一日游"旅游路线。旅游地赖以发展的区域环境对旅游地竞争力的作用也不容忽视，特别是其竞争对手在客源以及相关旅游接待设施能力上的竞争将直接影响旅游地的竞争力。

"钻石体系"是一个双向强化的系统，其中任何一项因素的效果必然影响到其他因素的状态。当获得钻石体系中任何一项因素的优势时，必然会促进它创造或提升其他因素的优势。但是，拥有钻石体系中的每一项优势，并不必然等于拥有了竞争优势。要能将这些因素交错运用，形成旅游地自我强化的优势，才是其他旅游地竞争对手无法模仿和超越的。

3. 区位论及竞争优势论的运用

上述两种用以探讨旅游地竞争力的理论侧重点不同，应将二者进行综合运用才能得出更加科学的结论，才能促进旅游地在准确度量自身竞争力的情况下科学定位，进而制定自身的竞争战略，实现可持续发展。

如何运用这两种理论进行分析没有一个既定的框架，在实际运用中各个旅游地的情况比理论复杂得多，要根据具体情况灵活运用。较为行之有效的是运用SWOT分析方法，即对旅游地的优势（Strengths），劣势（Weaknesses），机会（Opportunities）和威胁（Threats）进行全面评估。针对上述理论强调的每一个因素都可以运用这种方法，确定某种因素是否存在、究竟它的存在是优势还是劣势、从中有哪些机会、有哪些威胁，然后综合各个要素的分析情况，确定旅游地的优势所在以及发展机会，这是制定旅游地发展战略的基础，同时，还要考虑旅游地的劣势以及需要解决的问题，这是制定旅游地发展战略需要避免和克服的关键所在。

二、旅游地空间竞争战略策划的一般技巧

针对不同的旅游地，实际运用上述理论及分析方法的情况应该是不一样的，因为实际情况比理论复杂得多，因此，没有一个既定的模式适用所有旅游地的竞争分析。不同类型的旅游地有各自不同的特点，需要对旅游地的竞争力做分类探讨。尽管怎样分类还没有一个统一的标准，但可以按照旅游地的开发程度简单地把它们分为已开发旅游地和未开发旅游地两类，然后分别探讨两种类型的旅游地应当怎样确定自身的竞争力并制定发展战略计划。

（一）已开发旅游地竞争战略策划的一般技巧

这一类旅游地占据我国旅游市场的大部分份额，大多拥有比较优越的旅游资源（自然旅游资源或人文旅游资源），已经经过一段时间的开发建设，积累了一些旅游开发及管理的经验，且占据各自稳定的市场份额。但其中除了少数经营较好的旅游地之外，大多数旅游地存在着粗放经营的问题，如旅游资源开发不合理，旅游管理人才奇缺，旅游投资匮乏并且投向不合理等。更为严重的是，很多旅游地不注意对生态环境和历史文化遗产的保护，不重视旅游地的可持续发展，为旅游地的发展带来了诸多隐患，成为我国旅游业持续发展的一大障碍。如世界自然遗产武陵源风景名胜区在早期旅游资源开发与建设过程中，由于缺乏科学规划与严格管理，造成水环境污染、森林植被破坏、违法违章建筑等问题，严重影响了武陵源风景区的形象。随着旅游地的开发，旅游者和旅游设施会不可避免地增加，必然会打破原有自然界宁静和谐的格局，给环境带来极大的压力，因此，变粗放型经营方式为集约型经营方式，实现旅游地的可持续发展，提升自身的竞争力，是已开发旅游地目前面临的主要问题。

在策划提升已开发旅游地竞争力方案时，一般可以按以下几个步骤进行。

（1）现有竞争力的评价。即根据区位论和波特竞争力理论，运用SWOT的分析方法对旅游地的发展阶段、产品与市场、资源禀赋等要素作出评价，对相关产业和与之竞争的旅游地发展情况进行评估，确定其竞争力的大小。

（2）在确定竞争力大小的基础之上，对旅游地的发展重新定位。对以往的成功之处要继续保持，失败之处要积极改进。在重新定位时，应坚持市场导向原则，进行市场调查和市场预测，准确掌握旅游市场的需求及其变化规律，结合旅游资源的特色和发展现状，确定主题、规模和层次。

（3）根据重新定位的结果制定总体发展目标和阶段性目标，按照需求培

养或引进旅游管理人才；筹集新发展战略所需要的资金投入和相关的技术支持等。

（4）对旅游地重新定位之后的发展战略进行绩效分析，并根据市场需求不断进行修正，调整旅游地的经营管理和发展方向，这是一个需要长期进行的工作。

案例一　重建黄鹤楼　提升武汉旅游竞争力①

武汉市是华中第一大都市，在经济区位上处在东西两大经济带的结合部位，是我国内陆多功能的经济中心，是带动中部经济发展的核心城市。在交通区位上，武汉地处长江黄金地段，是南北、东西交通的中心。在相关产业发展上，武汉也一直处于良好的状态，自我国旅游业 1978 年开始发展到现在，武汉市一直将其作为一个重点产业来发展。为此，通过多方论证，武汉市作出重建黄鹤楼的决定，以"江南三大名楼之一"来提升武汉市旅游业的整体竞争力，振兴武汉的旅游经济。事实证明，这一策划是非常成功的，武汉市的旅游业及相关产业因此得到了较快的发展。

这个例子体现了 SWOT 分析的基本思路，值得借鉴。武汉发展旅游业的优势与劣势、机会与威胁同时并存，但从总体来看，旅游区位比较优越，特别是重建黄鹤楼之后可以提升其竞争力。其优势体现在：一是旅游资源比较丰富。拥有东湖、归元寺、武昌起义旧址等景点；武汉的文化底蕴深厚，是三国文化的主要发源地和发生地，具有很强的吸引力。二是交通便利。拥有水运、铁路、公路、航空多种交通方式，具有良好的可进入性。三是武汉在全国具有一定的吸引力，拥有一定的客源。劣势在于现有东湖、归元寺等景点影响力不大，人文旅游资源的优势没有充分开发，缺乏知名的品牌和鲜明的形象。发展机会表现在：一是有一定的旅游基础和潜力，特别是世界华人对三国历史文化具有很强的认同感，具有开发潜力；黄鹤楼作为江南三大名楼之一，重建可以提升武汉的旅游品牌形象。二是重建黄鹤楼可以提升武汉的知名度，开展三国文化旅游，可以吸引更大范围的游客。通过 SWOT 分析得出的结论是重建黄鹤楼，借此全面提升武汉的旅游竞争力，这是一个非常成功的战略策划。

（二）未开发旅游地竞争战略策划的一般技巧

对未开发旅游地进行竞争战略策划，一般应遵循以下步骤：

① 参见保继刚 . 旅游规划案例 . 广州：广东旅游出版社，2000：130

（1）评价未开发旅游地的旅游资源赋存状况及其特色。

（2）根据旅游业发展环境以及竞争者的发展状况，评估未开发旅游地旅游开发的优、劣势。

（3）编制未开发旅游地的竞争战略方案。方案的重点内容包括旅游产品的特色开发、旅游品牌塑造、旅游主题形象确定、旅游主题口号设计以及竞争促销战术选择等。

（4）未开发旅游地竞争战略方案的实施绩效分析。

案例二　香格里拉开发①

香格里拉是云南迪庆藏族自治州的一个旅游品牌，旅游开发起步较晚，旅游资源富有特色，但由于景区的可进入性和旅游接待设施方面的制约，加之知名度不高，长期惨淡经营。针对这种情况，迪庆藏族自治州在旅游开发中运用移花接木的方式，打"香格里拉"的品牌，求证、宣传英国作家詹姆斯·希尔顿在《消失的地平线》中所描绘的那个神话世界般的"香格里拉"藏区就在迪庆中甸。这种有意的重合和暗示产生了惊人的旅游效应：一方面，它满足人们那种追求桃花源般理想世界的心理，为很多现实生活中的人找到一个精神的寄托；另一方面，这种先入为主的宣传，使人们认定这里就是真正的"香格里拉"，更兼有与"香格里拉"饭店集团同名，等于免费使用了一个国际知名品牌。这样的旅游开发方式使迪庆的"香格里拉"深入人心，给迪庆带来了滚滚客源和财源。与同样在争夺"香格里拉"这块牌子的四川稻城和西藏昌都相比，站在了更加主动的位置。

"香格里拉"的开发充分利用了特色资源的特色，巧妙地利用"香格里拉"的品牌造势，提高了旅游地的知名度，克服了可进入性差、旅游接待设施不足的劣势，在与四川稻城和西藏昌都的竞争中占据了主导地位。这种先入为主的宣传方式使迪庆拥有了"香格里拉"品牌的主动权，获得了较好的旅游开发效果。

三、旅游地空间竞争策划一般技巧的应用

旅游地空间竞争策划技巧在各个旅游地开发中应用的具体情况会有所不同，但其基本思路是一致的。案例三是有关华夏西部影视城开发的个案，通

---

① 张建雄．滇西北旅游资源开发三大模式比较分析．见：旅游学刊，2002（5）：49-53

过个案分析有助于理解旅游地空间竞争策划技巧的具体应用。

案例三　张贤亮"出卖荒凉"的成功①

在距离宁夏银川市30多公里处有个华夏西部影视城，这是著名作家张贤亮在宁夏开发的一个旅游项目，其创意是"出卖荒凉"。这里原来是个屯兵扎营的旧寨堡，周围植物稀少，乱石遍野，一片荒凉，谁也不曾想到在此处进行旅游开发。可张贤亮独具慧眼，认识到"荒凉"就是"西部文化"，因为许多电影、电视都需要这种反映西北粗犷、苍凉风格的影视场景。如今，这个特殊的旅游资源被他炒得红红火火，每年都有至少几十万元的收入。华夏影视城成了宁夏乃至西北地区的一个颇负盛名的旅游景点，尽管还称不上是旅游精品，但它的文化底蕴深厚，已开发得比较成功。

出卖"荒凉"是一个史无前例的策划。在华夏影视城开发之前，全国已经有好几处影视城，如无锡影视城、涿州影视城。但华夏影视城与这些影视城的不同之处就是展示西北地区特有的"粗犷"、"荒凉"，这是许多电影、电视所需要拍摄的场景。这是一种独特的文化旅游资源，是旅游开发中具有竞争优势的"亮点"。

成功的旅游开发不仅要拥有具有独特竞争优势的旅游资源"亮点"，而且还依赖于匠心独运的促销推广。张贤亮利用自己的影响，与谢晋、张艺谋等著名导演合作，通过名导演在华夏影视城取景拍摄的电影、电视推广"华夏影视城"，使其成为了西北地区甚至全国著名的旅游观光目的地。

第二节　区域旅游空间合作战略策划

一、区域旅游空间合作的基础

（一）区域旅游空间合作的理论基础

1. 区域经济合作理论

区域经济合作理论认为：不同的区域在商品、服务、资金、技术和信息开发过程中，彼此相关和相互依赖的各经济单位或组织之间，为了获得较高的经济利益，在互利的基础上，可通过一定的合同、协议或章程组建各种联

---

① 雷欣荣.从张贤亮出卖"荒凉"说开去——谈旅游规划中的点子.见：旅游学刊，1999（5）：46-48

合体和建立各种联系；区域经济合作的形成和发展离不开自然基础（涉及区域经济差异的形成和演化）和经济基础（涉及区域经济利益最大化和整个经济体系的利益最大化）两大客观基础；区域经济合作应遵循自主原则、整体性原则、经济效益原则。

旅游业是第三产业中的新兴服务业，区域经济合作的一般理论可为开展区域的旅游空间合作提供理论依据。

2. 外部规模经济理论

从狭义上而言，单个企业存在一个最优规模，由此产生的节约被称为企业内部规模经济。从广义上而言，由相关产业或同类企业在某一地区范围内聚集的最优规模而产生的节约称为外部规模经济。对区域旅游空间合作而言，存在一种外部规模经济效应。具体而言，区域旅游空间合作可产生以下外部规模效益。

（1）资源、信息、品牌共享。在区域旅游空间的合作过程中，可以共建共享基础设施；共同促销，共享促销成果；共享大区域品牌形象；共享经营管理人才；共享接待设施。

（2）优势互补。任何区域旅游资源的数量和种类都是有限的，而游客总是希望用最少的花费、最短的时间欣赏更多的美景，体验更多的文化。区域旅游合作可以加强区域间的优势互补，共同形成一个统一和谐的整体，共同开发旅游产品，共同塑造更具影响力的区域旅游形象，从而最大化地满足游客的消费需求。

（3）增强抵御市场风险的能力。单一区域在旅游竞争中的实力总是有限的，它受到资源、客源、资金等多方面的限制。实现区域旅游合作，可以综合各个合作区域的实力形成更强的竞争力，实现 $1+1>2$ 的"双赢"效果。

（二）区域旅游空间合作的现实基础

在旅游业发展中，实现区域旅游合作利大于弊，是一种必然的发展趋势。一般而言，实现区域旅游空间合作应具备以下一些现实基础条件。

1. 资源具有相似性或互补性

区域旅游资源相似是竞争形成的条件，也是合作的基础。将相似的资源置于一个更大的区域范围内，对外塑造一个整体旅游品牌形象，有利于产生共生、聚集效应。事实上，我国许多相似的旅游资源大多分布相对集中，如少数民族文化旅游资源多集中在西部地区。此外，相邻区域的旅游资源具有互补性，也可以在更大的空间范围内实现优势互补，从而整体开发更具吸引力的旅游产品，丰富旅游活动的内容，提升整体竞争力。

2. 经济、文化差异不大

一般情况下，两个区域要实现合作，需要具有共同的物质利益基础和文化观念基础。如果两个区域经济的发展水平悬殊大，文化观念差异大，有可能难以达成合作的共识。即使在短期内实现了合作，但在合作之后往往因为在管理理念、利益分配等方面的分歧而使合作走向破裂。

3. 空间联系具有便利性

要实现区域旅游空间合作，建立区域旅游空间合作体系，区域间交通必须便利，即具有良好的可进入性。主要表现在两个方面：一是空间位置相邻，空间合作往往发生在相邻的区域之间，如果两地距离太远，合作的成本就会增加，阻力增大，不易合作；二是区域间交通设施通达，便利的交通是合作的重要基础条件，即使两地空间距离很近，但由于两地之间的交通网络不发达，在可进入性上存在很大的屏障，也难以实现合作。

二 、区域旅游空间合作策划的一般技巧

（一）区域旅游空间合作的类型

我国区域旅游合作的形式，既有政府主导的，也有旅游企业自发组织的，还有二者联合推动的，因此很难对合作类型做一个科学的界定，但可依据不同的标准进行不同的分类。

1. 按照空间合作的地域范围分类

依此标准可分为三种类型。

（1）基于行政区划的旅游空间合作，如"粤港澳旅游圈"、"武汉大旅游圈"、"四川旅游圈"。

（2）基于交通枢纽的旅游空间合作。如"南昆铁路旅游带"、"京九铁路旅游带"。

（3）基于某些著名旅游景点（旅游地）为核心展开的旅游空间合作，如"黄山大旅游圈"、"三峡旅游经济圈"。

2. 按照旅游资源的相似性、旅游经济的联系、旅游管理的权限分类

依此标准可分为三种主要类型。

（1）类型区。以旅游资源的相似性为依据划分的旅游区域。

（2）引力区（协作区）。以旅游经济联系（包括旅游交通）为纽带划分的旅游区域。

（3）管理区。以行政管理权限为依据划分的旅游管理区，并可细分为三个级别：跨国家的旅游联合开发区、跨省区的旅游联合开发区、跨市县的旅游联合开发区。

3. 按照空间合作的发展过程和发展态势分类

依此标准可分为两个基本类型。

(1) 区域组合，即毗邻区域组合或交通线路连接的区域组合，如滇西南旅游区、京九旅游线等。

(2) 产品组合。由于自然界的演化和人类活动的变迁，天然地或历史地形成了许多著名的具有很高旅游观赏价值的旅游景观，如漓江、长江三峡等。这些旅游地的开发应走产品组合、地域整合之路。

上述分类尽管有一定的可取之处，但并非权威标准，因为各个标准之间多有重叠，无法完全概括区域旅游合作的类型。在具体实施区域旅游合作的过程中，情况复杂多样，关键是要根据实际情况来确定具体的合作方式或类型，采取具体的有效措施促进合作，使合作各方均受益。

(二) 区域旅游空间合作策划的一般步骤

区域旅游空间合作策划一般应遵循以下步骤。

(1) 评估区域间开展旅游合作的基础。从资源禀赋、客源市场、历史基础、交通基础条件等方面评估区域间开展旅游合作的基础以及发展潜力。

(2) 评估区域间开展旅游合作面临的障碍和风险。区域旅游空间合作面临的障碍和风险主要包括：行政区划体制引发的地方保护主义障碍、政策障碍、文化观念差异障碍、利益分配纠纷障碍、道路交通障碍、市场开发风险等。

(3) 编制区域旅游空间合作方案。合作方案的内容主要包括：旅游交通的协同建设、重点特色旅游产品的协同开发、精品旅游线路的协同推广、旅游主题形象和旅游品牌的共同塑造和推广、合作机构设置和合作机制建设等。

(4) 区域旅游空间合作方案实施绩效分析。从经济效益、社会效益、生态效益等方面科学地评估合作方案实施绩效。在绩效评估的基础上，根据市场变化情况不断修正、调整合作方案。

三、区域旅游空间合作策划一般技巧的应用

国内的区域旅游空间合作策划实践已涌现出许多经典个案。下面试以案例四、案例五为个案，通过案例分析区域旅游空间合作策划技巧的具体应用。

案例四　襄樊南阳千年之争①

---

① 一篇课文牵涉两市"前途"：襄樊南阳激辩《隆中对》. 见：楚天金报，2003-09-22（11）

诸葛亮《隆中对》中的"臣本布衣，躬耕于南阳"中所指的"南阳"究竟是在湖北襄樊还是在河南南阳，一直以来都是史学界襄樊派和南阳派争论的话题。这场争论在2003年夏天再度升级，导火线是一篇关于《隆中对》复出的文章。2003年春季，人民教育出版社新编的初中课本第六册第22课是《隆中对》，第23课是《出师表》。课文中对"隆中"的注解是："隆中，山名，在现在湖北襄樊。"《出师表》中"臣本布衣，躬耕于南阳"中对"南阳"的注解是："南阳，郡名，在现在湖北襄樊一带。"河南南阳各界人士对这一注解反响强烈，认为把诸葛亮躬耕于南阳这一千年之争进行一锤定音是极其错误的，于是出现了集体签名的抗议活动，而襄樊方面却认为这是历史事实。

诸葛亮躬耕地之争在南阳和襄樊之间延续了上千年。两地之争尽管看起来是在争名人、争祖业，但从大处而言是在争世人对其区域历史文化积淀的厚度、深度的认同，争的是区域营销的"卖点"；从小处而言，争的是旅游胜地，争的是旅游资源，争的是区域旅游开发的"卖点"。据有关专家评估，"诸葛亮"这个品牌的无形资产至少值800亿元人民币，旅游价值极高。当然争论也有一定好处，争论的过程实际上是一个"炒作"的过程。旅游业就是要越炒越火，炒的结果就是双赢。由此可见，襄樊、南阳两地都力求在这种竞争中促进各自旅游业的发展，但事实上两地的旅游业都呈惨淡经营之状。据媒体报道，"古隆中"一年门票收入为800万元，"卧龙岗"仅有200多万元。两地与诸葛亮有关的旅游产品都没有形成产品链，巨大的旅游经济效益没有得到充分挖掘。

从区域旅游空间合作的角度来看，襄樊、南阳两地希望在竞争中求发展，但过分注重竞争而忽视合作，效果都不甚理想。如果两地进行合作，则有可能实现双赢。

两地存在旅游合作的基础，主要表现在：两地都是三国文化的重要发生地，诸葛亮躬耕地的千年之争使世人对两地都有一定认同感；两地地理位置相邻，交通便利，可进入性强；两地的经济基础、文化传统相似。

两地旅游合作的障碍，主要是观念上的障碍。两地的政府、企业、社区居民过分强调"正宗"、"竞争"，缺乏"合作"、"共赢"的现代理念。

从旅游合作方案的重点内容而言，应立足"三国文化"、"诸葛亮"两大历史旅游资源，加强"三国文化旅游"产品的协同开发、"三国文化"旅游线路的协同开发和推广、旅游主题形象的共同塑造和推广、旅游市场的共同开发和推广，在共享"三国文化"、"诸葛亮"两大品牌的基础上，共创"三国文化"旅游品牌、"诸葛亮躬耕地"旅游地品牌。促进合作方案实施的关键是构建两地政府间的协作机制、两地旅游企业间的合作机制、两地间的资源共享机制和利益分配机制。

案例五　长江三峡大旅游经济圈的规划与前景①

长江三峡是我国知名旅游品牌,但分别隶属重庆和湖北两省市。长期以来两省市之间统筹协调不够,缺乏"区域旅游"和"大旅游"的理念,一直未实施有效的地域整合措施。许多地方的旅游资源开发和旅游产品营销各自为政,从而导致三峡旅游业长期处于开发无序、竞争无序、管理无序的状态。如重庆与宜昌两地曾经争相发动"告别三峡游"的旅游宣传攻势,相互争夺客源,展开价格大战,既损坏了三峡的旅游形象,又严重误导了旅游消费者。长江三峡旅游一直未能形成一个有较高美誉度和较强竞争力的旅游品牌,而出现了一种知名度很高但竞争力很弱的奇怪现象。随着三峡大坝的建成,长江三峡旅游格局发生了重大调整,三峡旅游经济重心发生了重大变化,特别是三峡大坝作为长江旅游区的核心地位的确立,宜昌和重庆作为长江三峡旅游的中心城市地位的确立,给两地的旅游业发展带来了巨大的机遇。由国家旅游局牵头,联合国家计委、国务院西部开发办、水利部、交通部、国家三峡建委六部委共同组成的"长江区域旅游发展规划课题组",首次推出大三峡地区旅游经济发展的国家级规划。根据规划,大三峡旅游圈将形成"一轴、两极、五个辐射带、一个关联地带"的格局。其中,"一轴"指长江;"两极"指重庆和宜昌;"五个辐射带"包括乌江、赤水、大宁河、神农溪和湘江;"一个关联地带"指湖南湘西凤凰古城。整个区域涉及重庆、湖北、湖南、贵州四省市。同时,长江三峡大坝、葛洲坝和西陵峡,将成为三峡地区旅游业的主打品牌。

长江三峡大旅游经济圈的发展前景是诱人的,但从长江三峡旅游合作的历史来看,其合作大多处于分散化、低水平的状态,收效甚微,甚至多为有始无终、有名无实的状况。最突出的问题表现在:管理无序、开发无序和竞争无序。在总结合作经验教训的基础上,通过权威性的合作规划加以调控引导,有助于推动长江三峡地区的旅游合作。

从旅游空间合作的现实基础来看,长江三峡大旅游圈具有坚实的合作基础。三峡旅游合作主要是鄂、渝两省市的合作,因为所涉及的"一轴、两

---

① 郑君,陈劲松.三峡旅游经济圈框架形成.见:武汉晚报,2003-01-08(A14)

极、五个辐射带、一个关联地带"的主要覆盖地域大多隶属鄂、渝两省市。从历史文化传统而言，鄂西、渝东、黔东、湘西等地文化传统相似，当地居民对彼此都有一定的认同感。从旅游资源而言，三峡大旅游圈的旅游资源均以山清水秀而著称，自然旅游资源和人文（少数民族文化）旅游资源极其相同或相似。从旅游合作的利益基础而言，鄂西、渝东、湘西、黔东都处于我国西部，都是国家西部大开发实施的地区，有着共同的利益基础，都谋求充分利用西部大开发的契机，努力实现经济、社会的发展。从交通的便利性而言，三峡大坝建成后的航运更加便利；随着渝怀铁路、渝宜铁路、沪蓉高速公路的相继动工，交通条件将大大改善。

从旅游空间合作规划方案的内容来看，"长江区域旅游发展规划课题组"所提出的"三峡旅游经济圈"概念规划具有可操作性。"一轴、两极、五个辐射带、一个关联地带"所构成的旅游空间结构很好地整合了长江三峡大旅游经济圈的旅游资源优势和旅游交通设施优势，颇具创意。将"大长江三峡"这一旅游地品牌细分为"长江三峡大坝"、"葛洲坝"、"西陵峡"三大主打品牌，显示了长江三峡区域的旅游资源优势，凸显了其"文脉"和"地脉"特征。一个具有创意的旅游合作方案必须依赖良好的区域间政府的合作机制、企业的合作机制才能变为现实，这是实施旅游合作方案的关键。

第三节　旅游企业竞争战略策划

一、旅游企业竞争战略策划的理论基础

（一）旅游市场竞争战略理论

企业市场竞争战略的一个核心问题是要明确企业在市场竞争中的地位。旅游企业根据自身在市场竞争中的不同地位可采取不同的竞争战略。根据旅游企业在市场竞争中的地位，可将旅游企业细分为：市场主导者、市场挑战者、市场跟随者和市场利基者。

1. 市场主导者的竞争战略

市场主导者是指在旅游市场上占有最大的市场份额、在竞争中处于支配地位的旅游企业。这类企业的竞争战略通常有三个重点：扩大市场总需求，保持市场占有率，提高市场占有率。

（1）扩大市场总需求的战略途径。

由于市场主导者在市场上所占份额最大，在市场总需求扩大时得益最多，因此，市场主导者会致力于扩大市场总需求。其途径有：开发新的目标

市场；开发现有旅游产品的新用途；增加消费者对旅游产品的使用量。

（2）保持市场占有率的战略途径。

市场主导者在扩大市场总需求的同时，必须时刻防备竞争者的挑战，采用防御战略保持原有的市场。其防御战术主要有：

①阵地防御（Position defense），是指对现有的产品和市场建立防线，这是一种静态的防御形式。

②侧翼防御（Flanking defense），是指不仅保卫自己的阵地，而且还建立一些辅助性的基地作为防御地。

③先发防御（Preemptive defense），是指在竞争者尚未进攻之前，先主动对其发动进攻，这是一种先发制人的防御形式。

④反攻防御（Counteroffensive defense），是指市场主导者受到攻击时，对入侵者的主要市场阵地进行反攻的一种防御形式。

⑤收缩防御（Contraction defense），是指放弃疲软市场，把力量集中在主要的市场阵地上。

（3）提高市场占有率的战略途径。

提高市场占有率的战略途径主要有：不断进行旅游产品的创新，提高旅游服务的质量，提高旅游者的满意度；加大旅游市场的营销力度，特别是加大整合营销传播的力度。

2．市场挑战者的竞争战略

市场挑战者是指在旅游市场上排名第二或名次更低的旅游企业。这类企业可以向市场主导者及其他竞争者发动进攻，以争得更高的市场占有率。其进攻战略有：

（1）正面进攻（Frontal attack），是指进攻者集中优势兵力攻击竞争对手的强项，在产品、价格、分销渠道、促销、质量等方面进行较量。正面进攻的另一种形式是在研发中大量投资，以求改善产品、降低成本、提高经济效益。

（2）侧翼进攻（Flanking attack）。进攻者集中力量攻击竞争对手的弱项。攻击形式可分为两种：一种是地理性攻击，另一种是对竞争对手尚未覆盖的细分市场的攻击。

（3）围堵进攻（Encirclement attack），是指通过突袭闪电战术夺取竞争对手大片市场的一种进攻战略，一般要求进攻者的力量比对手强。

（4）迂回进攻（Bypass attack），是指进攻者避开竞争对手的现有市场，绕过竞争对手向容易进入的市场发动进攻，以争夺新市场，这是一种间接的进攻战略。一般可采取三种方法：产品多元化、市场多角化、开发新产品及新市场。

（5）游击进攻（Guerrilla attack），是指进攻者向对方发动小型、断断续续的攻击，以逐步削弱对手实力，巩固自己的市场，适用于实力较弱的小企业。

3．市场跟随者的竞争战略

市场跟随者是指一般不向市场主导者发动进攻，而是自觉地跟随市场主导者之后，在"和平共处"的环境中获得更多利益的旅游企业。但市场跟随者的这种跟随策略不是简单的模仿，一方面，跟随者要确保自身已有的竞争优势，不能因跟随而失去了特色；另一方面，跟随者往往是市场主导者和市场挑战者打击的主要对象，要避免被对手打垮，跟随者必须有相应的防御策略。市场跟随者的跟随策略主要有：

（1）紧密跟随，在各细分市场和营销策略上均模仿市场主导者。

（2）有距离跟随，在主要市场、产品、价格、促销等主要方面跟随市场主导者，但与其又保持一定距离。

（3）有选择跟随，在某些方面紧密跟随市场主导者，在某些方面又保持自身特色。

4．市场利基者的竞争战略

市场利基者是指在旅游市场上竞争力较弱，专营被大企业忽略的某些细分市场的旅游企业。市场利基者获取有利市场的主要竞争战略是实行专业化营销，其专业化战略主要有：按旅游产品的最终使用者专业化；按客户规模专业化；按特定顾客专业化；按区域专业化；按分销渠道专业化。

（二）迈克尔·波特的竞争战略

美国哈佛大学教授、竞争战略专家迈克尔·波特认为，竞争优势的两种基本形式（相对低成本和差异化）与企业谋求竞争优势的活动范围相结合，可得出在行业中取得高于平均经济效益水平的三种竞争战略：总成本领先战略、差异化战略和集聚战略，它们的关系如图 4-1 所示。

竞争优势

	相对低成本	差异化
全行业范围	总成本领先战略	差异化战略
特定市场	成本集聚	差异化集聚

图 4-1　三种竞争战略①

---

①　迈克尔·波特著，陈小悦译．竞争优势．北京：华夏出版社，1997：11

1．总成本领先战略

（1）总成本领先战略的内涵。

总成本领先战略又称低成本战略，是指企业全面控制成本、提供相同的产品或服务时，其成本明显低于竞争对手的竞争战略。

（2）实施总成本领先战略的主要条件。

旅游企业实施总成本领先战略必须具有低成本优势，是行业内总成本领导者，有较高的成本控制能力；能不断扩大市场需求，获得规模经济，从而降低单位产品成本；有较高的销售增长率和市场占有率。

（3）实施总成本领先战略的局限性。

实施总成本领先战略的旅游企业由于集中精力研究如何降低成本，容易忽视消费者需求的变化；这种战略容易被竞争对手模仿，从而降低企业的竞争优势。

2．差异化战略

（1）差异化战略的内涵。

差异化战略又称产品差异化战略，是指企业提供与众不同的产品或服务，力求在消费者关注的某些方面独树一帜。具体而言，旅游企业要在产品品种、质量、价格、开发等方面创造独特性，别出心裁地满足消费者的需求，从而得到溢价的报偿。实施差异化战略的目的在于提高消费者对品牌的忠诚度，从而降低消费者对产品或服务价格的敏感性。旅游企业实施该战略必须真正在某些方面给人独一无二的感觉。旅游企业实现差异化的途径有多种，诸如品牌形象、产品创新、产品特点、客户服务、销售网络等。

（2）实施差异化战略的主要条件。

旅游企业实施差异化战略须有较强的产品创新能力和市场营销能力，有明确的目标客源市场。

（3）实施差异化战略的主要缺点。

其主要缺点有：实施差异化战略的成本通常比实施总成本领先战略的成本高；竞争对手的模仿会降低产品差异程度；消费者变得理性时，产品差异化因素会随之下降。

3．集聚战略

（1）集聚战略的内涵。

集聚战略是指旅游企业集中力量专门为一个或一组细分市场服务，而不为其他细分市场服务的战略。集聚战略有两种形式：在特定目标客源市场上的低成本战略，称之为成本集聚，此时旅游企业寻求的是成本优势；在特定目标客源市场上的差异化战略，称之为差异化集聚，此时旅游企业寻求的是差异化优势。集聚战略的这两种形式都是以旅游企业的目标客源市场和产业内其他细分市场的差异为基础的。

（2）实施集聚战略的局限性。

在与服务于更广泛市场的竞争者竞争时，旅游企业必须明确实施该种战略的细分市场不仅应具有吸引力，而且应是值得参与竞争的，但这往往又是不易确定的。

二、旅游企业竞争战略策划的一般技巧

在进行旅游企业竞争战略策划时，首先要分析旅游企业将进入的产业竞争环境，然后对竞争对手进行分析，最后是竞争战略的确定及其调整。

（一）旅游企业的产业竞争环境分析

制定竞争战略的实质是把旅游企业与其所处的竞争环境联系起来，尽管旅游市场的竞争环境内容非常广泛，但最关键的部分是旅游企业投入竞争的产业环境。迈克尔·波特的"五种竞争力"分析方法是被广泛应用的产业竞争环境分析方法。"五种竞争力"是：入侵威胁、替代威胁、买方议价能力、供方议价能力和现有竞争对手的竞争。它们构成了产业竞争环境，反映出一个产业的竞争大大超过了现有竞争对手的范围，如图4-2所示。

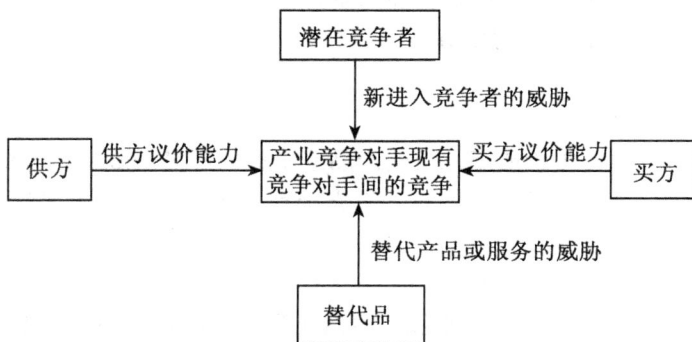

图 4-2　产业竞争图①

1．入侵威胁

入侵威胁的大小取决于进入壁垒以及准备进入者可能遇到的产业内现有

① 迈克尔·波特著，陈小悦译．竞争优势．北京：华夏出版社，1997：11

企业的报复程度，进入壁垒包括规模经济、产品差别、资金要求、转换成本、销售渠道以及政府政策。至于报复，如果准备进入者认为现有企业对它进行反击，反而会使其在产业中处于困境，那么入侵可能被扼制。

对于旅行社企业或饭店企业而言，消费者对旅游产品或服务的选择比较审慎，需求差异大，进入壁垒主要是产品差别、转换成本、消费者的偏好、销售渠道等。

2. 现有竞争对手间的竞争

一个企业的竞争战略对其竞争对手会产生显著影响，因而可能会激起竞争对手的报复行动，竞争企业之间是相互依存的，这种作用与反作用导致了产业整体情况的不确定性。

3. 替代品的威胁

替代品是指具有现有产品相近功能并能取而代之的产品，替代品的存在增加了消费者的选择余地，并对现有产品构成威胁。对于旅游企业而言，最重要的一点就是要明确企业产品的替代品是什么。近年来，我国公寓设施、度假村等有了迅猛发展，它们是旅游饭店企业的重要替代品；各种娱乐、休闲、健身等广义休闲产品已成为旅行社企业的重要替代品。

4. 买方议价能力

如果买方是大批量且集中购买，买方获取信息的成本低，同时也几乎不面临什么转换成本时，买方的议价能力就强，买方会尽量压低价格，要求较高的产品质量或索取更多的服务项目，并且从竞争者彼此对立的状态中获利。

5. 供方议价能力

供应商可以通过提价或降低所购产品或服务的质量来威胁，向特定旅游企业施加压力。当供方是集中供应，供方产品是买方业务的主要投入品时，供方的议价能力就强。

（二）旅游企业竞争对手分析

《孙子兵法》中说："知己知彼，百战不殆"。在竞争战略制定之前，对竞争对手进行分析是极其重要的。但由于对竞争对手进行定量分析所需的数据收集比较困难，有些涉及商业机密的数据无法获取，因此，可采用"四要素"分析法对竞争对手进行定性分析。"四要素"包括：竞争对手的长期目标、假设、潜在能力和现行战略。对这些要素的具体分析可参照图4-3所示的分析框架进行。

（三）旅游企业竞争战略的确定

旅游企业在对产业竞争环境和竞争对手进行分析的基础上，就应结合企竞争对手的动力是什么？　　　　竞争对手能做些什么以及正在做些什么？

长期目标　　　　　　　　　　　　现行战略

各管理层的目标和综合目标　　　　企业当前如何竞争

竞争对手的反击战略。
竞争对手是否满意目前的位置。
竞争对手将有怎样的战略转移？
竞争对手的脆弱之处在哪里？
迫使竞争对手采取最大和最有效的报复行动的因素有哪些？

假设　　　　　　　　　　　　　　潜在能力

关于自己以及关于产业的假设　　　优势与弱点

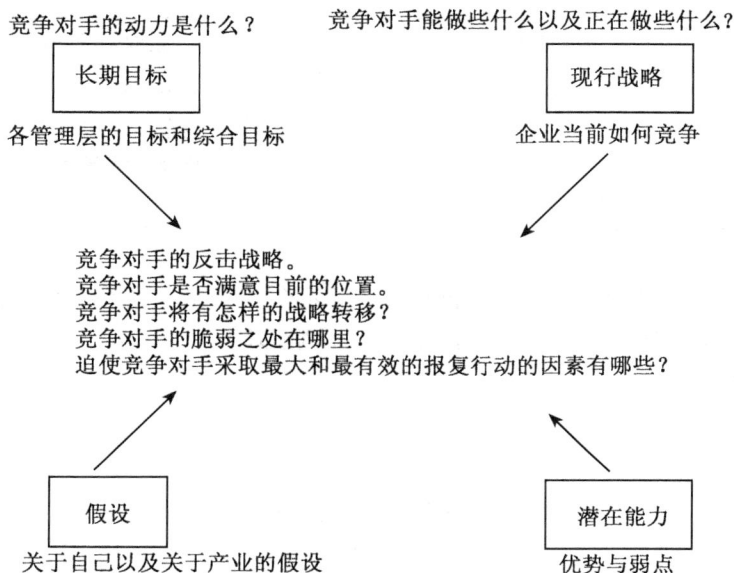

图 4-3　竞争对手分析要素图

业内部条件和外部条件对备选的竞争战略方案作出评估，最终选出一种适宜的竞争战略。

　　SWOT 分析是一种常用的战略选择方法。企业内部的优、劣势是相对竞争对手而言的，企业外部的机会和威胁是相对所有企业而言的，有利条件可能对所有企业都有益，不利条件也不仅仅对本企业不利。因此，来自企业外部的机会和威胁应与竞争对手相比较才能确定，分析同样的外部环境到底对谁更有利或更不利。

　　SWOT 分析法包含许多内容，旅游企业应根据实际情况进行具体分析，主要分析事项如表 4-1 所示。

表 4-1　　　　　　　　　　　　SWOT 分析企业内部条件

企业内部条件		企业外部条件	
优势	1. 员工素质高 2. 企业管理水平高 3. 企业品牌好 4. 企业研发能力强 ……	机会	1. 国家政策倾向发展旅游业 2. 交通通信迅速发展 3. 会展业的发展 4. 人们生活水平的提高 ……

企业内部条件		企业外部条件	
劣势	1. 产品缺乏创新 2. 企业资产运转效率低 3. 资金不足 ……	威胁	1. 突发事件：如战争、SARS 2. 竞争对手增多 3. 国家经济萎缩 ……

通过对选定因素进行评价打分，确定企业的优、劣势及企业外部的机会和威胁，根据 SWOT 战略选择图作出战略选择。

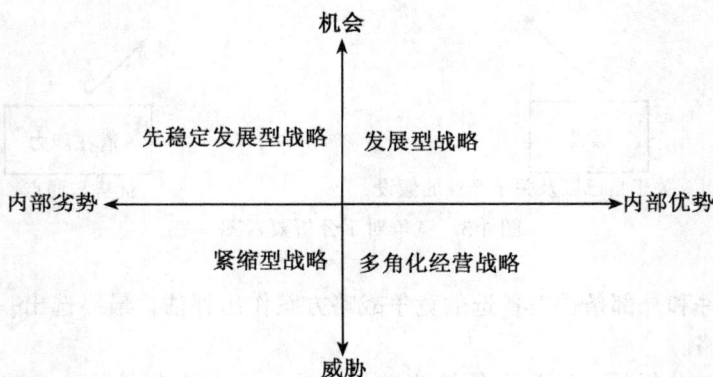

图 4-4　SWOT 战略选择图

（四）旅游企业竞争战略的调整

在旅游企业竞争战略规划的执行过程中，市场竞争情况瞬息万变，因此，旅游企业应加强对竞争战略策划的控制管理，与时俱进，适时调整、修订企业的竞争战略。

随着旅游业的不断发展，市场竞争日趋激烈，竞争的手段也日趋多样化。结合竞争中出现的新特点，旅游企业的竞争将更加注重品牌战略竞争。

品牌是实现差异化战略的有力手段。以提供服务为主的旅游产品具有无形性的特点，且无法当场向消费者展示，这是塑造旅游产品差异化特点的第一大障碍；随着竞争的加剧，旅游企业的硬、软件设施日益接近，旅游产品的同质化日益增强，这是塑造旅游产品差异化特点的第二大障碍。品牌是跨越上述两大障碍的有力撑杆。正如市场营销学家史蒂芬·金所言："产品是在工厂所生产的东西，而品牌则是消费者所购买的东西。一件产品可以被竞争对手模仿，但品牌则是独一无二的。产品很快会过时，而成功的品牌则是持久不衰的。"旅游企业一旦拥有强势品牌，消费者对产品的忠诚度就大大提高了，企业因此就赢得了竞争优势。

三、旅游企业竞争战略策划一般技巧的应用

下面是厦门旅游集团"凤凰花假期"品牌竞争战略策划的个案，剖析此案例有助于理解如何具体应用旅游企业竞争战略策划的一般技巧。

案例六　厦门旅游集团"凤凰花假期"品牌竞争战略策划①

深度策划公司通过对企业内外的诊断、厦门消费市场和竞争对手的研究，以此为基础宏观上制定了长远的品牌战略营销规划，沿用原来出境游品牌"凤凰花假期"作为厦门旅游集团的零售品牌，同时新创"理想假日"为中性批发品牌；微观上深入挖掘厦门市之花"凤凰花"的内涵（凤凰花璀璨如朝霞吐焰，随风升腾如火），将"凤凰花假期"品牌的核心价值定格在"全情和尽兴"，即厦门旅游集团"凤凰花假期"用心全情服务，带给游客欢畅尽兴的旅行体验。

"凤凰花假期"的推广口号为："欢乐处处盛开！"换言之就是要让消费者尽情欢乐，在整个旅游过程中处处感到满意。

"凤凰花假期"同时还推出"全情服务模式"——"十分热情待客"、"激情投入工作"、"用心付出真情"的三层递进服务理念。通过"十分制热情待客标准"让每一个厦旅人从意识到行为都认同并体现"凤凰花假期"的品牌精髓，让消费者直观地感受"凤凰花假期"的服务与其他旅行社的不同；通过倡导"激情工作模式"，来引导和激发员工内在的工作热情和团队潜能；通过强调"用心"和"真情"把厦门旅游集团"全情服务"提升到一个"个性化、人性化的服务境界"，因为只有在员工用心做事的时候，消费者才能真正体验到尽兴的价值和乐趣，真正体现"凤凰花假期"的品牌精髓和内涵。

背景知识：厦门旅游集团（XTG）是一家旅行社企业，2002年引进了先进的旅游软件系统，并获得"中国旅游知名品牌"称号，同时委托深度旅游策划管理公司启动了产品品牌系统规划工程。

---

① 包奇宗. 用战略的眼光看品牌——兼析厦门旅游集团"凤凰花假期"品牌规划. 见：中国旅游报，2003-05-05（3）

旅游企业在实施品牌竞争战略过程中应注意以下问题。

（1）旅游企业品牌建设是一个系统工程。旅游企业的品牌不是简单的一个名称，而是一个系统，一个从名称、产品、服务、渠道、推广到营销管理的一整套企业行为，并且始终在传达一种理念和价值观，让企业内部的员工和外部的消费者都能感受并参与其中。

（2）旅游企业品牌应具有深刻的文化内涵。旅游企业应把品牌当做一种文化形象进行宣传，不仅向消费者推销一种产品或服务，而且将其变成一种消费模式、一种生活观念，满足人们的精神文化需要。

（3）稳定的优质产品或服务是旅游业品牌的根本和保证。旅游企业产品或服务要成为一种品牌，首先它必须被消费者认可和喜爱，这就需要旅游企业建立稳定的质量体系，从产品或服务的初始设计、宣传、促销，到最终反馈都要建立一套科学的质量控制模式。

（4）旅游企业品牌建设是一个长期过程。旅游企业的品牌不是一成不变的，它在整个竞争和营销管理过程中是不断调整、不断创新的。

第四节　旅游企业合作战略策划

一、旅游企业合作战略策划的理论基础

（一）旅游企业合作的基本原则

（1）目标一致性原则。合作各方在合作过程中应保持目标的一致性，在资源互补、信息共享的基础上创造"1＋1＞2"的效果。

（2）投入多元性原则。合作各方应根据合作契约共同承担合作投入。

（3）行动协调性原则。合作各方的行动应保持协调性。

（4）利益共享原则。合作所形成的利益必须由合作各方按合作约定共同分享，这样才能刺激合作各方的积极性，这也是合作能否长久的关键。

（5）重视信用原则。合作各方应在相互信任和理解的基础上统一认识，以合作大局为重，友好合作，以便更好地发挥合作优势，减少合作成本。

（二）旅游企业合作的主要形式

1. 联合体

联合体是指独立的旅游企业之间的自愿联合，各成员企业通过联合体可以获得单个旅游企业无法获得的重要资源。作为一种网络型组织，联合体通常是处于网络中心的管理部门，但中心管理部门并不真正拥有成员企业，也

没有管理成员企业的责任，不能要求成员企业按照统一的管理模式运营。联合体成员可以保留自己的品牌，按照自身的意愿管理企业，同时参与联合体的一系列支持性活动，如联合促销、人员招聘和培训等。联合体成员既可以享受联合体的种种好处，又拥有自己管理企业的权利，因此，联合体是独立旅游企业合作的一种有效方式。

根据以上分析，可把联合体的定义界定为：独立拥有、独立经营的两家或两家以上的旅游企业为了共同目的，通过契约形式联合在一起，在预订、采购、营销、培训等方面平等合作、协调行动的竞争性合作组织，它不涉及产权和财务变革，是旅游企业间一种自愿性、松散型的合作组织。

2. 集团化

集团化的主要形式：

（1）连锁经营。连锁经营是指两个或两个以上的子公司隶属于同一母公司的经营形式，该母公司对子公司的控制可通过完全拥有、租赁、租借建筑物或土地的方式来实现。在饭店行业，连锁经营又称做品牌联号，是国际上通行的饭店扩张形式。

（2）特许经营。根据国际特许经营协会的界定，特许经营是一种持续的关系，在这个关系中特许人（Franchisor）提供一种被许可的经营特权，授予特许经营人（Franchisee）在某一特定的时间、地点按照规定的方式经营业务的权利，并在组织训练、商品计划和管理上提供援助，同时以此作为从特许经营人那里获得报酬的依据。

（3）管理合同。管理合同又称委托管理，是非股权式集团化的一种营运方式。通过企业所有者与某个经营者签订书面合同，所有者雇用经营者作为代理人全权负责企业的管理，经营者以所有者的名义，从经营收入中支付各种经营开支，同时获得管理费，上缴剩余利润给所有者。所有者提供的企业资产包括土地、建筑物、设备、设施、运营资本，并承担全部法律与财务责任。

（4）战略联盟。战略联盟是指两个或两个以上的企业出于对总体经营目标的考虑，为达到共同开发市场、共享资源、增强竞争力以获取更大收益的目的，通过各种契约而结成的优势相长、风险和成本共担的合作组织，它包括股权参与形式在内的各种企业间正式和非正式的协议。

战略联盟从其历史演进的角度，可划分为：传统企业战略联盟（价格联盟）、现代企业战略联盟（产品联盟）和新兴企业战略联盟（知识联盟）。最新的战略联盟形式主要有：合资企业战略联盟、共同标准联盟、虚拟企业联盟、市场开发联盟和供求关系战略联盟。

二、旅游企业合作战略策划的一般技巧

在策划旅游企业合作战略的过程中，首先要明确合作战略的目标，然后根据目标选择合作伙伴进行谈判和设计，最后进行合作战略的实施和控制。

（一）旅游企业合作战略目标的确定

旅游企业合作战略目标多种多样，如实现规模经济、共同开发市场、共享企业资源等，旅游企业应根据实际情况树立明确的合作战略目标。

（二）旅游企业合作战略伙伴的选择

旅游企业应根据合作战略目标来寻找能够为本企业带来知识、技术、信息、进入新市场的机会等的合作伙伴。

（三）旅游企业合作的谈判和设计

旅游企业合作的谈判和设计包括合作形式的确定、成本分摊、市场份额分配等细节的谈判和设计，最后签订合作协议，在此过程中旅游企业要做到求同存异、增强信任和合作。

旅游企业的合作可分为大地域之间的合作和小区域内的合作。大地域之间（全国范围、中国与其他国家或地区之间）的合作比较适合于横向联合，如各地旅行社之间、各地饭店之间的合作。从经营专业化角度而言，这种同业之间的合作方式可以有多种选择。一般而言，小区域内同类旅游企业之间的竞争比较突出，因此，一方面，同类旅游企业之间应建立战略联盟，共同把旅游市场做大，实现"双赢"；另一方面，旅游企业应加强与不同类型的企业之间的纵向联合。

旅游企业在选择合作方式的过程中，一方面应对各种合作形式进行利弊分析，另一方面应考虑企业的长远发展目标、投资实力、能承担的风险程度、盈利水平和扩张速度，明确企业通过合作拟实现的目标。只有具有上述两方面的权衡，才能优选出旅游企业进行合作的最佳形式。总之，旅游企业所选的合作形式要能最大限度地规避合作障碍，充分利用合作共享资源，使合作企业获得合作带来的竞争优势。

旅游企业的合作形式并不一定都是单独实施，通常是多种形式混合使用。如某企业投资建造了一座经济型饭店，由于没有管理经验和专业管理人才，就可委托一家酒店管理公司全权管理；为了利用某知名饭店品牌和管理模式，可与一家饭店品牌公司签订特许经营合同。

据报道，中江之旅酒店管理有限公司在多年的实践中，摸索出了许多混合型的管理模式，如"顾问管理"加"特许经营"，"承包租赁"加"直营连锁"等。为适应市场，该公司还打破了对一般项目不投资的禁忌，特别推出了"连锁经营管理模式"。这种模式就是管理公司在输出品牌、管理模式的同时，也投入一部分经营性资本用于合理地调整饭店的服务设施，提升饭店的服务功能和质量，这种形式有助于融合单体饭店业主与管理公司的关系和合作的开展。①

（四）旅游企业合作战略的实施和控制

旅游企业合作的最终目的就是要提高企业自身的竞争力，以取得更大的经济效益，这就要求合作各方应坚持相互学习，保持合作企业之间信息流通的顺畅，能最大限度地将合作成果转化为企业的竞争优势。

在实施合作战略的过程中，应根据市场变化情况和企业发展状态，适时地调整、修订合作战略的策划内容。

三、旅游企业合作战略策划一般技巧的应用

以下是旅游企业合作战略策划的个案，剖析此案例有助于理解如何具体应用旅游企业合作战略策划的一般技巧。

案例七　在协作中竞争——旅行社联合之路初探②

2001年，桂林市16家旅行社联合组建"甲天下旅游联合体"，实行统一路线、统一价格、统一品牌，迈出了联合的第一步。2002年在大连成立的"东北三省及内蒙古自治区旅游协作网"则更为清晰地向世界传递旅行社跨区域联合的信息。

2002年春节期间，大连中旅、国旅、青旅、北航、古莲、新闻旅行社6家旅行社自愿组成"北方明珠假期"联合体，共包机20架次，组织近2 000名游客出游，充分显示了优势互补、规模经营的优势。2003年五一前夕，6家旅行社再度联手，联合包机40架次，推出飞往北京、华东、重庆、西安、太原、长沙、成都、昆明、南宁和海南等地的16条精品旅游线路，并在组织大连市民出游的同时，接待对方旅行社组织的游客来大连旅游，使价格比2002年同期下降了10%左右，让消费者得到了实惠。

统计表明，占我国旅行社总量14%的国际旅行社，旅游业务利润占全行业利润总量的98%，而占全国旅行社总量86%的国内旅行社，利润总额及收入利润率约为负数。我国旅行社中的90%是中小型企业，本身没有太

---

① 张谷生. 经济饭店集团化形式浅谈. 见：中国旅游报，2003-08-15（3）

② 任文学. 在协作中竞争——旅行社联合之路初探. 见：中国旅游报，2003-03-24（8）

多的客流量，无法分享新技术带来的高效率、低成本，基本上都在考虑企业的生存问题。虽然近年来我国旅游企业有了长足发展，但是与国外旅行社规模化、集体化的经营方式相比，多数旅行社企业资金薄弱、服务水平上不去，没有竞争力，一直处在"散、小、弱、差"的境地。

旅游企业在实施合作战略过程中应注意以下问题。

1. 旅游企业应重视战略联盟的合作方式

建立战略联盟有助于合作方之间的沟通和信息的传递，可使搜寻交易对象的费用大为降低；相互之间的承诺和信任也减少了各种交易风险；即使在合作过程中产生冲突，战略联盟伙伴在长期合作的基础上可以通过协商加以解决，避免了无休止的讨价还价。

2. 旅游企业应不断创新合作形式

为了使自身能够获得其他企业的技能，并且可以与其他企业合作创造新的能力，以塑造自身的核心能力，越来越多的旅游企业之间建立了知识联盟。知识联盟的主要方式有：与供应商的知识联盟、与其他旅游企业的知识联盟、与顾客的知识联盟和与员工的知识联盟。

3. 旅游企业合作时不仅要注重成本效益分析，而且要重视企业文化建设

要想取得合作成功，就必须保持合作企业战略的一致性，双方应严格执行合作协议，只有这样才能使旅游企业协调好规模、效率和竞争之间的关系。旅游企业在合作过程中应着眼于长远利益，树立远景目标，求大同存小异，减少短期利益冲突，在合作过程中力求强化各自的竞争优势。

本 章 小 结

（1）旅游地空间竞争战略策划应以区位论和竞争优势理论为基础理论。运用 SWOT 分析方法，确定旅游地的优势和劣势，并据此作出战略定位，制定提升竞争力的详细计划，并根据市场变化及时修正。

（2）区域旅游空间合作战略策划必须理解区域旅游空间合作的理论基础，明确区域旅游空间合作是否具有合作的现实基础。策划程序一般分为确定是否具有合作基础；根据市场进行战略定位；制定旅游企业合作计划；合作绩效分析等基本步骤。

（3）旅游企业竞争战略策划应以旅游市场竞争战略理论和波特的竞争战略理论为基础，运用"五种竞争力"分析方法对产业竞争环境进行分析，采

用"四要素"分析法对竞争对手进行定性分析，结合旅游企业内部条件和外部条件进行 SWOT 分析，选择一种适宜的竞争战略。

（4）旅游企业合作应遵循目标一致性原则、投入多元性原则、行动协调性原则、利益共享原则和重视信用原则。旅游企业合作的主要形式有联合体和集团化，其中集团化有连锁经营、特许经营、管理合同、战略联盟4种主要形式。进行旅游企业合作战略策划的一般程序是：明确合作战略目标；根据合作战略目标寻找合作伙伴；与合作企业谈判选择合作形式；对合作战略的实施和控制。

思　考　题

1. 在旅游地空间竞争战略策划过程中，应从哪些方面界定旅游地竞争力的大小？
2. 列举区域旅游空间合作的理论基础和现实基础。
3. 简述区域旅游空间合作策划的一般步骤。
4. 简述旅游企业竞争战略策划的一般技巧。
5. 旅游企业合作的主要形式有哪些？

☞案例一

皖南三大名山：黄山、九华山和齐云山，其中黄山的知名度最高，处于优势区域，它的发展对九华山和齐云山都有一定的抑制作用。齐云山虽然可进入性较好，但是距黄山近，受黄山的抑制最大，作为道教圣地和省级名山，它有自己独特的市场，抑制的是省外的市场。九华山是我国四大佛教名山之一，从地位和知名度而言受黄山的抑制不会很大，但是可进入性较差，旅游发展受到抑制。

问　　题：
1. 作为四大佛教名山之一的九华山怎样在三大名山的竞争中提升自己的竞争力？
2. 皖南三大名山的旅游开发是否具有合作的可能性？为什么？

☞案例二

根据国际权威杂志《HOTEL》的统计，全球十大跨国饭店集团依次为：圣达特、六洲、万豪、雅高、选择国际、希尔顿、最佳西方、喜达屋、卡尔逊和凯悦。目前，这十家跨国饭店集团均已进入中国市场，其中在中国市场份额最大的是洲际酒店集团（原六洲）。该集团 1984 年通过管理北京丽都假日饭店进入中国饭店市场，5 年内先后在桂林、广州、西安、厦门、大连、成都、重庆、拉萨等城市形成网络，如今洲际酒店集团已管理了内地 39 家饭店，覆盖了我国的 25 个省、区、市，该集团计划 2003 年在内地管理饭店总数达到 50 家。①

我国现代意义上的酒店经过近 20 年的发展，高星级酒店与国际标准接轨比较好，但多数中低档酒店给人以经营管理不善、服务水平差的印象。因此，推动我国经济型酒店的发展，是从我国现阶段酒店行业发展的实际出发，顺应未来酒店发展和经济发展的趋势，同时符合我国经济型酒店自我发展、自我提高的大课题，经济型酒店竞争战略的重点应是市场的准确定位和细分，服务的专业化、程序化和规范化，尤其要突出品牌建设和品牌创新。展望未来，从空间上看，经济型酒店可能首先在大中型城市和经济发达地区取得突破。从需求主体上看，商务型经济酒店可能会较早地以连锁形式发展起来，因为拥有此类酒店的城市市场相对集中，消费时间稳定，给企业提供了较小的风险、多区域布局、品牌宣传和项目拓展的投资组合机会。②

问　题：
根据以上资料及相关理论为我国经济型酒店制定一份竞争战略策划。

---

①　许京生.中国饭店集团化发展特征（上）.见：中国旅游报，2003-07-21（8）
②　戴斌，冯颖.中国经济型酒店的发展之路.见：中国旅游报，2003-10-15（9）

第五章
旅游产品策划

第一节　旅游产品概述

旅游业是一个比较特殊的行业，我们常常把它划归到第三产业，具体来说是划到了服务业，其实旅游业也具备一些制造业的特点。这就决定了旅游产品所具有的特殊性。在传统的4P营销理论，产品策略是支柱和基础。没有了产品，所有的市场营销活动也就失去了意义。旅游产品策略的正确与否直接影响旅游企业经营的全局，而品牌对于旅游业这样一个特殊的行业来说也具有特殊的意义。

一、旅游产品的概念和构成

现代产品观认为，产品是指人们为了满足某种需要或者欲望而提供给市场的一切东西。它的整体概念又可以被划分为三个层次，也就是核心产品部分、有形产品部分和延伸产品部分。旅游产品作为一种特殊的产品是指在旅游过程中，能够给旅游消费者带来效用和满足所有服务和物品的总和。它是包括以服务为主要内容的游、购、行、食、住、娱和其他辅助设施条件（比如建筑、客房、景观等）的综合性产品。

和其他类型的产品一样，旅游产品也可以被划分为三个层次。

（1）核心产品部分。核心产品部分是指产品中能够向消费者提供最基本效用和利益的部分。它是产品使用价值的主要载体。在旅游产品中，这个核心部分指的是为旅游消费者提供的与旅游资源、旅游设施相结合的旅游服务。

（2）有形产品部分。有形产品部分是指出售时可供展示的产品的具体形式，即产品的品质、商标、包装和外观等，体现在旅游产品上即为旅游产品的质量、特色、风格、声誉、品牌、价格等。

（3）延伸产品部分。延伸产品部分是指企业为了加强产品对消费者的吸引力而为他们提供的各种附加价值的总和，比如送货、咨询、优惠等。旅游产品的延伸部分很难和有形部分区别开来，具体可以指优惠条件、免费提供的各种服务、付款条件、推销方式等。

图 5-1　滑草场

如图 5-1 所示的旅游滑草场这个旅游产品，其核心产品部分就是给旅游者提供的一种没有滑雪条件下的近似滑雪的体验和服务；该滑草场的品牌、特色和在该地区的声誉就是该旅游产品的有形产品部分；而草场的会员优惠和延期付款服务等则为该旅游产品的延伸产品部分。

由此可以看出，旅游消费者在购买旅游产品时是购买产品的整体而不是单一的部分，这就要求旅游企业在注重基本服务质量的同时也要注重有形部分和延伸部分形成差异，给竞争带来优势。

二、旅游产品的特性

旅游产品是一种特殊的产品，与我们通常在市场中所接触的有形产品有很大不同，它不是以实物形态表现出来的一个个具体的有形产品，而是以多种服务为主要形式表现出来的无形产品。这就决定了我们必须对这种综合服务产品的基本特征和特殊情况进行分析，通过分析来帮助旅游企业更好地根据自身特点进行营销。旅游产品的这些特性主要表现在以下几个方面。

（1）无形性。

旅游产品是以服务为主的综合性产品，服务和有形产品最根本的区别就是无形性。由于这种无形性的存在，使得旅游产品的购买者不能像有形商品的购买者一样在购买的时候对商品进行鉴定、观察、品尝和评价，旅游产品的价值和质量只能凭购买者的印象和感觉来进行衡量。这就要求旅游企业最大可能地采取一些营销方法使得旅游产品的服务有形化。旅游企业应注重产品和企业形象的塑造，尽可能地利用包装、品牌、广告等手段把产品的质量和价值转化为消费者头脑中的信息。

（2）综合性。

旅游产品的综合性是指旅游活动涉及的内容包括消费者在旅游活动中的游、购、行、食、住、娱等多个方面，并与一定的社会、经济、文化紧密相关。一般地，旅游企业都会综合旅游活动的几大方面提供不同的产品服务组合来满足消费者的需求，虽然这种服务组合并不一定包括所有的部分，但是这些组合都是旅游目的地总体产品的一部分。这就要求旅游企业在进行产品规划时必须全面综合，任何一个方面、一个环节的疏漏都可能严重影响产品在旅游消费者心中的质量和价值评价。

（3）生产和消费的不可分离性。

一般的有形产品都是先生产出来然后由营销人员进行销售，再由购买者进行消费，而旅游产品不同，旅游产品的生产必须以旅游消费者的参与为前提，旅游者达旅游目的地后，参与旅游产品的生产过程并影响着它的进行，也可以说旅游产品的生产和消费是同时同地进行的。企业只能从对员工进行认真的挑选和严格的培训、控制并加强内部管理人手，才能减弱这种效用对营销活动的影响，提高旅游产品的质量，从而促成消费者的再次购买。

（4）不可存储性。

这是由旅游产品的生产和消费的不可分离性派生出来的，正因为产品的生产过程需要消费者的参与并在固定的地点和时间进行生产，所以旅游企业不可能像其他有形产品的生产企业那样，先把产品生产出来并以实物的方式存储再进行销售。这就涉及一个企业的接待能力和如何分配企业的资源以达到最高效率和利润最大化的问题，所以才有了旅游企业在淡季时疯狂打折甚至低于成本销售，而旺季时又因为接待能力有限而拒绝愿意付给全价的消费者的现象。因此，企业如何调整和分配自己的资源以便使供给和需求同步是问题的关键。

（5）不可转移性。

消费者对有形产品的购买体现为实物的转移和所有权的让渡，而旅游产品的生产和消费的不可分离性和不可存储性决定了旅游消费者获得的是一种使用权的让渡而不是所有权的让渡，所以旅游产品具有不可转移的特性。消费者不可多次使用，不可与别人分享，不可转卖他人，正是由于这种特性，要促成消费者购买就要求旅游企业采用更科学的宣传和推销方法，利用现代化的传播手段努力把旅游产品的价值信息传递给消费者。

（6）生产和销售的易波动性。

生产的易波动性是因为旅游产品具有综合性，它的价值实现就会受到多种因素的影响和制约。游、购、行、食、住、娱、环境卫生等方面只要任何一方面出现问题，都会影响到旅游产品的生产。此外还有很多旅游业自身无法控制的因素，比如国家经济的发展和政策的调整、自然灾害、汇率变动等。

销售的易波动性很大程度上是由于消费者对旅游产品需求的易波动性造成的。不同类型的旅游者由于收入水平、闲暇时间、性格偏好等的不同以及其选择的旅游产品类型的不同使得旅游产品的销售出现周期性和季节性的变化。另外上面提到的自然灾害等外部因素也会很大程度地影响旅游产品的销售。企业应该通过对这些因素的市场调研和营销分析做出正确的经营决策。

（7）脆弱性。

脆弱性主要指的是旅游企业的难以获得知识产权保护。旅游企业很难为自己的产品申请专利，一种创新的产品只要能给企业带来效益，模仿者就会接踵而来，使研发企业很难获得相对大的先发优势。在这一点上，旅游企业可以通过给自己的名称和开发项目申请专利和创立自己的品牌来增强自我保护能力。

三、旅游产品的类型

按照不同的划分依据，旅游产品可以被划分为不同的类型。一般地，我们主要按照要素的综合程度把旅游产品划分为综合型旅游产品和单项型旅游产品。

大家已经知道旅游产品具有综合性，它主要包括游、购、行、食、住、娱六大方面。综合型旅游产品指的是旅游者从离开出发地一直到回来的这段时间里经历的包括以上六大方面和其他各个细节因素的一个完整的旅游过程。一般这种产品都是由旅行社组织提供。

单项型旅游产品指的则是只涉及六大方面中其中一项的旅游产品。例如旅游景区、景点提供景点游览的产品，旅游景点商店提供旅游纪念品服务这种产品，旅游交通部门提供交通客运服务产品等。

综合型旅游产品一般是旅行社通过联系各单项旅游产品提供者而组织提供的，容易受到各单项产品提供企业的影响和制约，但是它比较全面，可以给旅游者省去很多麻烦。另外由于旅行社一般都和各个单项产品提供企业建有长期的合作关系，可以拿到低于市场的价格而把实惠让渡给综合型旅游产品的购买者。单项型旅游产品一般由专项的旅游企业提供，它们进行专业化经营，适合那些具备部分旅游要素的旅游者和那些想满足个性化旅游需求的旅游者。

四、旅游产品的生命周期策略

在旅游产品的整个生命期间里，为了适应旅游消费者对产品兴趣和要求的不断变化和经济环境的改变，旅游企业需要分阶段制定和修改自己的产品营销策略。旅游产品生命周期理论便应运而生，它的应用可以提高营销活动的效率。

旅游产品的生命周期是旅游市场营销管理环节中最重要的概念之一，它是指一种旅游产品开发研制结束后从投放市场到最后被淘汰的整个过程。它一般包括产品引入期、成长期、成熟期、衰退期这四个阶段。虽然不同的教材对这四个阶段的叫法有所不同，但它们揭示的产品生命周期的内在机制是一致的。

（1）产品引入期。

产品引入期是指旅游产品投放市场，产品呈现缓慢增长的阶段。此时的旅游者对这些产品还处在观望阶段。企业在市场上进行试销，推销费用很高，销量十分有限，利润极少。这一阶段旅游企业关键是要向消费者展示新产品给他们带来的利益，减少产品的不确定性并培育好市场。

（2）成长期。

成长期指的是消费者开始接受该产品，产品的销售量大幅度增长的阶段。这时的消费者已经熟悉产品，大批新的消费者进入市场。推销费用降低，销售量大幅增加使得产品的平均成本下降，价格呈现下降趋势。企业利润也得到明显的改善。这一阶段旅游企业应该用充足的数量和具有吸引力的价格提供产品以获得销售量的增长和市场份额的增加。

（3）成熟期。

成熟期是指消费者对产品的注意力下降，产品销售保持水平状态甚至缓慢下降的阶段。这个时期潜在的消费者明显减少，大多数销售是面向重复购买者。市场达到饱和状态，竞争十分激烈，利润达到最高点并可能略有下降。旅游企业应注重产品的差异化并对产品进行改进增值。

（4）衰退期。

衰退期是指消费者对产品的注意力转移，产品的销售量以及盈利迅速下降的阶段。这个时期里消费者需求的变化导致产品的过时，旅游新产品已进入市场，产品的价格大幅降低，竞争者也不断退出市场。由于营销费用的大幅下降和一批忠诚消费者的存在，企业勉强盈利的机会仍然存在。

我们引入生命周期的概念是为了做好旅游产品的营销工作，由于旅游产品生命周期的各个阶段具有不同的特点（如图5-2所示），这就要求我们针对不同的阶段采取不同的市场营销策略以提高旅游产品营销工作的效率和企业的经济效益。下面将介绍旅游企业在生命周期的各个阶段应该采取的营销策略，值得注意的是由于旅游产品的特殊性和旅游企业自身条件、发展战略的不同，尽管在生命周期的同一阶段，其策略选择也具有多样性。

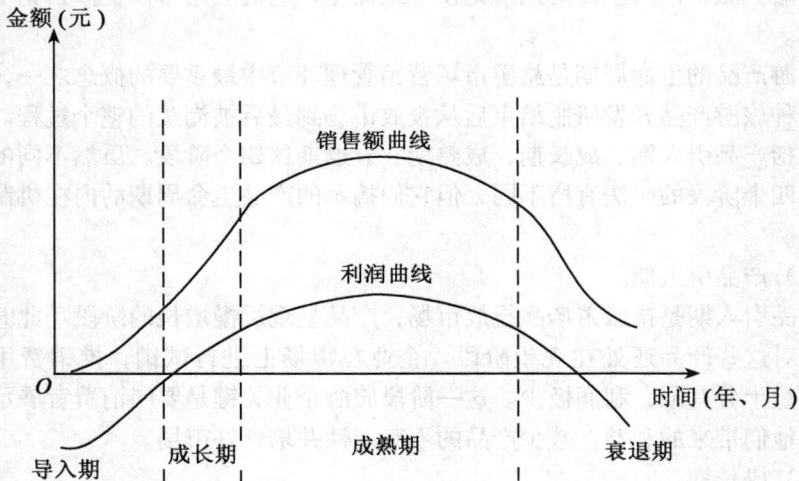

图5-2　生命周期各阶段企业销售额和利润的变化曲线

（一）产品引入期的市场营销策略

当旅游产品刚刚投放市场的时候，消费者对产品的特点和能给他们带来的利益还不清楚，所以会持比较谨慎的态度。旅游企业在这个时期就应当注重对新产品的介绍和宣传，加大促销方面的投入，努力把新产品的特色、优势传递给消费者。企业不能把目光放在产品目前的利润水平上，而应当把目光放长远，因为如果在销售量增长不快的情况下减少成本开支和宣传促销的费用会使产品的引入期延长，反而会使整体的利润水平降低。下面是产品引入期旅游企业采用的四种主要策略。

（1）高定价高促销策略。企业采用产品高定价并投入高促销费用可迅速补偿研发新产品的投资费用，获得较大的利润。这种策略的最主要目的在于扩大新产品的销售量，占领较大的市场份额。适合这种策略的产品必须新颖，具有老产品没有的特色，消费者为了满足自己的求新心理愿意为其付出高价格，并且产品的市场需求潜力必须较大，否则企业也不值得花高促销费用去争取市场占有率。一般来说，旅游企业在产品投入初期都选用此策略。

（2）高定价低促销策略。产品的定价高，投入的促销费用又少，企业的利润就高。采用这种策略的最主要目的也是为了尽可能地获得较大的利润。当然适合这种策略的产品必须是那些具有高垄断性，消费者对其疑虑较少的旅游产品。

（3）低定价高促销策略。采用这种策略的企业，其利润可能会很低，甚至亏损，但是产品可以以很快的速度迅速占领或挤入市场，并可能在短时间内获得较高的市场占有率。适合这种策略的产品应当是那些消费者不够了解、对价格十分敏感的产品，并且该产品的平均成本会随着生产销售规模的扩大而迅速降低。

（4）低定价低促销策略。采用这种策略的企业主要是想用低价格获得市场对新产品的认同，尽量争取利润并经过长期的努力占领市场。适合这种策略的产品的市场条件应该是市场容量大，能够允许企业用长时间来占领市场；消费者容易了解或者已经了解新产品，对价格敏感。

（二）成长期的市场营销策略

在旅游产品的成长期，消费者对产品已经熟悉，产品市场在扩大，销售量迅速提高，营销渠道逐步完善，企业利润快速提高，更多的竞争者进入并抢夺市场。这个时期旅游企业需要做的就是保持产品的市场增长率，尽量延长成长期（因为这是利润水平增长最快的一个时期）以使企业获得最大的经济效益。具体的营销策略体现在以下几个方面。

（1）产品特色和质量方面。企业应当继续提高产品质量和服务质量，改善产品品质，增强产品的特色以提高竞争力，不断满足消费者更加广泛的需求。

（2）产品促销方面。企业应当把促销方面的重点从引入期的提高产品知名度转移到增强企业形象、树立强有力产品品牌方面，争取潜在消费者，维系老消费者，使企业形象和产品形象深入消费者心中。

（3）销售渠道管理方面。巩固原有渠道，增加新的渠道，加强对渠道的管理，形成一个完善、有效的渠道以争取潜在消费者，扩大市场占有率。

（4）价格策略方面。企业抱着最大限度地获取利润的目的，分析自身和竞争企业的产品定价，根据自身的实际情况或保持原价或适当降价，激发价格敏感消费者的购买欲望并争取将潜在消费者转化为现实消费者。

（三）成熟期的市场营销策略

成熟期市场已经饱和，市场竞争白热化，销售增长率降低，产品供过于求，旅游者对旅游产品的兴趣逐渐转移。此时旅游企业应该主动出击，把重点放在提高市场占有率上。

（1）调整市场策略，发现产品的新用途，改变促销方式，努力寻求和开拓新的目标市场，扩展市场需求的广度和深度。例如采取新的促销手段鼓励消费者重复购买。

（2）改革产品，努力使产品差别化或者提高产品的附加值以满足消费者的不同需求。通过产品改革可以使产品重现生命力，延长生命周期并获得更大的利润。

（3）可以通过改变市场营销组合和定价来刺激销售。例如由于成熟期的宣传和促销的边际效用已经不大，可以考虑削减促销成本来降低产品价格，提高企业的利润。

（四）衰退期的市场营销策略

在衰退期大量旅游者的兴趣已经完全转移，市场迅速萎缩，企业拥有大量的生产能力，销售量却日益减少，生产经营陷入困境。这时的企业应当谨慎地采取营销策略，认真分析研究，妥善地选择退出市场。

（1）努力寻找和增加产品特色来寻找新市场。

（2）把资源集中使用在最有利的细分市场和最有效的销售渠道上，力求延缓产品退出市场的时间，保持或提高经济效益。

（3）尽量缩减营销成本，降低促销费用以保持利润，并可以从部分忠诚的消费者中获取利润。

（4）积极研发新产品，判断好时机，当机立断，放弃经营，将企业资源用于其他产品和新产品。

第二节　旅游产品组合策划

一、旅游产品组合的概念及类型

（一）旅游产品组合的概念

旅游产品的生命周期理论告诉我们，任何旅游产品都有从投放市场到退出市场的过程。为了规避风险，旅游企业除了不断开发新产品以外还常常同时经营多个产品项目和产品组合，例如旅行社提供多种旅游路线的产品。所谓旅游产品组合指的是旅游企业所生产和销售的全部产品线和产品项目的组合或结构。

产品项目是具有一定使用价值的单个产品，而产品线指的则是在技术上、结构上满足同一类需求的产品项目的集合；产品项目是组成产品线的单位，产品线由相同类别的产品项目组成。例如旅行社为了满足旅游者去看海的需求，组织开发了去海南、去福建、去山东、去大连的线路，它们一起就构成了一条产品线，而单独的一条线路、一个景点就是一个独立的产品项目。

产品组合有一定的长度、宽度、深度和关联度。产品组合的长度指的是各个产品线长度的总和，而产品线的长度又是组成产品线的产品项目的总数。产品组合的宽度指的是一个旅游企业所拥有的产品线的条数。产品组合的深度是产品线中每个产品项目所包含的子项目的品种数。就拿上面去看海的产品线来说，从武汉去大连这条线路是一个产品项目，它可以有乘飞机、坐轮船、乘火车三种子项目，也就是说该产品项目的深度为三。所谓产品组合的关联度是指该产品组合中各个产品线在生产条件、生产渠道等方面的关联程度。

旅游企业增加产品组合的长度和宽度可以适应更多层次的不同需求，以吸引更多的消费者；拓展产品组合的深度可以充分利用企业的资源，增强企业竞争力，提高经济效益；增加产品的关联度有利于企业集中精力，提高其在某个领域和地区的声誉与品牌形象。这些在旅游市场营销战略上都具有重要意义。

（二）旅游产品组合的类型

从旅游企业经营面向的市场和经营的旅游产品种类看，我们可以把旅游产品组合分为四种类型。

1．多市场多产品线型（全面型）

这种类型的产品组合是指旅游企业同时面向多个不同的市场，经营多种产品线，例如某一旅行社可以同时面向国内和国外市场经营古迹游、山水游、城市特色游等产品线。这种类型的产品组合对旅游企业的综合实力要求很高，因为同时面对多个市场推出多种产品线，经营成本增加，也要求企业有精力全面兼顾，如果没有很强的综合实力是不可能把它做好的。中小型旅游企业就很少采用这种产品组合。

2．单一市场多产品线型

它指的是旅游企业向某一个特定的市场提供多种产品线，如上例中的旅行社只面向国内市场提供该市场内旅游者需求的各种产品线。采用这种产品组合的企业可以集中精力在特定的目标市场，研究它的特点，有针对性地采取营销策略，但缺点在于市场的规模有限，并且容易受到宏观因素的影响，风险较大。

3. 多市场单一产品线型

顾名思义，多市场单一产品线型指的是旅游企业只生产特定的旅游产品，但却面向很多市场。例如，面向欧美市场、东亚市场、南美市场只提供中国古迹文化游的产品组合。经营这种产品组合的旅游企业容易进行管理、树立品牌、生产出专业化的旅游产品，但缺点是由于产品类型的单一而导致企业经营的风险大。

4. 单一市场单一产品线型

该类型不是指的只针对一个特定市场生产一种旅游产品，而是指在某个特定市场生产特定产品、在另外某个特定市场生产别的特定产品。比如，针对国外市场推出古迹游、针对国内市场推出山水游的产品组合。经营这种产品组合有利于企业在不同的市场上生产适销对路的产品，扩大销售，减少风险，但缺点是经营管理的成本较高。

5. 包价组合

包价组合是指由交通、住宿、餐饮、目的地景点等旅游产品要素中的两个或两个以上的要素组成的有质量控制并可反复供应的标准化旅游产品。它既可以包括整个旅游经历中的所有组成部分（即所谓的"大包价"），也可以只包括其中的某些组成部分（即所谓的"小包价"）。包价组合已成为一项广为流行的旅游市场营销战略。

包价组合之所以这么流行是因为它可以给旅游消费者和旅游企业都带来好处和利益。旅游消费者通过购买包价组合产品可以将多次购买变为一次性购买，简化了旅游决策，并可以得到价格上的优惠，节省了费用。旅游企业销售包价组合可以补充淡季时期的业务量，增加销售，并有利于实现规模经济和树立企业名声。

包价旅游产品的类型主要有全包型包价旅游产品、度假型包价旅游产品、主题型包价旅游产品、特殊兴趣型包价旅游产品、特殊活动型包价旅游产品等。

包价产品有效解决了旅游市场中存在的供给与需求匹配的低效率问题。随着旅游市场的竞争重点由价格方面转向营销组合方面，包价产品组合一定会显现出它巨大的优势。

二、旅游产品组合的策划过程及其策略选择

总的来说，旅游企业进行产品组合策划的过程通常可以概括为以下三个步骤。

1. 对企业经营的外部环境和内部环境进行分析

旅游企业要想生产出适销对路的旅游产品，扩大销售量，提高利润水平，这一步是必不可少的，也是应该首先进行的。它可以帮助企业作出正确的决策，是企业对产品组合进行策略选择的依据。

对外部环境的分析包括分析那些影响企业业务的主要宏观环境因素（经济的、政治的、法律的、文化的环境因素）和微观环境参与者（顾客、竞争者、分销渠道、供应商）。通过调查研究、消费者行为分析，进行市场细分，选择目标市场。对内部环境的分析主要是检查企业的营销、财务、生产和组织能力，分析自身的优势和劣势，给自己一个明确的定位。

对外部环境进行分析主要是为了辨别新机会，这种机会指的是一个公司通过工作能够盈利的需求领域。通过分析，确定哪些机会是有效的而哪些是无效的。分析完有效机会后，企业就应当判断自己在机会中成功所必须具备的竞争能力，这恰好就是内部环境分析的主要目的。

2. 旅游产品组合策略的选择

通过第一步找出了旅游企业有能力做好的市场机会，接下来企业就应当比较分析出在多个市场机会中哪个能给自己带来最大的效益，并着手针对该机会选择具体的组合策略。通常来说，主要有产品线扩展策略、产品线填补策略和产品线削减策略。

（1）产品线扩展策略。企业超出其现有的产品线经营范围而增加产品线的长度叫做产品线扩展，主要包括向上扩展、向下扩展、双向扩展三种情况。

产品线的向上扩展指的是原来生产低档产品的企业打算进入高端产品的市场。企业预计高档产品的销售增长率和利润率较高而自己也具备打入高端市场的能力，就倾向于采用这种策略。采用这种策略最大的风险在于消费者很难相信定位低端的企业有生产高档产品的能力，而高档产品的生产企业也会努力固守阵地并对低端市场进行反击。

产品线的向下扩展指的是最初定位于高端市场的企业增加其低端产品的生产。采取这种策略时，新的低档产品可能会蚕食高档产品，并且可能使企业定位高端的品牌形象受损。低档产品的生产者迫于压力也会向高端市场进行反击。另外，经销商也有可能因为低档产品的利润小、自己的形象受损而拒绝销售。

定位于中端市场的企业决定朝上朝下扩展其产品线叫做产品线的双向扩展。采取这种策略对企业的综合能力要求较高，但取得成功后很可能就会占据市场的领导地位。

（2）产品线填补策略。这是指企业在其现有的产品线范围内增加一些产品项目。其目的主要是充分利用企业的剩余资源，增加销售量，满足消费者的不同需求，填补市场的空隙以防止竞争者的侵入。采用这种策略时应注意使每一产品具备显著的差异，避免新旧产品自相残杀。

（3）产品线削减策略。这主要是因为旅游产品销售的季节性和易波动性，市场繁荣时的许多产品组合到了淡季的时候会出现利润低甚至亏损的现象。及时削减和调整这些产品组合，把企业资源用到利润高的产品上反而可能使总利润增加。当然，当市场重新繁荣时也应该及时调整，拉长产品线。

3．确定实施方法并经常检验和调整

确定好产品组合采取的策略后就进入实际操作的环节。分析企业资源如何调配、具体实施的成本、条件成熟的时机等，实施后还应当经常考察各种因素和环境的变化，及时对产品组合进行调整以保证企业的经济效益最大化。

第三节　旅游新产品开发策划

旅游产品的生命周期理论告诉我们，任何旅游产品都有退出市场的那一天。旅游企业要想不断满足消费者日新月异和多样化的需求，增强自身的市场适应力和竞争力，就必须积极、主动、优质地进行旅游新产品的开发，这对旅游企业的生存和长远的发展都具有重要意义。

一、旅游新产品的概念和类型

虽然我们理解的新产品的概念是指那些企业创新的全新产品，但这只是个狭义的概念。在旅游行业里，新产品指的是对现有产品整体概念中任何一部分的改革或创新以满足潜在消费需求的产品。新产品可以通过收购或购并另一家公司或者购买其他公司的许可权和特许经营权获得，也可以通过研发（既可以是自身独自研发也可以是委托独立研究机构研发）来获得。

布茨、艾伦和汉弥尔顿咨询公司根据新产品对于公司和市场的新的程度确定了新产品的6种类型，这6种类型分别是：

（1）新问世产品：开创全新市场的新产品。

（2）新产品线：使一个公司首次进入已建立市场的新产品。

（3）现行产品线的增补品：在已建立的产品线上增补新的产品项目。

（4）现行产品的改进更新：提供改进性能或有较大可见价值的新产品用来代替现行产品。

（5）市场再定位：以新的市场或者细分市场为目标的现行产品。

（6）成本减少：以较低成本提供同样性能的新产品。

概括起来讲第 1、2 种属于全新创新型产品，比如一个新景点、一条新线路的开发。第 4 种属于换代型的新产品，第 3、5、6 种属于改进型的新产品。另外，由于旅游行业的特殊性，旅游新产品的知识产权得不到有效的保护，这就出现了一种作为仿制品的新产品。模仿国外先进旅游产品或者竞争对手的产品作为自己的新产品，这在旅游行业里是很常见的。

二、旅游新产品开发策划的程序

旅游新产品开发并不是一件容易的事，要想设计出适合企业能力现状、市场容量大并且能够给企业带来预期利润的旅游新产品，就要求有一套科学、规范的新产品研发程序，以保证新产品能够及时、高质量地研制出来。旅游新产品的研发程序主要有以下几个阶段。

1. 产生创意

所有的新产品都是从这一阶段产生的创意延伸出来的。创意来源于企业内外的各种途径。旅游消费者的需求和欲望永远是创意产生的最好起点；通过分析竞争者的旅游产品优缺点可以有效地发现新创意；旅游企业自己的营销人员和产品设计师是产生创意的主力；旅游企业的销售代表和经销商也是创意产生的好来源；最后还得靠企业的高层管理当局统揽全局，指导和研究并认真重视好的创意以使它们得以充分利用。创意产生的方法有：头脑风暴法、需要/问题分析法、物型分析法等。

2. 筛选创意

并不是所有的创意都可以变为最终的新产品，只有好的、有前途的、适合企业能力要求的创意才能最终被保留下来，这就需要对第一阶段产生的创意进行筛选。一般地可以把创意分为有前途的创意、暂时搁置的创意和决定放弃的创意。对于有前途的创意，旅游企业必须建立一套标准来检查、衡量它，最好用指数加权的方法分析企业开发它的成功率，以帮助企业决定把资源重点放在哪些好的创意上；暂时搁置的创意可以保存起来等到条件成熟时供企业参考、采用；对于决定放弃的创意也必须小心谨慎，分析出它的缺点和优点以免给企业带来无形的损失。

3．概念测试

产品的创意只是提供了一个可能产品的设想，要想把这些设想转化为有意义的构思（也就是产品概念），就得进行概念的测试。通过概念的发展，分析出由产品设想转化而来的多个产品概念中哪个更适合企业的实际情况和开发目标。

4．商业分析

产品一旦进入开发阶段，各种成本就会迅速增加，所以在进行产品开发之前有必要对初步确定的产品概念进行商业分析，对它的商业吸引力作出评价。企业必须分析出产品目标市场的规模、产品的定位和预计销售量、产品的计划定价和营销预算以及预计的长期利润目标。重点通过销售量、成本和利润三个指标来衡量是否对产品概念进行开发。

5．产品开发

这一步主要解决的是产品概念能否转化为在技术和商业上都可行的产品。它需要全企业包括专业开发人员、管理层、营销人员等的参与。特别要强调的是，由于旅游产品不同于其他有形产品，它的开发就更需要营销人员、分销商、旅游专家的参与，利用他们的经验，听取他们的意见和建议使新产品不断完善。

6．市场试销

经过商业分析和产品开发后的新产品不能急于推向市场，因为这个时候条件还不够成熟，企业不知道自己预计的各种指标能否成功达到，不清楚消费者和经销商会对新产品做出何种反应。这时就需要对新产品进行检验，而最好的检验方法就是在小范围内进行市场试销。通过试销掌握市场的大概资料以便和企业预期的指标进行有效的对比，从而发现新产品的优缺点并对其进行改进、完善。

7．商品化

试销结束后，就可以进入商品化阶段了。新产品商品化后进入产品生命周期中的第一个阶段，这时企业必须解决好投放时机、投放地点、目标市场、市场策略等种种问题，并随着市场的动态发展不断收集和掌握关于旅游者与市场的反映，及时对产品和市场策略进行调整。

值得指出的是，旅游企业应该特别注重根据旅游产品自身的特殊性去研发旅游新产品，比如说旅游产品具有不可存储性，那么在淡季企业就可以通过适当提高产品的附加值和扩大附加产品来促进销售，这也是某种意义上的新产品开发。另外，新产品的开发涉及许多不同的风险，开发过程不可能都是一帆风顺的，所以企业最好把各个新产品的研发阶段错开以降低风险。

第四节　旅游产品品牌和营销文化的策划

随着旅游市场的不断成熟，旅游消费者也会从价格敏感型变得逐渐成熟起来，例如他们在选择产品的时候会把品牌作为购买决策的一个重要依据，会认真理性地比较各个产品组合能够给自己带来的利益而不仅仅从价格上着眼。这时旅游企业就应该重视对自己的产品品牌和产品营销手段的策划。

一、旅游产品品牌的策划

（一）旅游产品品牌的含义及其功能

旅游产品品牌是旅游产品的一个必不可少的组成部分，从某种意义上讲，它是决定旅游者重复购买的一个重要因素。拥有名牌旅游产品的企业就拥有超出竞争对手的市场竞争力。

旅游品牌是一种名称、术语、标记、符号、设计或者它们的组合，其目的是借以辨别某个旅游企业的产品或者服务，使之和竞争对手的产品或服务区别开来。一个好的旅游品牌是旅游企业向旅游者长期提供的一组特定的特点、利益和服务的标志，它能够提供旅游产品的属性、利益、价值、文化、个性和使用者这 6 个方面的信息，其中价值、文化和个性是一个品牌最持久的含义，如动感之都——就是香港（如图 5-3 所示）。

图 5-3　动感之都——就是香港

良好的旅游品牌具有以下几个功能。

（1）表现旅游产品的特色和旅游企业的形象，帮助旅游者建立自己的消费偏好。旅游品牌最基本的作用就是把自己的旅游产品和竞争者的旅游产品区别开来，通过区别表现自身的特色，树立鲜明的企业形象，无形中确定了产品的细分市场，帮助细分市场内的目标客户群建立自己的消费偏好。

（2）体现旅游企业的综合实力，有助于企业参与市场竞争和扩大经营。一个良好品牌的创立是需要很大的成本投入和长期的培育与维护的，但一旦建立以后它就能很好地体现企业的综合实力，隶属于该企业的其他旅游产品也可以赢得旅游者的信赖。这又可以提升企业的市场竞争力，有助于企业通过品牌延伸来扩大经营。

（3）有助于企业的促销活动，提高旅游者的购买效率，增加旅游产品的销售量。有了良好的品牌可以方便企业进行促销，把自身的信息更好地传递给旅游消费者，并在他们心中建立良好的信誉，消费者在购买旅游产品时就可以根据自己心目中的品牌印象和定位方便地进行选择，从而提高购买效率，增加产品的销售量。特别地，由于旅游产品的生产和消费的同时性对消费者异地订购旅游产品和旅游企业进行产品营销提出了挑战，旅游产品品牌在这一点上的作用就显得尤为重要。

（4）旅游品牌可以促进旅游企业对自身的监督和有效地保护旅游企业自身的权利不受侵犯。建立了产品名牌的企业必定会加强对自身的监督并努力做好各项工作，积极进取以防自己辛苦建立起来的品牌形象受到损害，这在某种程度上有助于旅游产品质量的提高。另外由于旅游行业产品的知识产权难以得到保护，建立起良好的产品品牌，利用法律对品牌的保护是旅游企业保护自身权利的有效手段。

（二）旅游产品的品牌战略

旅游产品品牌战略主要可分为单品牌战略、多品牌战略。

单品牌战略是指旅游企业所有的产品线都使用同一个品牌，一般是作为企业品牌的企业名称。采用这种战略的旅游企业在进行新产品的推广时显得较容易，但也存在着随着产品组合的长度、宽度的增加，原有品牌的个性和特色容易被淡化的问题。

多品牌战略是指对企业拥有的不同产品线采用不同的品牌。这样做可以显示不同产品线的特色，当一个产品线失败的时候，对其他的产品线影响不大；但这样做的缺点是品牌设计和推广的成本将会大幅增加，并且旅游者很难记住旅游企业的企业品牌。

另外，名牌效应在旅游行业中表现得很明显。例如天津的狗不理包子、桂林山水、西安兵马俑等，它们驰名中外，经久不衰，获得了巨大的经济效益和社会效益。旅游企业也应该发挥自身产品的特色优势，努力把自己的品牌办成名牌，这对旅游企业和当地都是大有好处的。

（三）旅游产品品牌的策划程序

旅游产品品牌对于旅游企业来说如此重要，但要建立并维护好一个良好的品牌也不是一件容易的事。旅游产品品牌的策划过程应依以下几点循序渐进。

1．分析旅游产品的特点和市场状况，对旅游品牌进行准确的定位

作为旅游品牌形成过程中的第一要素，定位解决了发展的方向问题和识别问题。品牌定位一般采用领先定位、比附定位、空隙定位、逆向定位和重新定位 5 种方式。旅游品牌形象一方面要体现鲜明的时代感、创造性、行业性；另一方面又要有明显的差异性、自我性。

旅游企业在确定自己的品牌形象时，必须考虑旅游行业特征和本企业的特征。既然需要定位，当然得知己知彼。知己，旅游企业必须分析自己旅游产品的特点，它适合哪类旅游者，能够给旅游者带来哪些方面的享受；知彼，旅游企业必须了解自己旅游产品所选择的细分市场，分析该市场内已存在品牌的定位和特点。只有了解别人的特点才能设计出自己独树一帜的鲜明品牌形象。由于这一步决定了旅游品牌今后的方向，所以企业必须把工作做足、做好，准确地对自己的旅游品牌进行定位。品牌定位是品牌特征的指南针，它是品牌经营和发展"注意力经济"需要首先解决的问题。

2．进行品牌设计

品牌定位之后，为了在市场上获得与定位相一致的形象，有必要进行设计。旅游产品进行品牌决策最重要的是品牌名称和品牌标志的设计。它们是 CIS 形象中对客人最直接、最有效和最感性的视觉识别。一个成功的抽象性品牌设计应具有以下几个特点：图像是抽象的，表意是具体的；形有限而意无穷；色彩的强化传达作用。由于旅游品牌包括产品或服务的名称、标记、符号、图案等的组合，所以进行品牌的设计是一个比较复杂的过程。在这个过程中，设计者务必考虑周全，避免在以后的使用过程中留下残缺和隐患。一个好的旅游品牌一般都具有以下几个特点：

（1）易读、易认、易记。过于复杂的品牌设计不容易被旅游者识别和记忆，因而也就不能很好地发挥品牌的区别功能。有四个关系必须处理好：字形处理（标准字）、图形处理（标志图）、构成处理（元素别）、色彩处理（标准色）。

（2）与众不同，具有鲜明的特色。其实这也是为了旅游者能准确地了解旅游产品的特色，避免由于对品牌的混淆而导致对产品特色的不明晰。

（3）能够使旅游者联想到品牌带给自己的利益。旅游者一看到品牌就可

以知道该旅游产品适不适合自己，它给旅游者的购买和旅游企业的营销带来便利并有效地减少旅游市场信息不对称的问题。

（4）适应目标市场当地的文化，容易被旅游者接受。可以理解，当品牌适应了当地文化，旅游者由于对品牌的接受使其对旅游产品的接受也变得容易起来。例如 COCA COLA 和 PEPSI 在中国分别翻译成"可口可乐"和"百事可乐"就是一个很好的适应文化的例子。另外，需要注意的是由于旅游市场的地域范围很广，所以旅游产品的品牌不应在其他地区或国家具有不良的意思，这会严重影响旅游产品在该地区的销售。

3．进行品牌的包装

旅游产品作为一种特殊的产品，包装是为了宣传，也是为了抓住消费者的心理，增强消费者的感受和满意度、信誉度。品牌包装包括理念包装、文化包装、物质包装和旅游品牌商标化。

（1）理念包装。所谓理念包装是指对定位后的品牌赋予特定的理念内涵，树立高品位的理念形象，并用简单鲜明的语言表达出来。如泰山的理念形象定位为泰山是中华民族的神山、圣山，进而的引申意义是：中华民族的后人，一生起码应当登一次泰山。

（2）文化包装。文化包装是指在理念充分认识的基础上，深入挖掘文化价值，用一种或多种文化现象作为载体表达这种理念。理念毕竟是抽象的，没有外在的文化现象解释和证明这种理念，会阻碍人们对理念的解读，影响理念形象的传播，会给人以名不副实、哗众取宠的印象。

（3）物质包装。以景区为例，物质包装包括：精心设计、施工，创造精品；创造优美环境；设施完善，建设星级厕所、游客中心、医疗急救中心、完善的公共信息图形符号、各类告示牌等。景区建设以人为本，以游客为中心，努力打造精品。

（4）品牌商标化。品牌商标化是指尽可能地将品牌在有关部门注册商标，这是加强品牌保护、维护品牌形象的重要措施。旅游产品是一种服务商标，注册商标是树立服务品牌的基础。由于旅游产品的无形性、各种服务要素的连续组合性、易重复性、模仿性，并有事后获得效益、不能重复使用、弹性极大的享乐型消费的特点，使旅游产品商标注册存在一定的难度。作为产品品牌的一个不可或缺的因子，注册成为必然。旅游品牌商标的要素有：商标名称及旅游景区名称、酒店名称、标徽、标准字体、吉祥物或标志物等。

4．品牌测试

企业自身对设计出来的品牌的理解并不代表旅游消费者对它的理解，所以品牌设计出来以后一般都要经过在有代表性的小范围市场中的测试，通过测试进行改进，等条件成熟后再推向市场。

5. 旅游品牌的推广和传播

品牌设计的最终目的是为了在旅游市场的竞争中发挥品牌的作用。品牌的推广工作必须有步骤、有计划地进行，利用各种传播渠道尽力推广和宣传，努力给旅游者留下深刻的印象。更重要的是，真正的好品牌不是喊出来的而是做出来的。旅游企业在品牌推出以后必须努力完善自己，用优质的服务在旅游者心目中树立良好的口碑，这才是建立和巩固良好品牌的正确之道。成功的品牌传播需要从以下几个方面着手：产品的差异化优势、公众接受心理、讲究特定时机性；体现旅游品牌形象的口号、现代化的营销工具。利用口号这种典型化的标志性语言符号进行宣传，既要符合旅游者的心理需求和偏好，又要体现旅游行业的特征。简明、形象、易记，不要涉及过多的政治和商业气息，就能形成文化概念。如香港的"魅力香港，万象之都"；2000年的"动感之都——就是香港"、圣诞节的"映雪的香港，浪漫的欧陆风情"以及春节的"花动舞动，春节香港令人心动"等。

6. 旅游品牌的维护

一个良好的旅游品牌的建立不容易，旅游企业应该对它进行精心的管理和维护。具体工作是通过不断改进产品和服务的质量，加强促销和宣传来强化品牌形象，经常对品牌进行检测，努力创新。当市场形势发生变化的时候，及时对旅游品牌进行再定位。

二、旅游产品营销文化策划

旅游市场的不断成熟和竞争的不断加剧促使旅游市场营销工作具有更新的形式和品位，于是旅游产品营销文化便产生了。旅游产品营销文化是针对旅游市场的一种文化行为。旅游产品作为一种服务产品属于那种购买频率较低、价格昂贵的类型，这就赋予了产品营销文化特殊的意义。

（一）旅游产品营销文化策划的意义

（1）创造认知，使旅游者了解、熟悉旅游产品。由于旅游产品生产和消费的同时性，没有消费过某旅游产品的旅游者就只有从旅游产品营销文化宣传中了解该旅游产品，旅游产品营销文化宣传为旅游者对产品的期望提供了有形的佐证。

（2）起代替产品的作用。旅游产品具有不可存储性，不能直接在生产地之外的销售点进行检验，这时宣传材料就起到了产品代用品的作用，它在旅游者心中建立了对质量的期望和对价值的评估。

（3）提供信息，方便旅游者对产品的使用。信息提供型的宣传一般提供有用的产品基本信息、介绍特惠产品，帮助旅游者从产品中得到最大的利益满足。

（4）促销功能。旅游产品营销文化宣传，用图画和文字把旅游产品形象、生动地表现出来，可以刺激旅游者的购买。

（5）一些博物馆、革命圣地和文化古迹之类的宣传还可以起到教育旅游消费者的作用。

（二）旅游产品营销文化策划的步骤

从某种程度来讲，旅游产品营销文化也是旅游市场营销与众不同的特点，因此旅游产品营销文化策划也尤为重要与必要。一般来说，旅游产品营销文化策划分为以下几点。

（1）分析旅游产品的特点和市场状况，对旅游产品营销文化内容进行准确的定位。定位解决了发展的方向问题和识别问题，如在国内外享有较高声誉的全国重点文物保护单位、大型博物馆、国家级风景名胜区和自然保护区等极少数重要旅游区（点）的旅游产品营销文化应采取强势定位方式，可采用价格昂贵的方式进行宣传。

（2）对旅游产品的营销文化进行 CIS 设计。旅游产品定位之后，为了在市场上获得与定位相一致的形象，有必要进行设计，如标志的设计等。它们是 CIS 形象中对客人最直接、最有效和最感性的视觉识别。

（3）对设计进行包装。如对极少数重要旅游区（点）的旅游宣传印刷品、旅游纪念品的材质应尽可能选用上乘的材料，印刷应力求美轮美奂并突出其优势。

（4）对设计进行测试。企业自身对设计的理解并不代表旅游消费者对它的理解，所以旅游产品设计出来以后一般都要经过在有代表性的小范围市场中的测试。通过测试进行改进，等条件成熟后再推向市场。

（5）旅游产品营销文化的推广和传播。设计的最终目的是为了在旅游市场的竞争中发挥应有的作用，所以推广工作必须有步骤、有计划地进行，利用各种传播渠道尽力推广和宣传，努力给旅游者留下深刻的印象。

（三）旅游产品营销文化策划的方式

旅游产品营销文化策划可采用的方式：旅游宣传印刷品、旅游摄影、旅游纪念品、旅游影视、旅游广告、旅游展销会等。

1. 旅游宣传印刷品

旅游宣传印刷品可以广义地界定为用营销预算制作的任何形式的印刷材料，其目的是在现有的和潜在的顾客中创造对产品的认知，刺激他们对具体产品的需求，或者方便他们完成产品的购买、使用和享受。旅游宣传印刷品可以分为促销型印刷品和信息提供型印刷品。促销型印刷品主要有旅游经营商的宣传册、产品宣传册、促销报价单、景点传单、各种营销海报或招贴等；信息提供型印刷品主要有旅游指南、旅游地图、饭店集团名录、交通运输时刻表等。

2. 旅游影视

旅游影视也就是指旅游电影、旅游电视、旅游 MTV 等介绍旅游产品的影视作品。它是旅游企业为了营销自己的旅游产品由企业自身或者与影视部门合作拍摄的，具有纪实性、愉悦性和很强的功利性。一般的旅游影视包括旅游风情片、风光片、旅游教育片、旅游广告片、旅游 MTV 等。制作旅游影视应该注意突出地方的风土人情和民族特色，努力将旅游产品真实的美生动活泼地展现给旅游消费者。

3. 旅游摄影

旅游摄影也是为旅游市场营销服务的，它可以分为风光摄影、广告摄影、人物风俗摄影、建筑摄影等。它具有投资小、制作方便、能具体细致地介绍旅游产品的特点。旅游摄影的创作也应该真实、突出特点并注重艺术表现力。

4. 旅游纪念品

旅游纪念品是旅游企业为了树立自己产品的形象而设计发行的有关旅游产品的独特纪念品。旅游企业在设计开发旅游纪念品时应该注重纪念品的品位，努力表现出旅游产品的特色和鲜明的个性以使其有效地展示旅游企业的形象。

其实，旅游影视、旅游纪念品、旅游摄影等旅游产品营销文化的形式在旅游市场营销中所起的作用也类似于旅游宣传印刷品。从某种意义上讲，它们是旅游宣传印刷品在现代社会市场条件下的扩充形式和有效的替代品，与宣传印刷品一起在旅游产品的市场营销活动中起着重要的作用。

本 章 小 结

（1）旅游产品是指在旅游过程中能够给旅游消费者带来效用和满足的所有服务和物品的总和。与其他类型的产品一样，它也分为核心产品、有形产品、延伸产品三个部分。旅游产品作为一种特殊的产品它具有无形性、综合性、生产和消费的不可分离性、不可存储性、不可转移性、生产和销售的易波动性和脆弱性。正是由于这些特性才导致了旅游产品在开发、营销、产品组合和品牌策略方面的特殊性。

（2）旅游产品的生命周期可分为产品引入期、成长期、成熟期和衰退期，针对不同的生命周期我们对旅游产品的营销必须采用不同的策略。

（3）旅游产品组合是指旅游企业所生产和销售的全部产品线与产品项目的组合或结构。明晰产品项目、产品线和产品组合的长度、宽度、深度和关联度是了解旅游产品组合的基础。旅游产品组合策略应根据企业的自身情况和市场状况灵活选择。包价组合是一种市场上非常流行的组合产品形式和旅游营销手段。

（4）旅游新产品指的是对现有旅游产品整体概念中任何一部分的改革或创新以满足潜在的消费需求的产品，是一个很广泛的概念。旅游新产品的开发需要遵循一定的科学程序。

（5）由于旅游产品的特殊性导致了旅游产品品牌被赋予了特殊的重要意义，旅游企业应当特别重视对自身和自己产品品牌形象的树立和维护。

（6）旅游产品营销文化作为旅游产品营销的一种新形式和手段也是大家应该了解的。

思 考 题

1．如何根据旅游产品的特点来进行产品组合？
2．旅游新产品的开发和其他有形产品的开发有何不同？
3．为什么说品牌对于旅游产品来说具有特殊的重要意义？

☞案例

从无到有的新产品创新

各种产品如何组合在一起（产品组合），这是营销管理者对消费者各种需求和兴趣所做出的最重要的反应。产品的设计在很大程度上决定着什么样的价格，需要什么样的促销方式，使用什么样的分销渠道。正因为如此，企业针对消费者所制定的产品决策是"营销战略和战术的基石"。广义的旅游是指人们所发生的位移，以及在这个过程中人与环境，人与人之间的关系。从这个意义上讲，旅游产品具有广泛的空间，关键在于如何发现市场需求，并设法满足它。企业团队拓展训练营开创"旅游＋培训"新模式就是一个很好的例子。

2002年5月27日《深圳特区报》刊登了这样一则报道：

参加拓展训练　建立团队精神

"参加这次拓展训练，给我留下了终身难忘的印象……""坚持就是胜利，坚持就能取胜！""个人的力量很渺小，但团体的力量却很强大！""这是一次很有意义的训练。"这是中国银行深圳分行的员工参加完深圳国旅新景界俱乐部组织的户外拓展训练营以后的感悟。

深圳是一个移民城市，来自四面八方的员工一同汇聚在企业的旗帜下，全身心地投入到工作中，努力地贡献着自己的一份力量，依靠的是企业的凝聚力、团队的协作精神、战胜困难的信心。由此看来，对员工的培训是非常重要的，它关系到企业的生存和发展。

拓展训练是一种最有效的方式。深圳国旅新景界俱乐部率先在深圳市场推出的"拓展训练"在短短半年内不断发展，备受推崇，现已有国家公务员、外企和其他现代化企业参加。而此次中国银行的进入，可见"拓展训练"的魅力之大。

要问"拓展"到底有什么特别？中国银行深圳市分行员工们的亲身经历可以回答您。整个训练由一系列游戏组成："进化"游戏让您学会展示自己，同外界竞争；"石头、剪刀、布"让您体会团队统一行动的便利；"高空跳楼"惊险刺激，挑战自我；"爬巨人梯"让您明白粗中有细，凡事以技巧制胜；"过电网"让您了解团队核心的重要性；"抢滩登陆"让您明白统一指挥、分工合作的合理性；"翻越毕业墙"让您感受集体力量能够化难为易……这些看似简单的游戏，每一项都是经过精心设计的，几乎可以囊括您职场生涯中的情感历程！设计之精巧，让您在身体疲累之际也会由衷地佩服！

来吧！忙碌的都市白领们，换上便装，融入这趟心路历程，为现实OFFICE中久违的团队精神、协作精神感动、喝彩！

事实上，深圳国旅针对企业客户开发的"旅游＋培训"概念拓展训练营作为一个独特的、新颖的旅游产品赢得了市场的高度赞扬，也为企业带来了良好的经济效益。

问　　题：

1. 试分析旅游企业新产品创新的实质。

2．试分析深圳国旅新景界俱乐部推出的拓展训练成功的原因及启示。

3．面对 WTO 的冲击，中国旅游企业从旅游产品策划方面可采取怎样的应对措施？

第六章
旅游定价策划

第一节　旅游产品的价格理解

价格代表了愿意购买产品的顾客和希望卖出产品的生产者之间进行自愿交换的交易条件。通过相互认可的交换条件，以及通过对用于出售的竞争产品进行选择，顾客试图使自己对利益的感知和货币价值最大化；生产者则努力要达到目标销售量、获取目标销售收入和市场占有率，并使投资收益最大化。

在旅游营销组合中，价格是惟一能产生收入的因素——其他因素表现为成本。价格也是营销组合中最灵活的因素，它与产品特征和营销渠道不同，它的变化是异常迅速的；同时，价格与价格竞争是许多旅游企业所面临的头号问题。但是许多公司无法很好地处理定价问题，共同的毛病是：所定价格过分地以成本为导向；价格未能依据市场变化及时加以修改；价格的制定是同旅游营销组合的其他部分相脱离的，未被看成是市场定位战略的内在要素，并且对不同的产品品目、细分市场和购买环境，价格的差别也不够多样化。

一、旅游服务的价格特点

1．质量标志

服务型产品在被购买前是看不见、摸不着的，因而购买者为减少不确定性，将寻求服务质量的标志或证据。他们会根据价格等能够感受到的标志对服务质量做出判断，因为价格可能既是价值的象征，又是地位的象征，度假产品尤其如此。

2．资源配置标准

有时购买者对某类产品有强烈的偏好，比如临海的房间，或是极具吸引力的景点，这时可用价格作为标准来合理分配受偏爱的旅游产品的有限供应，实现稀缺资源的有效配置。

3．不能存储

旅游产品（旅游商品不包括在内）不能存储，因此零售商无法替生产者分担未出售商品带来的负担以及价格决策带来的风险。当需求稳定时，服务的不能存储性不会造成麻烦，因为服务所需物品可在事前准备好，但当需求上下波动时，服务企业就会碰到困难。高的固定经营成本——例如，公交公司由于早晚上下班时间所需车辆显著多于全天的均衡需要，因而必须拥有更多的运输设备——会促使企业对没有售出的易折损的产品实行大幅短期削价。为更好地解决供需关系，以下几种方案可供选择：

（1）采用差别定价方法使某些需求从高峰时期转移到非高峰时期，如实行饭店周末价等。

（2）培植非高峰需求，如麦当劳的早餐服务等。

（3）在高峰时期开展补充性服务，供等候接待的顾客选择，如在饭店可设供应茶水的休息室供等候空桌子的顾客临时休息之用。

（4）预订制度，这在航空公司和旅行社已广泛应用。

4．需求价格弹性大

旅游产品价格非常容易受到需求变动的影响，而需求会因不可预见的经济、政治等突发事件发生变动。当供给大于需求时，主要竞争者几乎必然会采取战术性削价，而价格战将导致短期盈利的丧失。

二、旅游产品价格的形式

1．基本形式

（1）旅游单价。有的旅游者是直接与旅游产品生产者接触，采取零星购买、多次购买的方式。旅游者每次购买的只是旅游活动诸多环节中的某一项或几项产品，这种旅游产品的价格称之为旅游单价，比如旅游者单独购买的车船票的价格、餐饮产品的价格、饭店客房的价格等。

（2）旅游包价。在旅游活动中，旅游者通过旅游产品零售商购买的满足其全部旅游活动所需的旅游产品的价格，称为旅游包价。它等于这些旅游产品单价之和再加上旅游零售商、批发商的自身经营成本和利润。实行旅游包价可将多次购买简化为一次性购买，并且可以提供价格上的优惠，因而对消费者更具吸引力。包价不只是一种促销概念，它涉及了包括产品定价和识别顾客需要在内的整个营销过程中的各个阶段的工作。

2．特殊形式

旅游企业为扩大客源或刺激旅客消费等原因，采取特殊的价格形式。

（1）旅游优惠价。旅游优惠价，是指在旅游产品的基本价格基础上，给予旅游产品购买者一定的价格折扣。一般情况下，旅游优惠价主要有对象优惠价、常客优惠价、支付优惠价和购量优惠价四种。

（2）旅游差价。旅游差价，是指同种旅游产品由于时间、地点或其他原因而引起的不同价格。一般情况下，旅游差价主要有地区差价、季节差价、质量差价、机会差价和批零差价五种。

三、需求与价格的关系

在其他因素不变的情况下，人们在某一特定时期内对某一商品愿意并且有能力购买的数量会随着该商品价格的变化而变化。当商品的价格上升时，需求量会下降；反之，当商品的价格下降时，需求量则会上升。这就是需求规律或需求法则。这一规律也同样反映在人们对一般旅游产品的购买上（如图 6-1 所示）。

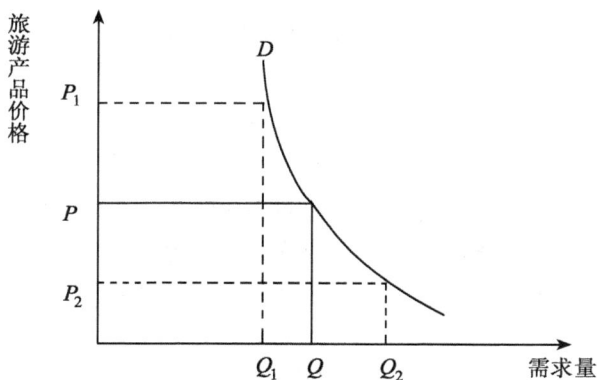

图 6-1　一般旅游产品的需求曲线

图中 D 为旅游需求曲线，不难看出旅游需求量与旅游产品价格之间的变化关系。当某旅游产品的价格在 P 点时，人们对该旅游产品的需求量为 Q；当该旅游产品的价格上升为 P_1 时，人们对该旅游产品的需求量减少至 Q_1；当该旅游产品的价格下降到 P_2 时，人们对该旅游产品的需求量则会增加到 Q_2。因此，旅游需求曲线是自左上方向右下方倾斜的。

上述是一般旅游产品的需求与价格关系。经济学家范勃伦发现，消费者认为商品的高价格能提高自己的"身份"和增加"势利吸引力"时，需求会随着价格的上升而上升，结果出现了反向的需求价格弹性（如图 6-2 所示）：曲线 CB 向右上方倾斜，说明当价格上涨时需求反而增加；曲线 CB 与一般的需求价格曲线类似，向右下方倾斜。对需求量 Q，图中有两个价格 P_1、P_2 与之对应，分别代表着两个细分市场的价格水平。如果能够说明范勃伦的效应存在，企业可以在特定的细分市场上采取理性的提价措施，从而扩大销售额。

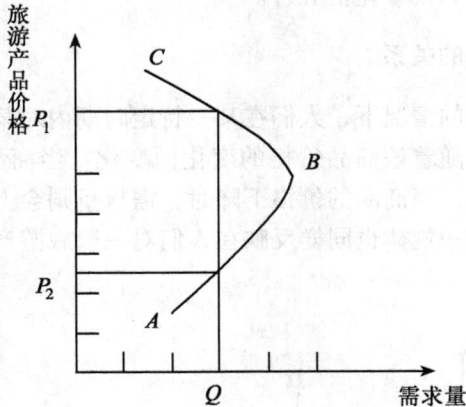

图 6-2　奢侈品的需求

　　旅游需求量随旅游产品价格的变化而变化的关系称之为旅游需求价格弹性。测定旅游需求量随旅游产品价格变化而变化程度的尺度，就是旅游需求价格弹性系数，也就是旅游需求量变化百分率与价格变化百分率的比值，用 E_p 表示该系数，公式为：

$$E_p = (Q_2 - Q_1)/Q_1 \div (P_2 - P_1)/P_1$$

　　由于旅游需求曲线是从左上方向右下方倾斜，所以价格与需求量的变化方向相反。如果其中一方的变化百分率为正数，则另一方的变化百分率必为负数，这样使旅游需求价格弹性系数总是负数。因此，在使用旅游需求价格弹性系数时，通常取其绝对值。弹性系数的绝对值越大，则表示该种需求越具弹性。

　　在测定旅游产品的需求价格弹性时一般有三种情况。第一种情况是当需求量的变化百分率大于价格变化百分率时，旅游需求价格弹性系数的绝对值大于1。它表明旅游需求有弹性或弹性大，以坐标图来表示，这种情况下的旅游需求曲线倾斜度很大，其斜率也大。这说明旅游产品价格的很小变化都会导致旅游需求的大幅度变化。因此，该产品市场是价格敏感型的，价格的小幅波动会使需求产生较大的变动。第二种情况是当旅游需求量变化的百分率小于价格变化百分率时，旅游需求价格弹性系数的绝对值小于1。它表示旅游需求缺乏弹性或弹性小，以坐标图来表示，这种情况下的旅游需求曲线倾斜度很小，其斜率也小。这表明由于某些原因，比如产品的替代品很少，或没有竞争者，使需求不会因为价格的波动而发生巨大改变。第三种情况是，如果旅游需求量变化百分率与旅游产品价格变化百分率完全相同，则旅游需求价格弹性系数的绝对值等于1。它表示旅游产品价格的变化将导致旅游需求量相同比率的反向变化。

一般来说，生活必需品的需求价格弹性小，而奢侈品或高档商品的需求价格弹性大。虽然旅游活动已步入大众化的发展阶段，但是在人们可自由支配收入有限的情况下，旅游活动对大多数劳动阶层来说仍属于较高层次的消费。旅游发展的实践表明，很多国家或地区旅游产品价格的变动都导致了来访旅游人次的很大变化。尽管有时在人次变化上可能不大，但来访旅游者的停留天数却大大缩短。这些情况都说明旅游需求价格弹性系数的绝对值一般大于1。另一方面，由于不同的旅游目的，或不同档次的旅游产品或各种单项旅游产品的功能不同，其需求价格弹性也不尽相同。因此，对不同的旅游产品来说，需求弹性的上述三种情况都是有可能存在的。

认识旅游需求价格弹性的意义在于它对旅游收入有着十分重要的影响。具体地讲，旅游需求价格弹性的大小预示着在进行旅游产品价格调整时，能预测到旅游收入将会增加还是减少或者维持不变。如果旅游需求是有弹性的，即需求量的下降幅度大于价格的上升幅度，则价格的上调必然会导致旅游收入的减少。在这种情况下，价格的调低会促使需求量的大幅度增长，从而可以实现扩大旅游收入的目的。当然，这并不意味着在旅游需求对旅游产品价格有弹性的情况下，旅游产品的价格绝对不可上调。在通货膨胀的条件下，旅游产品报价的适度上调不仅是可行的，而且通常是必要的。

四、旅游价格制定的目标

价格制定的目标，是为了保证旅游企业能够达到生产经营目的而制定的价格标准，它是价格决策的依据。价格制定的目标直接关系到定价策略和定价方法的选择。

价格制定的目标是由旅游企业的生产经营目的决定的，因此旅游企业生产经营目的的多样性也就决定了价格制定目标的多样性。概括起来主要有以下几种。

1. 以能反映产品质量为目标

现实生活中存在着以质论价或质高价高的现象。价格必须反映旅游产品的质量，做到质价相符，才能吸引更多的游客。旅游产品的无形性使评价旅游产品质量的高低，不但要看食、宿、行等"硬件"是否货真价实，更重要的是看作为"软件"的服务质量如何。无论是旅游设施的水平，还是旅游服务的水平，都从不同角度反映了旅游产品的质量，而衡量旅游产品质量好坏的根本标准是旅游者的满意度。质量不同，对游客需要的满足程度便不同。对于不同的旅游者，由于其文化背景、素养不同，阅历各异，对同一旅游产品的主观评价会有较大差异，即使标准化的、规范化的服务也会使不同的游客产生不同的感觉，从而对旅游产品做出不同的评价。这说明优质服务应该建立在标准化服务的基础上，并针对不同游客的需求提供有针对性的服务。

2. 以获取最大利润为目标

所谓利润就是总收入减去总成本的剩余。追求最高利润是每个企业都希望实现的目标，因为经营的目的就是最大限度地获取利润。但最大利润并不意味着市场可以忍受最高价格，因为利润可分为长期利润和短期利润，高价格将导致需求的减少，从而影响长期利润的实现。对企业来讲，应该以获取长期的最高利润为主要目标，而不是追求眼前的短期利润。

3. 以保持市场占有率为目标

旅游产品既不可以存储，又不可以运输，所以旅游产品提供者生存的根本在于旅游需求的大小，即旅游产品市场占有率的高低。市场占有率能够反映产品适应需求的程度、竞争实力的强弱、经营管理的好坏以及价格决策的合理与否。市场占有率高，可以形成一定的控制市场和价格的能力，并且形成规模经济，从而提高在市场上的竞争力。

保持或扩大市场占有率的一个重要手段是制定适当的价格。一般来说，宜采用稳定略低的价格，因为旅游价格变化过于频繁，会影响旅游市场的稳定性。旅游需求的价格弹性较大，经常的涨价会限制旅游需求量，从而减少市场占有率；过于频繁的降价则不仅不会刺激需求量的增加，反而会使旅游者期待继续降价而推迟购买，同样会减少市场占有率。每次调价幅度应控制在一定范围内，如果一次提价幅度很大，会使旅游者产生抵触情绪，特别是在旅游产品质量没有大的改进的情况下，会给旅游者造成乱涨价的印象，从而毁坏旅游目的地的形象和声誉；反之，一次降价幅度也不宜过大，否则旅游者会产生质量也随之下降的印象，也会减少需求，并且过低的价格会造成经营上的困难，阻碍旅游市场的进一步扩大。

另一方面，为了扩大市场占有率，应该把价格定得灵活多样，以区别对待不同细分市场的需要。安排不同档次、不同内容的旅游产品，以满足不同层次顾客的需要，使他们按愿意接受的价格去购买。例如，在线路的设计上，按包含"热点"项目数量的多少和旅游时间的长短，分成全国性的长线路、区域线路和某个旅游景点项目等；在同一线路上又可设计不同的旅游项目和活动日程；即使旅游活动的项目和日程相同，在使用设施方面也可根据不同的档次和等级制定不同的价格。在组团范围上也分成全包价格、部分包价和零售价格等；从组团人数上又有大团和中小团体之分。不同规格以不同价格分别满足不同细分市场的需要。

4．以竞争力为目标

对旅游产品而言，从全世界旅游供给与需求的对比看，总的是旅游供给大于旅游需求，加之旅游产品的不可存储和不可转移性，旅游市场的竞争尤为激烈。因此企业在制定价格时，除了要考虑企业能获得的利润和尽量扩大市场占有率外，也要注意竞争者的价格和策略。

这种定价目标是以竞争对手的价格为基础，选择对市场价格有决定影响的竞争者的价格为依据。一般做法是采用与竞争者相同的，或高于、或低于竞争对手价格的策略。选择哪一种策略则要视企业的产品和市场需求情况而定。一般来讲，采用低于竞争对手的价格较为有效，但新产品投入市场不宜低价。采用高于竞争者价格时，企业本身必须具备诸多有利条件，如企业的资金雄厚，产品质量好，服务水平高，技术先进等，其他企业难以超越。这样，企业利用高价优质策略又可满足一部分要求高标准、注重社会地位的旅游者的心愿。

5．以维持生存为目标

如果企业遇上生产力过剩或激烈竞争或者要改变消费者的需求时，它们要把维持生存作为其主要目标。为了保持旅游产品能够出手，它们必须定一个低价格，并希望市场是价格敏感型的。此时，利润相对生存来说是次要的。只要它们的价格能够弥补可变成本和一些固定成本，它们就能够维持企业的正常运转。从长远看，企业必须学会怎样增加产品价值，否则将会面临破产的威胁。

五、影响定价的因素

旅游业的营销管理者在定价时，特别是在战略层次上定价时，必须考虑一系列影响因素。

（一）企业营销目标的制定

任何行业中以营销为导向的现代组织，都必须通过制定以销售量和销售收入为具体目标的经营决策。价格是营销组合中非常有影响力的要素，通过调节价格可以达到企业各个产品和市场部门的特定短期目标。

（二）企业战略决策和市场定位

影响产品定价的首要和支配性因素是关于形象和产品定位（如豪华型或廉价型）的战略性企业决策，以及关于企业发展、市场份额战略和投资回报的战略。这些决策确定了 3～5 年或更长时期进行营销运作的背景，而且有效地确定了比较现实的产品价格变动的上限和下限。

（三）市场细分

由于营销在实践中是围绕消费者进行的，所以任何价格决策都必须围绕选定的细分市场来制定，包括该细分市场的预期和感知，该市场的支付能力和愿望等。通过消费者调研和从以往的价格变化中获得的经验，营销管理者应该了解每个细分市场能承受的价格水平；了解价格在多大程度上标志着物有所值和产品质量；了解如何使价格对一个顾客群起作用但对其他顾客群不起作用的实用方法。为吸引非商务市场而设计的饭店周末价就是这方面的例子。

我们利用简单的数字来画一个柱形图，显示销售和价格的关系。如图6-3 所示，图 A 和图 B 显示收入权衡关系：定高价，只向对你的产品评价很高的顾客出售，总收入是 $60 \times 1 = 60$；定低价，向大多数消费者出售，总收入是 $20 \times 3 = 60$。图 C 则显示这样一个含义：如果向不同的顾客以他愿意支付的最高价格出售你的产品，则总收入可达到 $60 \times 1 + 20 \times 2 = 100$。

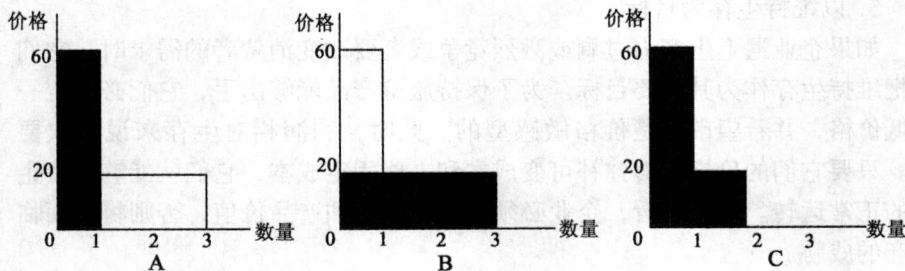

图 6-3　销售和价格的关系

（四）企业经营成本的影响

企业为了能长期生存下去，平均价格必须高到能够创造足够的收入以支付所有固定成本和可变成本，并给所用资产带来令人满意的回报。经营成本，即单位产量的平均成本，也因此成为影响价格决策的一个主要因素。

很多餐饮企业仍根据单位销量的基础成本加上一个百分比的投资回报和利润来确定价格。不幸的是对于营业额主要来源于休闲市场的旅游企业来说，如旅游景点、住宿供应商和旅游经营商等，这种所谓的"成本加成"（Cost plus）法在实践中并不很实用。这一部分是因为大多数旅游市场竞争都很激烈，对价格十分敏感，经营者们无论提供多高的附加值，都不得不迫于战术性原因接受通行的市场价；另外也是由于经营的固定成本高、变动成本低所带来的影响。

（五）企业竞争对手的行为因素

当企业面临竞争对手为努力取得市场份额而进行的降价，而且其产品品质相当时，竞争者的较低价将侵占你的市场份额。这时企业有以下几种选择。

（1）通过提高产品质量来提升产品的被认知率。可以通过改进产品、服务和信息沟通使顾客看到每分钱带来的更多价值。在改进产品的前提下维持原价比降价经营更有利。

（2）维持产品的原有价格。当企业认为如果降价，会失去很多利润，企业会维持原价格和利润幅度，这样企业感到它能保留好的顾客，而只是放弃一些较差的顾客给竞争者。

反对维持原价的理由是当攻击者的销量提高，对方会获得更多的信心，而自己的推销人员会变得士气低落，从而失去比预期多的市场份额。

（3）提高产品价格，同时改进产品的质量。企业可以提价并引入一些新品牌商品去包围那种进行攻击的品牌商品。将增加的收入用于广告等宣传手段，从而提升品牌形象。

（4）推出廉价产品线反击。一种最佳反应是在经营产品中增加廉价品种，或者另外创立一个廉价品牌。如果某个正在丧失的细分市场是价格敏感型的，这种做法就有必要。

（5）适当降价。企业可以降低自己的价格，以达到竞争者的水平，这是因为企业的成本将随着数量增加而下降。当公司降价时它应该努力去维持其提供的产品的价值。

究竟采取何种措施，需根据特定情况进行分析。面临激烈竞争的企业要考虑某产品在公司产品组合中的重要地位、竞争者的意图，资源、市场对于价格和价值的敏感程度、数量与成本的关系以及公司可供选择的各种机会等。

（六）产品的可替代性特点的影响

当产品有相似的替代品，且生产组织供给容量过剩时，价格就很可能成为营销战术主要考虑的部分。在整个旅游业中，很多产品的相互替代性，再加上必须争取每天都有顾客购买，这些都增加了营销活动对价格战术的依赖程度。

产品的可替代性是旅游业休闲产品表现高价格弹性的原因之一。在其他条件不变的情况下，一种产品价格的小幅增长就会引起需求向其他类似产品的显著转移。多数管理者都很清楚价格弹性的作用，尽管他们很少能准确预测一个市场在未来一个时期内到底如何做出反应，因此在实践中，管理者只能主要依靠判断和市场情报去解释任何可以利用的预测模型，进而猜测市场对价格变化可能做出的反应。即使存在价格反应模型，这些模型也主要以历史资料为依据，因而无法应付不可预测的事件。

另一方面，有一些产品供给容量很大，也能在潜在顾客的心目中占据独一无二的地位，这样就降低了顾客对替代产品的感知和对价格的敏感。营销管理者首要的责任就是创造并保持这种产品的市场定位，当然除非一个组织的战略是特意要以最低价格为基础。

（七）非价格因素的制约

从以上对影响定价决策的主要因素的讨论中可以看出，定价的主动权常常可能在短期内丧失，尤其是可能由于竞争者的行为而在短期内丧失。这种情况在很多旅游市场中经常发生。

然而另有一些营销方法可以通过降低产品之间的替代作用限制价格竞争的强度。这些方法多数是通过扩大产品外延为所提供的服务增加价值，从而强化根据产品品质而非最低价格进行选择的理由。

（1）推广贵宾卡和常客卡计划。为满足商务常客的需求，一些大型饭店集团从 20 世纪 80 年代初起就设计并推广贵宾卡和常客卡计划。这两种卡通过提供有吸引力的服务，如快速退房或信用结账，或者在条件许可时提高房间等级等吸引顾客，有时还提供价格折扣。持卡人可能出于方便、熟悉和地位认同等原因，以及抵达时的特殊待遇使用此卡，而不仅仅由于价格而使用竞争者的产品。这些持卡计划是为了增进目标商务客人的忠诚度而设计的，它代表了一种出色的、成本效益高的营销方法，保证了在战略性价格水平上，或接近战略价格的水平上获得更多的销售收入。

（2）还有许多将销价转化成顾客利益的方法，如隐性定价。隐性定价是保持常规的价格结构而同时又向顾客提供额外的价值和奖励以促使其购买的流行做法。闲置房间较多的饭店经常以单人入住的门市价格出售双人间，但期望通过餐馆消费来增加收入，例如，每 3 天全价住宿可免费再住 1 天等优惠。

（3）特殊的地理位置优势。对饭店而言，这种优势可能在使用者心目中构成一种利益，这种利益就为溢价（Premium price）提供了理由。对于航空公司来说，精心地树立和推广一种服务好、效率高的特殊形象可能就构成了一种利益，为了这个利益顾客将乐意支付更高的价格。对于旅游景点来说，大多数的优势已在其独特的内在品质中体现出来，避免价格替代性的出路在于提高景点的质量，或者通过更好地展示其提供的经历而令顾客感到可以得到更多享受。所有这些都是以消费者为导向的营销途径，目的是为了避免在可能被消费者视做相似替代品的产品之间进行正面价格竞争。

（八）政府法律和法规的管制与制约

价格决策尽管基本上是受商业性因素的影响而做出的，但旅游价格也会受到政府的管制。由于公众健康和安全的原因，也为了保证供应商之间的竞争，保护消费者，所有国家的政府都会经常干预或影响价格决策。例如，在许多固定国际航线上，航班票价仍要通过官方协议来确定，而且可能要接受调查以防止掠夺性价格。在一些国家，住宿设施是经官方注册和分类的，价格类型每年确定一次，单个企业只能在一定幅度内改变价格。

（九）企业内部管理的协调性

与上述影响因素不同，有人提出一种反对频繁变动价格的重要理由，即频繁的价格变动会生成内部管理上的协调问题，并可能给顾客和零售商带来不便和不快。这种协调问题在一定程度上可通过使用现代化的计算机系统而缓解，但给顾客带来的混乱仍是一个问题。在实际中，创造收入的迫切需要常常超过了对消费者不良影响的长期关心，但是价格过于频繁波动的危险是不容忽视的。

第二节　旅游产品定价策划

一、旅游产品定价程序

旅游产品的定价程序如图 6-4 所示，具体步骤如下所示。

1. 选择定价目标

首先，企业必须决定其特定的产品或服务要达到什么样的定价目标。假如企业已经仔细选定了目标市场并进行了市场定位，那价格就相当明确了。比如一家旅行社推出一种自助游服务，针对价格敏感的自助旅行者，只为其办理观光地住宿服务，这就意味着收取的是较低价格的服务费。一个企业对它的目标越清楚，制定价格就越容易。

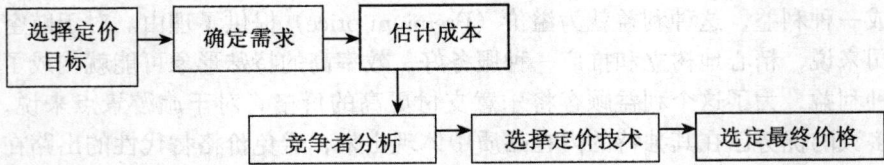

图 6-4　定价程序

2．确定需求

企业可能收取的每一种价格都将导致一个不同水平的需求以及对营销目标产生的不同效果，而且需求基本上规定了最高价格限度。企业可在总结长期经验的条件下，确定需求价格弹性，为定价奠定合理的基础。

3．估计成本

企业要盈利，成本就是价格的最低限度。企业想要制定的价格，应能包括它的所有生产、分销和推销该产品或服务的成本，还包括对所承担风险的一个公允的报酬。

4．分析竞争者的成本、价格和提供物

在由市场需求和成本所决定的可能价格的范围内，竞争者的成本、价格和可能的价格反应也在影响企业的定价。企业需要对它的成本和竞争者的成本进行比较，以了解它有没有竞争优势。企业还要了解竞争者的价格和提供物的质量，以及顾客对本企业和竞争者的态度差异。竞争者的价格和提供物往往是企业定价的起点和参考依据。

5．选择定价技术

确定了 3C——需求（Customer's demand）、成本（Cost）、竞争者价格（Competitor's prices），企业就可以选定价格了。图 6-5 说明了在制定价格中的 3 种主要考虑因素。成本是价格的底线，竞争者的价格和替代品的价格是定价的起点，自身产品的独特性是价格的最高限度。企业通过考虑这 3 种因素中的一个或几个来选择定价技术。

6．选定最终价格

以上程序给出了最终价格的范围。企业再针对实际情况，综合运用各种具体的定价策略，最终选定价格。当营销环境发生变化时，价格也要相应地进行合理调整。

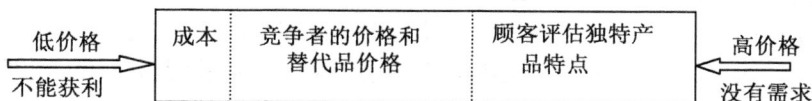

图 6-5　定价中的 3C 模式

二、旅游产品定价技术

定价方法多种多样，旅游企业为了在目标市场上实现预期目标，要从诸多的定价方法中挑选确定适当的方法，以便制定本企业旅游产品基本价格水平。一般说来，无论采用何种定价方法，旅游企业必须分析产品成本、市场需求和竞争状况。因而，旅游企业的定价方法就可根据定价时侧重考虑的因素不同，分为成本导向定价、需求导向定价和竞争导向定价等方法。

（一）成本导向定价

这是指以旅游产品的成本为主要依据，综合考虑其他因素而制定价格。由于旅游产品的成本形态不同，以及在成本基础上核算利润的方法不同，成本导向定价又可分为以下几种具体形式。

（1）成本加成定价法。这种方法是在单位产品成本的基础上，加上预期的利润额作为产品的销售价格。这种方法简便易行，在旅游企业市场营销中常用于制定旅行社产品、饭店食品和饮料等产品的价格。但采用这种定价方法，必须事前准确地计算产品或劳务的成本，一般要以平均成本为准，另外要根据产品的市场需求弹性等因素确定恰当的利润百分比。公式如下：

$$P = (F/Q + V)(1 + R_P) / (1 - T_S)$$

其中：

P 为旅游产品价格；Q 为预计销售量；F 为固定成本；

V 为单位变动成本；R_P 为成本加成率（利润率）；T_S 为营业税率。

如：某宾馆有客房 500 间，年固定成本总额是 400 万元，单位变动成本为 10 元／（天，间），预计房间出租率为 85%，成本利润率为 35%，营业税率为 5%，客房的价格为多少？

$$Q = 500 \times 85\% \times 365 = 155\,125 （元）$$

$$P = \frac{(4\,000\,000/155\,125 + 10) \times (1 + 35\%)}{1 - 5\%} = 50.85 （元）$$

（2）投资回收定价法。旅游企业为确保投资按期收回，并获得预期利润，根据投资生产成本费用及预期生产的产品的数量，确定能实现营销目标的价格。所确定的这个价格在投资回收期内不仅包括了单位产品应摊的投资额，也包括了单位产品新发生或经常性的成本费用。

利用投资回收定价法必须注意产品销量和设施利用率的保证，否则就不能确保每年的投资回收率，也就不能实现旅游企业既定的营销目标。且投资回收定价法一般为静态计算方法，未考虑资金投入使用的时间价值等动态因素，因而所计算的结果只能供旅游企业确定产品价格时参考，而不能作为惟一的依据。

（3）目标利润定价法。旅游企业根据总成本和估计的总销售量，确定一个目标收益率，作为定价的标准。这种定价方法用公式表示为：

单位产品价格＝（固定成本总额＋变动成本总额＋目标利润）÷产品数量

目标利润定价法在旅游企业中尤其饭店业中广为应用，制定客房产品价格时使用的千分之一法，实质上都是目标利润定价法的特殊形式和具体应用。

千分之一法，又称千分之一规则或四分之一经验公式，是指饭店建筑所需投资通常占其总投资的 60%～70%，因此饭店的房价与造价之间有着直接的联系。有人认为饭店要想获取利润，房价就应占造价的千分之一。按这一经验公式的要求，饭店要有一定百分比的举债和产权，并且在计划期内债务数额不变；饭店经营的其他产品，如餐饮产品，需达到一定百分比的利润等，否则应用千分之一法就难以制定出合理的房价。但是，千分之一法存在着明显的局限性，主要在于旅游目的地一般物价上涨较快，而此方法把当前产品的价格与过去的建筑费用联系在一起，显然没有对旅游企业的运行费用和机会成本进行估计，因而往往就只能作为简便、粗略的产品定价方法。

例如：某饭店标准间建筑面积为 45 平方米，造价为 5 500 元/平方米，按千分之一法计算，可得出这个饭店标准间的价格为：

$$P = 45 \times 5\ 500 / 1\ 000 = 247.5\ 元/（天、间）$$

（二）需求导向定价

旅游企业以旅游产品的市场需求状态为主要依据，综合考虑营销成本和市场竞争状态，从而制定或调整产品、服务的营销价格。由于与市场需求相联系的因素较多，并且旅游企业对这些因素的重视程度不一，具体的定价方法也就多种多样。

（1）消费者认知价值定价法。目前，日益增多的公司把价格建立在产品的认知价值的基础上，因为定价的关键不是卖方的成本，而是买方对价值的认知。旅游企业利用在营销组合中的非价格变量，以及产品质量、广告宣传、额外利益等在购买者心目中建立起认知价值。价格就建立在捕捉的认知价值上，认知价值定价法与现代产品定位思想能很好地整合起来。企业可以以计划好的质量和价格为一个特定的目标市场开发一种新产品或服务。采取这一定价方法的关键是必须正确估价消费者的"认知价值"，并对所定价格能带来的销量、成本以及利润进行核算。若此价格既能适应市场需要，又能为企业获取预期的理想利润，则所确定的价格就是合理的，反之则需要重新检验和评估。

如以某饭店客房价格为例，该饭店的营销目标是在平均房价270元的基础上维持65%的客房出租率。为此，该饭店制定了以下的价格组合（如表6-1所示）。

表6-1　　　　　　　　　　　　　　**饭店价格组合**

	业务比重（%）	平均价格（元）
商务客人	30	300
公司团体	34	270
各种协会	30	240

（2）渠道提价定价（Chain-markup pricing）法。渠道提价定价法是指消费者或中间商习惯接受和理解的价格。该方法根据旅游消费者可接受的价格或后一环节买主愿接受的利润水平确定价格。旅游企业往往为了与现有类似产品竞争而设计在价格方面能参与竞争的产品，或者在新产品推出时，先通过市场调查确定购买者可接受的价格，然后反向推算产品的最初销售价格。

（三）竞争导向价格

这种定价方法以同类旅游产品的市场供应竞争状态为依据，以竞争对手的价格为基础。本质是以竞争为中心，结合企业自身的实力、发展战略等因素来确定价格。由于企业的市场地位不同，这种定价方法可大致分为两类。

（1）价格领导定价法。这是一种主动竞争的定价方法，一般为市场领先者或产品独具特色的旅游企业所采用。在制定价格时，先将市场上竞争产品的价格与企业估算价格进行比较，再将企业产品的性能、质量、成本、产量等与竞争企业进行比较，分析造成价格差异的原因，然后根据以上的综合指标确定本企业产品的特色、优势及市场定位，在此基础上按定价所要达到的目标确定产品价格。除此之外，要跟踪竞争产品的价格变化，分析其变化的原因，并及时调整本企业的价格。若所确定的价格能符合市场的实际需要，率先定价的旅游企业会在竞争激烈的市场环境中获得较大的收益，处于主动地位。

（2）价格追随定价法。采用这种定价方法的企业主要基于竞争者的价格，而很少注意自己的成本或需求。在有许多同行相互竞争的情况下，每个旅游企业都经营着类似的产品，若价格高于别人，就可能失去大量销售额；若价格低于别人，就必须增加销售额来弥补降低了的单位产品利润，而这样做又可能迫使竞争者随之降低价格，从而失去价格优势。因而在旅游市场营销活动中，由于"平均价格水平"易被旅游消费者接受，认为是合理的价格，而且也能保证企业获得与竞争对手相对一致的成本利润率，这样许多企业倾向于与竞争者保持一致的价格，尤其是小企业，与其说是根据自己的需求变化或成本变化来确定价格，还不如说是依据市场领先者的价格变动而变动自己的价格。当然，有些企业也会实施一些小的折扣或优惠保持适量的差异。

三、旅游产品定价策略

旅游产品的定价，需要科学的理论和方法为指导，同时由于竞争和旅游消费者的需要，还必须有高明的定价策略和技巧。旅游企业的定价策略就是根据旅游市场的具体情况，从定价目标出发，灵活运用价格手段，使其适应市场的不同情况，实现企业的营销目标。一般来说，旅游企业的产品定价策略主要有新产品价格策略、心理价格策略、折扣价格策略、招徕价格策略和区分需求价格策略等可供选择，但就具体使用哪种策略则应具体问题具体分析。

（一）新产品定价策略

（1）撇脂定价策略。这是一种高价格策略，即在旅游新产品上市初期，将价格定得很高，目的在于在短时间内获取高额利润。这种价格策略因与从牛奶上层中撇取奶油相似而得名，因而所制定的价格称为撇脂价格。

撇脂价格策略不仅能在短期内获取大量利润，而且可以在竞争加剧时采取降价手段，既可限制竞争者的加入，又符合了旅游消费者对待价格从高到低的客观心理反应。应用这种定价策略，要具备相应的条件：目前市场需求较高；制定高价，不会刺激更多竞争者进入市场，有助于形成新产品优质的形象；虽然有可能销售量不大且单位成本较高，但企业仍能获得高额利润。这种定价策略作为一种短期的价格策略，适用具有独特的技术、不易仿制、生产能力不可能迅速扩大等特点的新的旅游产品，同时市场上存在高消费或时尚性的要求。

（2）渗透定价策略。这是一种低价格策略，即在旅游新产品投入市场时，以较低的价格吸引消费者，从而很快打开市场。这就像倒入泥土的水一样，从缝隙里很快渗透进去，因而称此种价格为渗透价格。

这种价格策略由于价格偏低，有利于迅速打开旅游产品的销路，扩大市场销量，增加盈利；还能阻止竞争对手介入，易于旅游企业自己控制市场。但是，一般来说，在旅游市场中运用渗透价格策略，也有可能导致投资回收期较长，产品若不能迅速打开市场或遇到强有力的竞争对手时，会遭受重大损失等。因而，这种价格策略的运用要具备相应的条件：市场对价格高度敏感，低价有助于市场扩展；随着销量增加和经验的积累，企业能降低单位成本；可阻止竞争者进入市场。渗透价格策略作为旅游企业的一种长期价格策略，往往适用能尽快大批量生产、特点不突出、易仿制、技术简单的新产品，如旅行社的观光旅游类产品、低星级饭店的客房产品等。

（3）满意定价策略。这是一种折中价格策略。它吸取上述两种定价策略的长处，采取比撇脂价格低但比渗透价格高的适中价格，既能保证旅游企业获取一定的初期利润，又能为旅游消费者所接受，因而这种价格策略确定的价格称为满意价格，有时也称为"温和价格"或"君子价格"。

（二）心理定价策略

旅游消费者尤其是对价格较为敏感的消费者，往往通过价格因素来判断旅游产品或服务，因而就可在定价中利用旅游消费者对价格的心理反应，刺激消费者购买旅游产品或服务。

（1）声望定价策略。这种定价策略针对旅游消费者"价高质必优"的心理，对在消费者心目中有信誉的产品制定较高价格。这是因为价格档次常被当做旅游产品质量直观的反映，特别是旅游消费者在识别名优产品时，这种心理意识尤为强烈。因此，高价与性能优良、独具特色的名牌产品比较协调，更易显示产品特色，使企业的产品给消费者留下优质的印象或使消费者感到购买这种产品可提高自己的声望。一般来说，旅游企业采用这种定价策略所制定的价格，往往为同类产品中的较高价格甚至是最高价，如旅行社的VIP旅游团。

（2）等级定价策略。这种定价策略将产品分为几档，每档定一个价格。这样标价可使消费者觉得各种价格反映了产品质量上的差别，并可简化其选购过程。旅行社经常采用这种定价策略。针对同样的旅行线路产品分为豪华、普通和特价三种价格，分别以不同的价格吸引不同的旅游者；饭店也常常采用这种定价策略来确定房价结构，对客房分级定价，制定不同的价格。但在对旅游产品的分级中，级数不宜太多，档次的差别不宜过大或过小，并且要使不同等级的产品在质量、性能、额外利益等方面有着明显的区别，使旅游者确信价格等级的差别是合理的。

有时高、低端产品会出现自相残杀的局面。为防止这种情况的发生，有两种方法：第一，降低高端产品的价格使它更具有吸引力；第二，降低低端产品的质量使它的吸引力减小。

（3）整数/尾数定价策略。尾数定价策略也称非整数定价策略，即给旅游产品定一个零头数结尾的非整数价格。由于旅游消费者一般认为整数定价是概括性定价，定价不准确，而尾数定价可使消费者易于产生这是经过精确计算的最低价格或这是经过打折后的价格的心理；同时，旅游消费者会觉得旅游企业定价认真，对消费者负责，即便是一些高价产品也觉得不太贵了。

一般来说，尾数定价策略主要适用价值较低的旅游产品或服务。如果追求高价位而非低价位的形象，就应采取整数定价策略。整数价格可以提高产品的身价，使消费者产生"一分钱一分货"的购买意识，从而促进旅游产品的销售。旅游活动中的一些工艺品、字画以及高星级酒店的客房价格等就采用这种定价策略。

（4）回避极端式定价策略。消费者通常会回避极端的选择，因为这使他们处于边缘状态。大部分消费者认为选择产品系列的最高端或最低端是很危险的，选择中间的某处就安全多了。定位一种折中产品会获得更多的购买者。

回避极端一直在营销中有很广泛的用途。每一位饭店老板都知道最好销的酒是菜单上第二便宜的酒。一种普遍的方法就是在低端设置一种质量明显很低的酒，然后把下一种酒的价格设得稍高一点。这使它看上去非常划算，保证了大量的销售。

例如麦当劳这样的快餐店，想象一下如果它只提供两种大小的软饮料：小杯和大杯。一些顾客可以肯定自己想要多大的杯，但是其他人却不能确定。他们对这种选择感到烦恼，其中一些人便选择小的、便宜的杯，使快餐店的收入减少。现在假设快餐店提供三种大小的软饮料——小杯、中杯、大杯。那些不能确定的顾客就有了一个容易的出路：选择中杯。即使三项选择方案中的中杯在大小和价格上都和二选项方案的大杯一样，这种情况也一样会发生。通过增加一种无人消费的巨无霸，生产者最后可以出售比只有两种选择时多得多的产品，这部分是因为中间大小的产品和昂贵的巨无霸相比更具有吸引力。

正如史密斯和内格尔所指出的："向产品系列中增加一种高档产品不一定会使该产品本身销量很好。但是，它确实改变了购买者对产品系列中的低价产品的看法，并且影响低端顾客向高端的产品靠拢。"

（三）折扣定价策略

这是一种在旅游产品或服务的交易过程中，旅游企业的基本标价不变，而通过对实际价格的调整，把一部分价格转让给购买者，鼓励旅游者大量购买产品或服务，促使旅游者改变购买时间或鼓励旅游者及时付款的价格策略。

（1）数量折扣。这种折扣是为了鼓励旅游产品的购买者大量购买，根据购买者所购买的数量给予一定的折扣。数量折扣不能超过与实施大量销售相联系的卖方所节约的费用。这些节约包括销售费用、储存费用和运费的减少。它可以在累计（在一个规定的时期内订购的数量）基础上提供，也可在非累计（每张订单）基础上提供。在旅游企业中，常见的累计数量折扣有团体价、会议价、公司价等。数量折扣提供了一种诱发因素，促使顾客向特定的卖主购买，而不是向多个供应来源购买。

（2）季节折扣。季节折扣是旅游企业在淡季时给予旅游产品或服务的购买者的折扣优惠。由于在淡季旅游企业普遍出现客源不足、服务设施和生产设备闲置的情况，因而为吸引旅游者，促进消费，此时旅游企业往往制定低于旺季时的旅游产品或服务价格以刺激旅游消费者的消费欲望。但是，这种折扣价格的最低优惠度不应低于旅游产品或服务的成本。

（3）同业折扣，也称功能折扣和佣金。就是指旅游产品或服务的生产企业根据各类中间商在市场营销中所担负的不同职责，给予不同的价格折扣。一般来说，旅游企业给旅游批发商的折扣较大，给予旅游零售商的折扣较小。这有利于批发商大量进货，并有可能进行批转业务。使用同业折扣和佣金的目的，在于刺激各类旅游中间商充分发挥各自组织市场营销活动的功能，但在旅游活动中，由于旅游市场营销的复杂性和多样性，同业折扣和佣金的具体形式也迥然各异。

例如：美国雷迪逊旅馆公司给予旅行社15%的佣金，以便增加来饭店的公务旅行者人数；赫艾特旅馆公司规定，旅行社为旅游者每预订24间客房，该旅馆公司就可免费向旅行社提供1间客房；而希尔顿旅馆公司向旅游批发商收取净房价，若旅游批发商代团队订房，则该旅馆公司给旅游批发商的价格低于一般团队价格的15%。要注意的是，若旅游企业采用同业折扣和佣金，客观上会使旅游企业的平均价格下降，因而实行同业折扣和佣金一定要使增加销售所带来的收入高于所需的成本支出，否则就应仔细研究是否实行同业折扣、佣金，以及折扣、佣金的比例以多少为宜。

（四）促销定价策略

这种定价策略实质上是发挥促销导向的作用，以特殊价格吸引旅游消费者，从整体上提高企业的销售收入和盈利。

（1）每日低定价。这是指旅游企业在自己的产品或服务结构中，把某些产品或服务的价格定得很低，甚至亏损，以价格低廉迎合旅游消费者的"求廉"心态而招徕顾客，借机带动和扩大其他产品的销售。例如某些餐厅向消费者免费提供饮料，虽然旅游消费者享用这些饮料会使餐厅在饮料上亏损，但消费者必然会购买甚至增加购买菜肴等产品，这样餐厅就可通过菜肴等产品的销售弥补饮料上的亏损，还可提高总的销售收入和利润。有的旅行社向旅游者提供的包价旅游产品中，游、食、宿等分项产品仅以成本价计算，企业无利可图，但通过大量游客的增加，旅行社仍可依靠机票折扣获取利润。

（2）特殊事件价格。这是指旅游企业在某些节日和季节或在本地区举行特殊活动的时候，适度降低旅游产品或服务的价格以刺激旅游消费者，招徕生意，增加销售。这种定价策略往往在旅游淡季时受到旅游企业的重视。一般来说，采用这种策略必须要有相应的广告宣传配合，才可能将这一特殊事件和信息传递给广大的旅游消费者。

（3）现金回扣。有时企业会向在特定时间内进行购买的顾客提供现金回扣，普遍做法是赠送商品券，以刺激顾客的下次购买。但顾客必须收集并保存商品券，并且在指定的地点换成商品。对于时间成本高的顾客来说，他们不愿费时使用这些商品券，这样，尽管价格是一样的，但他们却不享有任何回扣。因此，实施回扣的成本比降价要低，且可以在不降低价格的情况下促进销售量的增长。

（五）价格歧视定价策略

相同的旅游产品或服务以不同的价格出售的策略，其目的是通过形成数个局部的旅游市场需求而扩大销售，增加旅游企业的盈利来源。

（1）对象差价策略。这是指旅游企业针对不同旅游者的需要和购买的数量等因素，对同一旅游产品或服务实行不同的价格。如旅游景点通常对学生和老年人收取一个较低的进入费用；饭店往往对常住客人按其住宿时间的期限，分别给予不同比例的优惠价；对一些团队旅游者按其规模的大小给予一定比例的价格优惠，等等。

（2）地理差价策略。简单地说就是旅游企业在不同的地点制定不同的价格。这种差价的最主要原因是由于不同地区的旅游消费者具有不同的爱好和习惯，因而各地旅游市场就具有不同的需求曲线和需求弹性。如国内旅游者与海外旅游者对行、宿产品的要求就明显不同；对同样的旅游工艺品，当地旅游市场和异地旅游市场的需求强度也不一样，前者弱于后者，甚至有可能前者的价格低于后者的价格。

（3）时间差价策略。这是指旅游企业对相同的旅游产品或服务，按照需求的时间不同而制定不同的价格。通常这种定价策略在时间差异造成需求不一时使用，如旅游产品的旺季价格与淡季价格不同，航空公司为保证高占位率而在起飞前2天降低票价，等等。

（4）产品差价策略。旅游企业按照产品的不同式样制定不同的价格，但这个价格对于它们各自的成本是不成比例的。这种定价策略的根据在于旅游消费者对旅游产品或服务价格的认可往往与其对不同旅游产品或服务的偏好和需求程度联系在一起。如旅行社经营的相同包价产品，对于中年旅游消费者，食、游等分项产品的价格就可能高一些；对于老年旅游者，宿、行等分项产品的价格又较其他旅游者高一些，但包价产品总的价格是一样的。

由于旅游者的需要多种多样，这就使得旅游市场细分成为可能。同时，旅游者的需要有可能聚合在一起，共同表现出一定的需求倾向，这就形成了旅游需求市场的容量和空间。如就旅游消费者对价格的敏感度高低而言，旅游企业就可区分不同的市场需求，相应地采取不同的定价策略。针对价格较为敏感的旅游者，旅游企业提供的产品质量、性能等方面的特征要与所制定的产品价格相符；而对价格敏感度较低的旅游消费者，他们所关心的是旅游产品或服务的质量、性能、消费方式等，这些旅游消费者往往会忽略价格因素，即使价格偏高，他们也有可能接受。因此，企业在运用区分需求定价策略时，可按对价格的敏感程度对消费者市场进行细分，这样就可形成相应的价格体系。

在现代激烈的市场竞争中，旅游企业所经营的产品或服务往往不再是单一产品，为了适应旅游消费者多种多样的需要，旅游企业同时提供不同价格、不同内容、不同方式的产品或服务。即使同一产品也可能形成不同价格的系列产品或服务，如同一饭店中，有总统套房、行政套房、标准间等不同标准、规格和价格的客房。有时候，饭店的标准客房，由于朝向不同，室外景色较好价格就会高一些，反之则低一些。旅行社经营的产品服务也是如此，同一旅行路线，有豪华游、经济游、特价游等区别。

实行这种差别定价，必须具备一定的条件。第一，市场必须能够细分，而且这些细分市场要显示不同的需求程度；第二，付低价的细分市场人员不得将产品转手或转销给付高价的细分市场；第三，在高价的细分市场中，竞争者无法以低于公司的价格出售；第四，细分和控制市场的费用不应超过差别定价所得的额外收入；第五，实践这种定价方法不应引起顾客的反感和敌意；第六，差别定价的选定形式不应是非法的。

（六）产品组合定价策略

（1）分段式定价法。服务性公司常常收取固定费用，另加一笔可变的使用费。如游乐园先收入场费用，如果增加游玩项目，还要再收费。服务性公司面临着与相关产品定价相似的问题，即：基本服务收费多少？可变使用收费多少？固定费用应该比较低，以便吸引顾客使用该服务项目，并通过可变使用费获取利润。

（2）牺牲品定价法。公司可提供各种可选择产品或具有特色的主要产品，如餐馆的顾客可能在饭菜以外要杯酒。如，许多餐厅把酒水的价格定得高，食品的价格定得低，酒的收入弥补食品和其他经营餐馆的费用，而靠酒类商品获得利润；另外一些餐馆会将它们酒类的价格定得低而食品价格定得高，以吸引喜爱喝酒的消费者。

（3）产品组定价法。销售商将产品组合在一起，降价销售。如，剧场公司可出售季度预订票，售价可低于分别购买每一场演出的费用。由于顾客本来无意购买全部产品，所以在这个价格上节约的金额必须相当可观才能吸引顾客购买。某些顾客并不需要成组产品的全部内容，一位特定顾客可能要求放弃部分项目，以得到较低的价格。顾客要求的是"非组合"供应物，如果顾客取消某些项目，公司在成本上减少的开支比价格减少得多，这将增加利润。比如，旅行社如果不帮旅客代办护照省下 100 元，而对顾客收取的价格减少 80 元，则旅行社增加了 20 元的利润。

第三节　专项旅游产品的定价策划

一、宾馆饭店业价格的制定

（一）选择定价目标并确定需求

宾馆饭店业在制定价格时可以根据人们外出的目的，即出于差旅目的还是消遣目的，对最终消费者进行划分。如，差旅型旅游者有三个主要的亚市场：各种会议出席者、差旅经费相对无限制的差旅型旅游者、有价格意识的差旅型旅游者；消遣型旅游者有两类主要的细分市场：不带孩童的旅游者、家庭旅游者等。所有这些细分市场的需求状况都有其动态性，应详细分析，以便选定相应的定价目标。

（二）确定成本并选择定价技术

大多数旅游饭店均采用成本导向定价，即在成本的基础上，另加预期的回报，从而确定价格。这种方法尽管简便易行，但存在很多问题。首先，旅游饭店的产品和服务总是综合地对成本产生作用，并且贡献大小不一致，因而单一产品或服务的成本很难清晰合理地界定；其次，这种方法没有充分考虑市场供需变化、价格的信息作用以及顾客对价格/价值的概念，因此其价格的市场适应性较弱、灵活性较差。这种定价方法的出发点是饭店自身而不是目标客户群，其定价没有针对性，价格不易被顾客认同。近年来饭店业的激烈竞争，使这种定价方法更不适应市场变化。

旅游饭店欲吸引更多顾客并能保持长期利润，就要以顾客需求为导向，充分理解顾客的需要和认知价值，综合利用各种定价策略，结合成本因素，确定价格。目前，这种定价方法已为许多著名企业采用，如 Marriott 和 Taco Bell 每次推出的新服务项目的价格都是这样制定的。

（三）竞争者分析并确定最终价格

就宾馆饭店业而言，房价决定了饭店其他产品的价格水平，因此房价是饭店定位的重要组成部分。在具体确定价格时要考虑以下几种房价种类进行组合。

（1）门市价（Market）。门市价通常是对外公开的客房价格。在运行良好的市场状况下，门市价是根据成本加成法确定的，但这仅是设想，在大多数情况下，门市价成为了讨价还价的基础价格。事实上，许多饭店通常是根据需求的变化实行需求差异定价策略。

（2）竞争价（Rack）。饭店客房最高的价格类别称之为竞争价。它能够使消费者和旅游中间商在将本饭店与给定市场中的其他饭店进行比较之后，对本饭店的质量产生某种感知。同时竞争价是一种基准价格，其他各种折扣价都是在竞争价的基础上打折形成的。一般来说，竞争价的价格幅度越宽越好，即从一个饭店中条件最差的房间（不打折的全价）到条件最好的房间（定价略高于地理位置最近的竞争者的同类房间）的价格幅度尽量要宽。这种宽价格幅度的好处在于，一方面可造成对本饭店是当地最佳饭店的感知，另一方面也使得本饭店可以通过控制低价客房的销售和存量实现收入最大化。

（3）公司价（Corporate）。公司价是一种用于吸引经常性商务旅行者的竞争价格。依据一个饭店自身的质量及其相对于当地主要竞争者的地理位置，该饭店的公司价应当与前4位主要竞争者的公司价大致相同。如果某一饭店在地理位置和服务方面明显优于其他饭店，则可以成为该地市场的价格领导者。但是如果某一饭店刚开业不久或者还立足未稳，则其公司价可能需要低于竞争者，以便能够吸引顾客进行尝试性购买。饭店的公司价幅度应依据房间的类型、位置等加以确定。

（4）批量价（Preferred）。批量价亦称公司批量价，是面向批量购买者的一种特定价格，批量价低于公司价。批量价有不同种类。通常情况是，预订的客户量越大，批量价也就越低。由于一个饭店可能会有多种不同的公司价，因而公司批量价应当根据有关公司客户或社团客户的名称而有所专指。

（5）周末价（Weekend）。周末价是指周末有效的价格，即在周五/周六/周日时生效的价格。根据市场情况的变化和当地盛事活动的情况，这类客房可随时停止供应。例如，在周末市场规模很大的情况下，比如周末当地有足球赛事或其他盛会活动举办，饭店可能希望停止这类客房的供应。周末价的实施应侧重于它的促销性，采用奇数定价，以便有效地宣传。

（6）超实惠价（Super-Saver）。超实惠价是一种低于公司价的房价，是面向价格敏感者实施的，也是一种打折促销的手段。超实惠价在淡季或为当前空置的客房招揽客源。同竞争价一样，超实惠价通过填充空置的客房尽可能地增大收入。这种价格还可用于将客人从竞争者那里夺过来。它可以面向任何细分市场，但通常需要控制总量，也就是说，只适用于有限数量的客房。

（7）俱乐部价（Club-Level）。位于俱乐部楼层、商务行政楼层或者其他有专人守卫区域的客房采用俱乐部价。俱乐部价是一种高于非俱乐部级别楼层的同类客房竞争价或公司价的溢价。为了同那些也设有俱乐部楼层的其他饭店进行竞争，一个饭店的房价应当定得具有竞争力，但也必须同本饭店总体定位战略相一致。

（8）旅游包价。包价旅游是饭店营销的自身产品。例如，在饭店住宿3天并包括观光游览或文化体育活动等特殊兴趣活动的包价。通过广告宣传，这种包价旅游产品既可以向饭店客房促销，也可以直接向顾客出售，或是通过其他与旅游相关的企业来营销。

（9）合作性房价（Cooperative rates）。合作性房价是与旅游、航空等批发商协商制定的特殊打折房价。旅游批发商可以营销自己的包价旅游。例如，航空公司可以提供一种包括在饭店住宿若干天的产品，这种产品是全部旅游度假优惠活动中的一个组成部分。多数旅行社及运输公司都以合作性房价组织包价旅游。从饭店的角度看，合作性房价的折扣损失可以由生意规模的扩大来弥补。

（10）家庭房价（Family rates）。家庭房价有三种形式。一是"儿童免费"，这是许多饭店用来吸引家庭顾客的一种优惠策略。二是提供保姆服务，免费看护儿童。三是为家庭顾客安排套间或毗邻客房。此类产品有助于利用周末或淡季过剩的出租能力。

二、航空机票价格的制定

从本质上讲，航空公司的收入管理同饭店的收入管理是一样的，其收入方面的最低控制线乃是尽可能地扩大每一航班的营业收入。换言之，要利用每一座位或每一航班去争取最大的收益。如何实现这一收益？是通过低价多销的途径还是通过高价少销的途径——就是航空公司所选择的营销战略。

航空公司为争取市场份额，会采用大量的机票类别（如表 6-2 所示）。

表 6-2	国际航空价格类型

A　头等舱折扣票

B　二等/经济等折扣票

B_n　控量供应或坐位数量有限——夜间二等票（通常为晚上 9 点、10 点或 1 点以后起飞，具体情况由航空公司自定）

C　商务等级票，针对国际商务旅行者推出的机票，服务等级和相关票价介于头等舱与二等舱之间

C_n　夜间或非高峰时刻/日期的商务等级票

D　商务等级折扣票

F　头等票，通常为最高票价（一般情况下与下面所列的 P 同义）

H　二等经济舱舱折扣票

J　商务等级优惠票

K　廉价票，通常控量或在非高峰时刻提供，其票价低于二等票

L　折扣廉价票

M　二等经济舱折扣票

P　头等最高票

Q　二等经济舱折扣票

Q_n　夜间二等经济折扣票

R　超音速

S　标准等级

T　二等经济舱折扣票

U　无须预订/行李限制

V　折扣廉价票

V_n　夜间折扣廉价票

Y　二等经济舱客票

Y_n　夜间/非高峰时刻二等票，乘坐头等舱之外的客舱

不同的航空公司的定价由于不同的目的而有所不同，或出于竞争目的、或出于市场定位的需要或是根据航班的起飞时间去选择某种价格战略，但其

收益的最低控制线是尽可能地扩大每一航班的营业收入，即利用每一座位或每一航班去争取最大的收益。

同饭店企业中的情况一样，影响航空公司战略的其他因素包括人工成本、机群规模和飞机的大小（相当于一座饭店的规模），以及航线构成（相当于饭店的坐落地点）。接下去的因素便是消费者，即忠诚于某一品牌或某一航空公司的消费者根据自己不断变化的需要而对其机票价格和服务质量做出的回应。当各航空公司爆发机票价格战时，消费者会从中受益。在价格战中"取胜"的航空公司通常都是那些实力雄厚的航空公司。

三、旅行社价格的制定

旅行社价格有两层含义：一是指旅行社提供各项服务的收费价格。二是指旅行社组织客人旅游期间，安排各类活动项目价格的总和。对旅行社而言，价格的制定应根据不同的情况而有所不同。

1. 针对散客或游客单项委托服务的价格制定

对于散客或单项委托服务的客人来说，提供哪种服务，就涉及哪种服务的收费标准，包括导游服务收费、接送服务收费、行李服务收费，订房、订餐、订票服务收费及代办其他各项服务的手续费等。

2. 针对游客包价旅游的价格制定

针对包价旅游的客人，按照包价形式的不同，可分为全包价、半包价、小包价，服务的内容包括哪些项目，价格也就包括哪些项目；按照项目的层次不同，又分为豪华、标准、经济等，各等级因提供服务的消费水平高低而收取不同标准的费用，其中包括旅行社的综合服务费，也包括旅行社安排活动的代收代付部分，如房费、餐费、交通费、文娱活动费等。

现在比较流行的一种方法是将旅行社价格分为统包价格和小包价格。统包价是指旅游者通过旅行社组织，按旅行社推出的某条旅游线路的价格一次性支付费用，就可随团进行整体旅游活动；而小包价是指虽然也是通过旅行社购买，但不一定随团旅行，旅行社只负责提供机票、预订客房等部分项目的服务，其他活动全由旅游者自己安排。

四、旅游景点价格的制定

旅游景点是旅游吸引力的根本来源，是旅游目的地形象的重要体现，在旅游业发展中具有重要的地位和作用。各国在景点价格制定的目的、用途上有许多不同，从而导致最终价格的确定也存在很大的差异性。如，国外风景区的门票收入多用于景点的保护和资源开发，而在我国，国家管理的风景名胜区由地方政府代管，因而不少景点的门票收入要上缴地方财政，这样就造成风景名胜区缺乏资金、保护不力的状况；又如与国际比较，我国门票价格相对于居民收入来说显得偏高，而门票收入是旅游业各项收入中弹性最小的，这些都导致目前我国旅游景区景点的发展过分依赖于门票收入，即过于依赖门票价格的调控作用，而忽略其他经济手段的使用。那么，我国的旅游景点的价格到底该如何制定呢？

（一）我国旅游景点的价格管理应遵循的原则

（1）政府控制容量，放开门票价格。由于风景名胜区主要的制约因素是环境的容量，建议政府可根据规划的景区极限容量，来控制每个景区单日或月/季最大客容量，以取代以往直接控制景区门票价格的做法，在此基础上全面放开门票的价格，使之可以随市场变化而波动。

（2）明码标价，不暗箱操作。应尽可能地取消园中园票，实行一票制，或在景区门口售票处标明所有票价，包括优惠票价、各个项目票价等，并严厉打击给导游、司机回扣等行为，确保旅游者的正当利益不受损害。

（3）及时公布门票价格信息。旅游景区可以通过互联网、电视、广播、杂志、报纸等媒体及时公布最新的门票价格信息，增加透明度。

（4）旅游景区应拓宽收入渠道，并完善配套设施。旅游景区应广开财源，积极拓宽收入渠道，以便把门票价格调整到与当地居民生活消费相适宜的水平，重树形象，创品牌，以吸引游客。

（二）我国旅游景点的价格制定应遵循的原则

（1）科学地制定价格水平。在制定旅游景区的价格时应综合考虑消费者的承受能力、景点投入力度、周边城市同类景点的价格水平等多方面的因素。

景区的价格应有升、有降、有免费。当市场的价格需求弹性小、投入力度大、景区买点多、垄断程度高、需要限制客流量的景点，如安徽的黄山、云南大理的玉龙雪山等风景名胜，可以制定较高价格或随旺季的到来而适当涨价，通过门票价格杠杆来调节客流量；对于游客常去的、历史包袱不重的少数景点可考虑免费开放，政府补贴可从绿地工程的资金和管养费中支出。

（2）运用各种价格策略，制定灵活多样的优惠价格。旅游景区的景点应制定灵活多样的优惠价格，以吸引不同类型的旅游者。如，针对本地居民，可推行年卡、月卡等；对于一些特定年龄的人群（老人和小孩）实行一定幅度的优惠；对特定职业的人群（军人、教师、记者、学生等）推行组合门票；可跨区域、跨景点销售套票；还可推行季节优惠、团体优惠、节假日优惠、现金优惠等。例如武汉部分旅游景点门票价格（如表6-3所示），以东湖风景区的听涛景区为例,管理局推出年票 80 元,1 岁以下的儿童和 65 岁以上的有退休证的老人可免费,2004 年 6 月 15 日还推出了一项免门票的活动。

表 6-3   **武汉市部分旅游景点门票价格**   （单位：元/人）

黄鹤楼		50
古琴台		10
归元寺		20
电视塔		20
东湖风景区	听涛景区	30
	磨山景区	40
湖北省博物馆	门票	30
	编钟表演	20
辛亥革命纪念馆	10	

本 章 小 结

(1) 作为服务型产品的旅游产品具有无形性、不可分离性、可变性和易消失性几个特点。

(2) 旅游产品的需求和价格成反比,且需求弹性大。旅游需求受价格影响大。

(3) 旅游价格目标的制定要以旅游企业经营目标为依据。可以以反映产品质量、获取最大利润、保持市场占有率、提高市场竞争力甚至维持生存为目标。

(4) 影响旅游定价的因素有内层和外层之分,外层因素更为宽泛。内层包括企业战略、企业的营销目标、企业关注的细分市场、制约经营成本的因素、竞争者的行为;外层因素包括产品和供给容量的特点、非价格性选择因素、法律和法规性约束。

(5) 旅游产品定价策略包括新产品定价策略、心理定价策略、折扣定价策略、促销定价策略、差别定价策略、产品组合定价策略等。

(6) 旅游产品定价技术包括多种多样,根据定价时侧重考虑的因素不同,分为成本导向定价、需求导向定价和竞争导向定价等,但无论采用何种定价方法,必须分析产品成本、市场需求和竞争状况。

思 考 题

1. 旅游服务的哪些特征会影响价格的制定？
2. 旅游价格有哪些基本形式？
3. 影响旅游定价的因素有哪些？
4. 一般说来，价格的降低即相当于市场竞争力的增强，但降低价格是惟一的出路吗？请举例说明。
5. 请说明如何遏制旅行社的恶性价格竞争。
6. 试为旅游商品划定合理的细分市场。

☞**案例**

小公司异军突起

1992 年，美国航空业亏损达 20 亿美元，这也使得美国各航空公司进入 20 世纪 90 年代以来赤字总额累计达到 80 亿美元。三家航空公司——TWA、大陆、美国西方已经破产。

然而，在美国航空业一片萧条的气氛之中，一家名叫西南航空公司的小企业却异军突起。在 1992 年，西南航空公司令人难以置信地取得了营业收入猛涨 25％的佳绩。

率领西南航空公司创造神话的传奇人物是赫伯特·克莱尔，是他找到了"市场的战略性窗口"，使得名不见经传的西南航空公司一飞冲天。

西南航空公司挤进美国航空公司市场后，立即遭到了其他大型航空公司的激烈反击。直到 1975 年，已成立 8 年之久的西南航空公司仍只拥有 4 架飞机，只飞达拉斯、休斯敦和圣安东尼奥 3 个城市，在巨人如林的美国航空公司界是一个小矮人。但西南航空公司的经营成本远远低于其他大型航空公司，因而它的票价也大大低于市场平均价格，从而吸引了大批乘客。面对西南航空公司发动的价格战，大型航空公司不肯示弱，它们与这个闯入市场的不速之客展开了降价大战。

对于绝大多数小企业而言，如果试图在价格上与实力雄厚的大企业进行竞争，那无异于自取灭亡。大企业可以凭借充足的财力为后盾，把价格压到比小企业还低的水平，与小企业拼消耗，小企业有限的资源很快会被耗干，从而黯然出局。

　　没有退路的克莱尔绞尽脑汁地压缩公司的成本。最后，西南航空公司不仅打赢了这场由自己挑起的价格战，而且做了任何一家大型航空公司都无法做到的低成本运营。大型航空公司之所以在这场价格战中败落，根本原因在于它们无法在这个狭小的细分市场中发挥优势。

　　20世纪70年代，西南航空公司将精力集中于得克萨斯州内的短途航班上。它提供的航班不仅票价低廉，而且班次频繁，乘客几乎每小时都可以搭上一架西南航空公司的班机。这使西南航空公司在得克萨斯州航空市场上占据了主导地位。

　　进入20世纪80年代，西南航空公司开始以得克萨斯州为基地向外扩张，但无论如何扩展业务范围，西南航空公司都坚守两条标准：短航线、低价格。20世纪80年代是西南航空公司大力发展的时期，其客运量每年增长300％，但它的每英里运营成本却持续下降，到1989年12月，比美国航空业平均水平低了5美分。

　　到1993年，西南航空公司的航线已涉及15个州的34座城市。它已拥有141架客机，这些客机全部是节油的波音737，每架飞机每天要飞11个起落。由于飞机起落频率高、精心选择的航线客流量大，西南航空公司的经营成本和票价依然是美国最低的。低价位的西南航空公司航班成为美国乘客心目中的"黄金航班"。

　　西南航空公司的低价格战略战无不胜，其成功的因素之一是成本控制。许多强大的竞争对手不是不想在票价上与西南航空公司相近或者持平，但它们一旦将票价降到西南航空公司的水平上，令它们无法承受的巨额亏损就会接踵而来。西南航空公司的低成本是由多方面努力的结果。例如公司的机型均为节油型，这不仅节约了油钱，而且使公司在人员培训、维修保养、零部件购买与库存均只执行一个标准，从而节省了培训费和维护费。在购买零部件时，由于公司订货批量大，因而从供应商那里获得折扣，又省下了一笔钱。另外，公司深知飞机只有飞起来才能赚钱，因此创下了美国航空界最短的航班轮转时间。当别的竞争对手要用1小时才能完成的离机、清舱和登机工作，西南航空公司仅用十几分钟就能完成。在顾客方面，西南航空公司省下了一笔钱。它的航班上只为顾客供应零食和饮料，不提供用餐服务，而且其登机卡是塑料的，在舱门口会被收回，因而可以反复使用。另外，西南航空公司既没有计算机联网的机票预订系统，也不负责将乘客托运的行李转机。虽然这对于长途航班的旅客来说是很不方便的，但西南航空公司的市场定位却是短途航班。

　　基于出色的成本控制，在既不影响服务质量，又能保持长期盈利的基础上，西南航空公司具有极大的优势。在多数情况下，应力图避免挑起价格战，因为竞争对手会仿效你的做法，而最终两败俱伤。西南航空公司是在能确保控制成本并且盈利的条件下拿起价格武器的。为控制成本，它在服务和飞机的舒适性上做出了一些牺牲，但实践证明只要质量、安全、服务不是太差，顾客是欢迎低价格的。

问　　题：

1. 影响航空公司定价的因素有哪些？降低价格是惟一的出路吗？
2. 试分析西南航空公司成功的原因，以及对我国航空业的启示。

第七章
旅游分销策划

第一节　旅游分销策划概述

一、旅游分销及分销渠道

商品分销是企业市场营销组合策略 4Ps 的一个重要组成部分。当一个符合目标市场需要的、并且价格适当的产品出现时，企业除了通过各种手段和措施进行促销以使产品广为人知外，还必须借助某些组织或机构，以适当的方式和手段，将产品在适当的时间和地点准确地送达顾客或最终消费者手中。在产品从生产者到消费者的传递过程中所涉及的一系列活动，就是商品分销。

旅游分销指的是旅游企业将旅游产品转移到最终旅游消费者的过程，这一过程是借助旅游分销渠道来完成的。旅游分销渠道又称旅游营销渠道，它是指旅游产品从旅游生产者企业向旅游消费者转移过程中，所经过的一切取得使用权或协助使用权转移的中介组织和个人，也就是指旅游产品使用权转移过程中所经过的环节连接起来而形成的通道。具体来说，旅游分销渠道包括以下几个方面的内容。

（1）从结构上来看，旅游分销渠道是指旅游产品从旅游企业到旅游消费者所经过的一切组织机构。

（2）从功能上来看，旅游分销渠道是指使旅游产品及其使用权从旅游企业到消费者转移的所有活动。

（3）从过程上来看，旅游分销渠道是指旅游产品由旅游企业到消费者所经过的途径。

根据旅游产品在销售过程中是否涉及中间环节，一般认为旅游分销渠道存在着直接分销渠道和间接分销渠道两种模式。在分销过程中，旅游分销渠道一般具有三种功能：

第一，提供便利分销网络。当旅游消费者对旅游产品产生购买欲望时，他们需要在某个特定的地点可以方便地购买旅游产品，旅游分销渠道正是发挥了这样的作用，让顾客可以方便购买旅游产品。

第二，发布有关旅游信息。旅游分销渠道充当了旅游生产者和旅游消费者之间的桥梁，旅游者可以借助旅游分销渠道获取部分旅游产品信息，渠道也可以反馈顾客对于产品的反映和感受，供旅游企业做出适当策略性调整。

第三，提供其他辅助功能。旅游分销渠道还可以提供一些辅助功能，如帮助企业进行一些促销活动（产品展示），为旅游者提供诸如办理保险、办理护照等服务，受理并协助解决旅游者投诉等。

二、旅游分销策划的含义及内容

旅游分销策划是旅游营销策划的一个方面，是指对旅游产品从生产者到旅游消费者的整个转移过程所做的构思、设计、安排和部署。具体来说，旅游分销策划包含以下几个方面的内容。

1. 旅游分销渠道模式策划

旅游分销渠道模式策划主要是指确定何种旅游分销渠道模式。旅游分销渠道模式策划是旅游企业管理者必须考虑的重要问题，它关系到旅游生产企业是否能建立科学高效而又相对稳定的分销渠道，能否减少建立和维持分销渠道成本，以及能否保持与渠道成员的合作关系。旅游分销渠道的模式取决于旅游企业在设计分销渠道时是否使用旅游中间商、采用中间商的环节、每个环节使用旅游中间商的数量以及旅游企业所采用的分销渠道类型的多少。同时，旅游分销渠道模式策划还与旅游企业的规模、资金状况等有关，因为不同的分销渠道模式，其策划的成本是不同的。旅游分销渠道模式策划的目的是确定旅游分销渠道的类型、层级和结构。

2. 旅游中间商甄选策划

旅游中间商甄选策划主要是对旅游中间商进行考核、评估、甄选并最终确定旅游企业进行分销所要选择的旅游中间商。旅游中间商可视为处在旅游产品生产者与旅游消费者之间，参与或者帮助旅游产品销售的任何组织和个人。旅游中间商的介入可使旅游产品推进目标市场的过程更有效率，中间商凭借其联络能力、经验和运作规模等优势，往往能比旅游生产企业争取到更多的销售机会。从旅游生产企业的角度考察，旅游中间商作为销售产品的专业机构，是当地的市场营销专家，最了解市场动态，他们承担旅游生产企业的许多销售职能，使企业能够有条件专心于旅游产品的生产，通过专业化节约成本，提高销售效率。从旅游消费者的角度考察，旅游中间商使旅游消费者的购买变得十分便利，对于将生产者和消费者有效联结起着重要的桥梁作用。同时，旅游中间商还可以直接参与旅游产品的组合包装，在一定程度上也是整体旅游产品的"生产者"，因此可以直接满足旅游消费者的需求。在对旅游中间商进行甄选策划时，主要是对旅游中间商的类型、形象、声誉、市场影响力和优势等进行考察，同时要考虑旅游中间商距离目标顾客市场的远近，是否最大限度地方便旅游消费者的购买。在此基础上，进而确定旅游中间商的数量、控制标准和管理措施。

3. 旅游分销渠道运作策划

旅游分销渠道运作策划主要是指对渠道运作效率的评估、对渠道结构的调整和优化、对渠道成员的评估、激励和管理、对渠道冲突的协调和监控以及对企业和渠道成员间合作关系的管理等。建立和维持旅游分销渠道需要消耗一定的成本，渠道一旦建立，如果能对旅游分销渠道进行科学有效的管理和控制，可以为旅游企业节约很多成本，带来更大回报。因此，必须对旅游分销渠道的运作进行有效的策划，使旅游分销渠道在实际运作时，能够根据市场环境的变化，及时调整分销渠道模式，抓住渠道市场机遇，发展同渠道成员之间的合作关系，并有效节约渠道运作成本，提高渠道运作效率。

三、旅游分销策划的特点

旅游分销策划是旅游生产企业整体营销策划的一个组成部分，具有所有营销策划所共有的特点，如主观性、超前性、系统性、复杂性和动态性等特征。但是，由于策划的具体对象和目的不同，使得旅游分销策划具有自身的特点。具体来说，旅游分销策划具有以下几个特点。

1. 外部性

与营销策划其他方面的策划相比，旅游分销策划具有外部性特征，这主要体现在旅游生产企业不能随心所欲地控制旅游中间商的行为。因为旅游中间商是独立于旅游生产企业之外的、与旅游生产企业并行的企业或个人。旅游中间商虽然为旅游企业销售旅游产品，但不是旅游企业营销链条上的一个环节，不能够随意控制。旅游中间商同旅游生产企业一样，可以拥有自己的合作伙伴和顾客，在一定情况下，也可以自己开展营销活动。同旅游生产企业一样，旅游中间商也以利润最大化为自己的经营目标。与旅游生产企业的产品与品牌策划、定价策划和广告策划可以被企业本身所控制不同，旅游分销策划必须考虑其外部性特征。

2. 关联性

旅游分销渠道是旅游生产企业和旅游消费者之间连接的桥梁，它在两者之间起着重要的沟通作用。首先，旅游分销渠道与旅游生产者的其他营销策略密切关联，如旅游生产者对旅游产品的价格策略取决于旅游中间商的信誉及形态，促销策略取决于中间商所需要的训练和激励程度。其次，旅游分销渠道与目标市场密切关联，旅游生产企业只有首先确定了目标顾客市场，才能考虑采用何种旅游分销渠道，分销渠道的选择必须为目标市场的顾客服务，目标市场一旦改变，分销渠道也要随之变化。最后，旅游分销渠道之间也存在着关联。许多旅游产品，其分销可能会涉及多级多层分销渠道，如国际旅游产品，在这种情况下，不同渠道成员间的协调和配合就显得尤为重要。因此，旅游分销渠道在策划时，必须充分考虑到渠道与旅游企业、与目标市场顾客、与其他渠道成员之间的关联性，避免策划不当导致整体策划的失败。

3．合作性

旅游生产企业借助旅游中间商，形成一个半控制的旅游企业分销网络。这种旅游分销网络，由于旅游中间商具有一定的独立性和自主性，所以并不很稳定，企业同其关系也只能保持一种半控制关系。但是，旅游生产企业可以与旅游中间商通过契约确定买卖关系，形成一种基于契约的长期合作伙伴关系。这种伙伴关系使得分销网络具有比较稳定、不易改变的性质。即使在市场出现变化的情况下，旅游生产企业也不能单方面撕毁协定，而必须按照契约的有关规定执行。因此，旅游分销策划必须考虑同旅游中间商之间的合作，考虑如何通过合理的契约关系来形成较稳定的渠道网络。

四、旅游分销策划的原则

1．效率性原则

效率性原则是指在进行旅游分销策划时，要保证信息、资金、使用权等的流通畅通，最大限度地提高旅游分销效率。畅通高效的分销渠道应该以旅游消费者的需求为导向，将旅游产品尽快、尽早地通过最合理的分销渠道以合理的价格送达旅游消费者方便购买的地点。在提高流通效率的同时，整个策划还要保证整个分销渠道的经济效率，设法降低分销费用，节约分销成本，提高旅游分销效率。

2．平衡性原则

在进行旅游分销策划时，一方面要考虑分销的效率，追求自身经济利益的最大化；另一方面，还要兼顾与渠道成员之间的利益，做到旅游生产企业与旅游中间商之间的平衡。要有效地引导旅游生产企业与渠道成员之间的良性合作，要提高对渠道的管理与控制能力，鼓励不同渠道成员之间的良性竞争，减少渠道摩擦与冲突，确保企业目标得以实现。

3．可控性原则

旅游分销渠道的建立需要耗费大量的人力、物力和财力，在分销渠道确定以后，企业一般不会轻易对渠道做出调整，不会轻易更改渠道成员或转换渠道模式，所以必须保持分销渠道的相对稳定性。同时，受环境因素及其他因素的影响，分销渠道难免会出现一些不适应的现象，这就需要对分销渠道进行适宜的调整，保持旅游分销渠道的适应力和生命力，以适应市场的动态变化。因此，在进行旅游分销策划时，为了应付未来环境的挑战，需要考虑旅游企业对分销渠道的适度可控性。

4．权衡性原则

在旅游企业内部，分销策划只是旅游营销策划的一个方面。因此，要权衡好旅游分销策划与产品及品牌策划、定价策划、广告策划之间的关系，根据企业的具体情况，合理分配策划成本与资源，综合权衡，全面考虑。具体到每一个策划方案时，也要全盘考虑各个营销要素之间的相关性和联系，以便发挥整个营销组合策划的综合优势作用。

第二节　旅游分销策划的影响因素

旅游分销策划要受到内外许多环境因素的制约。旅游生产企业在分销策划之前，必须对这些因素进行系统的分析和判断，否则做出的策划就是不可行的。旅游分销策划主要考虑四个方面的因素，即产品因素、市场因素、环境因素和企业因素。

一、产品因素

旅游产品的性质、种类、档次和等级以及其所处的生命周期阶段会直接影响旅游分销渠道的模式和结构。旅游景点、娱乐企业、餐馆、铁路公司、汽车客运公司、出租汽车公司等旅游企业一般采取直接分销渠道，而休闲度假饭店、包机公司、海上游船旅游公司和经营国际业务的航空公司则大多采取间接分销渠道。这表明产品的性质和种类对分销渠道模式的适用程度有一定的影响。高档旅游产品通常适合采用直接分销渠道，因为其产品本身的知名度很高，不需要借助分销渠道进行市场推广，而大众化的低档旅游产品则刚好相反，需要借助广泛的分销网络进行市场推广，提高产品的市场覆盖率。对于新产品而言，在其生命周期的不同阶段，采取的分销策略也是不同的。在投入期，往往采取直接分销渠道，主要由推销人员来进行产品的销售，一旦产品经过成长期，进入成熟期，就必须建立广泛的分销网络，通过直接和间接分销渠道，共同提高旅游产品的市场进入度。旅游产品组合的广度、深度和宽度也对分销渠道模式有一定影响。当产品组合比较单一时，往往会通过多级多层分销渠道来销售产品，而对于产品组合的广度、深度和宽度都很大的旅游产品，本身的市场渗透力就很强，所以往往采取短渠道的分销模式比较适宜。

二、市场因素

旅游市场是多种因素的集合，包括了旅游者、旅游中间商和竞争者等多种因素。旅游分销渠道策划要受到市场规模大小、消费者购买频率高低、客源市场的远近、市场集中度以及竞争者所采用的渠道策略等因素的影响。

（1）当市场规模较大时，为了便于消费者购买，需要旅游产品在市场上广泛分布，并具有一定的区域延伸性，此时，应该策划长渠道和宽渠道模式，以覆盖较大的市场面。当市场规模较小时，企业应该策划短渠道或者零渠道模式，以节约企业资源。

（2）对于旅游者购买频率较高的旅游产品，交易量会相应增大，因而策划时应考虑多采用中间商。如果旅游者不是经常购买旅游产品，可以采用短渠道或者零渠道模式，以减少中间环节。

（3）在地域分布上，如果客源市场所在地距离旅游产品生产地较远，例如国际客源市场，则必须采用间接渠道。这不仅因为在国际市场所在地自设零售网点费用较高，而且还因为中间商对国际市场更了解，在推销过程中障碍较小；反之，如果客源市场比较近，潜在顾客往往可以方便地直接向旅游生产者购买旅游产品，采用直接分销渠道比较适宜。在客源市场集中度方面，在潜在顾客比较密集的市场区域，一般适合借助当地零售商的力量建立一层次分销渠道，不需要旅游批发商。当客源市场比较分散时，则宜采用旅游批发商和零售商的多级分销模式，因为客源市场过于分散，如果只借助旅游零售商的力量，则势必会同许多旅游零售商打交道，这样不仅费用高，而且技术难度也大；而通过批发商的形式，则费用不仅可以节约，而且由于只对同一旅游批发商打交道，也可以减少技术的复杂性。

竞争者的渠道策略也对企业分销策划有一定影响。根据竞争者的分销渠道而采取一定的渠道模式，可以有两种情况：在竞争对手分销渠道的附近设立分销网点，以优取胜，此为正位渠道竞争；而在避开竞争对手分销渠道的地方设立分销网点，以市场的空白点另辟蹊径，此为错位渠道竞争。

三、环境因素

环境因素包括政治、法律、经济、技术和文化环境等。旅游分销策划必须首先符合国家有关政策和法律的规定。例如，国家对于国内旅行社和国际旅行社的业务范围都有明确的划分，在具体策划分销渠道时，不得与国家的政策和法律相抵触。对于经济技术较发达的地方，旅游者的文化形态、价值观念、行为方式和消费习惯都有别于经济落后地区，如随着网络的飞速发展，越来越多的旅游者会选择利用互联网进行旅游产品的预订、线路的安排、活动的组织等，这会给旅游中间商的分销模式带来影响。目前，随着网络经济的发展，网络营销作为一种新型的分销模式，已经被越来越多的企业所采用。因此，在具体策划旅游分销渠道时，要根据经济和技术的发展程度，在传统分销模式和网络营销模式之间进行合理的权衡，最大限度地为旅游者购买旅游产品提供便利。

四、企业因素

旅游生产企业在进行旅游分销策划时，虽然不能无视旅游产品本身的特性、旅游市场的规模及竞争状况以及外界的宏观环境因素等的影响，但是，影响旅游分销策划最重要的因素仍然在于企业自身，如企业资金实力、企业管理水平、企业服务人员素质等。具体可从企业分销成本、控制能力和服务水平三方面来加以说明。

1．分销成本

通常的观点认为，企业采用中间商的成本比采用直接分销渠道的成本要高。但是，情况并非总是如此，因为成本的下降，既可以是分销成本的降低所致，也可以通过渠道成员间的整合、协调来达到。在很多情况下，采用中间商的成本反而比直接分销的成本低。这有两方面的原因：其一，当利用旅游分销商时，分销成本大部分是可变成本，只有在给旅游分销商支付佣金时，分销成本才会上升；而采用直接分销渠道时，对直销网点的维护需要花费大量的固定成本，而不管是否有旅游者来购买，它都必须负担这一固定的店面成本。其二，当采用旅游中间商的分销渠道时，通过渠道成员间的协商和合作，可以减少分销成本，如旅游生产企业与饭店公司、航空公司、游船公司的整合等，不仅节约了企业资源，而且也有效地利用了合作渠道成员的优势。目前虽然出现了大量的企业自建或收购零售分销网点，但这种情况也带来一些不利影响，如可能会限制自己产品在其他代理商的销量。最好的办法就是尽量避免对零售商拥有完全的所有权，而是通过战略联盟的形式来建立更广泛的、跨区域的分销网络。总之，在进行旅游分销策划时，企业的成本构成以及由于合作带来的成本优势是企业要考虑的重要因素，因为它会直接影响企业的利润空间。

2. 控制能力

在策划旅游分销系统时，旅游生产企业必须要考虑自己能对分销渠道成员施加的控制力量有多大。如果旅游企业拥有自己的零售网点，则其对零售网点可以施加很高水平的控制；但如果使用中间商，则必然导致一定程度自主权的丧失。这主要涉及两方面的因素：首先，在使用独立的旅游中间商的情况下，旅游企业的市场反应能力减弱，因为旅游企业可能会与自己的最终消费者失去直接联系的机会，旅游企业对市场需求、市场变化方面的了解将更加困难，而主要依赖于从中间商那里得到反馈信息。对于旅游中间商而言，除非他们对某旅游产品特别感兴趣，否则是不会从其众多的旅游产品中密切关注某特定产品的市场反应的。其次，在旅游中间商对企业产品不够倾心尽力的情况下，企业可能会采取一些奖励佣金等激励性措施来加强对旅游中间商的控制能力。但在这种情况下，其他企业也会模仿同样的做法，结果导致旅游企业对分销环节投入的竞争，造成分销成本过度增大。因此，企业要想提高对分销渠道的控制能力，必须考虑设立自己的直销网点，很多大型企业如航空公司的做法很好地证明了这一点。

3. 服务水平

旅游产品的服务本质使企业更加注重企业对外宣传和内部服务水平的一致性。在直接分销渠道模式下，旅游企业可以通过新产品的宣传和展示，使服务的特别之处得到体现，而且能保证旅游企业的服务水平与营销宣传一致，不至于造成过大的偏离；而采用中间商的旅游企业，尽管企业为中间商提供了许多支持性服务，但仍然可能会出现中间商的宣传与企业实际水平产生一定程度的偏差。因此，旅游企业的服务水平将最终影响旅游中间商对旅游产品推广的信心。从这里可以看出，拥有高质量服务水平的旅游企业在使用中间商时，会比其他企业拥有更多的优势，因为中间商在向顾客推荐产品时，会倾向于推荐更有信心和保证的旅游产品，另一方面这也是为了中间商自己的声誉和利益着想。

第三节　旅游分销策划程序

旅游产品分销策划的目的是要保证旅游产品能够及时到达旅游目标市场，同时，还要节约渠道费用，提高渠道效率。因此，对旅游产品的分销策划，必须按照一定的程序有条不紊地进行。具体来说，旅游分销策划的程序包括确定渠道目标、选择渠道模式、选择旅游中间商和评估渠道方案等几个方面。

一、确定渠道目标

策划旅游分销渠道，首先要明确建立分销渠道的目标。确定旅游分销渠道目标应从以下几个方面进行分析。

（1）旅游产品的种类、数量和质量以及档次和级别。

（2）旅游产品的市场需求状况，旅游市场变化的趋势，旅游产品的目标市场定位。

（3）旅游目标市场上旅游消费者的购买情况，旅游消费者购买的动机和行为情况。

（4）旅游市场的结构类型，旅游竞争的态势和程度。

（5）旅游企业的销售额和利润目标，企业的资金状况、人力资源情况以及经营管理水平。

通过对以上问题的分析，进一步明确策划旅游分销渠道的目标。一般来说，旅游分销渠道目标包括便利性、效率性、稳定性和合作性等。

便利性——旅游企业所设计的分销渠道网络系统以及分销网点的布局应该有利于方便目标顾客购买，这样才可能更广泛地覆盖和渗透目标市场。

效率性——对企业各种分销渠道方案可能发生的成本和可能取得的收益进行分析，选择产出/投入比高、经济效益好的方案。

稳定性——旅游分销渠道一旦建立，尽量避免不断变动，在渠道结构不变的前提下，对渠道人员、资源分配等可做适宜调整，保持旅游分销渠道的相对稳定性和一定的灵活性。

合作性——渠道的设立有利于保持旅游生产企业与旅游渠道成员以及渠道成员之间的合作性，注意协调、平衡和兼顾好旅游生产企业和各渠道成员间的利益关系。

二、选择渠道模式

企业的分销渠道模式包括采用直接渠道和间接渠道，渠道的长短、宽窄以及多渠道和单渠道的选择等问题。直接分销渠道是指旅游企业将旅游产品直接出售给旅游消费者而不经过任何一个旅游中介，在实践中有以下三种情况。

（1）旅游产品生产企业→旅游消费者（在生产现场）。在这种情况下，旅游生产企业自己充当零售商，等待顾客上门购买。如，一些旅游景点、小餐馆、博物馆、出租车等都是通过这种渠道来销售旅游产品。

（2）旅游产品生产企业→旅游消费者（在顾客家中）。旅游产品生产企业通过预订系统来扮演零售商的角色，消费者只需通过电话、电传或电脑等设施就可以预订自己所需要的旅游产品。如一些大型饭店和旅游经营商较多地采用这种方式。

（3）旅游产品生产企业→自设零售网点→旅游消费者（在销售点）。这种方式以汽车租赁公司、铁路公司和部分航空公司为典型代表，如铁路公司和航空公司自设的订票处等。

间接分销渠道是指旅游产品生产企业通过两个或两个以上的旅游中介来销售旅游产品的销售渠道。具体有以下三种情况。

（1）旅游产品生产企业→旅游零售商→旅游消费者

这种销售渠道具有两个环节，包含一个层次的旅游中介，又称为一层分销渠道。目前有很多旅游经营商、度假中心和饭店等采用这种销售方式，他们向旅游零售商支付佣金和手续费。

（2）旅游产品生产企业→旅游批发商→旅游零售商→旅游消费者

这种销售渠道具有三个环节，包含两个层次的旅游中介，又称为二层分销渠道。旅游批发商大批量购买旅游产品，进行组合包装，再通过旅游零售商销售给旅游消费者。这种销售渠道被度假地饭店、包机公司等旅游企业广泛采用。

（3）旅游产品生产企业→本国旅游批发商→外国旅游批发商→旅游零售商→旅游消费者

这种销售渠道共有四个环节，包含三个层次的旅游中介，又称为三层或多层分销渠道，主要适用于国际旅游业。本国的旅游产品生产企业先将大量单项旅游产品发售给本国旅游批发商，经过组合包装后，再批量发售给外国旅游批发商，最后通过外国零售商将旅游产品出售给外国旅游消费者。

渠道的长短是指旅游产品从生产者手中到消费者购买为止，整个过程所经过的中间机构的层次数。所经过的中间层次越多，分销渠道越长；反之，分销渠道越短。分销渠道的宽窄是指一段时期内分销网点的多少、网点分配的合理程度以及销售数量的多少。通常所说的要多设销售网点，就是指加宽旅游分销渠道。宽渠道是指使用的同类中间商较多、旅游产品在市场上的销售面较广的分销渠道，反之则为窄渠道。单渠道和多渠道是指企业采用的渠道类型的多少。单渠道是指采用的渠道类型比较单一，如所有产品均由自己销售或全部交给批发商销售。多渠道是指根据不同层次或地区消费者的不同情况而采用不同的分销渠道。

在选择旅游分销渠道模式时，要考虑企业各种内外部因素的影响，根据企业、产品、市场以及环境等因素，确定适合企业发展的分销渠道模式。

三、选择旅游中间商

旅游中间商是指从事转售目的地旅游企业的产品、具有法人资格的经济组织或个人。按其业务方式划分，旅游中间商分为旅游批发商（Tour wholesaler）和旅游零售商（Tour retailer）。旅游批发商一般不直接服务于最终消费者，而旅游零售商直接面向广大公众，从事旅游零售业务。按其经营性质，旅游中间商又分为旅游经销商（Tour operator）和旅游（旅行）代理商（Travel agent）。旅游中间商是指那些在转售旅游生产者产品的过程中，拥有产品"所有权"的旅游中间商；而旅游代理商则是指那些只是接受旅游产品生产者或供应者的委托，在一定区域内代理销售其产品的旅游中间商。旅游批发行业中的旅游批发商和旅游经营商大多属于旅游经销商，它们通过预付定金从航空公司、饭店及其单项旅游产品供给企业批量订购其产品，经过自己加工组合以包价旅游的整体旅游产品形式进行经营。作为经销商，它们在预订期内拥有对单项产品的控制权，其利润来自其包价产品的成本加价。而旅游代理商，对单项产品没有控制权，其收入来自于被代理企业支付的佣金。在一般情况下，旅游批发商多为经销商，旅游零售商则多为代理商。

1. 旅游批发商

简单地讲，旅游批发商就是从事批发业务的旅行社或旅游公司。它们通过大批量地订购运输公司、饭店、旅游景点等旅游服务企业的单项产品，将这些产品按日程编排为包价旅游线路，然后通过旅游零售商出售给旅游消费者。旅游批发商既包括纯粹经营批发业务的旅游批发商，也包括主营批发同时兼营零售业务的旅游经营商。其经营的业务范围可宽可窄，有的旅游批发商可在全国甚至海外通过设置办事处或建立合资企业、独资企业等形式进行大众化产品的促销工作，或者广泛经营旅游热点地区的包价旅游产品；有的也可在特定的目标市场中只经营一些特定的旅游产品，如某些节日旅游、体育旅游、婚庆旅游等专项产品。

旅游批发商在旅游产品的分销过程中主要起着三个方面的作用。

（1）组合包装。旅游批发商的主要作用就在于将单项旅游产品组合成整体性的包价旅游产品，从而满足旅游消费者对一次全程旅游活动中各种旅游服务的需要。缺乏旅游批发商对单项旅游产品的组合和包装作用，不仅可能给旅游消费者带来许多不便，而且也影响许多单项旅游产品的销售。

（2）宣传促销。旅游批发商由于在预订期内具有对旅游单项产品的产权，因此，在拥有存货压力的情况下，他们必须承担产品的部分促销工作。旅游批发商对旅游产品的宣传促销工作，虽然主观上是为了出售其拥有的旅游产品，但客观上也分担了旅游目的地的部分促销工作，这不仅节约了旅游生产企业的营销资源，而且还可以达到更好的效果。

（3）渠道合作。在双层次和多层次的分销模式中，旅游生产企业一般只与旅游批发商发生直接业务关系，而由旅游批发商负责组织通过旅游零售商将产品出售给旅游消费者。因此，旅游批发商成为旅游生产企业一体化分销渠道的组成部分，是分销渠道的合作组织者。

2. 旅游零售商

旅游零售商是直接面向广大公众从事旅游零售业务的中间商。一般而言，旅游零售商的经营性质为代理销售有关旅游企业的产品，因此，人们通常都以旅游（旅行）代理商为代表。具体而言，旅游代理商的零售业务一般包括：为旅游消费者提供旅游咨询服务；代客预订；待办旅行票据；向旅游企业反映顾客意见等。旅游代理商在处理这些业务时，一般不会向旅游消费者收费，其收入主要来自被代理企业支付的佣金。

旅游零售商的主要作用包括以下几个方面。

（1）传播营销信息。一般地，旅游生产企业的许多促销活动都是在零售点开展的。虽然旅游零售商没有"存货"，但是它仍然可以分担部分旅游生产企业的促销工作。只要旅游零售商所代销的产品中有旅游企业的产品，旅游生产企业都会积极向这些零售商提供自己的产品宣传册和其他信息资料。不同于旅游批发商的是，旅游零售商不会自己承担促销费用，只是作为旅游生产企业的代理，协助旅游生产企业传播产品的相关信息。

（2）方便顾客购买。在分销渠道的各个环节中，旅游零售商距离目标顾客最近，一般位于客源市场所在地，而且是客流量最大的地方，因此，它为顾客购买旅游企业的产品提供了便利。同时，由于顾客可以一次性购买许多单项旅游产品，一次性向零售商支付，从而简化了购买手续，节约了交易时间。

（3）影响旅游者购买决策。旅游零售商在帮助潜在旅游者选购旅游产品和做出旅游计划决策等方面具有很大的影响作用。很多旅游者对自己去何处旅游只有一个大致的想法，但在具体去哪一个旅游目的地，他们并未确定，因而，旅游零售商可以凭借自己丰富的专业背景知识和经验，为旅游者做出最终旅游决策提供建议和指导。有研究表明，旅游零售商不仅对消遣性旅游者的决策有较大影响，而且对商务型旅游者也有一定影响，特别是商务型旅游者在对具体行程的安排上、对旅游工具的选择上、对旅游线路的选择上等，都会适当考虑旅游零售商的建议。

选择旅游中间商，可以分两步进行：第一步，了解、摸清旅游中间商的情况；第二步，对不同旅游中间商进行比较、选择。选择旅游中间商了解的内容应当很广泛，可以包括：旅游中间商的市场重点何在，是局限于一个地区还是延伸到若干地区、全国乃至跨国经营？旅游中间商的竞争对手是谁？其在竞争中的地位如何？市场占有率多少？销售的实力和能力如何？旅游中间商的信誉如何？服务水平如何？偿付能力及与银行的关系如何？旅游中间商的历史与背景、现状和发展情况如何？旅游中间商对本企业的旅游产品的兴趣和合作意愿如何？等等。在了解、掌握旅游中间商情况的基础上，对各旅游中间商进行比较，从中选出最适合自己的旅游中间商。

四、评估渠道方案

旅游企业评估渠道方案的标准有三个，即经济标准、控制标准和适应标准。

（1）经济标准。经济标准是指旅游企业设立分销渠道的目的是获得最大的经济利润。通过比较各种旅游分销模式的成本以及可能取得的销售收入，进而评价渠道模式的优劣。可以采用盈亏临界点的方法，评价每一种分销模式的经济性。

（2）控制标准。控制标准是指旅游企业对分销渠道的控制程度。渠道长度越长，对渠道的控制难度就越大。作为独立企业的中间商，往往更为关心的是自身的经济利益，如果旅游企业不能有效地对渠道进行控制，会使分销渠道的运作受到影响。

（3）适应标准。适应标准是指旅游企业与旅游中间商合作关系的灵活程度。如果旅游企业与中间商签订的合约过长，一旦环境发生变化要求旅游企业变更分销模式，旅游企业却不能解除与旅游中间商的合约，这样的分销渠道就缺乏灵活性和适应性。因此，旅游企业与旅游中间商的合作关系，应当考虑分销渠道的灵活性和适应性。

第四节　旅游分销策划方案

一、旅游分销渠道模式策划

旅游分销渠道模式策划主要是确定旅游分销渠道采用何种模式，即旅游企业在设计分销渠道时是否使用旅游中间商、采用中间商的环节、每个环节使用旅游中间商的数量以及旅游企业所采用的分销渠道类型的多少。具体而言，就是要确定分销渠道的长度、宽度以及渠道联合模式。

1. 渠道长度策划

旅游分销渠道的长度通常取决于旅游产品从旅游企业向最终消费者转移过程中所经过的中间层次的多少。所经中间层次越多，则分销渠道越长。美国夏威夷大学旅游管理学院的朱卓仁教授根据中介环节的数量将其分为四种，即一级系统、二级系统、三级系统和四级系统。一级分销系统即直接分销渠道，其余三种系统均为间接分销渠道，举例如下。

（1）一个美国客人想来中国旅游，如果他入境后自己到宾馆登记入住，然后自己到旅游风景区游览，最后也是自己购买机票回国，那么这个旅游过程就没有涉及任何中间商，这就是一级分销渠道。

（2）如果该美国客人是在自己国内通过当地旅行社，要求代办旅游签证、代订机票、代订中国旅游的住宿、餐饮、游览等一切在中国的旅游事宜，然后他来中国完成整个旅游活动，那么这个旅游过程只涉及一个旅游中间商，是间接分销渠道，也是二级分销渠道。

（3）如果该美国客人在美国当地旅游零售商做了预订，而当地旅游零售商又向中国的旅行社做了预订，由中国一家旅行社负责安排该客人在中国的一切游览活动，这就是三级分销渠道。

（4）如果该美国客人向当地做了预订，而当地旅游零售商由于没有与中国方面旅行社有业务往来，又向当地旅游批发商预订，再由当地旅游批发商同中国方面旅行社联系，落实该旅游者在中国整个游览活动的日程细节，最后由中国国内的旅行社来安排该客人在中国的旅游，这是四级分销渠道。

一般情况下，分销渠道的层级不会超过四级。但是，在有些情况下，也会出现五级分销渠道。例如，还是在上面的情况下，当美国客人把他的出游要求向当地旅游零售商提出后，当地旅游零售商则把客人需求传递给专门做中国市场的总代理或旅游批发商，由他们根据客人意愿设计旅游路线，向中国旅行社咨询并报价，并将最终信息通过经纪人或代理商反馈给客人，安排该客人的中国之行。在这种情况下，由于旅游经纪人或代理商的出现，使得分销渠道的层级上升至五个，这就是五级分销渠道。以上五种情况如图7-1所示。

虽然直接分销渠道有诸多优势，但在实际操作中，单纯依靠直接分销的方式不仅会给旅游企业带来诸多不便，而且也不符合实际。如果产品市场非常巨大并且地域高度集中，产品属于经常购买型产品，则直接分销是可行

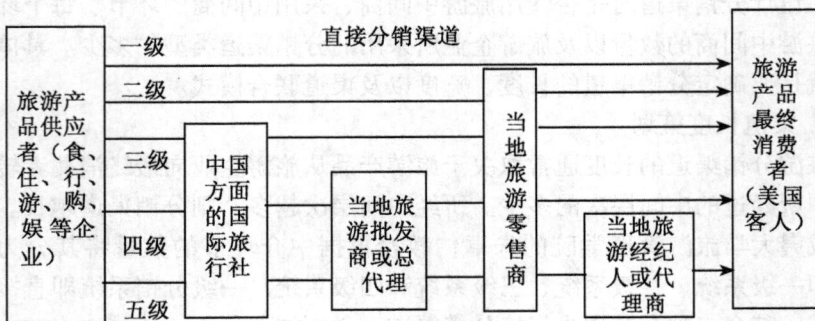

图 7-1　旅游分销渠道模式图

的；但这样的旅游产品比例很小。而采用旅游中间商的分销模式，不仅可以为旅游企业节约很多资源和精力，更主要的是给消费者带来了很大便利。因此，大多数旅游企业选择通过一个或多个旅游中间商形式以及直接分销与间接分销的组合形式来分销自己的产品。

以航空公司为例，一家航空公司可以通过很多种分销渠道模式来出售其产品。单个座位可以直接销售给单个乘客，这是直接分销模式（一级分销模式）；也可以通过零售旅行代理商来销售，这是二级分销模式；还可以通过旅游经营商（批发）来批量销售舱位，旅游经营商进而把这些舱位作为零售部件与其他部件一起组合成包价旅游产品，再通过代理商销售出去，这是三级分销模式；在航空公司和旅游经营商中间，还可能会出现航空经纪人，他们以批量价格大量购买舱位，卖给旅游经营商，这样就会出现四级分销模式。有时候，航空经纪人还可能以航空公司包价航班的"协调者"身份出现，他们帮助某些代理舱位量较小的旅游经营商相互组合成各自的航线，这些协调组合后的座位一部分会通过旅行代理商进入市场，也可以由旅游经营商直接销售。在这里，航空公司的产品（舱位）就出现了多种分销渠道模式。

对于大多数旅游企业而言，进行渠道长度策划的关键是根据企业产品的类型、特点、市场规模、市场集中度、竞争情况、企业实力、管理水平等影响因素对每一种渠道模式进行调研和分析，在做出权衡后，再选择适合企业的分销模式。

2．渠道宽度策划

渠道宽度一般是指企业零售网点的数目和分布广度，其中既包括自设网点，也包括代销网点，有时也指直接经销商和直接代理某企业产品的中间商数目。一个旅游企业在选定产品分销渠道模式的基础上，还需要对所选渠道的宽度进行考虑，这里还涉及销售网点的布局和地域分布。在策划渠道宽度时，可采用三种具体模式：密集型模式、选择型模式和专业型模式。

在旅游企业自设网点实力有限的情况下，为了扩大产品销路，旅游企业可以采用密集型模式，即选择尽可能多的旅游中间商。在旅游消费者集中的地方，或者是旅游企业的主要目标市场，通常采用这一模式。其特点是在使用旅游中间商时，几乎不加任何选择，只要对方愿意经销或代销企业产品并接受双方的条件，便可以成为该产品的旅游中间商。西方国家中的航空公司和汽车租赁行，经常采用这种模式，广泛利用各旅行代理商或零售机构代理销售其产品。这种渠道宽度模式的优点是可以扩大旅游产品的销售面和销售量；缺点是销售费用太高，并且易对产品营销失去控制，同时企业产品形象也可能会因某一渠道成员服务质量的失误而导致整体负面影响。

选择型模式是指旅游企业根据自己的销售实力和目标市场分布格局，在一定的市场区域范围内挑选少数旅游中间商经销或代理产品。这种模式适用于价格较高或数量有限的旅游产品。其特点是在选择中间商时，要求中间商具有一定的专业知识、服务水平、销售经验和商业信誉。近几年来，我国出国旅游者经常选择在我国旅游业中享有良好声誉的中国国际旅行社等作为中介，即是这种模式的具体表现。该渠道宽度模式的优点是有利于旅游企业将更多精力集中于精选的旅游中间商，增强对渠道的控制，而且有利于双方建立很好的合作关系，同时，利用旅游中间商的良好声誉，可以为产品快速打入市场提供机会，建立产品信誉；缺点是由于双方的选择是双向的，声誉好的旅游中间商对旅游企业的要求也较高，这样会对企业规模造成一定限制。

当旅游企业在一定的市场区域内仅选择一家经验丰富、信誉卓著的旅游中间商来推销旅游企业产品，这就是渠道宽度的专业化模式。该模式可以加强旅游企业和旅游中间商的协作关系，提高旅游中间商的积极性，有利于旅游产品的市场开拓。通常一些特殊的高价旅游产品采用该模式。其优点是旅游企业和中间商双方关系紧密，利益互动，有利于双方的真诚合作，同时，旅游企业更易控制旅游中间商；缺点是消费面较窄，缺乏灵活性，不利于旅游消费者的选择和购买，而且风险较大，一旦选择不当，很容易失去在该区域的整个市场。

3. 渠道联合策划

随着旅游市场的竞争越来越激烈，旅游企业仅仅依靠单一化的渠道模式来进行旅游产品分销，已经越来越难以适应市场发展的需要，这就需要旅游企业转变经营观念，走渠道联合化之路，互惠互利，实现企业优势共享，利益双赢。因此，根据旅游企业的资金状况和经营经验，策划渠道联合，是目前旅游分销渠道的发展趋势。旅游分销渠道联合策划可以分为三种方式，即纵向联合、横向联合和集团联合。

（1）纵向联合策划。

纵向联合策划是指通过策划，利用一定方式将旅游生产企业、旅游批发商、旅游零售商组成完整统一的渠道体系，从而有利于渠道成员加强合作，降低渠道成本。渠道纵向联合可在一定程度上缓解和避免渠道成员间由于追求各自利益而形成的渠道冲突，通过渠道联合可以增强渠道成员间的协调功能，使各渠道成员可以在统一的目标下，发挥各自的优势，减少资源浪费，提高旅游分销效率。根据策划中考虑采用方式的不同，具体又可分为两种类型。

① 契约式，是指旅游企业通过契约形式，将其所选定的各个环节的旅游中间商联合起来，形成有一定责、权、利关系的分销体系。其特点是各渠道成员的权利和义务在契约中有明确规定，渠道成员有着统一的行动，但渠道成员仍是相互独立的经济实体。如旅游企业通过特许经营的形式将各分销渠道成员联合起来，就是一种契约式渠道联合。

② 所有权式，是指旅游企业通过自建、资产重组或兼并等方式建立统一的旅游产品产销联合体，使其具有生产、批发和零售的全部功能，以实现对旅游分销活动的全面控制。其特点是旅游企业对各渠道成员拥有部分或完全产权，联合体目标统一，旅游企业对渠道成员控制力强。如旅游企业自建的自营营销系统；旅游生产企业与旅游中间商共同投资建立的产销联合体等。

（2）横向联合策划。

横向联合策划是指为了联合开发共同市场的分销渠道，而通过策划将两个或两个以上的旅游生产企业进行联合。这种横向联合根据联合紧密程度的不同，又可分为松散型和固定型两种。为了共同开发某一市场，而将各有关旅游企业联合起来，共同策划和实施有助于实现该市场机会的分销渠道，如旅游包机公司和旅游景区联合共同开发某一客源市场即属于松散型横向联合。固定型横向联合是指各旅游企业为了开展市场营销活动而共同联合建立旅游销售公司。渠道横向联合的优点是能很好地集中各旅游企业在分销方面的相对优势，共同提高各旅游企业的市场覆盖面。

（3）集团联合策划。

通过策划使各旅游企业以集团形式进行联合，并适当进行组织形式的总体改造来促使旅游企业分销渠道的发展和改造，这种模式就是集团联合策划。策划后形成的旅游企业集团是由多个企业联合而成的，具有生产、销售、信息和服务等多种功能的经济联合体，集团内专门化的营销机构可以为集团内各生产企业承担营销活动。该联合模式是一种比较高级的联合形式，其特点是营销功能比较齐全，系统控制能力和综合协调能力都比较强，并能建立起高效的运行机制，从而使整个营销活动的效率都大为提高。

二、旅游中间商甄选策划

旅游中间商甄选策划是指根据旅游企业的分销渠道模式，选择合适旅游中间商的过程，具体而言，包括对旅游中间商的考核、评估和甄选等过程。旅游中间商有多种不同的类型，旅游企业在对旅游中间商进行甄选策划时，要建立明确的标准体系，对各旅游中间商的销售能力、信誉、发展状况、历史背景、工作积极性、发展潜力等因素进行综合分析和客观评价，确定各旅游中间商的优势和劣势，进行权衡。具体说来，旅游中间商甄选策划分为3个步骤。

1. 要对不同类型的旅游中间商有一个清晰的认识

所谓"知己知彼，百战不殆"，只有对每一种旅游中间商的特点有了很好的把握，才能在后续的甄选过程中做到心中有数。从目前旅游分销渠道中所涉及的旅游中间商来看，具体有以下几种类型的旅游中间商。

（1）旅游代理商。

旅游代理商是独立的企业，它与旅游生产企业订立代理协议，只收取佣金，收款全部交给代理企业。当前，通过旅游代理商实现的旅游产品销售量占到航海旅游总销售量的95％以上，航空票务销售量的90％，汽车出租量的50％和饭店客房总销量的25％，由此可见，旅游代理商在旅游产品销售中起着很重要的作用。

以旅游饭店为例，对旅游代理业务感兴趣，想通过代理商销售的饭店名单都列在航空预订系统和饭店指南中。目前，旅游代理商通过 GDS（Global Distribution System），已经将其业务触角延伸到世界各地。

（2）旅游批发商。

旅游批发商一般从事包价旅游活动的组织和销售活动。其包价旅游产品中一般包括交通和住宿，有时也可包括餐饮、地面交通和娱乐活动。旅游批发商可以通过组织形成多种价格、时间和旅游目的地的包价旅游产品，向旅游零售商出售，由旅游零售商销售给旅游者。由于要向旅游代理商支付佣金，旅游批发商必须出售包价旅游产品中的85％才能收支相抵。

随着国际旅游业的发展，囿于旅游代理商了解每一个旅游目的地的限制，旅游批发商在国际旅游分销中起着重要作用。对于远程国际旅游来说，旅游者对旅游目的地以及住宿客房的选择，很大程度上取决于由旅游批发商编制的目录表。

（3）专业媒介者。

专业媒介者包括旅游经纪人、奖励旅游公司、会议计划者、协会执行人、公司旅游办公室和旅游咨询者等。他们不同于经营商和代理商，通常不收取佣金，也没有品牌，代表本组织以较低成本承办旅游业务。

旅游经纪人是一种特殊的旅游中间商，它不拥有产品所有权，不控制产品价格及销售条件，不承担风险，不卷入交易实务，只为双方搭桥，促成交易完成，其佣金由旅游企业支付。其他专业媒介者的作用与旅游经纪人相似，只在交易牵线搭桥，本身不承担任何风险。

（4）饭店销售代表。

饭店销售代表负责在某一给定市场区域内销售饭店的客房和服务。对饭店来说，雇用一个饭店代表往往要比使用自己的销售人员更为有效。一般来说，一个饭店的销售代表不得再代理与此饭店有竞争关系的企业。饭店销售代表的收入来自于代理饭店支付的佣金和薪金。

（5）区域旅游代理处。

在很多旅游风景区和度假地，也设有区域旅游代理处。特别是对于在全国有连锁业务的旅游地和饭店连锁店来说，区域旅游代理处对于扩大自己在全国的影响、拓展自己业务的范围以及促使顾客购买等具有重要作用。

（6）饭店联营和电脑预订系统。

饭店联营组织是基于成员间共同利益而联盟组合成的一群饭店组织。联营成员间共享群体营销优势。电脑预订系统如 SRS、Utell 和 Supranational 等正逐步向饭店联营扩展，其中很多本身就是饭店联合体的成员。借助饭店联营形式和电脑预订系统，饭店产品加快了全球化进程。

（7）航空预订系统。

航空预订系统是由航空公司为了促销建立的。据统计，美国旅游代理商的 96％与至少一家航空预订系统相连接。由英国航空公司和阿波罗（Apollo）联合组建的预订系统，是目前全球主要的系统之一，其业务范围不仅限于航空产品，而且将饭店企业、租车公司和其他旅游产品都包括在该系统中。

（8）Internet 网络。

由于互联网的发展，导致传统分销活动的变化。在互联网时代，许多旅游生产企业在互联网上都建有自己的主页，旅游者可以通过 Internet 网络，了解各种旅游企业产品，并可以直接通过网络完成一切交易过程。据调查，在西方国家中，有相当一部分旅游者是通过 Internet 网络联系而出游的。

（9）顾客—供应商电子系统。

这是一种基于顾客和供应商互动的全球分销系统，主要供全球企业使用。如国际会议计划者组织的网上数据库，供各会议计划者选择会议中心类型。它可以避开所有旅游中间商环节，在全球直接利用电子系统进行预订。

2. 要对各旅游中间商的优势和劣势进行考核

旅游中间商的优势主要有区位优势、经营优势、历史经验优势和内部管理优势。区位优势是指旅游中间商的经营场所处于良好的地理位置，比如城市中心、商业区等；经营优势是指旅游中间商的经营规模和自有渠道方面的优势，比如经营规模较大的旅游中间商具有销售方面的优势，拥有自有分销渠道的大型批发商在业务量方面的优势；历史经验优势是指长期从事旅游产品经营的旅游中间商，积累有很多成功的经验，能掌握经营主动权，并且在顾客心目中也产生较好的信誉与影响；内部管理优势是指旅游分销渠道内部良好的信息沟通能力和管理水平。旅游分销渠道内部良好的信息沟通能力，既便于消费者购买，又能给旅游企业提供信息反馈，因而更受旅游企业青睐；而旅游渠道内部高水平的经营管理能力，对于保持旅游企业的稳定和发展，具有重要作用。与优势相对应，上述各方面如果本身条件不足或出现问题，就使旅游中间商陷入劣势。如地理位置偏僻、规模较小、渠道内部管理不善、机构臃肿、渠道成员间缺乏合作等，对于旅游中间商来说，就是劣势。

3. 要对旅游中间商过去的业绩进行评估

对旅游中间商过去的业绩进行评估，主要是了解旅游中间商对旅游产品的销售能力、条件、销售量及销售费用等。历史业绩表现良好的旅游中间商才可以作为旅游企业的合作对象。表 7-1 列出了某旅行社的历史业绩评估标准。根据此标准，可以得出旅行社过去在某饭店集团产品的销售业绩，以此可以作为其他旅游企业挑选的依据。

最后，是对旅游中间商进行最终选择。在确定最后的甄选方案时，还要考虑旅游中间商是否符合以下几个方面的要求。

（1）所选择的旅游中间商在目标市场上是否拥有畅通的分销网络和便利的销售场所；

（2）所选择的旅游中间商在经营方向和专业能力上是否符合分销渠道功能的要求；

（3）所选择的旅游中间商在消费者心目中是否具有良好的形象，是否能

在形象上有利于提升企业产品形象;

（4）所选择的旅游中间商是否与旅游生产企业具有很好的合作意愿，双方是否具有很好的信任度。

表 7-1　　　　　　　　　　　　　**旅行社历史业绩评估标准**

项目细分	分值			得分
	1	2	3	
订房数（间）	＜50	＞50	＞100	
停留天数	1天	2天	3天	
季节	8，9，10，11	全年	12，1，2，3	
付款方式	根据账单发票	入店登记时	预付	
预订未到	经常	偶尔	极少	
订餐	早餐	早晚餐	早晚餐和酒水	
与集团饭店往来数	1	2～3	4	

三、旅游分销渠道运作策划

旅游分销渠道运作策划的目的是为了保证建立后的分销渠道系统能够既有效力（Effectiveness）又有效率（Efficiency）地运转，这就需要对渠道运作的整个过程进行全面的策划。旅游分销渠道运作策划具体包括渠道运作评估、渠道优化策划、渠道成员激励策划和渠道冲突管理策划等方面。

1. 渠道运作评估

旅游分销渠道建立后，并不是一成不变的。旅游企业必须采取切实可行的措施，对渠道的运作情况进行评估。对渠道运作有贡献的渠道成员进行奖励，对影响渠道正常运转的不利因素予以去除，从而保证渠道运转的有效性。渠道运作评估的内容有以下几个方面。

（1）渠道运作成本和利润情况。各旅游中间商的销售量、实现的利润额以及渠道发生费用情况等。

（2）渠道成员推销旅游企业产品的积极性，对旅游产品的市场推广情况。

（3）与竞争对手相比，渠道系统的优势和不足之处。

（4）旅游企业与渠道关系情况，渠道成员之间的配合程度。

（5）影响渠道有效运作的限制因素有哪些？哪些因素渠道内部可以控制，哪些因素需要借助旅游企业解决？

旅游分销渠道应该建立一套正式评估体系，定期对渠道运作状况进行评估，及时发现问题，并找到解决措施。

2. 渠道优化策划

旅游市场需求是复杂多变的，为了适应多变的旅游市场，确保分销渠道的畅通和高效，旅游企业需要经常对其渠道进行调整和优化。其调整和优化方式主要有以下几个方面。

（1）调整渠道成员。在分析增减旅游渠道成员给旅游销售带来的影响，以及这种增减引起其他渠道成员的反映情况的基础上，适当改变旅游中间商的数量，使旅游分销渠道在最适宜的宽度下运转。

（2）调整分销渠道。若增减旅游中间商不能解决问题，就要考虑改变分销渠道。当市场环境改变时，有可能迫使旅游企业改变原来的分销渠道，而重新增设另一条分销渠道，直到分销渠道能够很好地满足市场需求为止。

（3）调整整个分销渠道系统。当旅游企业的销售存在严重问题时，就需要重新审视整个旅游渠道系统，通过调整整个分销渠道的结构和模式，使整个分销渠道系统得到不断优化。

旅游分销渠道的调整和优化是一个渐进的动态过程。在具体策划时，必须始终考虑根据市场需求的变化，运用系统工程的方法，确定调整的范围和程度，并且还要考虑渠道调整对营销组合带来的影响。

3. 渠道成员激励策划

旅游企业为了实现与旅游中间商的长期合作，必须采取多种措施对旅游中间商进行激励，借以调动旅游中间商销售旅游企业产品的积极性，并巩固和改善与旅游中间商的合作关系。具体激励手段主要有以下几种。

（1）奖惩结合。在与旅游中间商的合作中，旅游产品生产企业可采用奖惩结合的方式，通过正面和反面的刺激，促使旅游中间商有所反应，以维持旅游中间商的工作绩效。一方面，可以通过折扣、佣金、特别奖金、销售竞赛等方法，奖励业绩较好的旅游中间商；另一方面，可以通过减少折扣和佣金，必要时中止合同等方法来惩罚业绩不好的旅游中间商。在策划时，可以拿出具体的奖惩措施和实施细则。

（2）加强合作。旅游企业为了加强同旅游中间商的关系，必须在分销区域、市场开发、产品供应、业务咨询和宣传促销等方面，给予旅游中间商一定的帮助，并根据双方达成的协议，确定业务量和报酬情况，谋求旅游企业和中间商的长期合作。

（3）渠道规划。一个好的渠道规划是渠道有效运转的前提，因此，必须对渠道规划进行很好的策划。旅游生产企业可建立科学管理的纵向联合分销体系，将旅游中间商纳入整个旅游分销渠道体系之中，并结合旅游企业和旅游中间商的需要，制定合理的旅游规划，协助旅游中间商做好旅游产品的分销工作。

4．渠道冲突管理策划

旅游渠道冲突有两类：一是垂直冲突，即旅游生产企业与旅游中间商或不同层次的旅游中间商之间的冲突；二是水平冲突，即分销渠道同一层次上同类旅游中间商之间的冲突。无论是哪种类型的渠道冲突，都会影响到整个旅游分销渠道运作的效率和质量，因此，在进行渠道策划时，应预料渠道冲突的出现，并对渠道冲突管理有一个好的策划措施。具体有以下几种方法。

（1）做好防范措施。旅游企业在制定渠道政策时，应当考虑如何防止发生渠道冲突的问题，力求做到互惠互利，兼顾各方利益，合理布局分销网点，明确各渠道成员的权利和责任，做到责权明晰，职责分明。

（2）加强协调沟通。旅游企业要随时做好协调沟通工作，使旅游企业和渠道成员间以及渠道成员之间保持友好合作关系，建立风险共担、利益共享机制，达到实现旅游企业和所有渠道成员多赢的结果。

（3）妥善处理冲突。一旦出现冲突，旅游企业应实事求是地分析产生渠道冲突的原因并及时采取措施处理，将各方矛盾尽量控制在最小范围内，将旅游企业和旅游中间商的损失减到最小。

本 章 小 结

（1）旅游分销指的是旅游企业将旅游产品转移到最终旅游消费者的过程，这一过程是借助旅游分销渠道来完成的。旅游分销渠道又称旅游营销渠道，是由旅游产品在使用权转移过程中所经过的环节连接而形成的通道。

（2）旅游分销策划就是指对旅游产品从生产者到旅游消费者的整个转移过程所做的构思、设计、安排和部署，它包含旅游分销渠道模式策划、旅游中间商甄选策划和旅游分销渠道运作策划三个方面的内容，具有外部性、合作性和关联性三个特征。

（3）旅游分销策划要受到产品、市场和环境三个方面因素的影响，在策划时，必须坚持效率性、平衡性、可控性和权衡性原则，同时，必须按照一定的程序有条不紊地进行。

（4）在具体策划时，旅游分销渠道模式策划主要是要确定分销渠道的长度、宽度以及渠道联合模式；旅游中间商甄选策划包括对旅游中间商的考核、评估和甄选等过程；而旅游分销渠道运作策划是对渠道运作的整个过程进行的全面策划，它包括渠道运作评估、渠道优化策划、渠道成员激励策划和渠道冲突管理策划等方面。

思　考　题

1．旅游分销策划与旅游分销策略有什么区别？与旅游企业的其他策划又有什么区别？

2．在进行旅游分销策划时，企业要考虑的主要因素是什么？

3．分析互联网技术对旅游分销策划带来的机遇与挑战。

☞案例

国旅批发代理机制初见端倪①

日前，记者从中国旅行社协会了解到，国旅总社近来动作不小，开代理会、征代理商、出旅游手册……果真如此吗？

国旅目前已与 32 家旅行社签订了中国国旅"环球行"旅游产品代理协议；同时，正在诚征代理商，拟建成以北京、上海、广州（或深圳）为中心辐射全国的批发代理网络销售体系。

2003 年 3 月 28 日至 30 日，中国国旅"环球行"北方地区代理工作会议在北京召开。参加会议的 98 位代表来自华北、东北、西北地区 48 家有出国旅游经营权的旅行社。与会代表就"环球行"旅游产品及代理销售合作方式进行了探讨。国旅总社副总裁朱海波在会上做了题为"以品牌引导市场，以代理发展网络"的报告。代表们对"环球行"旅游产品品牌表现了极大的兴趣。

此次会议之后，各旅行社纷纷行动起来，陆续与国旅总社签订中国国旅"环球行"旅游产品代理协议，截至记者采访时，正式签订代理协议的已有 32 家旅行社，包括辽宁国旅、天津国旅和宁夏国旅等。

按照协议，双方（国旅总社和签约旅行社）同意以国旅作为提供组合旅

---

① 戴立平．国旅批发代理机制初见端倪．见：中国旅游报，20031-06-30（3）

游产品的组团社，签约旅行社作为销售国旅产品的代理社。双方的主要权利和义务包括：签约旅行社认可国旅独家拥有"环球行"品牌、应按国旅统一的市场策划进行广告宣传、随时接受国旅对遵守"环球行"产品服务规范的监督；有义务优先销售"环球行"旅游产品；同意在其经营场所内明显位置悬挂"环球行"代理社铜牌；执行国旅统一销售价。而国旅应向签约旅行社提供电脑分销系统并负责对签约旅行社的销售人员进行培训。

除了这 32 家旅行社，国旅总社还在全国诚征代理商，计划"十一"前在上海、年底前在广州（或深圳）各设一个运营中心，这样一来，国旅批发代理网络销售系统就会覆盖整个华北、华东和华南地区。

中国国旅"环球行"强调品牌和批发，核心竞争力是以社会游客为主要客源市场、以年度化的系列团队为主要销售产品、以批发代理商的网络为主要销售渠道，包括国内游和出境游的针对社会游客的观光、度假、休闲市场。

这是国旅总社对于"环球行"的定位。深究其背景，大体包括这样四个方面：第一，目前出境游市场正处于从特许经营到开放性竞争的过渡时期，价格战是其主要竞争手段，恶性竞争时有发生。为扭转这种局面，国旅推出了"环球行"的新品牌，以优质的品质保证、严格执行的标准化服务、个性化的产品设计、灵活的市场价格定位和现代化的运作模式为特征，以期在社会上树立一个代表优质服务的品牌形象；第二，响应国家旅游局提出的互为代理的号召，推出一个中性品牌，才有可能形成代理关系；第三，真正实现与国际化接轨，推行批发代理制，明确提出国旅要做一个旅游批发商的目标；第四，针对目前我国社会游客（Social tourist）市场还没有真正开发的特点和国旅自身的优势，决定以社会游客作为主要客源市场。

"工欲善其事，必先利其器。"从 2002 年夏天开始，国旅就开始了大刀阔斧的机构改革和流程再造。该社整合了中国公民总部，按照国际旅行批发商的做法，建立了市场部、销售部、统一运作的全新运营模式，以实现规模经济的优势。

可以说，这次改革不仅是一次机构改革，更是一次对员工的"洗脑"工程。开始时，大多数员工都非常困惑，尤其是老员工，原来是一个客人一个人做，一竿子管到底；现在是一个客人十人做，铁路警察各管一段。在没有批量的情况下，开始的时候大家觉得浪费时间。怎么办？——"洗脑"。

从几次改革开始一直到现在，国旅人不断地进行学习、讨论，通过交流，大家逐渐明白这个流程是建立在一个大的批零构架基础上的，如果没有这个流程，没有这个架子，就无法支撑大量的供货。这个体制从管理上讲是为了更好地维护集体的利益，避免过去那种"穷庙富和尚"的现象。如此大规模的流程再造也反映了国旅全面改革的决心和力度。目标已经锁定，道路也已铺就，下一步就是——推进代理。

批发代理机制的两个关键：一是年度旅游手册，二是便捷的网络预订系统。

目标确定以后，国旅紧接着做了这样两项具体工作：一是制作了一本精美实用的"2003～2004中国国旅环球行旅游手册"。这本手册不仅包括旅游线路、景观介绍、注意事项、精美图片等，最重要的，它还标明了中国国旅环球行一系列旅游产品全年的价格和日期。游客看到这个手册，就会对这些产品的内容、行程、价格、日期都一目了然，就会计划好全年的旅游活动。它会让人们逐步认识并接受远程预订这样一个概念。从这个意义上来说，它是中国第一本真正的旅游产品手册，因为普通的旅游手册只有泛泛的线路介绍，更类似于导游指南。二是建立了电脑分销操作系统。目前，国旅已经开发了一套完整的中国国旅"环球行"电脑分销操作系统，将免费提供该系统的接口供代理商使用并负责培训。通过该系统，代理商可以实现网上预订。

问　题：

1.从旅游分销策划的角度，分析中国国旅推出批发代理机制的意义和现实性。

2.结合我国分销市场的现状，阐述国旅此次改革对我国分销市场造成的影响。

第八章
旅游广告策划

第一节　旅游广告策划概述

一、旅游广告

在营销沟通中，广告被美国市场营销协会（AMA）定义为："由特定的主办人发起的（针对目标受众），以公开支付费用的做法，以任何形式对构思、商品或服务所做的非个人展示和促销。"其中，"任何形式"是指广告可以用任何形式进行介绍；"非人员"排除了广告与人员推销相混淆的可能；是由明确的发起者以公开支付费用的方法进行广告活动。

旅游广告，它的定义是由旅游目的地国家和地区、旅游组织或旅游企业出面，以非人员的任何形式，用付费的方式选择和制作有关旅游产品方面的信息，并由媒介发布出去，以扩大影响和提高知名度，树立旅游目的地国家、地区和旅游组织、旅游企业的形象，达到促销目的的一种广告形式。

以下就是一则旅游广告，借助全球大片《魔戒》的影响力，以"'魔戒'魅影"为主题，宣传电影的拍摄地——新西兰（如图8-1所示）。

根据旅游市场学的传统提法，旅游广告是旅游市场营销的重要组成部分。大多数旅游广告都是以产品为中心，或者着眼于消费者，或者着眼于旅游行业。但是，大型组织如航空公司和饭店集团等也会购买媒体空间来与其他群体（如股东或政治家等）进行沟通。它们更多的是使用广告组织的名称和企业形象作为整体传达给目标受众。

通常情况下，支付广告费用的单位或个人有以下三大类。

（1）旅行社、旅游代理商和批发商、航空公司、宾馆、饭店、酒楼、旅游车船公司、旅游景点、娱乐中心等旅游服务部门；

（2）旅游贸易公司，旅游纪念品、工艺品公司，旅游用品工厂和商店等

图 8-1　新西兰——人类最后一块绿洲

旅游生产部门；

（3）旅游协会、旅游学会、旅游院校、旅游研究所、旅游局等非赢利的旅游机关。

（一）旅游广告的分类

按照广告的市场功能分类，旅游广告可分为消费者广告和贸易广告两类：消费者广告是向可能使用旅游产品的潜在消费者做广告；贸易广告则是向影响消费者做出购买决策的旅游贸易中介做广告。或者分为产品广告和公共关系广告两类：产品广告是为了劝说消费者购买该旅游产品，使用该旅游服务所做的广告；公共关系广告是为了树立旅游企业、组织的形象，获得公众的支持和好感所做的广告。

旅游广告按其目标划分为以下三种。

（1）告知型广告（Informing）：这类广告是为了广而告之，传递信息，触发初级需求。如向旅游市场介绍一种新的旅游产品，包括特性、质量和价格等，使广大潜在旅游者知道这个旅游产品的存在。具体又可分为两种情况：介绍旅游新产品或新服务项目及可能给旅游消费者带来的利益等；宣传旅游地或旅游企业的市场地位及对旅游消费者采取的便利性措施。这类广告适用处于导入期和成长期的旅游产品，能促使其迅速进入目标市场。

（2）说服型广告（Persuading）：这类广告主要突出旅游产品的特色，说服旅游者产生选择性行为，购买本产品，具体又可分为进攻型和保守型。进攻型是突出本产品的优势特征和利益；防守型广告是努力改变旅游消费者对本产品或服务的不利印象，抵消或削弱竞争对手的广告影响。这类广告使用于处于成长期和成熟期的旅游产品，能促使消费者形成品牌偏好。

（3）提醒型广告（Reminding）：这类广告主要起提醒作用，目的是提醒旅游者保持对本旅游产品的记忆，以获得本企业尽可能高的知名度，或者是促使意欲购买者完成购买行为，并刺激老顾客重复消费的欲望。许多旅游产品有季节性，在淡季时也需要提醒型广告。这种类型的广告主要用于处于成熟期和衰退期的旅游产品。

旅游广告按照广告的媒介分类，还可以分为印刷广告、广播电视广告、交通工具广告、路牌广告、特种广告和计算机互联网广告等。

（二）旅游广告的特点

旅游广告不同于一般的产品广告，由于它直接受旅游行业特点诸如旅游产品的不可触摸性、时效性，旅游产品销售的跨区域、跨文化、跨国界性，行业的复杂多样性的影响，必然有其自身的特点。

（1）旅游广告的传播具有公众性。旅游广告是一种非个体传播，一种高度公开的信息沟通方式，信息覆盖面广，因此旅游广告传递给每个潜在旅游者的人均费用低，而且使旅游企业或产品迅速扩大影响，比较适用于旅游产品的宣传推广。

（2）旅游广告的影响具有渗透性。旅游广告可以多次重复同一信息，而且可以同时通过不同媒体对文字、声音、色彩、影像等多方面艺术和技术手段的运用，使得旅游广告极具表现力和吸引力。它能影响旅游者的情感和态度，激发旅游者的消费欲望和需求，诱导旅游者购买本企业的旅游产品，因而渗透性很强。

（3）旅游广告的效果具有滞后性。旅游广告是单向地把信息传递给潜在消费者，使得旅游企业有时难以判断潜在旅游者是否已经注意到旅游广告的内容，是否对旅游者产生了影响。即使对旅游者产生了影响，也是潜移默化的，往往在一个较长的时期才能体现，因此旅游企业的广告宣传活动要有超前意识。

（三）旅游广告的作用

旅游业的繁荣发展，有赖于广告的支持，在现代旅游业中，广告不是可有可无的。人们选择旅游目的地和旅游线路，很大程度上是由于广告的影响。具体来讲，其作用主要有以下三点。

（1）旅游广告是传递旅游信息及沟通供需的媒介。广告以其大众化、重复性及表现力成为一种富有大规模激励作用的信息传播技术。一方面旅游景点、旅游服务设施和旅游产品的展示性和可感受性，为旅游广告发挥其表现力提供了有利的基础；另一方面作为不可触摸、不可试用的无形旅游服务产品，也影响到潜在旅游消费者将更多地依赖旅游广告信息。潜在的旅游消费者正是通过这些信息，了解旅游企业和旅游产品或旅游地。

（2）旅游广告是树立形象及开展竞争的必要手段。市场竞争的核心问题是争夺客户。旅游企业要在竞争中取胜，不仅要推出适销对路的产品，还应把旅游广告视为经营环节中同产品质量、价格一样重要的组成部分。旅游广告能突出旅游产品或旅游企业的特点，从而有利于树立品牌形象和企业形象，促使旅游消费者在购买时选择本企业的旅游产品而非其他企业的旅游产品，有利于打开市场销路。

（3）旅游广告是引导消费者消费及培养新需求的工具。旅游产品作为高层次的消费品，其消费需求弹性较大。旅游广告可以唤醒潜在旅游者对旅游产品的注意，引起他们的购买兴趣。人们的消费观念和习惯并不是一成不变的，通过旅游广告可将新的消费观念不断渗透到旅游者的意识中，从而达到引导需求、刺激消费的效果。

二、旅游广告策划

旅游广告策划，是指广告策划人通过周密的旅游市场调查和系统的分析，利用已经掌握的知识、情况和手段，合理而有效地开展旅游广告活动的过程。

旅游广告策划是广告工作中的先导和核心，在整个广告活动中处于指导地位。策划使旅游广告活动的各个环节都有了系统性的规划，从而提高了广告活动的效率，增强了广告的竞争性，增进了广告的整体效益。

（一）旅游广告策划的类型

旅游广告分为不同的类型，旅游广告策划也相应有不同的种类。

（1）促销广告策划。促销广告的目的是直接促销，广告策划就要紧紧围绕这个目标进行，追求最大的促销效果。比如武汉市五一黄金周的"华润"国际旅游节的广告，采用告知型广告，在电视和互联网上介绍该活动，在各饭店、酒店前派送相关活动的广告宣传册，利用公交车站的灯箱做广告等，在短时间内使游客知道并大概了解该旅游节的一些活动准备情况。

（2）形象广告策划。形象广告的目的是为了树立旅游地区、产品或旅游企业的形象，增强消费者对其产品的信任度。这类广告策划应让受众在较长时间里逐渐接受旅游产品或企业的形象。如一则巨大的宣传香港、香港旅游的多媒体广告曾出现在纽约时代广场的大屏幕上，让密集的人群逐渐受到影响，在心目中树立起香港这个旅游城市的形象。

（3）观念广告策划。观念广告的目的是传达一种观念或理念，观念广告策划与形象广告策划相似。如绿色旅游的广告策划，可以采取提醒型广告，要让消费者了解绿色旅游中的环保行为和绿色消费等。

（4）解决问题广告。旅游组织做这类广告一般是遇到了问题和困难，解决问题广告有明确的目的性，就是在一段时间内直接解决紧迫问题。比如某地区出现传染性病例，广告策划方可以举办记者招待会，按照真实情况推出说服型广告，增强旅游消费者的信心。

（二）旅游广告策划的特点

旅游广告策划的特点可以归纳为以下三点。

（1）旅游广告策划是动态的过程，是一项复杂的系统工程。

（2）旅游广告策划要考虑长远利益，不能有短期行为。

（3）旅游广告策划要有创意性。

（三）旅游广告策划的内容

旅游广告策划需要考虑以下问题。

（1）广告要达到什么目的？

（2）接受广告的人群是谁？

（3）什么时候做广告？

（4）在什么场合做广告？

（5）利用什么媒体中介？

（6）广告表现哪些内容？

（7）预计达到什么效果？

相对应地，解决上述问题，主要是弄清下列问题。

（1）明确战略目标；

（2）确定广告的对象，找准目标；

（3）选择恰当的时机；

（4）选择适当的地点；

（5）选择可靠的中介媒体；

（6）明确广告的主题、表现形式、构思创意；

（7）对效果进行预测评估。

（四）旅游广告策划的写作概要

广告策划是在市场调查研究的基础上，对广告整体活动或某一方面活动的预先设想和策划。

广告策划书有两种形式，一种是表格式的。这种形式的广告策划书上列有广告主现在的销售量或者销售金额、广告目标、广告诉求重点、广告时限、广告诉求对象、广告地区、广告内容、广告表现战略、广告媒体战略、其他促销策略等栏目。其中广告目标一栏又可分为知名度、理解度、喜爱度、购买愿意度等小栏目。这种广告策划书比较简单，使用的面不是很广。另一种是以书面语言叙述的广告策划书，运用比较广泛。

一份完整的广告策划书至少应包括如下内容：前言；市场分析；广告战略或广告重点；广告对象或广告诉求；广告地区或诉求地区；广告策略；广告预算及分配；广告效果预测。当然，可能因撰写者个性或个案的不同而有所不同。下面简述撰写时应注意的问题。

（1）前言部分。应简要地说明广告活动的时限、任务和目标，必要时还应说明广告主的营销战略。这是全部计划的概要，目的是提出广告计划的要点，让企业最高层次的决策者或执行人员快速阅读和了解细节，因此内容不宜太长，以数百字为佳，所以有的广告策划书称这部分为执行摘要。

（2）市场分析部分。一般包括四个方面的内容：企业经营情况分析；产品分析；市场分析；消费者研究。撰写时应根据产品分析的结果，展示广告产品自身所具备的特点和优点。再根据市场分析的情况，将广告产品与市场中各种同类商品进行比较，指出消费者的爱好和偏向，也可提出广告产品的改进或开发建议，因此这部分被称为情况分析。撰写时应简短地叙述广告主及广告产品的历史，对产品、消费者和竞争者进行评估。

（3）广告战略或广告重点部分。一般应根据产品定位和市场研究结果，阐明广告策略的重点。这一部分应展示以下内容：用什么方法使广告产品在消费者心目中建立深刻的印象；用什么方法刺激消费者产生购买兴趣；用什么方法改变消费者的使用习惯，使消费者选购和使用广告产品；用什么方法扩大广告产品的销售对象范围；用什么方法使消费者形成新的购买习惯。在撰写这部分内容时应增设促销活动计划，写明促销活动的目的、策略和设想，也可把促销活动计划作为单独文件分别处理。

（4）广告对象或广告诉求部分。这一部分撰写时应根据产品定位和市场研究来测算广告对象有多少人、多少户。再根据人口研究结果，列出有关人口的分析数据，概述潜在消费者的需求特征和心理特征、生活方式和消费方式等。

（5）广告地区或诉求地区部分。这一部分撰写时应确定目标市场，并说明选择此特定分布地区的理由。

（6）广告策略部分。这部分应详细说明广告实施的具体细节，撰写时应把所涉及的媒体计划清晰、完整而又简短地设计出来，详细程度可根据媒体计划的复杂性而定，也可另行制定媒体策划书。一般至少应清楚地叙述所使用的媒体、使用该媒体的目的、媒体策略、媒体计划。如果选用多种媒体，则需对各类媒体的刊播及如何交叉配合加以说明。

（7）广告预算及分配部分。这部分撰写时应根据广告策略的内容，详细列出媒体的选用情况及所需费用、每次刊播的价格，最好能制成表格，列出调研、设计、制作等费用，也有人将这部分内容列入广告预算书中进行专门介绍。

（8）广告效果预测部分。这一部分主要说明经广告主认可，按照广告计划实施广告活动预计可达到的目标。这一目标应该和前言部分规定的目标任务相呼应。

在实际撰写广告策划书时，上述八个部分可有增减或合并，如可增加公关计划、广告建议等部分，也可将最后部分改为结束语或结论，这些都可根据具体情况而定。

撰写广告策划书一般要求简短，避免冗长，删除一切多余的文字，力求简练、易读、易懂。撰写广告计划时，不要使用太多的代名词。广告策划的决策者和执行者不在意是谁的观念、谁的建议，他们需要的是事实。广告策划书在每一部分的开始最好有一个简短的摘要，在每一部分要说明所使用资料的来源，使计划书增加可信度。一般说来，广告策划书不应超过两万字。如果篇幅过长，可将图表及有关说明材料列入附录部分。

在撰写过程中，视具体情况，有时也将媒体策划、广告预算、总结报告等部分专门列出，形成相对独立的文案。

（五）旅游广告策划的步骤

（1）确定旅游广告目标公众。旅游广告目标是指在一个特定时期对特定潜在旅游者所要完成的传播任务，它是由其营销目标决定的。

（2）确定旅游广告实施实体，即决定是邀请专业广告公司参与广告的策划实施，还是由本企业的公关销售部自行策划实施。我国的国家旅游业主管部门及各省、市旅游管理机构、旅游经营机构都有专门从事旅游市场开发、广告宣传、公关策划的机构。这些机构在从事中小规模的广告策划实施方案方面完全可以靠自己的力量实现既定的广告目标，而策划实施大规模的广告促销活动就应考虑邀请专业公关广告公司进行合作。

一旦旅游企业或组织确定了其广告促销的策划目标和实施实体，同时就应将该策划对合作者、协作机构的影响进行认真研究。旅游企业或组织的广告促销活动不是简单、孤立的组织行为，它与诸多方面有着千丝万缕的联系。为此应全盘考虑、整体运作，从整体上构成旅游企业或组织广告促销的突出的"势能"。

（3）选择旅游广告媒体。旅游广告媒体就是旅游广告宣传的载体。不同的广告媒体有不同的特点，因而在选择广告媒体时应对产品特点、目标的媒体习惯、媒体的传播范围、媒体的影响力等诸因素进行全面权衡。

（4）选择旅游广告时机。选择广告时机是对广告推出的时间频率所作出的具体安排，只有把握了最佳的传播时机才能达到最好的广告效果。

广告时机应与人们的购买时机相一致；广告的展示时间应与人们最有可能接触到该媒体的时间相一致；广告的播放时间应与人们偏爱的节目时间相一致。此外，还应掌握适当的展现频率。

常用的旅游广告时机策略通常有三种：集中时间策略，即在短时间内，对有限的旅游目标市场集中力量实施强有力的广告攻势，其目的在于能短时间内迅速造成广告声势，打开市场销路；均衡时间策略，即有计划地均衡而反复地对旅游目标市场发布广告的策略，它有利于目标旅游者加深对旅游产品或旅游企业的印象，扩大品牌知名度；季节时间策略，即广告活动的开展根据旅游旺季、淡季情况来策划。旅游业本身存在淡、旺季，在特定的费用约束下，顺应季节变化安排媒体计划一般比平均使用广告费更符合旅游业的特点。

（5）确定旅游广告预算方案。旅游企业或组织由于进入市场的时间长短不同、所提供的服务不同、面对的目标公众不同，竞争对手也不同，为此旅游广告的投入方式和比例都无定式，完全依据旅游企业或组织自身的实际情况进行投入和分配。

（6）旅游广告创意。广告创意是指使广告达到既定目标的创造性主意。

（7）旅游广告效果评估。重视旅游广告的信息反馈，正确地评价旅游广告效果，有利于制定最佳的旅游广告决策，降低旅游广告费用，提高旅游广告效益。

第二节　旅游广告的目标及目标市场定位策划

一、旅游广告的目标

旅游广告的目标是旅游广告促销活动所追求的指标和要达到的要求。旅游广告所要实现的目标可以是多种多样的，应尽可能地具体。旅游业的类型不同，广告目标也不同。但总体说来，广告的目标可以分为策略性目标和战略性目标。战略性广告主要是立足于市场的长远发展，努力在目标市场中建立一种意识和影响，从而树立一个组织的形象；策略性广告主要是立足于现实，瞄准特定的细分市场，努力说服其中的顾客在短期内到特定的场所采取一定的购买行为。战略性广告是一种长期行为，其效果通常很难评价；策略性广告是短期行为，往往能够取得立竿见影的效果。

一般情况下，旅游企业和组织的广告目标有以下几种。

（1）通过旅游广告使旅游消费者了解产品属性、服务特色等，提高产品的认知度和知名度，树立产品形象。

（2）通过旅游广告使旅游消费者对旅游企业、组织的经营思想、人力及财力优势等有较为深入的了解，树立旅游企业的形象。

（3）通过旅游广告增强旅游消费者的观念，启发新的旅游需求，以达到促销的目的，从而增加销售量，提高市场份额。

（4）通过旅游广告使旅游消费者认同该旅游企业或产品，与同行进行竞争，争取更多的客源。

旅游企业、组织在进行广告促销活动时，首先要进行广告目标策划。广告目标策划是在消费者分析、市场分析和产品分析之前选择恰当的广告目标。选择广告目标应首先对旅游组织、企业的外部环境和自身条件进行分析，即在相关旅游目标市场策略、市场定位等营销组合因素的基础上，确定广告的目标。

二、旅游广告目标市场定位策划

（一）旅游广告目标市场定位的概念及意义

1. 旅游广告目标市场定位的概念

所谓旅游目标市场是指旅游企业准备用其产品和服务来满足的一组特定的旅游消费者，或者说是旅游目标市场是旅游企业准备从事营销活动的一个特定旅游市场。旅游目标市场是旅游市场营销活动中的一个重要概念，因为旅游企业要把满足旅游者的需求放在首位，必须充分了解并满足旅游者的需求，旅游企业才能生存和发展。旅游者的需求是千差万别的，没有任何一个旅游企业能满足全部的旅游需求，旅游企业只能选择满足一组特定旅游者的特定需求，来实现其经营目标。一组特定的旅游消费者就是一个或几个旅游细分市场。旅游企业根据自身的技术力量、物质资源及管理能力等条件选择一个或数个细分市场作为自己的目标市场，这样的营销活动就称为旅游目标市场的选择。

旅游广告目标市场定位则是在确定了旅游目标市场后，在广告上为竞争者定位以确定其优、劣势，并结合本企业产品的优劣制定相应的定位策略，即以竞争者为中心展开广告与营销攻势。

2. 旅游广告目标市场定位的意义

（1）正确的定位是说服消费者"购买"旅游产品的关键，如深圳中国国际旅行社推出的寻源香格里拉（如图8-2所示）。

图8-2　寻源香格里拉

（2）正确的广告定位有助于旅游产品的识别，如深圳中国国际旅行社推出的童年到香港（如图8-3所示）。

图8-3　童年到香港

（3）正确的广告定位为旅游广告的创作提供了最基本的题材，如深圳中国国际旅行社推出的春节旅游（如图8-4所示）。

图 8-4　春节旅游

（二）旅游广告目标市场定位原则

无论哪种形式的广告，目标受众都是消费者，目的都是为了吸引顾客购买广告主的产品，能否引起消费者的购买是衡量一则广告成功与失败的惟一标准，旅游广告也不例外。那么如何吸引消费者，如何与竞争对手相区别及旅游广告目标市场到底该如何定位就显得尤为重要。

定位一词最早出现在广告界，后成为营销的一个观念，目前则被广告界逐渐渗透到广告的每一个环节。定位的实质在于找到一块足够小的市场空间或空隙，集中力量形成企业优势，在狭小的空间中占有最大的市场份额，并同时考虑产品未来的发展空间，而这个空隙必须是立足于消费者心智中的空隙。准确定位是旅游广告成功的前提，旅游广告目标市场定位应遵循以下原则。

（1）旅游广告目标市场的定位应符合目标消费者的需要。在策划广告文案前应对目标消费者进行调研，了解其购买心理、购买动机；了解其对什么样的刺激产生兴趣，了解其购买的目标，从而了解消费者的心理，以便吸引消费者并使之购买广告主的产品。例如：马尔代夫旅游广告选择新婚夫妇为目标市场，策划了一个特色线路品牌"蜜月时光"。宣传单设计成"蜜月请柬"形式陈列于各婚纱摄影店，一打开"蜜月请柬"将会看到（如图 8-5 所示）：在"地球上最后一个乐园"里，只有你和你的爱人，还有马尔代夫……

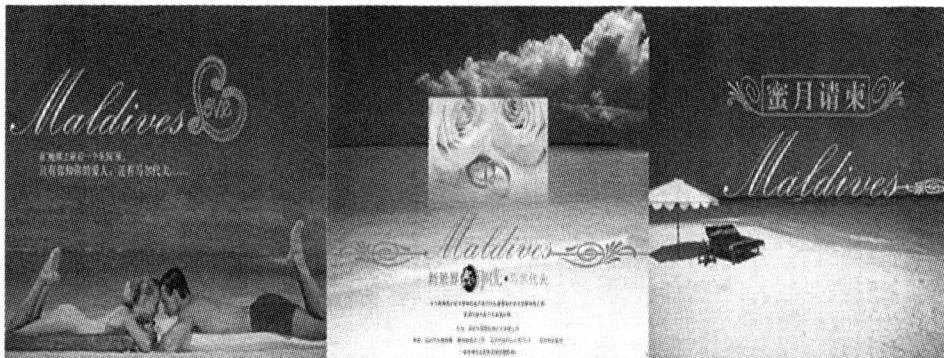

图 8-5　蜜月请柬

（2）旅游广告目标市场的定位应建立在竞争者分析的基础上。在对目标消费者进行调研，了解其需求后，还应对竞争者进行分析。首先对竞争者品牌产品的优缺点、广告内容、促销手段、市场操作情况进行调查；接着从中进行分析，借鉴对手的成功经验，找出薄弱环节，并在自己的广告中扬长避短、避实击虚，有针对性地进行广告宣传，以夺取竞争者的市场份额。

（3）旅游广告目标市场的定位必须与旅游企业或组织所具备的资源和能力相匹配。针对一定的目标细分市场，旅游企业或组织必须具备开发该细分市场的人、财、物等资源条件，以及设计旅游产品和营销组合的能力。同时，针对具有相当规模市场潜力的目标市场，旅游企业要考虑是否有相应的接待条件、招徕能力以及成本开支，而其广告定位的策划应以此出发并考虑由此产生的一系列费用。如风景区内的小型别墅群，选择会议旅游市场作为目标市场，恐怕其接待能力达不到要求，但把商务旅游市场或家庭旅游市场作为目标市场，可能比较合适，那么在进行相应的广告定位时就应将较高收入的商务人员与有较高收入的家庭作为定位目标。

（三）旅游广告目标市场定位策略

（1）旅游产品品质、功效定位。

这种策略旨在广告中突出强调旅游产品独特的品质和功效，如蹦极。

（2）旅游产品价格定位。

此策略旨在广告中突出强调旅游产品价格的昂贵或廉价。突出昂贵表示产品服务的高品质，以吸引高收入阶层的消费者购买；突出低廉表示在同等的质量、功能前提下，价格更为低廉，以吸引低收入低阶层的消费者购买，如深圳中国国际旅行社推出的新加坡旅游（如图 8-6 所示）。

图 8-6　新加坡之旅

（3）旅游产品的类别定位。

在广告中突出强调旅游服务专门面对的某些消费者群体市场，如深圳中国国际旅行社推出的新景界海王星辰健康之旅（如图 8-7 所示）。

图 8-7　新景界海王星辰健康之旅

（4）角色定位。

根据企业的实际情况又分为强势定位与跟进定位。强势定位，在市场上以"领导者"的角色出现，以显示优势或强势争取消费者的信任，取得消费者对其实力的认同，适用于成就大、实力雄厚的企业；跟进定位是通过模仿或跟进一流企业，达到以较少的投入获得较大传播效果的定位方法。如各地的香格里拉饭店跟进定位，是处于劣势的一般服务常采取的一种依附式、防守性策略。

第三节　旅游广告的媒体选择及预算策划

一、旅游广告媒体选择

(一)旅游广告媒体的类型

旅游广告可资利用的媒体可分为两大类:一类是付费租用的大众传播媒体,主要包括电视、广播、报纸、杂志四大媒体和户外广告、直邮广告媒体等;另一类是广告主自己购买制作的媒体,包括各类自办宣传物、宣传品,其中旅游宣传品广告因其具有公关和营业推广的意义,常常被单列于旅游广告之外。

各类媒体作为旅游广告的载体都有其适应性和局限性,几种主要的大众媒体的特点如下。

(1)报纸。报纸是四大媒体中旅游广告利用最多的媒体。报纸的发行量大,传播面广,可信度高,地域可选性强,而费用远比电视低;报纸读者层稳定,在一定时间内可反复查阅有关信息;读者阅读时可选择性强,对广告没有抵触情绪,较易接受广告信息。报纸的局限性主要是印刷质量不理想,表现力较弱,一般不利于在上面做旅游景点的展示广告。报纸广告内容较杂、信息多,易分散读者的注意力,读者也大多是浏览,精读率低。

(2)杂志。杂志的突出特点是读者的人口类别可选性很强,其读者相对集中,便于选择目标顾客。旅游杂志广告容易对准市场,尤其是专业类杂志,同时杂志印刷精美,图文并茂,非常适合做旅游地、景点和饭店等的形象广告。杂志的短处是广告周期长,发行量较少,价格偏高,版面受限制,不适合高频率的地区性旅游销售广告。

(3)广播。广播信息传播最及时、最灵活,易给人想象的空间;广告收费也较低,相对也易于重复。近年来,广播朝着较强的地区与人口选择性方向发展,广播有利于进行地理位置定位,也容易接近可辨认的细分市场;缺点是缺乏视觉吸引力,信息不易保留,听众记忆起来较困难。

(4)电视。形、声、情并茂,具有逼真性和纪实性,有利于展示旅游地及其景点的特色和魅力,是最富有感染力的广告媒体;而且信息传播速度快,传播效率高,有利于接近大众消费市场。缺点主要是费用较高、时间短、干扰较大;设计制作有一定难度;观众选择性差,处于被动的地位,抵触情绪较大。

(5)户外广告。户外旅游广告主要在交通口岸、要道和景区、景点及饭店所在地，主要包括广告牌、霓虹灯广告、车身广告、招贴画广告等。其优点在于灵活、醒目、展示时间长，路人可反复触及；缺点在于广告信息接收对象选择性差，内容局限性大，路人注目时间短。

（6）直邮广告。直邮广告采取随报附送的做法，免费随报送至各订户；或者利用公共资料档案，发展一套适合的对象名单，寄给特定的客户群。长处是对目标顾客的针对性很强，非常灵活，受时空条件限制最少，人情味较重，易于衡量效果；短处是精力、时间和经济投入相对较高、范围窄，使用不当易引起收信人反感，因此需要高度注重邮件从内涵到外表的创意设计，以引起收信人的兴趣。

（7）销售点/店面。旅游销售点，大多为旅行社的门市部，把门市部标志、店门、橱窗、室内宣传物等用饰物装饰成为一个全方位的立体广告以吸引路人的注意和光顾。它的特点是固定性强，公众反复注视率高，容易在公众心目中树立起形象，能刺激冲动型消费，广告成本伸缩性大；缺点是适用范围小。目前全国不少旅游组织对销售点的广告不够重视，只把它当做一个营业场所。

（8）包装物、手提袋。在购物袋、礼品包装纸、手提袋上，旅游企业常常印上自己的标志、组织口号以及联系地址和方式。此外，一些旅游企业对它们进行艺术化的处理，使体现出的广告效果更好。运用包装物、手提袋作为旅游广告的载体，在目前已是很普及了。包装物、手提袋作为广告媒介，特点是数量多、流动性大，特别是手提袋，固定性很强，人们经常随身携带，起到了流动广告的作用。

（9）网络广告。网络广告不仅具备电视广告综合性动态的表现效果，而且不受时间和地域的限制，传播的信息量丰富；其传播的地域范围十分广泛，其面对的客户对象是近 1 亿的 Internet 用户，而且这个客户群正以每月超过 10% 的速度增长；允许目标公众有充分的选择权利，允许双向式交流，可及时反馈；借助电子邮件等技术手段，旅游企业能寻求特殊的咨询服务；旅游企业可实时监控广告效果，由网站或第三方提供广告每天的收视次数、点击数、点击率等数据的专门报告。其不足之处在于设备要求高，基础费用高，可信度低。

随着互联网在全球范围内的飞速发展和普及，网络广告正日益受到关注。旅游网络广告除了可以在互联网上利用文字、图片或者再加上声音进行展示以外，还可以通过电脑多媒体技术、虚拟现实技术，通过软件模拟自然景观的演变、形成，对各个景点优美、罕见的景色进行淋漓尽致的表现；还有的运用 flash 及虚拟现实技术模拟客人多种参观线路的选择，给人身临其境的感觉，挖掘各条方案中的精品景点，这都是传统旅游广告媒体形式所无法实现的。

但是网络广告的主流形式——Banner（旗帜广告）的平均点击率已经大幅度下降，并且看不到反弹的势头。世界五大航空公司联合创建的旅游网站Orbitz，采用的是无所不在的 Pop-under（隐性弹出式广告），即广告在网民浏览网页时突然弹出，但很可能遭到网民的强烈反感，结果会损害品牌。现在似乎每个人都无法躲开网络广告铺天盖地的地毯式轰炸。

众多网络公司和广告商在实际操作中没有充分发挥网络广告应有的优势，很多操作者固守传统媒介广告的思维来运作互联网广告，忽略了网络广告具有直接互动的人际传播优势。网络广告最大的优势就是互动，如何充分利用互动优势，吸引网民的主动参与，无疑是网络广告的出路。目前已经出现的旅游电子杂志、旅游电子邮件等都是很好的尝试；也可以设立旅游分类广告，为旅游产品提供详尽的互动信息、景点展示、行程和价目表等，总之旅游网络广告必须改变传统广告者单方面宣传的模式，真正为目标受众提供参与的广泛空间。

此外，现实生活中的诚信危机也同样蔓延到了网络上，现有的广告规范对网络广告的监管相对滞后，这就更加降低了网络广告的权威性和信任度。"互联网时代，信用是电子商务的灵魂"，要借助网络优势树立旅游企业的形象，培养网民对自己旅游产品的忠诚度，旅游企业就必须首先对消费者忠诚，真正使网民接收旅游广告成为一种愉悦的体验。

（二）旅游广告媒体的选择

正确地选择广告媒体，可以大大增强广告效果；反之，则得不到应有的效果。

在进行媒体的选择时，旅游企业或组织不仅要考虑媒体传播范围的宽窄、接触人数的多寡、出现频率的高低、影响力的大小及费用情况等因素，还要结合企业（产品）的特点、目标市场受众的特点、广告信息传播的多少进行抉择。一般来讲，正确的媒体选择要考虑以下几个因素。

1. 经济性

在任何媒体上做广告都需要支出一定的费用，所以，在进行媒体选择时，一定要充分考虑经济方面的因素，根据旅游企业自身的资金能力，在各种媒体之间进行合理的比较与选择。媒体的成本可以分为绝对成本和相对成本。绝对成本是指使用媒体需要支出的全部费用；相对成本是指使单位目标顾客获得一定信息量所需要支出的费用。

相对成本＝绝对成本/获得信息的目标顾客总数

经济性不能仅关注绝对成本，还应该考虑接触的人数及展示的频率和影响力。电视广告费用非常昂贵，报纸广告费用相对较低，偏僻街区的广告牌费用可能也十分低廉。经济因素是导致后两种旅游广告远多于电视广告的重要原因之一。同一种媒体的信誉度和影响力越高，其费用也越高。如在《时代周刊》（Sunday Times）杂志上刊登一幅整版广告（四色）可以被 400 万成年人看见，其费用为 55 000 英镑，即每千人的费用为 13.75 英镑，而在其他媒体每千人的费用可能只有 3.5 英镑，因此相对成本是对广告促销费用使用效率的一种评价，在广告促销中要充分考虑相对成本因素。

2．适用性

在进行广告媒体选择时，要考虑媒体是否适合自己的广告。媒体的适用性主要表现在以下几个方面。

（1）旅游产品特点的要求。根据产品特点选择媒体才能更有效地传达广告信息。例如：旅游景点展示广告最好选择色彩丰富的杂志或者电视作为传播媒体，而不宜采用报纸作为媒体，这些广告的促销效果需要一定的图片和颜色才能显示出来；报纸广告纸质粗糙，印刷质量低，难以通过旅游景点的吸引力和独特之处激起读者的旅游愿望。

（2）目标市场的要求，即目标市场是否能够有效地获取广告信息。旅游者由于年龄、性别、收入、受教育程度、职业和生活习惯等的很多不同，对各种广告媒体的接触有很大区别，因此，旅游企业应针对自己的目标市场选择相应的媒体。对于青少年，电视和网络广告非常有效，而都市成年人多爱看当地的报低。

此外，媒体的传播范围还要与目标市场的规模相适应，媒体传播的范围过大或过小都会使广告的相对成本上升。旅游产品行销全国，宜选择全国性的电视台、电台或全国性报纸作为媒体；局部地区销售的旅游产品，则宜选择地方性的电视台、电台或地方性报纸作为媒体。

（3）旅游企业或组织特点的要求，媒体是否与旅游企业或组织自身的特点相适应是一个应考虑的问题，如一个五星级的大酒店就不适合在小报上做广告。

（4）广告信息特点的要求。如时效性很强的旅游销售广告就比较适合以报纸或者广播电视为媒体，而不适合以杂志为媒体；如果旅游企业要传播的信息量很多，且以文字型介绍为主，则宜采用报纸或杂志为媒体，而不适合以电视或广播为媒体。

3．干扰性

同一媒体在同一时期传播的不同广告信息之间会相互干扰，导致广告效益下降，这是观众的注意力被分散的缘故。解决这一问题的办法是综合运用各种媒体。对旅游产品来说，综合运用旅游宣传印刷品和电视广告，效果比单独运用要好。

除此之外，这里还专门针对网络广告媒体的选择讨论几个问题。

（1）旅游广告站点必须有比较高的人流量。

（2）根据站点或第三方提供的资料判断站点的访问者是否过分集中，即重复的访问者有多少。不重复的人群越多，旅游广告所能达到的目标受众就越多。

（3）旅游广告站点的访问者是否与您的潜在旅游消费者有所关联。如果选择与广告主业务方向相关的专业站点，广告效应会成倍增长。旅游网络广告大多集中在各旅游服务网站或网站的旅游栏目中。

（4）选择线路和服务器可靠的站点。

（5）最好选择能够提供旅游广告播发详细报告的站点。若能有第三方组织进行广告播发统计，则能提高旅游广告站点的可信度。

二、旅游广告预算策划

旅游广告进行广告宣传是希望达到一定的目的或目标，而进行广告活动是需要投入资金的。如果广告开支过低，则可能达不到预期的效果；如果广告开支过高，则会造成浪费。确定企业应在广告中投入的资金数量，是非常困难而又十分重要的，这正是广告预算要解决的问题。

（一）旅游广告预算的基本原则

（1）旅游广告预算要考虑旅游企业或组织的经济能力。旅游企业或组织的财力、物力直接影响广告预算的高低。企业的规模越大，实力越强，相应的广告开支也就越大。

（2）旅游广告预算应当考虑旅游企业或组织的营销目标。决定广告经费的投入不能离开广告目标；否则，不仅难以达到预期的目标，还会造成资金的浪费。

（3）旅游广告的预算应当考虑旅游产品或服务自身的特点。旅游产品或服务的广告形式、媒体等不相同，相应所需要的广告开支也不同。

（4）旅游广告的预算要考虑旅游产品或服务的营销区域范围。旅游产品或服务营销区域范围的大小及集中程度，制约着广告的预算。营销区域越广，营销对象区域分布越分散，要求使用广告媒体的种类就越多，发布频率也越高，相应的广告预算也越高。

（5）旅游广告预算还必须充分考虑外部环境因素的影响。影响旅游企业或组织的主要外部环境因素有：市场形势的变化、竞争对手的情况及其他政治、法律、经济、技术、社会文化等因素。当这些外部环境因素的影响达到一定程度并足以迫使企业调整其营销策略时，广告费用的开支也要做相应的调整。因此，在制定广告预算时必须对这种可能性进行充分的估计，使预算保持一定的弹性，具有适当的应变能力。

（二）旅游广告预算的方法

旅游广告预算项目主要包括：市场调研费、广告设计费、广告制作费、广告媒体租金、广告机构办公费及人员工资、广告公司代理佣金等。

制定广告预算的方法主要有以下4种。

（1）销售百分比法：按照过去年度销售额和本年度计划销售额的一定百分比来安排。这种做法的优点是可操作性强、简单实用，因此被许多企业采用；但从逻辑上说，把广告支出和销售收入的因果关系倒置，这种方法最大的缺点是比较死板，在实际使用中不反映市场变化，不能适应开拓新市场的需要。

（2）量入为出法/随机分摊法：依据本旅游企业或者旅游广告委托人目前的财务支出能力安排预算，即企业确定广告预算的依据是其能拿得出的资金，完全忽视销售对于销量的作用。这种方法的缺点是广告费用的支出不一定符合市场开发计划的需要。

（3）竞争对峙法：参照竞争对手的广告费用支出来决定自己相应的广告预算，以保持竞争上的优势。采用这种方法，企业必须能获悉竞争者广告预算的可靠信息。这种方法应用范围较为有限，因为企业间的规模、实力、信誉、目标等常存在诸多不同，完全以竞争对手的费用开支作为标准是缺乏根据的，切忌盲目追随竞争对手。

（4）任务预算法：这是科利根据"DAGNMAR"法推导出的一种预算形式。首先是根据企业的营销目标确定广告的目标，然后再考虑为了实现广告目标应该采取的广告活动计划，如广告媒体的选择与组合、发布的时机与频率等，最后逐项计算实施这些活动所需的费用，累加起来得到预算总额。这种方法针对性和目的性比较强，往往适用于新产品的推广阶段或新市场的开拓阶段，因为这时企业缺乏历史数据，但是这种方法没有从成本的观点出发来考虑某一广告目标是否值得追求。

（5）广告增减法。使用该手法时，常常是以前一时期的广告费用为基础，考虑市场动向、竞争情况、企业财力等综合因素，根据经验将广告预算总额适当增加或减少。该法常与前几种方法综合使用，在使用时，常常要求企业汇总各部门负责人特别是市场营销方面的人员与专家的意见进行综合分析与论证，以确定广告费增减的幅度。

广告专家普遍倾向于依据广告策划所要实现的目标确定预算规模的资金投入方式，即任务预算法。这种投入方式以企业的整体经营发展战略目标为依据，保证旅游企业或组织近期、中期、远期经营销售目标的如期实现。这是4种方法中相对科学的一种方法，但需要以广告目标的具体化与科学化作为基础。

在实际决策中，预算的制定还要考虑产品生命周期阶段、产品替代性及相关性、市场份额、市场噪音促销组合的总预算约束、广告频率等许多具体因素。

第四节　旅游广告创意策划与效果评估体系

一、旅游广告创意策划

旅游广告策划非常讲究创意。创意是广告策划的灵魂和根本，广告中关键的一步就是要创造性地制作令人难忘的图画和文字等。富有创意的旅游广告能吸引受众的注意，能言简意赅地表述产品的精华所在，并且能够提供关键的信息。

旅游广告创意和其他广告创意一样，不是广告策划人头脑里固有的主观臆想，或是策划人超越时空的灵感和顿悟。广告创意之本是事实，是旅游地、旅游产品本身的特色，是通过调研获得的目标市场、消费者信息等数据资料，是广告总体策略的约束和广告主的要求。

（一）旅游广告创意的类型

1. 以促销目标为核心的旅游广告创意类型

（1）产品核心：广告创意强调产品及产品的特色，必要时可以与竞争对手提供的同类产品进行比较。

（2）消费者核心：广告创意重点突出消费者的需求、兴趣和态度，而对产品特色进行低调处理。

（3）市场定位核心：广告创意强调旅游企业独特的市场定位。

（4）形象核心：广告创意着重以树立旅游企业的形象为目的，展示旅游企业鲜明的企业文化、氛围、个性等。

2. 以策略技巧为核心的旅游广告创意类型

（1）信息性创意：向目标受众传达关于旅游企业、旅游产品或活动的客观信息，不加任何评论。

（2）论辩性创意：除了向目标受众传达信息以外，还对陈述的事实加以适当评论。

（3）心理共鸣创意：利用广告本身创造的氛围引起目标受众的心理共鸣。

（4）重复式创意：在一条广告中重复出现单一的广告主题。

（5）命令式创意：促使、激发目标受众采取企业希望他们采取的行动。

（6）象征性创意：通过某些象征物的使用激发目标受众的联想。

（7）模仿性创意：使目标受众通过模仿广告中人物的行为实现心理归属。

（二）旅游广告创意的要求

旅游广告创意应考虑以下几个方面的要求。

1．旅游广告创意应有阶段性和针对性

旅游广告促销活动所要实现的目标具有明显的阶段性、连续性。旅游企业或组织的产品或服务被市场接受有一个导入、成长、成熟、衰退的过程；旅游消费者消费特定的旅游产品或服务也有感知、理解、确信、行动的过程，因此广告创意必须依据促销目标和目标市场所处的阶段进行。单一的广告创意必须保持与处于市场促销不同阶段的广告创意、其他促销手段的连续性和逻辑性衔接。

广告设计人员还必须依据旅游产品或服务的特点和旅游消费者的特点进行有针对性的创意策划。由于旅游者的文化背景、年龄层次、个人喜好的巨大差异，广告创意必须针对具体的目标市场研究游客的心理、组成层次、需求内容等，只有这样才能对潜在的旅游目标市场产生较好的影响，例如英国旅游局针对美国市场打出的广告是"我们讲您的语言"。

2．旅游广告创意应使广告有吸引力

旅游产品包括吃、住、行、游、购、娱六大方面，旅游广告应具体选择、提炼一个卖点作为主题进行广告创意，来表达品牌的内涵。广告主题是广告最能吸引消费者的核心。

营销学家马罗内认为，消费者从产品中期望获得的回报有：理性回报、感性回报、社会性回报、自我满足回报，创意至少要满足这四种中的一种，即利益是吸引消费者的关键所在。这也就是说广告主题必须能够向消费者传达旅游产品的独特优势，亦即消费者通过消费旅游产品将能获得的利益，这是旅游广告的吸引力之所在。广告创意应通过产品提供的利益来激发消费者，挖掘和激发人们内心深处的潜在需求。在进行广告创意时，应以消费者的需求为中心结合产品特点来进行创意。

例如在"非常香港"这个旅游广告项目中，旅游策划公司在市场需求方面做了深入的研究和分析后策划出"香港亲子游"个性化产品。策划公司在广告中积极倡导"内地孩子的童年都应该有一段在香港的经历"的观念，让孩子从小就接触国际化的城市、国际化的幼教和国际化的小朋友，旨在从老师、家长和孩子三方面提升儿童教育的整体素质，多方面促进香港地区和内地的交流与合作。这一点对于潜在消费者——家长有着巨大的吸引力。

3. 旅游广告创意应具有创造性和艺术性

旅游广告为了有效地宣传旅游产品，树立旅游企业的良好形象，要求有强烈的创造性和艺术性，使旅游广告有强烈的传播效应。

（1）创造性有以下几点内涵：一是旅游广告要讲究形式和内容的新颖，给目标受众留下深刻的印象。旅游广告策划要求在表现内容、表现角度或表现形式上别具一格，以新的方法给公众一种强烈的新鲜感，最大限度地吸引公众。如果旅游广告缺乏谋略，缺乏创新，平铺直叙，就不会给公众以强烈的刺激。

夏威夷旅游的广告语是"夏威夷是微笑的群岛"，给人以耳目一新的感觉；比利时在宣传其旅游动机的时候更是别出心裁地推出了"比利时有5个阿姆斯特丹"的广告词，这是借用旅游城市级别的一个惊世广告创作，因为权威的《世界旅游指南》中，比利时名列特别值得一游的三星级城市有五个，而荷兰的阿姆斯特丹也是一个三星级旅游城市，所以国外的广告大师们就直接地把荷兰的首都拿来做了一回广告垫背原料。

二是创造广告的个性特色。不同旅游产品、旅游地之间存在着各种差别，旅游广告设计者就是要刻意寻找旅游消费者对旅游产品或旅游地感兴趣的独特利益点。在 Rosser Reeves 的《广告的现实》一书中，他首先提出广告创意的 USP（Unique Selling Proposition）的概念，即挖掘产品的最独特之处并对目标群体作出独特承诺，使消费者信服该品牌产品所提供的最终利益是独有的。因此要策划具有创造性的广告，就应努力挖掘旅游产品自身独特的内涵，这样的创意可以提醒消费者注意他们以前没有发现或者忽视的地方。例如，长白山的知名度远不如黄山、庐山，而且交通不便，人文旅游资源少，吉林省旅游部门和企业以韩国为目标市场，通过旅游广告宣传长白山的"原始"与"神奇"，突出"混沌初开的圣山"的主题。这个广告在韩国一鸣惊人，取得了很好的宣传效果，通过这个广告创意，长白山旅游景点迅速占有了大量旅游市场。

（2）旅游广告创意除了应具备创造性，还要有一种美感，即艺术性。广告策划人要根据所宣传的旅游产品的特点、形象，构思不同的内容构架。从广告内容、广告标题、正文到平面设计、广告背景都要展示广告策划人的艺术境界，以艺术情结增强广告的影响力。

4. 旅游广告创意应注重可信度问题

由于旅游消费的异地性和旅游服务的无形性，使旅游消费者更加关注旅游广告的可信度。旅游广告实际上是给予旅游消费者的某种承诺，并让消费者信服，使其相信能实现预期的回报。如果旅游广告提供夸大或虚假的信息，最终会引起消费者的极大反感。例如有的酒店标明出售的海鲜是本市最低价格，结果到结账时又层层加码；在旅游宣传卡中没有列入日程的购物活动几乎成为很多旅游团队的重要日程。这些都是不利于旅游企业自身和整个旅游业发展的，因此，旅游广告创意一定要注重实事求是。

5. 旅游广告创意应考虑与媒体适用

旅游广告创意要让广告与媒体相适用，还应考虑各种不同媒体的特点，保证应用于不同媒体进行的广告创意之间的协调性和整体性。

（三）旅游广告创意方法

旅游广告创意的方法主要有如下几种。

1. 针对主体展开想象

无论广告作品创意还是对广告作品的接受，在头脑中都要浮现许许多多过去感知的对象形象，这些形象的恢复是一种表象活动。在创意活动中，重要的是对这些记忆表象进行加工改造形成新的形象。想象的过程是对过去形成暂时神经联系进行新的结合的一种创造过程。

2. 收集心理素材

任何一幅广告作品的创意都是建立在许多具体素材上的，素材可以来自当前的客观对象（事物），也可以来自头脑中存储的客观对象的形象。对当前对象的直接反映是知觉映像，而对过去感知的对象在头脑中再现出来，则称为表象或记忆表象。广告创意就是要收集这些心理上的素材。

3. 进行创造想象

不依据现成的描述而独立创造新形象的过程，称做创造想象。创造新形象有以下三个方法。

（1）把有关各个成分联合成完整的新形象；

（2）把不同对象中部分形象黏合成新形象；

（3）突出对象的某种性质或它与其他对象之间的关系，从而创造新形象。

4. 受众再造想象

在现实中人们对于客观存在的但未曾遇到过的那些对象，凭着语言文字的描述或图示，会在脑中有关的表象基础上建立起相应的形象。这种依据语言的描述或图示在人脑中形成相应的新形象过程叫做再造想象。

旅游广告创意的大致过程如下所列。

（1）收集资料：了解旅游产品的特点和旅游市场的形势，收集和分析有关的资料和素材，确定创意的焦点。

（2）咀嚼信息：在大脑中反复思考所收集的资料。

（3）消化信息：在大脑中综合组织各种思维资料。

（4）创意产生：进行旅游广告创意构思，形成多种创意观念，并以基本观念为线索，修改各种观念，形成各种初步方案。

（5）定型实施：评价多种初步方案，确定和执行最优方案，最后加工定型付诸实施。

二、旅游广告效果评估体系

在广告活动中，要随时对广告的效果进行监控。评测旅游广告效果主要有三方面的意义：衡量广告费用的投入是否获得了预期的效益；明确哪些外部因素是广告所无法改变的；为修订广告计划提供依据。

广告促销是一个长期性的工作，促销活动通常需要维持几周甚至几个月，而环境因素是不断变化的，旅游企业或组织需要对变化的环境作出相应的反应。这就要求旅游企业时刻对广告促销的效果有一个清醒的认识，并在自己的能力范围内对广告促销活动进行调整。例如，当竞争对手加强了促销攻势时，就应该相应地加大广告的密度；而当广告已经提前取得了预期的效果时，就可以适当地减小促销的力度以节约成本。

在对广告促销的效果进行评价时要注意符合以下几个要求。

（1）可测量性：即衡量促销效果的标准要明确，必须能够进行量化比较；

（2）时限性：即在确定的时间内对促销效果要有明确的要求，没有时限要求的评价没有任何意义；

（3）客观性：即要从客观角度来分析，这样才可能根据评价的结果采取有效的行动，主观因素的介入往往会降低促销工作的效率。

对广告效果的评价方法有以下几种。

（一）沟通效果的测定

沟通效果测定主要是判断广告对消费者知晓、认识和偏好的影响，主要考察广告在提高品牌知名度、建立消费者偏好及品牌理解力方面的贡献。沟通效果的测定有两种方法：一是事前测定，也称预试；二是事后测定，也称后试。

1．事前测定

如果广告活动的规模较大，值得花钱预先对沟通效果进行测试的话，则通常可以先在目标受众中对三到四个替代性广告创意进行抽样测试，以评价它们所引起的反应，主要通过直接评分和组合测试两种方法来进行。前一种方法由消费者小组或广告专家小组观看有关广告后进行全面评价，并填写评分问卷。这种方法有助于筛选不良广告，但这种方法对广告的评估大多只限于其对注意力和了解这两方面的形成能力，并不一定完全反映广告对目标市场的实际影响。后一种方法是请消费者看一组广告，然后加以自由回忆并尽量描述，主要测试广告的突出点及其期望信息被了解的程度。这种方法着重测试广告的吸引力和独特性。

2．事后测定

事后测定也包括两种较流行的方法：回忆测试和识别测试。前者要求接触过某种媒体广告的人，回忆最近一次广告中所展露的广告产品，以表明广告为人注意和容易记忆的程度；后者主要统计在特定媒体上曾注意到、曾见过并进行过联想和阅读或详细了解过广告信息的目标受众百分比。

相关的指标公式是：

广告注意率＝接触过广告的人数／接触过广告媒体的人数

广告记忆度＝对广告内容有印象的人数／接触过广告的人数

对于重要的广告活动，也可以把事前测定和事后测定结合起来，即分别在广告活动进行之前和之后对目标顾客进行访谈式调查，以此来评估记忆程度和态度的变化。例如，在广告活动之前，目标群体有 10％ 比较了解该航空公司，广告之后这一比例达到了 30％；而表示愿意乘坐这家航空公司飞机的人的比例从 5％ 上升到 15％。这些测量结果与销售量并无确切关联，但是它们确实揭示了广告沟通的效果。

在旅游业中，因为是顾客到经营场所进行消费，如饭店和旅游景区等，所以往往有可能在经营场所现场组织对顾客的抽样调查；此外，旅游企业利用发送折扣券的方法来引发顾客反馈的做法较为常见。

（二）销售效果的测定

广告的销售效果是指由于广告宣传直接引起购买行为的一种效果。由于旅游产品销售将受到诸如产品本身、服务特色、价格、竞争状况等一系列因素的影响，因而测量单纯由旅游广告带来的销售效果比沟通效果更为困难。这种效果一般由销售量的变化来测定，通常情况下广告费用增加、销售量上升。这里介绍几种常用的计算方法。

1. 广告费用比率法

广告费用比率法即利用数理统计的方法求得企业过去销售额与过去的广告支出间的关系的方法。其相关的指标公式是：

广告费用比率＝营业收入总额/广告费用总额

2. 广告效果比率法

广告效果比率法即通过测定广告的销售弹性或研究广告的边际销售影响来衡量销售效果，也就是选择几个原来广告费与销售额比例相当的市场，根据需要让其中一个维持原费用，另外的市场分别增加或减少一定的广告费用，然后按各自广告费用的增减而引起的平均销售额的增减变化测定广告费用的销售效果。其相关的指标公式是：

广告效果比率＝营业收入额增加比率/广告费用增加比率

3. 市场份额提高率法

市场份额提高率法即根据一定时期内单位广告费用的市场份额的提高效果来测定广告促销效果的方法，这种方法能较确切地反映市场的开拓能力。其相关的指标公式是：

市场份额提高率＝单位广告费销售增加量/同行业同类产品销售总量

4. 广告效果指数法

广告效果指数法需要在广告推出一段时间后，通过对旅游者的调查，并进行长期的对比分析后才能作出测定。其相关的指标公式是：

$$广告效果指数＝[a－(a＋c)\cdot b/(b＋d)]/N×100\%$$

公式中，N 为被调查的总人数；

　　　　a 为看过广告而购买的人数；

　　　　b 为未看过广告而购买的人数；

　　　　c 为看过广告而未购买的人数；

　　　　d 为未看过广告也未购买的人数。

本 章 小 结

(1) 旅游广告策划，是指广告策划人通过周密的旅游市场调查和系统的分析，利用已经掌握的知识、情况和手段，合理而有效地开展旅游广告活动的过程。旅游广告策划的类型包括：促销广告策划、解决问题广告策划、观念广告策划、形象广告策划。

(2) 旅游广告策划的内容包括：前言部分、市场分析部分、广告战略或广告重点部分、广告对象或广告诉求部分、广告地区或诉求地区部分、广告策略部分、广告预算及分配部分、广告效果预测部分。

(3) 旅游广告策划的步骤包括:确定旅游广告目标公众、确定旅游广告实施实体、选择旅游广告媒体、选择旅游广告时机、确定旅游广告预算方案、旅游广告创意、旅游广告效果评估。

(4) 旅游广告目标市场定位则是在确定了旅游目标市场后,在广告上为竞争者定位以确定其优、劣势,并结合本企业产品的特点制定相应的定位策略,即"以竞争者为中心展开广告与营销攻势"。旅游广告目标市场定位原则:旅游广告目标市场的定位应符合目标消费者的需要,旅游广告目标市场的定位应建立在竞争者分析的基础上,旅游广告目标市场的定位必须与旅游企业或组织所具备的资源和能力相匹配。旅游广告目标市场定位策略:旅游产品品质、功效定位、旅游产品价格定位、旅游产品的类别定位、角色定位。

(5) 旅游广告媒体的选择应考虑的因素:适用性、经济性、干扰性。旅游广告预算的方法:销售百分比法、量入为出法 随机分摊法、竞争对峙法、任务预算法、广告增减法。

(6) 旅游广告创意策划的类型、方法、要求及评估体系。旅游广告效果评估体系包括:沟通效果的测定(事前测定、事后测定)与销售效果的测定(广告费用比率法、广告效果比率法、市场份额提高率法、广告效果指数法)。

思 考 题

1. 旅游广告有哪些作用?策划旅游广告的大致步骤是怎样的?

2. 举出你所见到过的旅游广告,评价它们的类型、目标市场和媒体选择。

3. 以海洋世界水族馆为例,针对其特点创意一条广告语。

☞案例

明月与星空同辉,烟花与篝火共舞
——"坝上草原狂欢夜"大型活动

明月与星空同辉,烟花与篝火共舞。中秋之际,中青旅联合碧峰洲草原俱乐部共同推出"坝上草原狂欢夜"大型活动。

两天的行程中，游客不仅可以纵情驰骋草原，欣赏草原优美的景色，更可以在轻松的环境中结识到众多充满活力、喜爱旅游的朋友。夜晚的篝火晚会，是游客们尽情狂欢的时刻。蒙古族的演员为大家献上优美的歌舞和香醇的美酒，丰富的趣味游戏也能给你带来惊喜。炉架上嗞嗞冒油的烤全羊、天空中五彩纷呈的礼花、手中已经打开的香槟酒以及随处可见的开怀笑脸，这所有的一切会令每个人忘记都市的喧杂，全身心地投入到这狂欢的夜晚中去。

曲尽人散，约上知心爱人，或是拉上三两好友，躺在松软的草地上仰望星空，你定会被那从未见过的星夜所震撼。而今年的这个时刻，你更会看到罕见的火星伴满月的壮观景象。热爱生活的朋友们，相信你们一定不会错过这样美好的夜晚。

图 8-8　草源风情

这是一则中青旅在线上的网络旅游广告（如图 8-8 所示）。

网络科技在现代的生活当中成为是不可缺少的一部分，尤其对于一个刚刚成立的新旅游公司来说更为重要。碧峰洲草原俱乐部位于燕山山脉与内蒙古草原接壤的坝上草原风景区腹地，气候条件极其独特、旅游资源十分丰富。碧峰洲草原俱乐部作为一个以旅游接待、会议组织为主营项目的企业，在现代市场经济中选择了先进的网络广告作为一种新的经营尝试，在不到三个月的时间内，获得了良好的市场效果。

第一个来咨询的是北京中关村的一家网络公司，在咨询接待人员耐心的解答后，客户很快地参加了该俱乐部的旅游团；还有远在山东、重庆、广东、南京等地及港、澳、台地区的国内客人和日本、韩国、美国、德国等的国外游客专门来咨询。公司最初的想法是主要以北京及周边游客为主，但是通过新浪网、华夏旅游网等一系列网络广告的宣传，更多的外省市游客、国外游客也相继而来。为此，碧峰洲草原俱乐部开始了新的品牌经营战略，以户外运动、主题活动为主，并打破了单一的区域经营，以北京为主辐射全国，收到了很好的效果。

网络广告凭借其数目庞大的访问量、随时访问的互动性、合理的收费标准成为该俱乐部广告计划中不可或缺的一部分。此外碧峰洲草原俱乐部在搜狐、世界旅游网、华夏旅游网、中青旅在线、7Sea旅游网、北京之窗等大量相关网站上都做了旅游广告，图文并茂，独具特色，给网民们耳目一新的感受。

问　题：

1. 碧峰洲草原俱乐部成功的关键因素是什么？
2. 分析网络广告的优势与劣势。
3. 分析我国旅游电子商务发展的状况以及未来发展的趋势。

第九章
旅游公关宣传策划

第一节　旅游公关宣传活动策划概述

对于营销活动来说，公关宣传一直是一个必不可少的补充，尤其是对旅游这个服务性行业来说，公关宣传更为重要。作为一项营销工具，旅游公关宣传是连接旅游企业与各种对象人群的一种沟通手段，是旅游企业为创造良好的社会环境，争取公众舆论支持、提高知名度和美誉度而进行的协调、传播、沟通活动。而旅游公关宣传策划对于旅游企业顺利进行公关宣传活动，实现组织的营销目标有其特定的作用和意义。

一、旅游公关宣传策划的概念

1. 公共关系与宣传

公关宣传是营销传播常用的手段。公共关系是一个组织或个人与公众的交往，或者更明确地说，它是企业与其顾客或未来的顾客的关系。宣传是公共关系的一个重要组成部分，是它的一种富有特色的手段，只要运用得当，宣传可以成为有力的促销工具。因为，在推销时，宣传起着最有力、最广泛的鼓动人们购买产品的作用。公共关系与宣传有相通之处，它们都是依靠媒体进行的传播活动；都是面向公众，使信息共享；都要以真实客观的事实为依据，并向公众负责。公共关系本身就包含宣传工作的内容，它们之间是相互配合的。公共关系要做得好，重在行动，同时也需要宣传。有人认为，"公共关系是90%靠自己做得好，10%靠宣传。"然而，公共关系与宣传特别是传统的宣传也有区别。

首先，内容不同，传统的宣传属于思想政治范畴，主要是为政治服务的；而公共关系则属于管理范畴，是管理的重要组成部分。其次，采取的方式不同，传统的宣传主要是单向灌输；而公共关系却强调双向沟通，尤其注

—235

重公众的信息反馈。再次，它们的目的不同。传统的宣传带有一定的强制性与重复性，旨在使公众服从与接受；而公共关系更注重通过信息反馈调整自己的行为，树立公众接受的良好形象。目前，传统的宣传也在悄然发生变化，开始注重实效，讲求生动活泼，注意群众的反映等。

2．旅游公关宣传策划

虽然有些公关宣传是临时决定的，但一般来说，行之有效的公关宣传活动都是经过周密的筹划和安排的。作为旅游营销策划的组成部分，旅游公关宣传策划要对公关宣传活动项目的形式和内容出谋划策与设计行动方案。所谓旅游公关宣传策划，是指旅游企业在公关宣传决策之前，为确保企业形象战略目标的实现和公关宣传活动的成功而事先进行的有科学程序的谋划、构思或策划方案的设计制作过程；或者说，它是策划者从旅游企业的目标出发，遵循科学的公关宣传策划程序，采取创新思维方法、艺术和创造技法，为公关宣传决策而引发的设想和制作策划方案的全过程。

二、旅游公关宣传策划的特征

旅游公关宣传策划具有重创新、重效果、重攻心等特征。

1．重创新

美国杰出的石油地质学家华莱士·普拉特在《找油的哲学》中写道："真正找到石油的地方是在人们的脑海里。"公关宣传策划是科学和艺术的统一，要求有新颖独到的创新思维和科学的操作规划。一个成功的旅游公关宣传策划，不是被动地应对环境，也不是毫无生气地墨守成规，而是富于想像力或别出心裁的创意活动。澳洲的航空公司曾在美国播映一部广告电视片，该广告是介绍澳洲迷人风光并鼓励大家乘坐澳航。在播映后，该公司一位负责人出来"揭发"自己公司在广告片中制假，并"积极"召开新闻发布会，阐述真相，甚至还下令撤销播映这一广告。一时间许多海外媒体纷纷报道，闹得沸沸扬扬。过了几天，人们才搞清，原来广告片中的"假"仅仅指沙滩的景色不是在澳洲而是在夏威夷拍摄的。据澳航的有关人士私下悄悄称，澳洲沙滩的景色其实比夏威夷还美，所以，应该拍澳洲的海滩。这些"悄悄话"又被媒体大肆报道，于是一个新的概念——澳洲海滩比夏威夷还美，而去澳洲海滩请乘坐澳航——就潜移默化地"输入"到许多人的脑海中去了。

旅游公关宣传活动是一项创造性劳动，不应是简单的临摹，更不应是照本宣科、依葫芦画瓢。只有推陈出新，旅游企业的公关宣传活动才有生气。即使采取"古为今用，洋为中用"的方法，也要注意表现形式与手法的变化，还必须与生活节奏相吻合。每一个旅游企业都有其自身的特征、资源的个性和环境的差异，更有其不同的公关宣传任务。这就要求旅游公关宣传策划者的工作是一种创造性劳动，追求的是"人无我有"，"不求惟一，但求第一"的境界。同一地区、同一类型的旅游企业，在开展公关宣传活动时，无论是内容、形式、方法上均不宜雷同，否则将严重影响宣传效果。在策划旅游公关宣传时要全面调动想像力、创造力、策划力，打破思维定势，追求创意，不断进取，从而使公关宣传策划具有与众不同的或出奇制胜的效应，使旅游公关宣传策划及其实施更加具有对社会及目标市场的震撼性效果。

2. 重效果

进行旅游公关宣传活动的目的是为了达到公关宣传策划的目标，因此与手段相比，旅游公关宣传策划更重视实行这一策划的效果。一方面，旅游公关宣传活动有的起战术作用，有的起战略作用，有近期效果，又有中期效果和长期效果。为了取得更好的中长期效果，旅游公关宣传在策划运行时可能走的是较为曲折迂回的道路。"迂"和"直"既是一个空间概念，又与具体的时间概念相交织。从空间上看是最短的路线，却可能是达到目标时间上最长的路线；从空间上看是较长的路线，却可能是达到目标花费时间较少的路线。旅游公关策划有时在表面走迂回曲折的道路，在实际上却能更直接、更迅速、更有效地达到策划目标。另一方面，旅游公关宣传策划要讲究科学性、理性和可行性，要考虑旅游企业的经济承受能力，一个年税利 500 万元的旅行社，安排上中央电视台，全年做 3 000 万元的广告，显然是不切合实际的。若反其道而行之，偶尔出其不意则有可能产生意料不到的效果，如公开登报；向某某旅游者道歉，或寻找某某应该取得退款或赔偿的旅游者等。

旅游公关宣传策划人员要熟悉各种媒介，并掌握各种媒体的特点和各种媒体对目标受众的影响能力等，比如国内各家报纸的发行状况、发行数量及每种报纸的风格特点，对各份报纸版面设计等也要略知一二；同时还要具有较强的写作水平，善于归纳、总结，从而更好地利用各种媒体有效地实现策划目标。

3. 重攻心

古语说："攻城为下，攻心为上。"现代公关宣传营销理论把建立、维持、发展各种市场关系作为营销的一个重点。市场是由具体的消费者构成的，所以占领市场不是占领商场的柜台，而是占领旅游消费者的大脑，占领旅游消费者的心。旅游公关宣传营销的品牌渗透、形象渗透，就是要攻入旅游者和潜在旅游者的内心。人的旅游消费行为是由旅游消费意向支配的，旅游消费决策决定旅游消费行为，要影响旅游者的旅游消费行为，首先要影响他的旅游消费观念和决策，所以用旅游企业的品牌和形象来占领目标受众的内心是旅游公关宣传策划的关键。现在的旅游市场同质化趋势日益明显，旅游产品之间的差异越来越小，你能做到的，我也能做到，关键是谁的品牌先占领了旅游者的内心，谁就是赢家。市场竞争不仅是产品的较量和价格的较量，更重要的是品牌和形象的较量，这正是旅游公关宣传工作可以发挥作用的领域。杭州一家普通的餐厅"美食家"所处的地理位置并不十分理想，既不是车站、码头，又不是风景区、闹市区。七年前刚开业时，生意清淡、门庭冷落。后来这家餐厅把它们的吸引力放在一个"情"字上，依靠情感的传递来沟通顾客关系。餐厅的每双筷子上写着这样两行字："假如我的菜好吃，请告诉你的朋友；假如我的菜不好吃，请告诉我。"这两句富有浓厚情感的语言与"美食家"的名字一起传遍了整个杭州。

　　要攻入旅游者的内心，必须了解目标受众的需求。除了解旅游者对产品使用价值需要外，旅游者的情感需要更要受到重视。旅游公关宣传策划要以公众为导向，注重对目标受众服务的人情味和吸引力，尤其是目标受众的背景不尽相同，存在地域、风俗、文化、民族传统、消费习惯和偏好等方面的不同，旅游公关宣传策划工作人员必须注重在目标受众利益的实现中谋求旅游企业目标的达成，从中增加人情味，引起公众的注意力和兴趣，使其乐于接受策划的旅游公关宣传活动。人们彼此交往，有益于增进情感的互动和思想交流，在彼此发生认同、互相满足心理需要的基础上，就会产生亲密感和互相依赖感，因此，成功的策划多与情趣、情感、诚信或人道主义等具有人情味的内容相关。

三、旅游公关宣传策划对旅游营销的作用

1. 借助传播，使旅游产品和服务从"金牌"走向市场

　　市场是决定旅游企业成败的惟一检验标准。在激烈的市场竞争中，旅游企业的产品和服务要保持国内的领先地位，并在争夺国际旅游客源上占优势，提高旅游企业及其产品和服务的知名度、美誉度是至关重要的因素。旅游企业必须改变传统的"金牌意识"，树立现代的"品牌意识"，从满足"得金牌"到追求"创名牌"，通过公关宣传来提高旅游企业的知名度和美誉度。旅游企业必须学会有效地利用各种传播手段和传播途径，设法使旅游企业的优质产品和服务得到公众的了解，不仅为国内旅游者熟知和喜爱，而且在国际旅游市场上成为"名牌"，为国外旅游者了解和接受。香港旅游协会的一项调查研究表明，不少美国人对我国香港地区还不十分熟悉，很多美国旅客都把香港当做前往亚洲其他地区的中转站，似乎香港不算是特别有吸引力的旅游地。根据这种情况，协会策划了一项全面的公关宣传活动，重点是突出

香港现代化设施与古代文化有机结合的特点。此项活动包括电视宣传、刊物宣传、卫星转播和国际龙舟比赛等。经过多方努力，活动获得极大的成功，来自美国的旅游者增长了 19.5％，每人的消费增长幅度高达 41％，每个旅客平均逗留的时间也延长到 3～7 天。

2．强化旅游企业形象目标，塑造和维护旅游企业的良好形象

在市场经济高度发达的今天，消费者对企业的了解、喜爱和情感会成为决定他们是否购买该企业产品的重要因素，这就是通常所说的"企业形象"的价值和意义。纵观人类社会的发展，农业社会是以"道德制胜"，工业社会是以"法制制胜"，而我们正在构建与经历的信息社会则是以"形象制胜"。树立良好的旅游企业形象，将是旅游企业在未来的全方位市场竞争中的重点。旅游企业形象竞争从组织规模、产品和服务种类与数量、新产品和服务开发能力、成本价格等为主要内容的硬度竞争，向以信誉和良好形象为主要内容的软度竞争形式发展。在旅游企业形象竞争中，旅游企业面向市场，争夺形象，争夺人心，进而争夺旅游者；社会公众则选择形象，选择组织，进而选择旅游产品和服务。如果旅游企业在社会公众中树立起良好的形象，成为信得过组织，这个组织就会在形象竞争中争取到最优质的产品和服务供应商、最有效的销售网络、最大量的资金、最得力的人才和合作伙伴，从而获得最大的利润和效益。

由于组织形象竞争如此重要，旅游企业必须将组织形象问题提高到组织战略发展的高度，由公关宣传策划工作人员协助组织决策者制定形象发展战略，确定组织形象战略目标，通过公关宣传策划方案的设计和实施，不断地实现形象战略目标。旅游企业要改变单纯注重推销旅游产品的偏向，逐步从创名牌旅游产品走向创名牌企业，在塑造和推销旅游企业形象的过程中创造有利于旅游企业的营销环境。

3．双向沟通，协调关系，为旅游企业改善并创造有利的营销环境

公关宣传是一种企业与公众的"双向沟通"，除了收集信息，把外部公众的信息输入企业外，还要把企业的信息向外输出。输出的信息包括自己优质的产品、良好的服务、精良的设备、高素质的团队、高超的技术等，这些信息及时让广大公众了解，有利于企业赢得市场，获得更快发展。对于旅游企业来说，公关宣传的任务之一就是在旅游企业与社会公众之间进行沟通、协调关系。旅游企业要善于把握组织的经营环境，善于分析组织经营活动与环境因素之间的关系，并通过有效的协调工作，保持旅游企业经营活动与环境之间的动态平衡。公关宣传活动必将有效地帮助旅游企业减少与社会公众之间的摩擦，使旅游企业的经营活动在良好的关系环境和舆论环境中进行。

4. 重视信息，保证旅游企业营销决策的科学化

营销决策的正确与否来源于信息，准确、及时的信息为决策提供依据。公关宣传对于决策信息的获取具有不可忽视的作用，因为组织的公关宣传工作能够为营销决策提供可靠的内外信息。实际上营销决策者和不同公众打交道的过程，就是一个获取信息的过程。公关宣传的职能之一就是监测环境、收集信息，全面准确地分析环境现状及其变化发展趋势，对可能造成的危害做出判断，以利于旅游企业营销政策、计划、经营目标的变更和调整。从这个意义上讲，旅游企业应特别重视公关宣传这一职能，保持对旅游市场和环境变化的监视，不放过任何微小、零碎的信息。旅游企业营销决策者除了要利用策划公关宣传工作收集组织外部信息外，还要善于利用内部的公关宣传信息，促进内部信息的沟通，组织各种有利于信息流动的活动，推动旅游企业内部参与营销决策的有效性，从而保证组织营销决策的科学化。

5. 解决旅游企业的危机问题

危机是指突然发生的危及组织生存和发展的严重恶性事件。在旅游企业的经营过程中，由于决策失误、产品设计与商品质量问题、员工的态度和水平问题、新闻媒介和竞争对手的误导等，总会出现一些危机事件。危机在市场经营活动中很难避免。策划旅游公关宣传工作之所以要高度重视危机事件，首先是由于其对旅游企业的市场经营活动具有巨大的破坏性，其次是由于其蕴藏着丰富的形象塑造资源。从破坏性来看，危机事件一旦出现，轻则影响公关宣传工作的推行，降低促销活动的效果，重则摧毁组织的市场形象，断送组织的前程。从资源角度看，危机事件本来是件坏事，但是策划得当，也能利用危机事件充分展示组织形象。因此，在策划旅游企业公关宣传工作时要不断地强化组织成员的危机意识，并做好一切未雨绸缪的工作以防患于未然，这就可妥善解决危机，从而使损失降到最低限度，甚至在危机事件中企业也可通过积极沟通和处理问题，不失时机地宣传自己，充分展示本组织的良好形象。

第二节　旅游公关宣传策划原则与程序

从旅游公关宣传科学运作的角度来看，旅游公关宣传策划应是为科学组织实现公关宣传科学运作服务的科学创新活动。作为一种科学创新活动，旅游公关宣传策划绝不是可以漫不经心或随心所欲地进行的，它必须遵循一定的原则和科学的程序；也绝不是可以照搬照抄或照本宣科地进行的，它必须开展科学的创造。只有这样，才能使所策划的公关宣传活动获得真正的

成功。

一、旅游公关宣传策划的原则

旅游公关宣传策划的原则是指从旅游公关宣传活动策划实践中总结出来的，并经过科学提升与实践检验的，用以指导旅游企业具体公关宣传活动策划实践的基本准则。旅游公关宣传策划的原则实质上是旅游公关宣传活动的一套指导思想体系，它具有层次性，既包括总体的原则，也包括具体的原则。在旅游公关宣传策划实践中遵循旅游公共宣传活动策划的原则，其目的是提高旅游公关宣传活动的质量，增强旅游公关宣传活动策划的效益。

1．旅游企业利益与公众利益相统一的原则

现代市场营销观念强调企业产品不仅要满足消费者的需求和欲望，由此获得利润，而且要符合国家的有关法律规定，符合社会公共道德，符合消费者和人类的根本利益。任何一个企业都要追求利润，讲究经济效益，但是，作为一个现代企业，它不仅要讲究企业自身的经济效益，也要注重社会的整体效益。

2．主观愿望与客观现实相统一的原则

旅游公关宣传活动策划要按照旅游企业的需要和要求来进行，要充分反映旅游企业的主观愿望，这是旅游公关宣传活动策划之所以必要而且可能实施的基础，同时要与客观现实相统一。首先，要以客观现实为基础来进行策划，即必须把对公关宣传信息的准确把握和对目前公关宣传状态的科学评估作为公关宣传策划的两个必备条件，认真地对待旅游公关宣传活动策划；其次，在保证符合客观现实情况和科学规律的情况下，尽量反映旅游企业的合理需要与积极要求，努力满足旅游企业符合客观现实情况和科学规律的主观愿望，充分体现旅游企业公关宣传活动策划的必要性。

3．富于创意与切实可行相统一的原则

公关宣传活动策划是一种创造性思维活动。创造性思维活动特点之一是可以发挥人的主观能动性，创造性地提出一些有创意的思想、观点和方法。同时，公关宣传活动是一种能影响公众和沟通公众的活动，要有效地影响和沟通公众，必须善于引起公众的注意，符合公众的心理特点，调动公众参与、合作的热情。这就要求策划者在进行旅游公关宣传活动策划时，应尽可能将两者有机地结合起来，既努力增强策划的创意性，又充分注意策划的可行性。

4．规范运作与随机应变相统一的原则

旅游公关宣传活动策划应当有一定的规范。它主要包括三个方面：第一，科学规范，即旅游公关宣传活动策划应符合科学规律，按照科学的理论与方法来进行；第二，社会道德规范，即旅游公关宣传活动策划应符合社会道德的一般要求和旅游行业职业道德的特殊要求，按照一定的道德标准来进行；第三，法令政策规范，即旅游公关宣传活动策划应遵守国家的法令法规和政府的政策指令，按照一定的规定来进行。为了使旅游公关宣传活动策划提高水平，提高效率，在保证旅游公关宣传活动策划的基本规范得以有效贯彻执行的前提下，还必须强调旅游公关宣传活动策划中的随机应变。只有将随机应变与规范运作相统一，才能具有积极的作用，否则可能出现随心所欲、胡乱而为的情况。

5．战略策划与战术策划相统一的原则

一个旅游企业完善的公关宣传活动策划，应该既有战略策划又有战术策划，而且应先有战略策划，后有战术策划。旅游公关宣传活动策划是对旅游企业的公关宣传总体目标、全体活动、长期过程等在客观上的运筹与把握，一般又称为旅游公关宣传战略策划。旅游公关宣传战略策划，其策划方案是旅游企业公关宣传活动的一个纲领性文件，一般来说，由于其层次高、弹性大，相对来讲较为抽象，往往不能直接付诸操作实施。为了使公关宣传战略策划的目标得以实现，使公关战略策划中规划的一些公关宣传活动内容付诸实施，旅游企业还必须进行公关宣传战术的策划。旅游公关宣传战术策划是在特定的时空条件下针对特定的问题、特定的事件、特定的公众对象而进行的具有操作意义的公关宣传活动策划。相对于公关宣传战略策划来说，它往往具有应急性、灵活性、实践性等特点。正由于这些特点，它也很容易导致公关宣传短期行为的出现，所以，如何将战术策划与战略策划有机地统一起来就特别值得注意了。一般的做法是：首先，必须进行比较完善的公关宣传战略策划，用以指导公关宣传战术策划，让公关宣传战术策划有思路可依，有方向可循；其次，必须强调公关宣传战术策划相对于公关宣传战略策划的从属地位和特殊意义，在进行公关宣传战术策划时，既要有战略眼光和战略思考，又要善于积极进取，发挥个性，使公关宣传战术策划更好地服务于整个公关宣传战略策划目标的实现。

6．科学主义与人文主义相统一的原则

科学主义与人文主义相统一的原则是相对于旅游公关宣传活动策划的基本方法而言的。科学主义的方法在旅游公关宣传活动策划中是最基本的方法。例如，在策划的基础阶段，要有效地把握旅游企业的公关宣传状态，必须通过科学的调查活动，收集具体的旅游企业和相关公众的信息，并据此做出实事求是的分析评估，以供具体策划之用；在具体策划阶段，要使策划过程符合科学程序，论证过程符合科学规律，推理过程符合科学逻辑，择定过程符合科学标准，也必须运用科学主义的方法。但是，科学主义的方法一般只能解决公关宣传活动策划中的科学程序与规范问题，要使旅游公关宣传活动策划的成果有血有肉、有情有感，还有赖于人文主义方法的运用。所谓人文主义的方法，就是把公关宣传看成一种人类文化关系，它着重考虑社会组织与相关公众相互作用的文化背景，全面研究社会组织与相关公众的文化价值观念，并通过艺术的创造作用，筹划旅游企业与相关公众的文化传播沟通方法，以策划旅游企业和相关公众在心理上都能承受和接纳的公关宣传活动。科学主义方法和人文主义方法的结合，不仅使旅游公关宣传活动策划能做到规范合理，同时也有助于使策划出来的公关宣传活动获得深层次的沟通与协调效果。

二、旅游公关宣传策划的程序

旅游公关宣传策划是一个过程，其任务是科学设计行动方案。要科学地设计行动方案，就要依据一定的程序来进行。按照策划行为的发展规律，旅游公关宣传策划程序可划分为6个既相对独立又前后联系的步骤，即任务识别、收集信息、设计方案、论证决策、指导实施、绩效评估。

1. 任务识别

任务识别，是指发现旅游企业的公关宣传问题，确定旅游公关宣传策划的任务和目标。这一步骤的工作内容是通过各种途径与方法，包括直觉感悟法、反馈信息法、对比分析法、调查研究法等，具体发现并确认旅游企业目前已经存在和将来可能出现的公关宣传问题，确定公关宣传活动策划的必要性和具体任务。爱因斯坦曾说："提出问题往往比解决一个问题更重要。"根据这一说法，我们可以认为，发现公关宣传问题，确定策划的目标和任务是整个旅游公关宣传策划运作程序中的一个必不可少的重要步骤。

2. 收集信息

在确定了旅游企业的公关宣传任务之后，就要广泛收集信息，即收集与旅游企业的任务相关的公关宣传信息。信息是科学策划至关重要的因素，是进行策划的依据，旅游企业的公关宣传策划工作必须以信息作为前提条件，绝不能靠空想来进行。收集的信息越全面可靠，策划就越容易取得成功。对旅游企业来说，如何充分利用旅游企业内外的各种信息渠道，广泛地收集旅游公关宣传活动策划所需的各种信息，是旅游公关宣传活动策划的一项重要工作内容。旅游企业收集信息的方法主要有观察法、询问法、问卷法、量表法、实验法、文案法、检索法等。

3. 设计方案

经过对信息的收集和分析，对旅游企业公关宣传活动的目标、对象、模式、媒介、条件、时机、策略等进行了自由畅想和理性分析之后，还需要编制具体的公关宣传活动方案。设计旅游公关宣传活动方案要发挥创造性思维的作用。这一步骤要在深入分析旅游企业的公关宣传问题和充分利用各种公关宣传信息的基础上，通过多方运筹和谋划，设计有利于改善旅游企业的公关宣传状态、解决旅游企业的公关宣传问题、推进旅游企业公关宣传活动顺利发展的旅游公关宣传活动方案。

4. 论证决策

在对旅游公关宣传活动设计多种行动方案之后，就要对每个方案进行论证评估，并将各种方案进行比较，从而选出最优方案作为行动的指导。对方案的评估论证工作主要从可行性、可靠性、投入产出比、实现任务目标的程度等几个方面进行。对方案的选择结果可能有三种情况：在现有方案中择其一；将几种方案结合起来，整合成一个方案；对所有方案均评估为无效，重新设计方案，即重复第二步骤，再进行论证决策。

5. 指导实施

方案确定之后，就要根据方案进行活动。对策划者而言，在实施阶段要做的工作就是为有利于方案实施进行各种指导工作，包括在实施前对参与实施活动的人员的培训和活动进行过程中的临时性指导工作。前者是因为旅游公关宣传活动通常不是一般的常规性活动，它往往具有复杂性、创新性特点，况且其行动方案也是由策划者所编制的，因此，在方案实施之前，策划者很有必要对实施者进行一定的培训指导，以使实施者能更好地理解方案、执行方案；而后者是由于旅游公关宣传活动方案的实施牵涉范围广，影响因素多，更因为策划是一种事先的谋划，很大程度是基于对将来情况的估计，而将来具有相当的不确定性，因此在现实中很难通过"照图施工"来获得预期效果。为了确保方案的顺利实施，策划者还有必要对实施者进行临场指导，以排除障碍，应付变故，根据情况进行调整，从而使方案的实施更具成效。

6. 绩效评估

所谓绩效评估，就是指旅游公关宣传活动方案实施后，对该策划方案实施的效果进行测定和评价的过程。绩效评估是旅游企业公关宣传策划不可或缺的一部分。一方面因为只有进行绩效评估，才能实现对旅游公关宣传活动的反馈控制，从而激发策划者和实施者的责任心和积极性，并加强旅游公关宣传工作的科学管理；另一方面，因为策划工作要长期不断地开展下去，对每一次的经验都应该好好总结，寻找不足，为今后的策划工作积累经验，这样有利于完善策划方案，使之处于一个良好的循环状态。对旅游公关宣传策划工作的绩效评估主要包括公关宣传目标的实现情况、公关宣传状态的改善情况、公关宣传活动策划的投入产出、公关宣传活动策划的经验教训等方面。人们可以通过很多方法测定其效果，如某酒吧在进行某一公关宣传活动后，销售额因顾客前来参加该项活动而直线上升，因此可以说，该项公关宣传工作是有效的。

第三节　旅游公关宣传策划策略

为了扩大旅游公关宣传活动的影响，在旅游公关宣传策划中，应强化策略意识，组合不同的宣传策略，从实际出发，选择最有效的策划手段，以达到策划预期的公关宣传目标。根据旅游企业进行公关宣传策划的时机，可把旅游企业公关宣传策略分为两种即一般公关宣传策略和营销危机公关宣传策略。

一、一般旅游公关宣传策略

1. 利用轰动事件

一次轰动的事件在公众心中会产生难以磨灭的印象。利用轰动事件，乘势造势，趁机宣传旅游企业，会产生奇效。利用轰动事件有两种方法：一种是制造策划新闻事件；另一种是利用社会重大新闻，开展搭乘式宣传。制造策划新闻事件就是围绕旅游企业某个公关宣传目标而开展的，通过巧妙的策划与安排，有意引起新闻媒介关注和报道的公关宣传方式。这实际上就是利用一些偶发事件和突发事件制造新闻，创造轰动效应。这种方式成功的关键在于策划的事件确实具有新闻价值，使大众传媒单位感到确有必要进行报道。如果策划的新闻事件平淡无奇，新闻媒介单位看不出其中的新闻价值，也就不可能把它作为新闻素材加以报道，那么这个公关宣传策划就是失败的。还要注意，制造的新闻事件一定要以事实为基础，而不是伪造的，必须符合新闻传播规律，包含新闻的各个要素，有新闻价值；它不是一篇新闻稿，而是一个活动或一个事件。新闻事件只有满足以上几个要求才能引起新闻界的关注或产生轰动效应。人们常说记者要有灵敏的新闻鼻，要能闻出哪里有新闻，旅游公关宣传人员则要有新闻脑，要能主动地制造新闻，或把有价值的新闻挖掘出来，并通过一个活动展现出来。利用社会重大新闻价值，开展搭乘式宣传，是指社会重大活动，如大型体育比赛、重大社会事件、重要名人活动、重大外交活动等，本身具有较大的新闻价值，是新闻媒介的重点报道对象，旅游企业只要通过巧妙策划，去参加或为其提供场地、人员、设备等方面的服务，使旅游企业成为这个活动的有机组成部分之一，进而成为新闻报道的基本内容。这样，也可以借助大众传播媒介达到特定的宣传目的。这种搭乘式宣传，成功的关键是选择参与的社会事件本身要具有极大的新闻价值，同时旅游企业有机地参与活动，做到了这两点，就可以产生良好的效果。

2.活动公关宣传策略

所谓活动宣传策略，就是通过举办与传播信息相关、能够吸引公众积极参与的主题文化活动或情趣性娱乐活动，来展示旅游企业形象、商品形象，使公众接受相关信息的宣传策略。在旅游公关宣传策划过程中，利用公众的自我表现欲望和参与欲望，设置具有吸引力的活动，能够有效地传播旅游企业信息，强化相关信息的影响力，从而提高旅游企业的知名度、美誉度和认可度。借助艺术、体育、环保或社会责任的名义开展活动具有非商业性质，所以容易受到重视而具有新闻价值，一方面能塑造企业形象，另一方面，活动策划给公众一种参与机会，增强公众的自信心，因此在直接吸收公众方面有特殊的效用。

基于活动宣传策略的需要而开展的旅游公关宣传活动，客观上具有促进精神文明建设的作用，但是绝不能因此把它限定为精神文明建设活动，旅游公关宣传活动具有功利性，旅游企业运用活动宣传策略的目的在于借助主题文化、娱乐活动向公众传递信息，引导公众关心旅游企业形象，从而提高知名度、美誉度和认可度。这也是衡量活动宣传策略成败的根本标准。另外，实施活动宣传策略要注意活动的主题要鲜明，同时品位不能过低。

3.名人公关宣传策略

如果旅游企业的公关宣传策划活动能和名人有紧密联系，就可能产生极高的新闻价值，必定会受到媒体及公众的极大关注，从而提高旅游企业的知名度。人都有一种"爱屋及乌"的移情心理，公众对于明星形象的喜爱，会转移为喜爱名人所推荐的商品。这样，名人形象在旅游公关宣传中便具有特殊的作用。所谓名人宣传策略，就是根据旅游企业的市场定位、旅游产品和服务的公众定位、公众的明星崇拜情况等，邀请合适的体育明星、文艺明星、社会功臣、公众领袖等知名人士，来宣传旅游企业形象的策略。因为明星对公众尤其是对青少年公众具有巨大的感染力，所以利用明星进行宣传，在提高知名度、扩大影响范围、改变旅游产品和服务的形象等方面具有重要的意义，而且往往能创造轰动效应。

4. 赞助式公关宣传策略

在旅游公关宣传活动中，赞助式策略就有着十分特殊的作用，它能够有效地塑造旅游企业的人格形象，缩短旅游企业与公众之间的关系。所谓赞助策略，就是指旅游企业通过资助某些公益性、慈善性、娱乐性、大众性、服务性的社会活动来进行专题宣传，实现旅游公关宣传的目的。作为旅游公关宣传战略的一个组成部分，赞助策略的策划应该根据效益性原则和自身的实力量力而行。旅游企业开展赞助公关宣传活动，主要有三种形式，即资金赞助、旅游产品赞助和人力赞助。资金赞助就是旅游企业为请求赞助的对象单位提供部分或全部活动经费；旅游产品赞助主要是向对象单位提供旅游企业的产品和服务；人力赞助如免费为对象单位提供工作人员、服务人员等。就公关宣传效果而言，资金赞助有利于宣传企业的整体形象和雄厚实力；旅游产品赞助具体直观，有利于宣传旅游企业的品牌形象和产品服务；而人力赞助形象生动，前去服务的工作人员可以配有特色服饰或其他体现旅游企业品牌的标志，或者在服务中有意识地宣传该旅游企业，那么就容易引起公众的注意，展示旅游企业形象。旅游企业开展赞助公关宣传活动时，应根据赞助活动的类型和具体的公关宣传目标，灵活选择赞助的形式，注意资金赞助、旅游产品赞助和人力赞助的有机结合，集中各种形式的优势，力求收到综合的公关宣传效果。

5. 网上公共宣传策略

因特网为 21 世纪带来了更便利的生活、更有效率的工作方式以及更激烈的竞争环境，同时也为旅游企业接近公众尤其是旅游者提供了更直接的渠道。旅游公关宣传策划者可以利用因特网这种工具，在网上进行公关宣传活动。这种公关宣传策划的重点主要是集中在如何以更有效的方式与旅游者沟通，如何塑造本身的独特性，如何增加在大众传播媒体上的曝光度，如何以有限的预算创造最大的价值等方面。旅游企业可以建立自己的网站并在上面进行公关和宣传，也可以在一些知名网站或一些旅游网站上进行宣传，也可以举办"网络写手"、"聚贤会"，与知名网站合作邀请若干名人、明星参与，举办有关论坛。

二、营销危机公关宣传策略

旅游企业在经营过程和与社会公众的交往中，经常会遇到各种错综复杂的问题和重要事件。例如：旅游企业与其他组织发生不容易澄清的法律纠纷，旅游企业受到社会舆论的谴责，旅游企业受到其他社会组织的诬告等，这些事件尤其是突发事件会破坏旅游企业的形象，将会使旅游企业受到长期乃至永久的影响，轻则影响旅游企业的正常经营，重则可能危及旅游企业的生存和发展。因此旅游企业的危机处理是旅游公关宣传工作者的一项重要工作，也经常是旅游公关宣传策划的主要任务。对危机事件，旅游企业一方面要以良好的心态积极面对，另一方面必须及时采取有效措施，做出妥善的处理和安排，以减少损失，维护组织的良好形象，改善组织与社会公众的关系，使社会舆论和公众态度向有利于组织营销的方面转变，扩大正面的社会影响。在处理营销危机时，可以采用新闻发布会策略、旅游者利益第一策略、情谊联络策略、如实公开策略和超前行动策略等。

1. 新闻发布会策略

新闻发布会是一种由社会组织召开的、集中向新闻机构的记者发布本组织新闻的特殊会议。社会组织召开新闻发布会可以达到两个目的：一是广泛传播有关本组织的重要信息；二是与新闻界保持一种密切的联系。以新闻发布会的形式传播组织的各类信息，一方面显得很正式，另一方面这种传播方式信息成本较低，因此，召开新闻发布会是旅游企业让公众了解有关信息的最简捷有效的途径之一。当旅游企业拥有具有新闻价值的信息时，应该及时召开新闻发布会，通过记者的新闻报道来实现旅游公关宣传的目的。由旅游企业举办的记者招待会，一般由旅游企业有关负责人直接向新闻记者发表有关本旅游企业的重要信息，然后由新闻界把信息传递给公众。召开新闻发布会能使记者较充分地了解本旅游企业，使旅游企业更深入地了解新闻界，加强旅游企业与新闻界的双向沟通和交流，使双方关系更加密切和友好。新闻记者直接影响着新闻发布会的公关宣传效果，因此，召开新闻发布会，必须多为记者着想，尽可能满足记者的业务工作要求，以借助新闻报道，来达到旅游公关宣传的目的。

2. 旅游者利益第一策略

要处理好危机事件，就必须要真正把旅游者的利益放在首位。当一些恶性事件发生后，旅游企业只有真诚地把旅游者利益放到首位，危机事件才会得以有效处理。旅游者之所以抗议旅游企业，给组织造成危机事件，最重要的原因就是旅游者感到在利益上受到了一定程度的损害，他们要运用法律、新闻武器，保护自己的合法权益。因此，在进行关于危机处理的公关宣传策划时，要注意旅游者的利益，在危机事件中，公关宣传工作人员以旅游者利益代言人的身份出现，使旅游者感觉到公关宣传人员是站在他们的立场上，是他们利益的保护者、争取者，是旅游者利益的代表，这样，就给整个危机处理工作奠定了良好的沟通基础。要做到这一点，旅游企业必须勇于承担责任，在诚恳道歉的基础上，积极弥补旅游者的利益损失，以赢得旅游者的谅解，重获旅游者的信任和好评。

3. 情谊联络策略

在危机事件中，旅游者除了利益抗争之外，还存在强烈的心理不满。因此，在危机处理中，旅游企业不仅要解决直接的利益问题，还要根据旅游者的心理，运用恰当的情谊联络策略，解决深层次的心理、情感问题。在旅游公关宣传活动中，成功地培养公众对旅游企业的情感，最关键的就是要有强烈的公众意识，经常关心公众的利益和生活，有意识地进行情感投资，把旅游企业的关怀和温暖不断送到公众的心里。

情谊联络策略，主要是为了弥补、强化旅游企业与旅游者的情感关系。它是在解决旅游者利益问题的同时有意识地施加情感影响，从而强化有关措施的积极效果。恰当的情感联络攻势，不仅可以为危机事件的处理创造良好的旅游者心理条件，而且可以大大强化其他各项措施的影响力，增强旅游公关宣传工作的影响力。

4. 如实公开策略

危机一旦形成，旅游企业就应向公众原原本本地说清事实真相，而不要遮遮掩掩。开诚布公地面对公众，不仅可使旅游企业赢得可信的、诚实的形象，而且可能在危机处理中获得公众各方面的支持与合作，并能及时化解危机和消除误解。在市场经营过程中，有些危机事件是由于公众误解而造成的，解决这种危机，如实公开策略本身就是一种处理危机的手段。向公众提供了真实的信息，流言、误解自然会消失；反之，越是遮掩客观事实，组织越是被动，越会加重危机。常言道：事实胜于雄辩。旅游企业如果能拿出最权威、最具说服力的事实公诸于众，就能直接消除危机事件的影响。即使旅游企业确实存在过错，那么一开始就公开事实真相，并不断公开组织的补救措施及其状况，也较容易因为良好的认错和纠正态度而得到公众的谅解，从而化解危机。运用如实公开策略时，要注意信息的真实性、针对性和适时性。

5. 超前行动策略

尽管营销危机具有潜伏的特征，但许多事情还是可以预见的，只是不知道什么时间、什么地点爆发罢了。从严格意义上讲，任何形式的危机事件起源于组织内部。危机的发生，往往说明的是企业各方面的问题。超前行动策略就是对旅游企业的内部进行审视，发现问题，及早解决，对问题进行源头控制，采取果断措施解决相关问题，及早做出处理，将危机扼杀在萌芽状态。只有解决了自身的问题，旅游企业才能真正消除危机，远离危机，从而减少危机造成的损失。

6. 总体策略

总体策略指旅游企业在处理危机时，不能只看单方面和短期的收益，而要从旅游企业的全局出发。一般来说，表现为一定形式的危机往往是由多方面的问题造成的，而危机的处理也会影响旅游企业的整体形象。因此，对危机的处理不能头疼医头，脚疼医脚，而应该综观全局，从全面的、整体的、创新的高度进行组织危机事件的处理，着眼于塑造和维护旅游企业的良好形象，促使旅游企业取得更多、更好的长期效果和收益。

本 章 小 结

（1）旅游公关宣传策划是指旅游企业在公关宣传决策之前，为确保组织形象战略目标的实现和公关宣传活动的成功而事先进行的有科学程序的谋划、构思和策划方案的设计制作过程。

（2）旅游公关宣传策划具有的特点是重创新、重效果、重攻心。

（3）旅游公关宣传策划有利于塑造和维护旅游企业的良好形象，为旅游企业改善并创造有利的营销环境，保证旅游企业营销决策的科学化和解决旅游企业的危机问题。

（4）旅游公关宣传策划的程序包括 6 个步骤：任务识别、收集信息、设计方案、论证决策、指导实施、绩效评估。

（5）旅游公关宣传策划的策略分为一般公关宣传策略和营销危机公关宣传策略两种，前者包括利用轰动事件、活动公关宣传策略、名人公关宣传策略、赞助式公关宣传策略、网上公关宣传策略；后者包括新闻发布会策略、旅游者利益第一策略、情感联谊策略、如实公开策略、超前行动策略和总体策略。

思 考 题

1．为什么要进行旅游公关宣传策划？它对旅游企业的营销活动有什么作用？

2．谈谈如何有效地进行旅游公关宣传策划。

☞ 案例

帕兰朵意大利餐厅开业公关宣传策划

帕兰朵意大利餐厅是以意大利著名的建筑大师 Palladio（1508～1580

年）的名字命名的餐厅，上海波特曼丽嘉酒店耗资 200 万美元按照意大利风格对其进行豪华装修。餐厅对自己的定位是亚洲最好的意大利餐厅，让顾客拥有在意大利本土之外最正统的意大利美食体验。借开业之机做这次大型公关宣传活动的目的，是向目标受众传达餐厅为亚洲第一的定位及融意大利风情与丽嘉集团传统为一体的特色，为餐厅以后的经营创造良好的舆论。在制定公关宣传方案之前，波特曼丽嘉酒店经过大量调查与研究，对上海西餐的供需情况，特别是意大利餐厅的市场情况有了总体的了解；同时也发现在消费者心目中对意大利食品普遍的误解，是大家对意大利食品的印象多局限于比萨饼、通心粉，而这些只是正宗的意大利菜肴中的一小部分，意大利的菜系及品种也大有讲究。

在对意大利餐厅的供需情况和对消费者认知意大利菜肴的情况进行调查的基础上，波特曼丽嘉酒店工作人员通过"6Ps"对帕兰朵意大利餐厅进行了明确的定位，围绕帕兰朵意大利餐厅开业进行的一系列策划活动主要包括以下几个部分。

1. 项目方案

（1）通过媒体对餐厅厨师进行宣传。来自意大利的经验丰富的厨师，是保证帕兰朵意大利餐厅是亚洲最好的意大利餐厅这一定位的一项主要措施。多次重大烹饪比赛中获得过金奖和银奖，有着国际殊荣的苏伯利先生被任命为餐厅的行政总厨。通过媒体宣传，让目标受众了解帕兰朵意大利餐厅的美味是出自纯正的意大利名厨之手，从而产生对意大利美食的向往。

（2）通过媒体对帕兰朵意大利餐厅的装修情况进行报道。要实现亚洲最好的意大利餐厅的定位，餐厅的装修布置也起到关键作用。这一可容纳 160 位宾客的餐厅沿袭具有欧洲风格的拱门和圆柱再加上颇有浪漫情调的灯光，充分体现了古典与现代的完美结合。通过前期的宣传，使目标受众对这个耗资 200 万美元装修的餐厅产生神往。

（3）创造目标客户对餐厅的兴趣和忠诚程度。酒店总经理邀请上海商城的公寓用户及商务客户到餐厅用餐，提高这些代表性的潜在客户对帕兰朵意大利餐厅的兴趣及关注程度。

（4）2000 年 10 月 26 日晚安排充满意大利风情的别具一格的开业典礼。对开业典礼的起始时间、受邀宾客和媒体以及整个开业典礼所采用的庆祝形式都进行了详尽的规划。

2. 项目实施

帕兰朵意大利餐厅计划于 2000 年 10 月 26 日正式开业，而相关的准备工作在半年前已经开始操作。整个计划的实施可以分为两个部分，一是开业前期各种宣传准备工作；二是开业典礼的举行。

（1）前期准备。

公关部在 2000 年 5 月份就列出了受邀媒体的名单，其中包括来自 KLM，UA，SQ，CX，BA，Lufthansa，Vustrian，Aerlines，Air france，Qantas，Dragonair 等航空杂志的编辑。

6 月初，公关部与广告代理商 TBWA 就制作海报、请柬、菜单及其他宣传资料的内容和形式等问题进行协商，所有为此而制作的宣传品将用英语、汉语和日语三种语言来表示。7 月份厨师到来后，在本地的媒体上对厨师情况进行报道，同时对 9 月份餐厅的装修情况也进行了报道。到 9 月中旬，公关部向美国、英国、澳大利亚和我国香港等地的有关媒体发出了邀请，并于 10 月 1 日最终落实媒体的日程安排。10 月中旬，公关人员向上海一些大公司、驻沪领事馆官员、上海市政府官员和上海市本地媒体和外国记者发送邀请函；向上海商城的住户发出邀请他们试餐的请柬，并安排好摄影师为参加开业的宾客拍照。

（2）开业典礼。

开业典礼于 2000 年 10 月 26 日下午正式开始。受邀参加典礼的有：波特曼丽嘉酒店的住店客人、上海市政府部门的一些领导、驻沪领事馆的一些官员、上海一些与波特曼丽嘉酒店有合作关系的大公司客户、上海商城的住户以及包括上海电视台、上海有线电视台、《周末画报》、《申江服务导报》、《上海日报》、《旅游时报》、东方人民广播电台、《漫步上海》、Shanghai Star，Departure、Hotel Asia Pacific 等媒体在内的记者们。

下午 3 点，参加开业典礼经精心装饰的老爷车开进上海商城等候。受邀的贵宾身着深色条文的意大利服饰，戴着白色围巾和礼帽，坐上老爷车。6：30 分左右，老爷车停在帕兰朵意大利餐厅入口处，受邀的嘉宾从老爷车里缓步走出，走向通往帕兰朵意大利餐厅拱形桥廊。每一位嘉宾身旁都安置有戴着墨镜的保镖。刹那间，摄影机、照相机的频频闪光将整个晚会推向高潮。此时，由于帕兰朵意大利餐厅的门被关闭，其他的宾客都在外面的廊台上观望，餐厅的灯全部熄灭，而只有外面廊台上的灯亮着，乐队此时正在演奏的优美爵士乐，使在场的宾客产生一种很神秘的陶醉感觉。在这种气氛中，6 位嘉宾为帕兰朵意大利餐厅进行了剪彩，与此同时餐厅的门打开，华灯大开，受邀的宾客们依次在主持人的介绍中进入餐厅。在大家为帕兰朵意大利餐厅开业的祝贺声中，开业典礼被推向又一个高潮。

3．项目评估

帕兰朵意大利餐厅顺利开业，为餐厅日后的经营开了个好头。参加开业典礼的中外记者纷纷报道了餐厅开业的相关情况，为餐厅创造了良好的舆论氛围。目标受众目睹或耳闻了餐厅各方面的情况，纷纷表现出对餐厅所提供的与众不同的美食与服务的兴趣，甚至有北京和香港等地的顾客专门为享受亚洲最好的意大利风味佳肴而专程到帕兰朵意大利餐厅就餐。总的来说，波特曼丽嘉酒店公关部为帕兰朵意大利餐厅开业而进行的一系列公关工作获得了预定的效果。继开张以来，餐厅被国内外报纸、杂志和电视、广播频频报道。

　　开张后两个月，帕兰朵意大利餐厅还获得由美国服务科学院颁发的"五星钻石奖"。成立于1989年的美国服务科学院专门表彰在世界范围内有突出表现及贡献的服务业。评选成员通过实地参观考察企业的设施、食品、整洁情况，尤其是服务质量后进行评估，最后由酒店服务业的权威专家组成的学院委员会在所有的提名企业中挑选获胜者。"五星钻石奖"是帕兰朵意大利餐厅经营服务水平的真实写照，帕兰朵意大利餐厅将以其独特的风貌和水准取得更多的成就！

　　问　　题：
　　1. 帕兰朵意大利餐厅在开业之际是如何进行公关宣传策划的？
　　2. 帕兰朵意大利餐厅公关宣传策划的成功之处在哪里？

第十章
旅游节事活动策划

第一节　旅游节事活动概述

一、旅游节事活动的本质

（一）事件的定义

事件是短时发生的一系列活动项目的总和，也是其发生时间内环境（设施）、管理和人员的独特组合。

特殊事件是发生在人们日常生活体验或日常选择范围之外的事件，它为事件的参与者提供了休闲、社交或文化体验的机会。特殊事件经过事先策划，往往能够激发起人们强烈的兴趣和期待。例如风靡全球并引入我国上海、北京等地的环球嘉年华游乐项目。

一部分特殊事件是一种重复举办的事件，它可以为举办地带来传统、吸引力及对外形象等方面的重要影响，又称为标志性事件。随着时间的推移，标志性事件将与目的地融为一体，而且使得举办事件的场所、社区和目的地赢得较大的市场竞争优势，例如已连续举办了 15 届的大连国际服装节。

另一部分特殊事件是指一次性或非经常性的，能够使事件主办地产生较高的旅游和媒体覆盖率、赢得良好的对外形象、产生重要经济影响的事件，又称为重大事件。在实际运作中，重大事件一般规模较大，也称为"大型活动"，例如奥林匹克运动会。

（二）节事活动的定义

节事是"节日和特殊事件"的简称，译自英语"Festivals & Special Events"，简写为"FSE"。国外学者在研究"事件"及"事件旅游"时，常常把节日和特殊事件合在一起作为一个整体来进行探讨，简称为"节事"。

节事活动是指某个城市或地区举办的一系列活动或事件。它包括各种节日、庆典、会议、展览会、交易会、博览会以及各种特定的文化、体育活动或非日常发生的特殊事件。

（三）旅游节事活动的定义

节事活动本质上是一种旅游资源，正如对旅游资源的定义所指：自然界和人类社会凡能对旅游者产生吸引力，可以为旅游业开发利用，并可以产生经济效益、社会效益和环境效益的各种事物与因素都可视为旅游资源。如图10-1所示，节事活动作为一种大型活动，是目的地吸引物的一部分，属暂时性吸引物，也可以称之为"活的吸引物"；同时，节事活动不但自身是旅游吸引物，而且能为旅游活动创造更多机会。

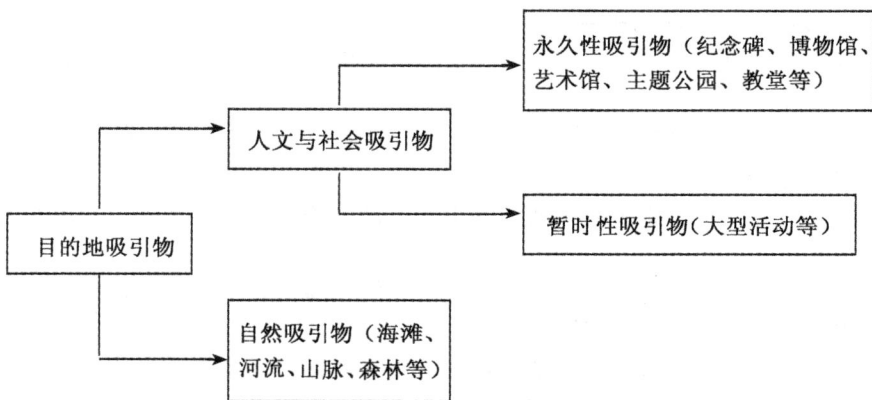

图 10-1　大型活动与旅游目的地吸引物组合的关系

综合以上结论，我们认为：旅游节事活动是节事活动与旅游业的重要结合，它是对节事进行系统规划、开发和营销，以便使节事活动成为旅游吸引物而引起的一系列旅游活动，它是推动旅游业发展、塑造旅游形象、提升旅游吸引物和旅游目的地地位的催化剂。

（四）旅游节事活动的性质

1．旅游节事活动的产品属性

产品属性是指为留意、获取、使用或消费以满足某种欲望和需要而提供给市场的一切东西，它包括有形的物品、服务、人员、地点、组织和观念等。从这个产品概念中，可以划出产品的五个层次：一是核心产品，也就是顾客真正要购买的服务或利益；二是一般产品，也就是产品的基本形式；三是期望产品，就是购买者购买产品时期望的一整套属性和条件；四是附加产品，即产品包含的附加服务和利益；五是潜在产品，即购买某产品最终可能得到的远期利益和服务。

对于旅游节事活动来说，其产品属性也包含这五个方面：核心产品是顾客所要满足的最基本的娱乐、体验等方面的需要；一般产品是旅游节事活动的外在表现形式，如各项具体的活动；期望产品是顾客在参与时所期望得到的受教育、快乐、方便等感受；附加产品是顾客参与旅游节事活动时可以得到的其他的服务，如安全的服务或者一次免费就餐的机会；潜在产品是指旅游节事活动结束后的若干时间里，你所有的感受，包括参加活动当时的感受以及事后带给你的回味。

旅游节事活动的产品属性要求节事活动作为一种产品，必须满足消费者即旅游者对产品的所有属性的需求。

2. 旅游节事活动的服务属性

尽管表现形式不同，但旅游节事活动和其他的旅游产品一样，具有共同的服务属性。

（1）综合性：旅游节事活动是由有形设施（如各类场馆）和无形服务（接待服务）组成的。

（2）不可分性：旅游节事活动的生产、消费和交易过程是伴随着旅游者的参与同时进行的。

（3）易逝性：旅游节事活动在特定的时间和地点举行，无法保留，不能像实体产品那样能够储存起来。

（4）无形性：旅游节事活动过程本身没有涉及实物所有权的转移。例如旅游者参观某展览，他购买门票，不代表可以拿走展品，而他得到的仅仅是参观后的一种感受和体验。

（5）易变性：旅游节事活动的举办没有固定的标准可循，且各类节事活动风格各异，变化不断，不具有稳定性。

3. 旅游节事活动的资源属性

旅游节事活动的资源属性包含两个方面：一是公共资源范畴，即节事活动举办过程中所需的特定的公共区域和场所以及政府提供的治安等公共服务；二是市场资源范畴，即可由市场配置的资源，如旅游产品、游乐设施、餐饮服务等。公共资源的属性说明现阶段我国旅游节事活动离不开政府的支持和帮助，而市场资源的属性则预示着今后我国旅游节事活动必须采用市场化的运作模式。

二、旅游节事活动的类型

（一）我国节日的分类

1. 自然节日

产生于生产力低下，靠"天"吃饭的农业社会，也用于区分"农忙"与"农闲"，如春节、清明节、中秋节、重阳节等。节日庆祝活动的内容是祭祀、祈福等。

2. 社会节日

一些社会节日产生于前工业化时期，反映社会各阶层的不平等状态及其要求平等和解放的呼声，如"三八"妇女节、"五一"劳动节等。还有一些是社会群体的节日，以呼唤社会重视和尊重这些群体的发展现状，如"护士节"、"教师节"等。社会节日的庆祝内容从崇拜自然转向了人文关怀，即对人的关心。

3. 政治节日

政治节日强调社会（国家、民族）的集体意识或团体（党派、社团）观念，如国庆节、"七一"建党节、"八一"建军节等。节日庆祝的目的是为了弘扬民族精神，维护社会的安定与团结等。

4. 历史节日

历史节日一般是为了纪念历史上某一个特殊的人或某一天，如端午节（纪念屈原）等。节日庆祝的目的是强调社会的伦理或道德标准。

5. 民族节日

民族节日主要是指少数民族的节日，也包括少数民族的宗教节日，如火把节、开斋节、泼水节、那达慕大会等，它是社会多元化的象征。

6. 国际节日

国际节日是指西方社会的传统节日，如圣诞节、情人节、愚人节、狂欢节等。它是当今社会开放与文化交流的产物。

（二）国外事件活动的分类

美国学者 Getz 把事先经过策划的事件（Planned event）分为以下 8 类。

（1）文化庆典：包括节日、狂欢节、宗教事件、大型展演、历史纪念活动。

（2）文艺娱乐事件：包括音乐会、其他表演、文艺展览、授奖仪式。

（3）商贸及会展：包括展览会/展销会、博览会、会议、广告促销、募捐/筹资活动。

（4）体育赛事：包括职业比赛、业余竞赛。

（5）教育科学事件：包括研讨班、专题学术会议、学术讨论会、学术大会、教科发布会。

（6）休闲事件：包括游戏和趣味体育、娱乐事件。

（7）政治/政府事件：包括就职典礼、授职/授勋仪式、贵宾（VIP）观礼、群众集会。

（8）私人事件：包括个人庆典（周年纪念、家庭假日、宗教礼拜）和社交事件（舞会、节庆，同学/亲友联欢会）。

（三）我国的旅游节事活动分类

近年来，国内各类旅游节事活动众多，根据活动的主题，可以分为以下几大类。

1. 以"特色产品"为主题的旅游节事活动

这类活动大多都是以地方特有的工农业产品及其他各类物产、特产为主题，以宣传本地的优势资源，发展区域经济为目的的旅游节事活动。除了进行商品交流和经贸洽谈外，这类活动还可以为当地带来众多旅游者，促进当地旅游业的发展。如大连国际服装节，以宣传当地的服装和纺织品为主题，不但提升了城市的知名度，培植了特色产业，还为其带来了大量游客，推动了当地旅游业和其他相关产业的发展。类似的旅游节事活动还有中国青岛国际啤酒节、菏泽国际牡丹花会、景德镇国际陶瓷节、中国山西面食节、中国宁夏枸杞节等。

2. 以"文化脉络"为主题的旅游节事活动

（1）以各民族的传统习俗为基础，体现和传承本民族独特"民俗风情"的旅游节事活动。我国是多民族国家，各民族的习俗各不相同，因此，这类旅游节事活动的主题十分广泛，在我国旅游节事活动中占有相当大的比重。例如南宁国际民歌艺术节、宁波中国梁祝婚俗节、云南傣族泼水节、蒙古族那达慕大会、中国潍坊风筝节、浙江青田石雕文化旅游节、中国临沧佤族文化节、中国吴桥杂技节等。

（2）基于"宗教"对于信徒和旅游者的特别吸引力而举办的宗教庆祝活动。我国的宗教文化内容丰富、风格多样，是中国传统文化的重要组成部分。宗教节事活动吸引的旅游者大多也是宗教信徒，由于信仰关系，他们热情参与宗教节事活动，并且重游率很高。以浴佛节这一世界性的宗教节日为例，虽然世界各国浴佛节的时间不同（我国汉族定在农历四月初八，藏族定在藏历四月十五，傣族定在清明节后 10 日，"世佛联"则定在农历五月的月圆之日），但每到"浴佛节"，佛教徒们都齐聚于当地佛寺中，焚香结彩、颂经拜佛，有的寺庙还抬佛游行。除此以外，凡是和宗教有关的活动如庙会、开光节、寺庙奠基节等他们都会热情参加。类似的旅游节事活动还有五台山国际旅游月、武当山国际旅游节、藏传佛教晒佛节、九华山庙会等。

（3）依托当地现存的或历史上有特色的地域文化，与当地历史胜迹、纪念碑、纪念馆等特色文化的物质载体相结合，形成的旅游观光和文化交流活动。如中国淄博国际聊斋文化节，以流传广泛的聊斋文化为主题，举办各种与聊斋主题相关的活动，来活化人们心中的聊斋故事，深受旅游者的喜爱。类似的旅游节事活动还有杭州运河文化节、滁州醉翁亭文化节、天水伏羲文化节、湖南舜文化节、南湖船文化节、安阳殷商文化节、福建湄州妈祖文化旅游节等。

（4）以"名人"为主题，以名人出生地或名人生前主要业绩地为依托，弘扬民族精神和伟人气概的旅游节事活动。如曲阜国际孔子文化节、湖北李时珍医药节、浙江国际黄大仙旅游节、中国运城关公文化节等。

3. 以"自然景观"为主题的旅游节事活动

这类活动是以当地具有突出地理特征（极端地理风貌、典型地理标志地、地理位置）的自然景观为依托，综合展示地区旅游资源、风土人情、社会风貌的旅游节事活动。这类旅游节事活动与观赏自然风光的旅游活动有一定的区别，除了观赏自然景观以外，还辅以很多文化活动。例如黄河壶口国际旅游节，以壶口瀑布为主体，配以"山西威风锣鼓"、"陕北腰鼓"、"东北秧歌"等活动，综合展示了壶口景区的壮观风貌。类似的旅游节事活动还有中国哈尔滨国际冰雪节、中国青岛海洋节、浙江西湖之春旅游节、北京香山红叶节、中国重庆三峡国际文化节、中国吉林雾凇冰雪节、张家界国际森林节等。

4. 以"会展"为主题的旅游节事活动

（1）"商务、会议"型旅游节事活动。这类活动是以商贸、会议为主要内容的旅游节事活动。由于全球经济不断发展，跨国公司不断壮大，企业合作日趋加强，以城市为中心的各种商务、会议活动数量不断增加，并出现了不少以商贸、会议为主题的旅游节事活动。随之带来的大量客流也已经受到极大的重视，如上海'99《财富》全球论坛、海南博鳌亚洲论坛等。

（2）"博览、展览"型旅游节事活动。这类活动大多是以某个"热点"为主题而举办的博览会型的旅游节事活动，其特点是举办时间较短、内容集中。各种展览性事件均属于此类旅游节事活动。展览活动以不同类型的各类展品吸引旅游者前来参观，以满足人们提高自身素质、培养高尚情操、拓宽知识面，增长见识的需求。如上海2010年世界博览会、杭州西湖博览会、珠海航天航空展、深圳中国国际高新技术成果交易会、昆明世界园艺博览会以及各种旅游交易会等。

5. 以"体育赛事"为主题的旅游节事活动

体育运动是人类展示健康体魄，冲击人类极限的主要方式之一。竞技体育由于其高度的观赏性、强烈的对抗性以及所体现出来的拼搏精神，引起了众多体育爱好者的兴趣，由此也形成了体育型旅游节事活动，如奥林匹克运动会、世界杯足球赛、亚运会等。

6. 以"休闲娱乐"为主题的旅游节事活动

现代社会工作节奏快、生活压力大，很多人都希望在闲暇之余通过一些活动来放松心情，缓解压力，于是出现了很多以"休闲娱乐"为主题的旅游节事活动。如 2003 年在上海，2004 年在北京举办的环球嘉年华，让趋之若鹜的游客们在热烈和惊喜的气氛中享受到了狂欢和刺激的感觉，充分体现了这一旅游节事活动"休闲娱乐"的功能。类似的还有上海狂欢节、广东欢乐节、武汉国际旅游节等。

除此以外，某些城市还会同时举办几种主题的节事活动，以形成综合优势。这类旅游节事活动一般持续时间长、投入多、规模大、内容丰富、效果明显，在我国的许多大城市都有此类旅游节事活动。如从 1998 年开始，由广州市人民政府主办，广州市商业委员会、广州市旅游局共同承办的广州国际美食节、中国旅游艺术节、广东欢乐节同时同地举行，为期 11 天，三大节事活动相互辉映，形成以"食"为主，集休闲、娱乐、商贸、旅游于一体，具有鲜明地方特色和群众广泛参与的旅游节事活动，成为广州及周边地区居民公众假期里新的消费热点和旅游去处。

三、旅游节事活动的构成条件

一个地区发展旅游节事活动，要想取得一定的效益，必须具备相应的自然资源、文化内涵、经济环境、制度保障、发展需求以及吸引力等多方面的条件。

（一）自然资源

一部分具有浓郁地域特色的旅游节事活动与其所在的地理位置和区域自然条件有着密切的关系。例如我国东北地区，冬季气候严寒，冰雪资源丰富，于是在哈尔滨、牡丹江等地相继举办了冰雕节和冰雪节，吸引了很多从未见过雪的南方游客。举办冰雕节和冰雪节与当地独特的气候环境有关，在气候炎热的低纬度地区就很难举办这样的活动。又如我国西南地区的彝族、白族等少数民族都有举办"火把节"的传统，"火把节"期间，村寨和田野里的火把彻夜不熄，各族青年唱歌跳舞通宵达旦。"火把节"盛行的地区大多都在高原地区，日夜温差大，少数民族居住在山寨之中，夜里气温较低，点燃火把，既可照明又可驱寒，而这在城市里是很难实现的。再如维吾尔族、哈萨克族、蒙古族等北方游牧民族的节日庆祝活动，都离不开他们的生活环境——草原和马群。例如，闻名中外且吸引了无数游客的节日活动"姑娘追"是哈萨克青年最喜爱的马上游戏，许多男女青年在活动中相识而最终结成伴侣。"草原"和"马"不仅是节日活动的必备条件，也成为了青年男女的"红娘"。所有这类旅游节事活动的形成都与自然环境有关，都是特定的自然环境下的产物。

（二）文化内涵

旅游节事活动必须以一个地区深厚的文化内涵及其相应的人文环境为依托，才能具有旺盛的生命力。例如端午节，是纪念楚国的爱国诗人屈原的。屈原在五月初五投汨罗江而死，人们先用竹筒装米投入江中纪念他，后来又改为裹粽子投江纪念他。相传扎粽子的五色丝，可以使江中蛟龙害怕，有驱恶之意，于是端午节便将五色丝系于小孩的脖颈、手腕、脚踝处，称为"长命索"、"健索"、"百岁索"。这一天还要喝雄黄酒（或菖蒲酒），用苍术、白芷、芸香在室内熏烟，采草药煎汤沐浴，人们还要在家中张贴钟馗画像，把艾叶、菖蒲和大蒜挂在门口，称为"水剑"，用来避鬼止瘟，驱邪禳灾。实际上，五月初，南方天气渐暖，正是疟疾流行的季节，驱邪避鬼的活动不但是对屈原的纪念，而且对预防某些流行病也有积极作用。再如寒食节，它在清明节前三天，纪念的是春秋时期晋文公的大臣介子推。晋文公在外流亡19年，当上国君后，决定重赏跟随的大臣，但介子推秉性清高，不愿邀功图赏，背着母亲上绵山隐居，晋文公三请不就，便举火烧山，意欲迫使介子推母子下山。介子推不改初衷，竟被烧死，晋文公追悔莫及，哀痛之余，下令每年三月初三禁止举火，吃事先做好的糕团，以此纪念介子推，直到清明节，才能重新取火做饭，于是便有了寒食节冷食的习俗。这些传统的节事活动的产生和发展都和中华民族的传统道德观念有关，都与特定的文化内涵及其人文环境有关，离开了特定的文化内涵和人文环境，这些旅游节事活动将失去生命力。

（三）经济环境

任何地区举办旅游节事活动，都必须具备一定的经济基础和经济环境。

1. 特定的宏观经济环境

旅游节事活动与当地的宏观经济环境有着密切的关系。例如，史书上记载：明清时期，扬州地处京杭大运河和长江的交汇点，是著名的盐运中心，全县一半以上的人都以此为生计，所以每年盐船开运前，当地便要举行盐船的开江仪式，进行通宵达旦的欢庆，届时，运河两岸及河中船只均张灯结彩、搭台唱戏、燃放烟火，其热闹程度超过其他节日，一直到盐运制度改革，这种壮观的场面才慢慢由盛及衰，可见节事活动深受宏观经济环境的影响。

2. 完善的基础设施条件

旅游节事活动的开展对基础设施也有极大的依赖性，如果没有较为完善的基础设施，缺乏必要的场馆和会所，城市交通拥挤、可进入性差，一些大型活动，如奥运会、展览会、交易会等根本不可能顺利举办。基础设施不仅包括各类场馆、饭店、餐饮、交通、通信等设施，同时还包括良好的社会服务体系。

3. 开放的市场经济体系

封闭的计划经济体系，会严重制约经济要素的流动，影响旅游节事活动的形成和发展。旅游节事活动需要招商引资，需要人才的自由流动，需要多家企业单位共同联合举办，如果没有开放的市场经济体系以及开放的观念和意识，旅游节事活动的各类资源无法优化配置、整合利用，就无法达到效益的最大化。

4. 相当的居民收入水平

很多旅游节事活动的主要客源是当地居民和近区域居民，只有当他们的人均收入达到一定的水平，有相应的支付能力时，才有可能形成对旅游节事产品的大量有效需求。这是促进旅游节事活动发展的内在推动力。

5. 良好的资金运作能力

成功举办一次旅游节事活动离不开大量的资金。这一方面要求举办方不仅具有雄厚的经济实力、合理的资金预算计划、多元的资金筹措方式，另一方面是必须具备良好的资金运作能力，这样才能及时缓解各方的资金压力，加速资金周转，尽量用较少的资金将旅游节事活动办好，以获得社会和经济双重效益。

（四）制度保障

一个有序的社会，能够提供较为稳定的法律、法规和制度保障，这是发展旅游节事活动的必要条件，同时，旅游节事活动必须符合相应的政治和文化制度。如果政治、文化制度对某些旅游节事活动缺乏必要的许可，则这一类的旅游节事活动也不可能形成和发展起来。如泰国的"人妖"表演、埃及的"肚皮舞"表演、拉丁美洲地区的"桑巴舞"表演等，都是这些国家或地区民族艺术和文化的对外展示，是其特色旅游产品，但在世界的许多国家和地区，由于宗教、政治、社会、文化、经济背景的不同，这些具有旅游节事活动特点的产品不一定能得到当地政治和文化制度的认可。因此，发展新兴的旅游节事活动，必须符合本国、本地区的政治、文化制度，要尽量获取政府在制度上的鼓励、帮助和保障，不发展与本国、本地区制度不符的旅游节事活动。

（五）发展需求

当旅游节事活动成为旅游活动的组成内容和旅游经济的发展方式时，它又与各地在不同时期的发展需求有着紧密的联系。例如，山东蓬莱是一座海滨城市，旅游资源丰富，但旅游季节很短，经济也不够发达。蓬莱市政府出于延长旅游季节、加快城市经济发展的需要，从 2000 年开始，每年举办"和平颂"国际青少年艺术节，使蓬莱从一个知名度不高的县级市一举变成了海内外颇有名气的"和平城"。这一通过策划而来的节日，其创意就来自于联合国在 2000 年时提出的"将 2001～2010 年作为国际文化和平年及世界儿童非暴力十年的计划"这一"发展需求"。这项人为创造的旅游节事活动，不仅对发展蓬莱旅游业、推动蓬莱地方经济的繁荣起到了重要作用，达到了预期的目的，而且得到了联合国教科文组织和许多国际友人的赞扬。可见，发展需求是一项旅游节事活动构成的内在驱动力。

（六）吸引力

除了具备以上的基本条件外，节事活动作为一种旅游资源，还必须能吸引大多数旅游者，即具备特定的吸引力。这一吸引力是由三种要素构成的。

（1）兴奋要素。避免乏味和枯燥，令人兴奋或狂热的旅游节事活动才能引起旅游者的广泛关注和参与，这是旅游节事活动应具备的首要要素。兴奋要素包括偶发性、参与性和竞争性三个方面的特征，它是创造有影响力的旅游节事活动不可缺少的要素。

（2）娱乐要素。旅游节事活动要有一定的趣味性，才能吸引旅游者关注，进而参与进来。因此，旅游节事活动要避免繁杂和陈旧，要能让人感到轻松和愉快，复杂的活动规则和老套的活动方式会让旅游者敬而远之。

（3）幻想要素。人类对现实社会的不满往往表现在对未来抱有一种期待和幻想，可这些期待和幻想大多在现实生活中很难实现，因此，很多人希望有一种途径能够满足自己的期待和幻想。旅游节事活动如果在这一点上深挖主题内涵，丰富活动形式，不断出新求异，必将吸引许多爱幻想的旅游者，让他们获得现实生活中无法感受到的体验。

四、旅游节事活动的影响

近年来，各地为了振兴经济，繁荣文化，提高知名度，纷纷重新包装和策划了以地方的旅游资源、文化、产业、历史、艺术、宗教等为主题的旅游节事活动，给举办地国家和城市带来了巨大的影响。

（一）旅游节事活动促进了旅游业的发展

1. 引入了大量旅游者

　　旅游节事活动给举办地带来了大量的客源，直接导致了旅游者人数的大量增加。据上海市旅游事业管理委员会预测，因为世博会的召开，2010 年，上海全年将接待国内游客 1.3 亿~1.5 亿人次，海外旅游者 500 万~600 万人次；此外，在上海世博会开幕的半年时间里，预计其 7 000 万参观者中将有 30%~35% 继续在华东地区游览，这意味着上海周边 100 公里以苏州、周庄、同里、乌镇等为代表的水乡，150~200 公里的无锡、杭州，300 公里的南京、扬州、镇江以至中国最为富庶的整个华东 6 省 1 市，都将成为上海世博会的重要客源地，同时受到上海世博会直接的辐射和带动。再以奥运会为例，它原是一项重要的体育赛事，近 20 年来，却成为了全球瞩目的一项旅游节事活动。在奥运会举办期间除了人数众多的运动员、教练员、记者和工作人员到达举办城市外，还有大量的观众和"拉拉队员"参加。资料显示，洛杉矶、汉城、巴塞罗那、亚特兰大奥运会期间，入境的旅游者分别达到 23 万、22 万、30 万、29 万人次。而悉尼奥运会，在旅游与奥运的结合上，比以往任何一届都做得更好，比赛期间共接待国外旅游者达 50 万人次。奥运会不仅大大促进了入境市场，对国内市场也有巨大的推动。奥运筹办过程本身就具有一定的吸引力，这也是一个很好的卖点。

　　2. 增加了旅游业的外汇收入

　　旅游节事活动召开期间，旅游者无论在住宿、交通、通信、餐饮、娱乐，还是旅游购物上的消费水平都比平时高出 1 倍或数倍，集中消费程度高，举办地国家和城市外汇收入增量巨大。1984 年洛杉矶奥运会直接带动收入约 32 亿美元；1992 年巴塞罗那奥运会期间的旅游外汇收入达到 30 多亿美元；2000 年悉尼奥运会旅游外汇收入则高达 42.7 亿美元。旅游节事活动毫无例外地成为举办国家和城市的重要创汇行业。

　　3. 提高了旅游企业的服务质量和经营管理水平

　　旅游节事活动的举办对当地旅游企业是一次重大的机遇，同时也是一次严峻的考验。旅游企业的人才素质、管理水平、旅游环境、旅游服务质量，甚至其危机管理模式和灵活应变能力在旅游节事活动的举办过程中，都会得到一定程度的锻炼，从而促使整个旅游行业水平的全面提高，使旅游企业进一步与国际接轨，推动旅游业的进一步成熟与发展。

　　4. 缓解了旅游业淡季的需求不足

　　城市旅游业发展具有一定的季节性。在淡季里，可以通过对本地旅游资源、民俗风情、特殊事件进行优化组合，调整旅游资源结构，举办丰富多彩的节事活动，吸引游客，为游客创造新的旅游需求，以解决旅游市场淡季需求不足的问题。如哈尔滨国际冰雪节，既充分利用了当地的旅游资源，又弥补了淡季的需求不足。在国际冰雪节期间，有逾百万旅游者来哈尔滨旅游，市内各大宾馆酒店的入住率比平时提高了 30%～50%。

（二）旅游节事活动带动了相关产业的发展

旅游节事活动的关联带动作用表现在两个方面。一方面，任何一次节事活动都具有一定的主题，配合这一主题的商家乃至整个行业都可以在节事活动中获得巨大收益。如潍坊，自 1984 年以来，已成功地举办了 20 届国际风筝节，形成了庞大的潍坊风筝产业，国际风筝节成为拉动经济的新的增长点，世界风筝联合会总部也在潍坊落脚。

另一方面，旅游节事活动也促进了除"主题"产业外城市其他相关产业的发展。如每一届的大连国际服装节，不仅迎来了大量的海内外服装厂家、商家、设计师和模特的光临，各类表演活动、发布会、展览会、洽谈会的召开也为本地服装业、展览业、商贸服务业和旅游业提供了巨大的商机。而且，来访旅游者的消费支出，可以增加当地居民的收入；节事纪念品的开发，使得地方工艺品和土特产品等得到重视与开发，带动了传统艺术和相关产业的挖掘、保护、培植和开发；旅游者的购买，促进了综合性的物流发展，刺激了城市商业的繁荣；所有这些无疑都是相关产业从旅游节事活动中获得的巨大收益。

（三）旅游节事活动加速了城市基础设施建设

旅游节事活动对于完善举办城市的市政建设、基础设施建设、旅游设施和环境建设起着重要的作用。众所周知，大规模、高质量的场馆设施，方便快捷的交通和通信服务，清新优美的城市环境，是举办旅游节事活动的必备条件。有专家预测：到 2010 年举办世博会时，上海将有两个国际机场，两个火车站，将开辟近 20 条国际集装箱航线，通达 160 多个国家和地区的400 多个港口；上海还将建成连接黄浦江两岸的 7 条隧道，6 座大桥，以及内环、外环和交环三条环线，以及近 400 公里的轨道交通线和一批客运交通枢纽；在世博会展区周围有 3 条城市轨道交通线和 3 个公交枢纽，在世博会场地的内部，交通是以自动人行步道和电动车为主，所有参观者都能够通过便捷、舒适、高效的交通工具来参观世博会和到上海周边地区旅游。即使是在世博会后，其留下的会场、馆址本身不仅可以作为旅游吸引物吸引更多的旅游者，又可以最大限度地进行利用，提高举办城市人民的生活质量。

（四）旅游节事活动弘扬了传统文化，促进了城市文化特色的定位

一方面，旅游节事活动弘扬并彰显了传统文化的丰富内涵和个性，进一步促进了文化的传承与发展，加深了国内与国外、传统与现代文化的交流与合作。如南宁国际民歌节，不仅借助现代传媒方式把潜藏在民间的传统艺术形式展现在人们面前，而且从民歌的优美旋律中，让我们感受到团结、祥和、繁荣、发展的时代脉搏和健康向上的美好气息；同时，通过充分挖掘民歌文化中的审美精神，从中提炼出有益于现代社会和现代人的文化理想和生活理念，进而推动了城市的精神文明建设。

另一方面，旅游节事活动促进了城市文化特色的定位。城市的文化特色定位是指一个城市建设的风格和文化取向，是一个城市整体的文明状态。国际服装节弘扬了大连的城市文化特色，使人们从服饰文化、展览文化中感受到更深层次的文化底蕴，提高了城市文化的品位，加快了城市文化基础设施的建设，促进了城市商业文化的合理走向，形成了大连独特的多层次的文化特色。深深植根于本土的旅游节事活动，得到了居民的理解与协作，对增进居民的身心健康、丰富文化生活、提高生活质量，培养公众对文化选择的自主性等方面都起到了良好的推动作用；而且，旅游节事的开展，也在某种程度上加强了地方公共团体、相关企业和地方居民的密切协作，促进了居民的相互理解，培育了安定、和睦、和平、积极向上的城市文化特色。

（五）旅游节事活动提高了举办地国家和城市的知名度与对外形象

通过媒体的广泛宣传，旅游节事活动的举办国及举办城市的知名度和对外形象将得到极大的提升。在旅游节事活动举办期间，高强度、多方位、大规模的宣传以及所引起的广泛关注和形成的巨大轰动效应，在短期内强化了举办城市的旅游形象，也扩大了其声誉。

（六）产生了很强的后续效应

对于举办国家和举办城市来说，通过旅游节事活动不仅可以掌握大量的信息，挖掘大量的商机，创造一批潜在的投资者，而且还能产生很强的后续效应。旅游节事活动带来的不仅是几天、十几天或几十天的节日盛会，而是若干年的发展机遇。据澳大利亚旅游局统计，因为悉尼奥运会的举办，澳大利亚在 1994～2003 年中，海外旅游者增加了 132 万人次，本地旅游者增加了 17.4 万人次，新增加的旅游人次为澳大利亚赚取了 30 亿澳元的外汇。这些效果不一定在当时都能看得出来，也许会经过很长时间才能显现，但是，这些旅游节事活动所创造的持续效应和后续效应也是我们不容忽视的。

（七）旅游节事活动的举办也存在着一些消极影响

短时间内大规模旅游者的涌入会产生"峰聚现象（Peaking）"，交通拥挤、物价上涨、噪音和废弃物等对当地居民的正常生活也产生了负面影响。如 2000 年悉尼奥运会开幕期间第一次出现了大量的当地居民为躲避大规模人流，纷纷逃离自己所居住的城市的"反旅游"现象。如何将这种消极影响"最小化"，这也是我们在策划旅游节事活动时应该重视的问题。

第二节　旅游节事活动策划

一、旅游节事活动策划的原则

(一) 大众化原则

广泛的参与性是旅游节事活动赖以成功的原因之一。旅游节事活动的成功与否不在于安排多少项活动，而在于有多少民众亲临其间感受其愉悦气氛，这是旅游节事活动凝聚人气、扩大影响、树立品牌、吸引投资的有效手段。这种广泛的参与性来自两个方面：一是业内人士的参与，二是人民群众的参与。要吸引业内人士和人民群众的参与，满足业内人士和人民群众的需求，就必须在策划旅游节事活动时遵循大众化原则。我们要将这种"大众需求"作为旅游节事活动策划运作的行动指南，只有满足了"大众需求"，才能吸引大批旅游者，从而获得经济效益。

(二) 规范化原则

旅游节事活动虽然是一个动态的吸引物，但又必须在动态中寻求某种确定性以形成规范化，这是吸引旅游者的先决条件，也是旅游节事活动获得品牌效益的秘诀。如西班牙斗牛节共有156项活动，在长达4个世纪的历程中，每年的7月8日~14日，所有活动精确到分钟，分布在潘普罗那市固定的时间和空间，从早上8时至深夜24时，年复一年，百年不变。相较于国内各种旅游节事活动举办的不确定性和随意性，这种确定性和严谨周密的规范化运作是塑造旅游节事主题的关键，也是策划旅游节事活动时应遵循的基本原则。

(三) 市场化原则

旅游节事活动的策划运作必须遵循市场规律，注入"成本—利润"、"投入—产出"的理念。众所周知，源源不断的资金来源是旅游节事活动历年不衰的阳光和土壤，也是节事品牌得以传承的基础，但资金来源不能单纯依赖政府的财政投入，应建立"投资—回报"机制，贯彻"投入—产出"的原则，落实"谁投入，谁获利"的效益分配方式。同时，通过策划各类主题活动并进行市场化运作，逐步提高旅游节事活动的知名度和影响力，吸引有实力的企业和媒体的参与，多方筹措资金，缓解政府财政压力，形成"以节事养节事"的良性循环发展模式。

(四) 产业化原则

旅游节事活动涉及许多相关产业，每一个大型旅游节事活动的举办，都吸引了大量相关产业和一大批中介组织的集聚，它们彼此关联、相互补充、分工明确，形成了一个独特的产业运作模式，它是旅游节事活动未来发展的一个趋势。因此，在策划旅游节事活动时，其主题确定、项目选择、资金筹措、广告宣传、场地布置、纪念品制作、会务服务等都必须以招标投标、合同契约的有序竞争方式进行，培育新兴的"节事经济"，形成规范的"节事产业链"，推动旅游节事活动产业化的发展，促进旅游节事营销策划活动的深入。

（五）效益最大化原则

效益最大化是指充分利用旅游节事活动品牌，运用市场机制，通过系统的策划与营销，最大限度地改善旅游节事活动举办地国家和城市的基础设施与旅游环境，提升旅游形象，吸引更多的旅游者前来参观游览，带动相关行业的经济发展发挥旅游节事活动的联动作用，最大限度地创造社会效益和经济效益。同时，要达到效益的最大化，旅游节事活动的绩效评估也是不容忽视的，它是旅游节事活动达到最大效益的重要保障。

二、旅游节事活动的策划

旅游节事活动的策划运作包括主题定位、资金筹措、宣传促销、内容组织、活动承办、后勤保障、绩效评估七个环节的工作。

（一）主题定位

1. 旅游节事活动的主题定位要依托自然资源和文化内涵

旅游节事活动应当根据主办地的资源特色，紧扣其城市形象定位，寻找"惟一性"和"特殊性"，反映举办地国家和城市的传统文化与独特魅力，体现时代的风貌，只有具备一定主题的旅游节事活动才具有生命力。例如，上海的许多旅游节事活动在其组织、编排、宣传上都特别注意打"海派文化"的招牌，与其民俗文化、商业文化和艺术文化相结合，在很大程度上提高了市场的竞争力。

2. 旅游节事活动的主题定位要以市场分析为前提

在进行市场分析时，一方面必须做认真的市场调查，对旅游节事活动的客源市场进行细分；另一方面，还可以采用 SWOT 分析法，明确举办城市的优势、劣势、挑战和机遇，以便有的放矢地进行主题定位和活动的筹备，确保预期目标的实现。

3. 旅游节事活动的大主题应鲜明而固定，具体内容则应该每年（届）出新

要做到每年（届）出新，则必须搞好主题活动策划：①策划有"亮点"

的主题活动，提高大众关注度。大众关注度和参与性是旅游节事活动的生命线，我们必须在各个常规项目中，寻求其中的亮点进行重点策划，以广泛吸引业内人士和大众。②策划有"热点"的主题活动，形成社会焦点。旅游节事活动有热点，自然会形成商业的焦点。③策划有"卖点"的主题活动，增强商务运作能力。我们在策划主题活动时，应着眼于社会效益与经济效益，从中挖掘有卖点的好项目，吸引大众和赞助商，提高旅游节事活动的竞争力和获利能力。

（二）资金筹措

除了政府提供的财政经费外，节事旅游活动的资金主要来源于广告、彩票、捐赠、票务、赞助和专营权转让等方面的收入。举办方必须加强开发旅游节事活动的市场功能，建立多元的筹资机制，多方筹措资金。

1. 广开赞助门路

可以将赞助商分成不同层次，给予不同的利益分成和办节中的权利享有。例如，第一层次的赞助商要少而精，有实力，与旅游节事活动的主办方有紧密的联系；第二层次的赞助商是"散户"，他们可按出资的百分比获得旅游节事活动的相应效益。在 1984 年美国洛杉矶奥运会以前，举办奥运会基本上是"赔本赚吆喝"，但身为 1984 年奥运会的组委会主席，洛杉矶商界奇才尤伯罗斯改变了一切。当美国政府宣布对奥运会筹备"断奶"后，尤伯罗斯提出为奥运赞助商设立一个"门槛"，即你想参与奥运会销售和广告计划，请先交上一笔钱来。尤伯罗斯不像从前的组委会一样，等着企业随意拿钱来参与赞助，而是宣布：本届奥运会赞助商只有 30 家，想要中标，请给一个好价钱。尤伯罗斯决定，每家赞助商出资最低不得少于 400 万美元，按各自的实力可出资 400 万～1 500 万美元。这个关于"赞助"的计划成为了尤伯罗斯出奇制胜的最重要一招。1985 年，国际奥委会也仿效了尤伯罗斯的做法，开始对奥运赞助商设立"门槛"，从而为奥运会的成功举办奠定了坚实的物质基础。

2. 转让专有权利

旅游节事活动的主办方可以通过转让电视转播专营权、指定产品（活动）专营权、广告发布专有权等来获取丰厚的收益，尤伯罗斯在这一方面也有"惊人之举"。当年他提出将 1984 年奥运会的火炬接力以棒为单位向外出售时，在全球范围内引起了一场"地震"，国际奥委会当时曾威胁说，如果美国人真敢卖火炬，就要给点"颜色"看。然而，尤伯罗斯最终说服了国际奥委会，其火炬接力计划得以顺利实施，并给国际奥委会赚得了"第一桶金"。国内许多旅游节事活动的主办方也通过这种专有权利的"转让"，获得了不少经费。以 2003 上海环球嘉年华来说，主办方将活动冠名权转让给上海永达汽车销售集团，也获得了 450 万元的转让费收入。

3. 搞活票务经营

票务经营不仅在于分档、预售、折扣等技术上的改进，还要开发票务的衍生产品（按票号抽奖、购物赠票等），以票生财；同时，可将戏票、球票、展票与彩票进行组合销售。显然，这样的票务经营方式会给经验不足的主办方带来一定的压力；但在另一方面，也可以将票务经营通过招标的形式发包给企业，以获得固定的票务收益，"旱涝保收"，减少门市销售的压力。当然，旅游节事活动的品牌效益越高，参与投标的企业之间的竞争才会越激烈，标的才会越大，主办方的收益才会越高。国内许多著名的旅游节事活动都采取了后一种票务经营方式，如 2002 年南宁国际民歌艺术节将所有门票发包给香港地区一家知名投资公司销售，获得了 1 067 万元的门票收入。

4. 开发纪念产品

据统计，有 2/3 的旅游者会在旅游活动中购买纪念品，因此，策划、设计、开发旅游者喜欢的纪念品是增加旅游节事活动收入的重要来源。国外许多著名的旅游节事活动都在这方面做足了"文章"，主办方把活动的吉祥物、标志物、会标做成新颖多样的玻璃器皿、钥匙链、毛绒玩具或运动服装等纪念品出售，这些纪念品不仅能让旅游者在事后回忆起这次旅游节事活动，还可以起到广告宣传的作用，并且为主办方带来大量的收入。

5. 做足贸易生意

旅游节事活动期间，人流汇聚，是带动"节事经济"的大好时机，主办方可以围绕旅游节事活动的主题，举办各类交易会、展览会和商业活动，提高资金回收能力，促进相关行业的发展。

（三）宣传促销

一流的策划，一流的产品，再加上一流的宣传促销，才能创造一流的效益。旅游节事活动时间短，产品性质特殊，临时调整难度大，对宣传促销的要求高，因此应该充分重视宣传促销工作。

1. 抓住特色，加大力度，超前宣传，造成轰动效应

旅游节事活动的成功与否，在很大程度上取决于其宣传推广工作。在 2003 中国武汉·神龙国际旅游节举办之前，活动的承办者——武汉市旅游局对此次旅游节进行了全方位的宣传工作。他们抓住这次活动的特色，动用了电视、电台、报纸、户外甚至公交车载多种媒体，展开了长达两个月的密集宣传攻势，从而提升了旅游节的知名度，使旅游节在"无处不在"的宣传攻势下取得了较好的社会效益和经济效益。

2．建立网站和网页，通过互联网促销

除了传统的电视、报纸、杂志、广播等宣传媒体外，互联网的作用也是不容忽视的。现在许多城市和知名的旅游节事活动都有自己的网站和网页，在举办旅游节事活动时，都能通过互联网发布信息，进行宣传促销。例如上海国际艺术节能提供网上购票、网上结算服务，不仅使旅游产品和国内外旅游者紧密地联系在一起，而且提供了低成本和高效率的服务，开辟了全新的宣传促销渠道。

3．组合产品，联合促销

不少城市同时举办多个旅游节事活动，形成一条节事活动链和几个旅游活动系列，不仅能吸引游客，而且有利于促销，提升了经济效益。联合促销的产品，必须是名品和精品。只有名品和精品，才能开拓市场、创造非凡的效益。在2001年上海旅游节期间，英国皇家芭蕾舞团、法国国家交响乐团、中国交响乐团、柏林广播交响乐团、NHK交响乐团以及卡雷拉斯、多明戈等名团、名家来上海演出，形成好戏连台的强势，效益空前。西班牙著名歌唱家多明戈首次来上海大剧院演出，3 000元人民币一张的最高票价却最先售完，其他2 500元、2 000元、1 500元价位的票也在10天内全部售完。正票卖完后，加座票也被抢购一空。大型景观歌剧《阿依达》的门票共4.5万张，也在演出前一个星期宣告售罄，这就是名品和精品的价值带来的现实效应。有条件的地区可以采用这种方式，推出组合产品，进行联合促销，以突出旅游节事活动举办地城市的整体形象。

4．重视新闻媒体的组织工作

新闻媒体在旅游节事活动前的宣传炒作，在旅游节事活动过程中的现场采访，在旅游节事活动后的跟踪报道，对于扩大旅游节事活动的社会影响和经济效益极为重要。旅游节事活动的主办方不仅要在活动中请来各界媒体朋友，还要为他们提供工作方便，如尽早向他们通报情况、提供信息、推荐典型、提出要求，以便及时发布信息，引导旅游者的参与和消费。因此，旅游节事游活动的主办方应派专人负责与媒体联系，并配合媒体做好宣传工作。

5．积极组织志愿者参与旅游节事活动

志愿者参与旅游节事活动不仅展现了时代精神风貌，而且也为活动的策划和运作提供了支持，降低了运作成本。在国外，我们经常看到一批批身着统一制服的志愿者出现在大型的旅游节事活动中，他们为旅游节事活动提供的无偿服务，不仅提高了活动运作的效率和水平，而且还是对旅游节事活动的一种无偿的广告宣传。

（四）内容组织

艺术演出和体育表演是旅游节事活动最常见的内容与项目，也是提高亲和力和吸引力的主要手段。在澳大利亚的各类旅游节事活动中，露天游乐场、水上滑冰和烟火节无一不是令人难忘的演出和参与性极强的项目。因此，组织国内外一流水准或高水平的艺术团体和体育队伍献艺，邀请拥有各种特技绝活的民间艺人表演，是丰富旅游节事活动内容的重要手段。

以"2003 中国武汉·神龙国际旅游节"为例，主办方为了突出"万里长江，魅力武汉"的主题，策划了"相约武汉"中外艺术焰火表演邀请赛、"美味武汉"美食文化节、"激情武汉"中外歌舞演出、"魅力武汉"旅游长廊展销、"欢乐武汉"大型中国彩灯博览会、"动感武汉"大型激光水幕电影观赏六大活动内容；此外，旅游节举办期间，在沿江大道的几个重点区域，还策划了一系列的群众性文艺演出活动，丰富了旅游节的活动项目，增强了老百姓的参与积极性。这次活动最终成为武汉市有史以来规模最大、历时最长、内容最丰富、参与人数最多的旅游节事活动，极大地促进了武汉旅游经济的发展。

（五）活动承办

旅游节事活动的承办是落实策划和构思的过程，也是出成果、出效益的阶段。关键工作有三个方面：一是建立节事旅游活动筹委会或筹备小组，以便统筹全局、统一责权；二要制定一个总体方案，确定节事旅游活动的时间、地点、活动内容、组织方法、经费匡算、应急方案等；三是列出行动计划和倒计时工作进度表，使承办工作有条不紊地进行。

承办工作必须分工明确，责任到人，做到事事有人管，件件有人抓。工作人员必须有高度的事业心和责任感，专业性极强的工作，应该聘请专家担任顾问或邀请专业性中介公司或专业人士协作完成。

（六）后勤保障

旅游节事活动的后勤保障工作千头万绪。一般来说，应重点抓好以下四个方面的工作。

1．牢固树立"服务"的观念

旅游节事活动是经济活动、文化活动和旅游活动的大汇合，参与的后勤保障工作涉及了文化、工商、财政、税务、物价、公安、交通、供电、城管、环境卫生等多个政府公共服务部门的工作人员。旅游节事活动的对象是旅游者，旅游者十分重视经历和体验，这就要求对各类参与人员加强思想教育和业务培训，去除"官本位"思想，树立"以人为本"和"服务至上"的观念，为旅游者提供高质量的服务。

2．联办单位和参与单位的分工与合作

大型旅游节事活动的工作是系统工程，做好联办单位和参与单位的组织工作，充分发挥其主观能动性是非常重要的。1998年上海旅游节由上海市旅委牵头，20个区县政府，以及旅游、文化、体育、园林、餐饮、经贸、铁路、航空、新闻等29个部门共同参与，由于分工明确，配合默契，组织了100多项气势宏大、丰富多彩的旅游活动，形成了市区联手、条块合作、广泛参与的大格局，覆盖了各行各业。全方位的组织指挥和具体的分工协作是这届旅游节获得成功的重要原因之一。

3．制定和执行有关法律法规，规范市场

旅游节事活动运作的市场化程度越高就越需要法制规范，政府应该担当起维护办节秩序的角色，对办节中的违规违法操作要依法惩处。对办节中的公共安全、交通秩序、广告赞助、彩票销兑、集资筹款、商业交易以及重大接待活动等，政府要依法规范市场，保障各项活动的顺利进行。

4．实施"危机"管理

旅游节事活动常常会有一些意想不到的"危机"发生，在这种情况下，主办方应当及时启动相应的保障措施，尽最大可能降低"危机"带来的损失，塑造旅游节事活动的良好形象。但是，相当一部分旅游节事活动的主办方忽视对"危机"信息的收集和分析，"危机"管理意识淡薄，在应对"危机"时手段单一，甚至束手无策，导致了活动效益大幅下滑。因此，旅游节事活动主办方应该建立一套适合自身发展，并易于掌握的制度及其监察网络，并力求通过相应的后勤保障措施，将"危机"转化为"机遇"，使它成为推动旅游节事活动全面健康发展的催化剂。

（七）绩效评估

一方面，在旅游节事活动筹备和举办过程中，举办方应当建立科学的财务管理制度，控制旅游节事活动成本。通过市场化的方式来运作和策划的旅游节事活动，其资金筹措的渠道多种、手段多样，包括赞助、捐赠、集资、门票、广告、专有权转让、纪念品开发等多种收入，再加上种类繁多的各项开支，必须建立科学严格的财务管理制度，做到资金统一管理、专款专用、账目清晰，树立明确的"成本—收益"观念。同时，还要加强对旅游节事活动的各类经费收支实行专项审计工作，强化审计环节的监督作用，消除资金运作中的弊端和漏洞，控制旅游节事活动成本，提高资金的使用效率。

另一方面，在旅游节事活动结束后，举办方应当进行全面的绩效评估。

（1）收集有关旅游节事活动的所有活动报道和信息反馈，全面评估活动的对外形象（包括设施、环境、活动、组织、服务、保障等），核算活动的投入与收益（包括有形的收益与无形的收益）比，评价旅游节事活动的经济效益。

（2）追踪、评估旅游节事活动组织，包括政府、企业和个人。如根据其资金运作、主题创意、社会联系、活动组织等能力确定部分优秀的节事组织者，组建专业的旅游节事策划运作机构，总结各个环节在策划运作方面的得失，为下一次的旅游节事活动做准备。

（3）旅游节事活动的举办，往往导致了周边地区住宿、餐饮、购物的价格上涨，如何把这部分增加的"收益"内化，如何科学、合理地把它放到节事"收益"里也是值得我们进一步思考的问题。

三、策划旅游节事活动应注意的问题

通过举办旅游节事活动，来推介具有地方特色的旅游资源和产品，塑造城市整体形象，促进城市经济和社会事业的加速发展，已在全国形成了热潮，并渐渐形成了一种政府显示政绩的"时尚"。综合分析，我们在策划旅游节事活动时，还应注意以下几个问题。

（一）深挖文化内涵，凸现地方特色

旅游节事活动与社会经济发展相结合是其生命力所在，但现在许多旅游节事活动几乎无一例外地抱着"文化搭台，经济唱戏"的目的，在追求经济效益的同时却忽略了文化内涵和地方特色。例如，在策划一些传统的旅游节事活动中加入过多的商业炒作成分，使得中秋节变成月饼大战，而重阳节则忘记去登高和赏菊。试想一下，如果旅游节事活动不能从某种程度上正确反映举办地和举办地人民一些具有文化内涵的、值得颂扬的东西，那么它给旅游者的经历将是空洞的、残缺不全的或是易混淆的。缺乏文化内涵和地方特色，是导致很多地区旅游节事活动寿命短浅或效益不好的首要原因。

（二）加强策划创意，避免主题雷同

创意是旅游节事活动的灵魂，良好的创意是旅游节事活动成功的关键。近几年来，国内旅游节事活动的主题策划最缺的就是创意，有新意的策划可谓寥寥无几，更多的则是陈旧雷同。例如，光是以茶文化为主题的节事活动，就有日照茶博会暨茶文化节、中国重庆国际茶文化节、中国安溪茶文化节、蒙顶山茶文化节、思茅地区茶文化旅游节、湖北国际茶文化节等十几个。另一方面，主题策划抄袭成风：你飞长江，他飞黄河；你穿山洞，他穿桥洞；你策划一个文化节，他也策划一个文化节；你策划一个旅游节，他也策划一个旅游节。目前全国的文化节、旅游节多如牛毛，难以计数，且内容

重复、单调乏味、毫无新意。最失败的案例要算 2000 年 10 月 26 日飞机穿越太湖桥洞这一策划了，因 1999 年 12 月已在张家界成功策划了飞机穿越天门洞，且国内外反响强烈，"穿越太湖桥洞"的策划明显就有"东施效颦"之嫌。由于策划缺乏创意，虽然当天有中央电视台一台助阵现场直播，但收视率却远远低于湖南经视台联合各省市现场直播的"南岳衡山阿迪力高空走钢丝世界挑战赛"，造成了中央台敌不过地方台的尴尬局面，"穿越太湖"因而被业内外人士公认为最没有创意的策划，成为被嘲笑的对象。由此可见，独特的创意是旅游节事活动成功与否的一个关键因素。

（三）强化品牌意识，提高知名度

品牌是一个名称、名词、标记、符号或设计，或是它们的组合，其目的是识别某个销售者或某群销售者的产品或劳务，并使之同竞争对手的产品和劳务区别开来，必须实现把节事旅游活动作为一个品牌来进行运作。

（1）产品化：即把节事旅游活动作为一个产品，打造成地方营销的品牌。

（2）制度化：即建立和完善节事产品的开发与创新体系。

（3）产权化：即重视节事品牌的注册与知识产权保护。

旅游节事活动数量众多，呈现遍地开花的趋势，但纵观我国目前举办的各类旅游节事活动，尤其是与国外比较成功的旅游节事活动相比，不难看到我们的旅游节事活动品牌意识较低，知名度不高，举办届数少，能持续举办并发展成为国际旅游节事活动的则更是凤毛麟角。目前我国高规格、大规模、高品位并已经成为城市的形象工程和著名品牌的旅游节事活动，仅有为数不多的几个。从已成功举办了 15 届的大连国际服装节和举办了 13 届的青岛国际啤酒节的经验来看，树立品牌意识，提高知名度，是旅游节事活动的长久发展之计。

（四）开发特色商品，丰富活动意义

国外的旅游节事活动商品（纪念品）体系鲜明，品类丰富，在形式上包括吉祥物、特色纪念品、特色装饰品等；在内容上则较为深刻地反映了旅游节事活动的文化内涵。就其旅游商品本身而言，不仅创造了许多经济效益，而且已经构成了旅游节事活动的特征之一，丰富了旅游节事活动的内涵和意义。例如在河南举行的纪念吉鸿昌诞辰 100 周年的活动中，依照吉鸿昌当年发给其手下官兵，印有"当官不许发财"字样的小碗，设计了相应的旅游纪念品，这个"小碗"体现了将军的为官清廉之风，其创意在当今也具有深远的现实意义。纵观国内诸多旅游节事活动，在商品的开发上仍旧是个"弱项"，不仅品类大同小异，且价格昂贵，做工粗糙，真正能够反映旅游节事活动文化特色的商品为数甚少，只能作为旅游节事活动的一种"点缀"，甚至有可能会影响整个旅游节事活动的总体形象和质量。

（五）组建专业机构，培养专业人才

旅游节事活动之所以会出现"节事年年办，机构回回变，人手届届换，运作效率低"的状况，一个主要的原因就在于专业机构的不成熟，缺乏从事策划、演出、票务、会务、舞美、展览等工作的专业性机构和人才。大力发展旅游节事活动，必须组建专业性中介公司，培养专业的节事活动策划人员。具体的措施包括以下几个方面。

（1）从专业化经营出发，发展专业的旅游节事活动策划经营公司，也可以在政府的职能部门，即节庆办公室的基础上成立。他们与旅游节事活动主办者是合同契约关系，代替主办者实现旅游节事活动的市场化运作。

（2）鼓励建立中介服务机构，支持和保护在办节的过程中催生的专业公司和专业人才。

（3）聘请具有国际准予的节事执业资格的专业人士策划节事活动，鼓励机构内相关人员获取节事策划的执业资格。

（六）明确投资机制，体现回报收益

长期以来，国内的大部分旅游节事活动都是由政府"主导"并"主办"的。由于长期受到计划经济的影响，政府对旅游节事活动的经济功能重视不够，特别是对办节的经济效益认识不足，"投资—回报"的机制尚不完善。由于是政府举办的活动，似乎不存在着"资金压力"，导致很多旅游节事活动在事前并未对投资、回报及存在的风险进行科学的分析，"是赔是赚"无关紧要，使得政府有限的财政经费大量流失，其机制漏洞可见一斑。此外，在活动经费支出的结构上，也存在着比例严重失调的问题，有的旅游节事活动开幕式和闭幕式就耗资 30％以上，达到这样的经费使用比例，就更难收回投资，获取经济回报了。另据资料显示：前几年上海举办的 14 个文化类大型节事活动的文化产品交易额达 2 亿多元，只有上海电视节的电视剧目和影视音响器材交易获得了经济效益，大部分节事活动经济效益低下。可见，要想建立"投资—回报"机制，并达到既定的收益绝不是一蹴而就的，它需要多方的磨合以及长期的努力。

（七）建立行业规范，维护市场秩序

目前，在全国范围内，对旅游节事活动的举办还没有专门的法律法规进行保障和约束，仅凭风俗习惯和道德规范来完成市场规范与市场控制是远远不够的，因此，建立行业规范、维护市场秩序是旅游节事产业的当务之急。

1. 建立行业惯例

我国旅游节事产业的运作还处在一个从小到大，从分散到集中，从偶然性、间断性到长期性、经常性，从非专业化向专业化方向转化的不太成熟的阶段。在这一发展过程中，逐步形成大多数节事举办者共同认可并遵循的行业惯例（如约定俗成的行业组织、行业规范、争端解决方法等），能大大促进旅游节事产业市场化运作的顺利进行。

2．建立行业准入机制

目前全国各地都在大办旅游节事活动，但是有些组织者为了追求经济效益，以破坏或歪曲地区文化为代价，表现出一种短视行为。为此，建立一个行业准入机制，规定举办方所应具备的条件和资格，如举办方的经济实力、节事活动业务能力、商业信誉、以往的业绩等，对于旅游节事活动的健康发展将起到一定的作用；同时，对于一些业绩较好的举办单位可以给予再次举办的优惠政策。

3．建立旅游节事经济活动准则

旅游节事经济活动准则包括旅游节事产品的市场价格准则、举办单位竞争准则、旅游节事举办风险规避准则、旅游节事经济收益分配准则等。这些规范有利于旅游节事市场的有序竞争。

本 章 小 结

（1）旅游节事活动是节事活动与旅游业的重要结合，它是对节事进行系统规划、开发和营销，以便节事活动成为旅游吸引物而引起的一系列旅游活动，它是推动旅游业发展、塑造旅游形象、提升旅游吸引物和旅游目的地地位的催化剂。它同时具有产品属性、服务属性和资源属性。

（2）一个地区发展旅游节事活动，要想取得一定的效益，必须具备相应的自然资源、文化内涵、经济环境、制度保障、发展需求以及吸引力等多方面的条件。

（3）策划旅游节事活动时必须遵循大众化、规范化、市场化、产业化以及效益最大化原则。

（4）旅游节事活动的策划必须重视主题定位、资金筹措、宣传促销、内容组织、活动承办、后勤保障、绩效评估七个环节的工作。

（5）策划旅游节事活动时还要特别注意：深挖文化内涵、加强策划创意、强化品牌意识、开发特色商品、组织专业机构、明确投资机制、建立行业规范。

思 考 题

1．旅游节事活动是一种什么样的活动？它有哪些产品属性？

2．以"文化脉络"为主题的旅游节事活动有哪些？试举例说明。

3．旅游节事活动的构成必须具备哪些吸引力因素？为什么？

4．旅游节事活动对举办地有哪些影响？

5．旅游节事活动的资金筹措可以采取哪些方式？

6．如何策划旅游节事活动的主题？

7．策划运作旅游节事活动时应注意哪些问题？

☞案例

从南宁国际民歌艺术节看旅游节事活动的策划

广西是"歌仙"刘三姐的故乡，素有"歌海"之称，其首府南宁则被喻为"一座会唱歌的城市、天下民歌眷恋的地方"。南宁国际民歌艺术节自1999 年开始举办，短短 5 年时间，已经成为当今中国知名度较高的旅游节事活动之一，并且在海内外具有相当的影响力，产生了较高的品牌效应。是什么原因使这样一个地方性的节事活动迅速成长，并成为重要的旅游吸引物呢？

作为一个以打造新民歌、弘扬民族文化、扩大中外文化交流、推动旅游业发展为主题的国际性大型旅游节事活动，其前身是创办于 1993 年、由广西壮族自治区人民政府主办的广西国际民歌节。1999 年，自治区人民政府把民歌节的主办权交给南宁市人民政府，并更名为南宁国际民歌艺术节（以下简称为民歌艺术节）。为了办好第一届国际民歌艺术节，南宁市委、市政府结合南宁的"绿城"城市品牌，认真研究了艺术节的"定位"和"特色"，确定了高水准策划运作旅游节事活动的指导思想，目标直指国内一流、具有国际影响的民族文化艺术盛会，力争让民歌艺术节在更大范围内被人们所熟悉，并且在全国众多的旅游节事活动中脱颖而出、一鸣惊人。

之后，主办方在 1999 年的首届南宁国际民歌艺术节上，策划了一场以浓郁的民族风情、开阔的国际视野和强劲的现代气息为基础，群英荟萃、明星云集、史诗般绚丽壮阔的开幕式晚会"大地飞歌·1999"，赢得了社会各界人士的高度赞誉和广泛好评，并且成为了当年国内综艺晚会的经典之作。接下来，2000 年的第二届南宁国际民歌艺术节除保留了参与性极强的大型开幕式文艺晚会、广西民间歌手擂台赛、旅游美食节外，还与中国金鸡百花电影节联袂举办了电影节的颁奖晚会等一系列大型文化活动，使国际民歌艺术节成为南宁向世界递出的一张靓丽的城市名片。2001 年，第三届南宁国际民歌艺术节与第七届中国戏剧节携手举办，更加显示了南宁策划和运作大型旅游节事活动的实力和魄力，南宁成了名副其实的"天下民歌眷恋的地方"。

早在 1999 年南宁市政府举办首届国际民歌艺术节时，就确定了逐步走市场化的发展思路，经过科学的市场分析和严谨的论证，2002 年 7 月，南宁市政府成立国有独资公司——南宁大地飞歌文化传播有限公司（以下简称"大地飞歌公司"或"公司"），专门负责民歌艺术节的资金筹措和主要活动的策划经营。拥有相当经营自主权的大地飞歌公司跳出旧的旅游节事活动的运作模式，在民歌艺术节的主题活动策划与设置上，摆脱了"文艺晚会＋广场活动"的模式，突出了节事活动的民族性、国际性与群众性，不仅推出了有 10 多个国家的艺术团体和艺术家登台献艺的"东南亚之夜"歌舞晚会、全国范围的"中华民歌擂台赛"、王昆师生音乐会、红色经典歌曲交响音乐会等一系列高品位的文化演艺活动，还举办了"节庆文化与城市经济发展"国际主题会，将包括"格莱美"前主席迈克尔·格林在内的一大批国内外节事活动的专家、学者请到南宁来，总结旅游节事活动推动地方经济发展的经验，对旅游节事活动的发展趋势进行探讨。

在资金的筹措和招商引资上，大地飞歌公司遵循"市场"规划，采取了一系列措施。最突出的是：其一，取消了原有的各种赠票，就是市委书记、市长请人看晚会也得掏钱买票；同时，经过招标，将 2002 年民歌艺术节的所有门票发包给香港一家知名投资公司销售，实现了票务包销。其二，大地飞歌公司公开拍卖了各项主题活动的独家广告冠名权，获得了 1 647 万元广告赞助收入。整个活动筹资总收入达 2 757 万元，实际支出 2 694 万元，在由公司经营的这部分项目中实现了收支平衡，并首次略有节余。通常情况下，一个旅游节事活动要在举办八、九年之后才会实现收支平衡，而南宁国际民歌艺术节仅用了 4 年时间就完成了这个过程。

在广告宣传方面，2002 年，大地飞歌公司斥资 200 多万元从《南国早报》、《南宁晚报》和南宁电视台等南宁主流媒体"批发"了大量的广告版面和时段，为民歌艺术节的各项活动和赞助商做形象宣传。2003 年，大地飞歌公司通过公开竞拍，斥资 1 254 万元买下了南宁市中心大部分市政设施户外广告的 5 年经营权，用做民歌艺术节和公司的各项宣传。

当然，民歌艺术节的运作也离不开政府部门的支持。作为官方机构，民歌艺术节组委会办公室只设 10 名左右的常驻工作人员，并且退到"幕后"发挥指导和协调的作用。组委会下属的大部分部门，如旅游部、安全交通部、市容整治部、青年志愿者部等部门，职责不变但都设在相关单位自己"家"里，节约了一大笔行政成本。

回顾 4 年民歌艺术节的运作过程，大地飞歌公司认为：不但旅游节事活动运作的市场化程度关系到节事活动的品牌建设、经营效果与长远发展；同样，旅游节事活动的主题策划与定位也会影响到旅游节事活动的运作效率。只有在尊重旅游节事活动的个性特色的基础上策划主题活动，进行出色的市场运作，旅游节事活动才能实现社会效益与经济效益的双赢。

南宁国际民歌艺术节的规模和声望日益提高，不但使长期以来默默无闻的"绿城"南宁知名度大增，同时也对这座经济欠发达的少数民族地区首府城市的招商引资和经济发展产生了巨大影响。在民歌艺术节期间举行的广西投资贸易洽谈会，吸引了包括"世界 500 强"在内的众多中外企业和客商。据统计，前三届民歌艺术节中南宁招商引资金额达 160 亿元。与此同时，民歌艺术节还给南宁市的旅游业带来实实在在的"第四个黄金周"，南宁吸引了大批国内外旅游者，市内主要宾馆客房出租率达到 90％以上。4 年来，民歌艺术节商业运作的直接收入达 6 000 万元。

透过大量的数据，可以看出，国际民歌艺术节已经成为南宁的重要旅游吸引物和提高城市形象的重要品牌，对扩大南宁对外开放、增强综合竞争力、推动经济与社会发展起到越来越大的作用。南宁国际民歌艺术节正在逐渐实现从文化品牌向产业品牌的提升。

问　　题：

1. 从旅游节事活动的构成条件入手，说明南宁国际民歌艺术节的特色在哪里。

2. 南宁国际民歌艺术节使用了哪些旅游节事活动策划的原则？试举例说明。

3. 试分析南宁国际民歌艺术节在活动策划上成功的原因。

第十一章
旅游服务营销策划

第一节　旅游服务营销策划概述

在旅游者的所有游览过程中，都不可避免地涉及旅游服务。实际上，旅游活动的本质就是一种服务"经历"，它是发生在旅游服务提供者和旅游者之间的一种无形的互动过程，这种过程直接决定了旅游服务的质量水平。而旅游服务质量水平，一定程度上决定着旅游者的满意度水平。通过对旅游服务进行营销策划，不仅可以提高旅游企业的服务水平，而且还有利于提高旅游者的满意度，从而为实现旅游企业盈利目标打下基础。

一、服务营销及旅游服务营销概述

1．服务营销

与有形产品相比，服务具有四个特点，即无形性、不可分离性、异质性和易逝性等。服务的这些特性给其营销带来了一定的难度与复杂性。传统的有形产品营销是按照4Ps营销组合模式来进行策划的，这种模式对服务营销来说显得力不从心。考虑到服务的特性，布恩斯和比特纳提出了7Ps服务营销组合模型，即在传统的产品、价格、分销和促销4个因素的基础上，又增加了3个因素：参与者（Participants）、有形展示（Physical evidence）和过程（Process）。参与者是指卷入服务产出过程的所有人，不仅包括顾客，而且包括员工；有形展示是指服务环境以及服务的其他有形层面；服务过程是指为顾客提供服务所发生的一系列活动。7Ps服务营销组合模型，不仅抓住了服务营销的本质，指明了服务产品与有形产品的差别，同时也为服务企业剖析服务体验及其构成要素提供了理论框架。

从服务的复杂性出发，格罗鲁斯（Gronroos）主张服务营销不仅需要传统的4P外部营销，还要加上两个营销要素，即内部营销和交互作用营销。外部营销（External marketing）是指企业为满足顾客需求而采取的服务、定价、分销和促销等常规工作。内部营销（Internal marketing）是指企业对内部员工进行培养和激励，使他们更好地为外部顾客服务。互动营销（Interactive marketing）是指雇员与顾客在接触时，双方之间发生的互动过程。外部营销、内部营销和互动营销构成了服务营销三角形（如图11-1所示），而企业、员工和顾客是三个顶点。从服务营销三角形可以看出，对于服务业而言，传统的营销部门和专职营销人员依然存在，但他们只是企业营销系统的一部分。在大多数情况下，企业中的许多人在不同的服务流程中都承担着为顾客创造价值的职责，他们是兼职营销人员，数量远远超过了专职营销人员，他们在服务的关键时刻与顾客相遇，而且与顾客存在着交互关系。

2. 旅游服务营销

旅游服务营销是指运用服务营销基本理论来指导旅游业的营销实践工作。从根本上来说，服务营销理论是从包括旅游业在内的服务行业营销中提炼产生的，因而可以说旅游服务营销是服务营销理论在旅游学上的具体运用。然而，与一般的服务不同，旅游服务是一种综合性很强的异地性和非间断性服务，这些特点使得旅游服务营销有别于其他服务营销。例如如何整合六大不同行业的服务形成综合性的旅游服务品牌，如何对整个旅游服务行程进行有效的设计，如何对旅游服务中的导游人员与游客的互动接触进行管理，如何通过服务营销提供旅游服务质量等，都具有旅游服务营销的个性特征。按照科特勒营销管理的结构性框架，旅游服务营销的主要内容包括：旅游服务营销环境分析、旅游服务市场细分与定位战略、旅游服务营销组合策略、旅游服务营销管理与控制等。因而，旅游服务营销可以借鉴7Ps营销理论和服务营销三角形理论，来开展其营销策略与战略的制定和实施。

图 11-1 服务营销三角形[①]

旅游服务行业的特殊性决定了旅游服务营销的独特性。与一般的服务营销相比，旅游服务营销还更加突出以下4个方面。

---

① Gronroos C. Relationship Marketing Logic. Asia-Australia Marketing Journal，4 (1)，1996，p. 10

（1）采用超 4P 策略。在旅游业中，除了传统的 4P 以外，还特别强调另外 4P，即以人为本（People）、项目包装（Packaging）、活动策划（Programming）和合作（Partnership）。旅游服务业是一种关于人的产业，雇员、顾客、顾客组合在旅游服务中起着重要作用，缺乏人际交往技能的任何旅游企业，注定不会成功。项目包装和活动策划是调节旅游服务需求的两个相关技术，为解决旅游服务不可储存的问题提供了途径。由于旅游服务的综合性特点，各行业之间的合作对于整个旅游服务的成功显得尤为必要。

（2）突出口碑传播。良好的口碑传播（Word-in-mouth）是大多数旅游服务组织成功的关键。对于旅游服务来说，提供一致的服务质量和辅助设施可以为服务企业带来很好的口碑效应。因此，对于旅游服务来说，保持整个服务标准的一致性和企业形象的鲜明性，对于服务品牌的建立有着重要作用。

（3）强调感性驱动促销。由于服务的无形性，顾客在购买时往往是感性的。在旅游服务中，为了使酒店、餐馆、航空公司、旅行社、旅游目的地等能吸引游客，必须树立鲜明个性，加强游客的感性认知能力，促使游客形成感性驱动型购买。

（4）加强组织间合作。旅游服务的综合性和复杂性要求在营销时，必须加强产业各种组织之间存在的三种独特的关系，即供应商、运输商、旅游中间商和目的地营销组织之间，目的地景点、基础设施、旅游设施、交通和旅游服务资源之间，以及游客与居民之间，都应该保持良好的合作关系。

二、旅游服务营销策划的含义及特点

旅游服务营销策划就是运用服务营销学的有关理论，对旅游服务的各个环节进行有效的谋划与设计，使其达到提高整个旅游服务质量的目的。旅游产品是一种包括吃、住、行、游、购、娱在内的综合性服务产品，它涉及从旅游者离开家到返回家的一系列连贯过程，因此，旅游服务营销策划包括对整个服务过程中所涵盖的各个层面进行策划，目的是提高顾客的可感知质量和服务体验。具体来说，旅游服务营销策划包括对旅游服务品牌策划、旅游服务有形展示策划、旅游服务流程策划以及对旅游服务体验策划。旅游服务品牌策划是指对旅游服务进行策划形成有鲜明特色的服务品牌，旅游服务有形展示策划对旅游设施、旅游环境等进行策划，旅游服务流程的策划是对旅游服务传递系统进行设计，旅游服务体验策划是指通过对服务的关键时刻和服务接触等交互单元进行策划，使顾客获得满意的服务体验。与旅游营销的其他策划相比，旅游服务营销策划具有以下几个特点。

1. 系统性

所谓系统，就是为了达到某些共同的目标而协同工作的各相关团体的集合。旅游服务营销策划，首先要体现其系统性，即应该将整个旅游服务视为系统进行合理规划。在旅游服务中，存在着一个宏观系统和许多微观系统。宏观系统是指由旅游景点、旅游设施、餐饮业、住宿业、交通运输业、旅游行业中间商等组成的跨行业系统。旅游行业系统的共同目的就是满足出门在外或离开惯常环境的顾客的需求。而微观系统是指单个旅游服务组织的服务生产系统，它由互动部分（可见）和支持部分（不可见）所组成。互动部分包括三项内容：接触人、有形资源和设备、系统运作资源；支持部分在幕后对服务互动给予支持，它也包括三项内容：技术、管理与控制、支持功能与人员。在旅游者从离开家门到最后返回家中，会接受一系列的连续服务，整个旅游服务水平的高低，同旅游行业系统和微观服务生产系统的有效运作是分不开的。即使是服务系统中的微小环节，如服务环境、导游人员的态度、后台人员的敬业精神等，如果出现差错，都会导致游客的不满，最终扼杀整个服务。可见，在进行旅游服务营销策划时，必须根据旅游企业的实际情况，将企业的服务技术资源（互动部分）与服务支持资源（支持资源）视为不可分割的系统整体，在兼顾不同资源利用效率的基础上，同时考察不同行业服务资源之间的匹配情况，从而保证整体旅游服务的高质量。

2. 协调性

旅游服务跨行业的综合性特点，决定了在具体策划旅游服务营销时，必须注重旅游行业内的沟通与协调。旅游服务行业具有开放性、复杂多样性、响应性、竞争性、相互依存性、摩擦与不和谐性等众多特点。旅游服务行业的开放性与复杂多样性对行业的市场反应能力提出了很高的要求，同时也加剧了行业的竞争程度。为了能够准确判断顾客需求和竞争对手的战略动向，旅游行业系统必须具有高效的反馈机制，以便能及时对市场做出反应。旅游行业内包括多种相互依存和相互关联的企业和组织，共同为出门在外的顾客提供服务，如住宿接待、餐馆、景点、交通、旅行社、旅游批发、零售业都是这个行业的组成部分，其他的还有政府旅游促销机构、会展和旅游局、商业工会以及其他目的地营销组织等。众多行业的相互依存同时也带来了整个行业内和单个组织中的冲突、压力以及紧张。在美国，一些航空公司跳过旅游代理商直接向企业客户营销，导致了代理商和航空公司之间的紧张关系。酒店和度假地经常拖延支付给旅游代理商的佣金也造成了代理商和酒店之间的矛盾。这些不同程度的摩擦与不和谐也会扩散到单个组织中，如不健康的内部竞争、个性冲突和沟通障碍。我国的旅游黄金周实践也证明，黄金周旅游投诉不断增多的原因，在很大程度上是因为不同旅游企业之间缺乏有效的沟通与协调，因此，在策划旅游服务营销时，处理好旅游行业和组织内的沟通与协调问题，是决定策划是否成功实施的关键。

3. 参与性

在进行旅游服务营销策划时，考虑到旅游服务的互动性特点，还应该体现顾客的参与性。"服务的生产与消费同时进行"，意味着顾客事实上会参与到整个服务提供的全过程。也就是说，顾客将"目睹"和"感受"服务提供商将服务作为产品，提供给顾客的全过程。事实上，无论服务提供商是否明确地表达，或者倡导"顾客参与"，也无法改变顾客已经或正在参与整个服务提供的全过程中这一事实。顾客参与服务生产过程意味着，在某些情况下，雇员和顾客必须像"合作生产者"（Co-producers）那样在一起有效地工作。在服务营销三角形模型中，顾客通过"与顾客接触的员工"感受到服务提供商提供的服务，从而对服务组织的服务效率和满意度做出自己的评价。在这种情况下，顾客的"满意"与"不满"是通过"与顾客接触的员工"获得的，但服务感知同时反映了服务组织给予"与顾客接触的员工"的自主权和"员工的接受程度"。对于旅游服务而言，服务组织、与顾客接触的员工和顾客这三个要素，必须协调一致，实现服务组织和顾客之间的价值流动。因此，在策划的时候，必须考虑顾客与员工接触的真实时刻，考虑由顾客参与带来的顾客价值感知和评价，如果忽略了这一点，将会使策划的效果大打折扣。

三、旅游服务营销策划的意义

旅游服务营销策划，是对旅游服务的品牌、流程、有形展示和服务体验等内容进行详细的谋划，这对旅游服务提供者来说，有利于改善服务的有效性和效率，提高旅游企业的服务竞争力；对于旅游者来说，有利于增加顾客的认同感，提高顾客对旅游企业的忠诚度与美誉度。由此而言，旅游服务营销策划对旅游服务提供者和旅游者两方面而言，都具有重要的意义。

1. 有利于建立有竞争力的服务品牌

成功的品牌是长期、持续建立产品定位及个性的成果，消费者对它有较高的认同。一旦成为成功的品牌，市场领导地位及高利润会随之而来。对旅游服务而言，建立服务品牌同样是旅游企业成功的关键。在当今社会，我们已生活在一个品牌经济时代，许多旅游景区和旅游企业也已越来越重视品牌建设。

2. 有利于提高顾客的总感知服务质量

服务质量是一个主观范畴，它取决于顾客对服务的预期质量与其实际感知或体验质量之间的差距。服务质量具有两个维度：技术质量和功能质量。技术质量是指与服务过程中的出售物，如服务本身的标准、环境条件、网点设置以及服务项目、服务时间和服务设备等相关的质量。一般来说，顾客能比较客观地评价技术质量。功能质量是服务过程中体现的质量，如服务人员的仪表仪态、服务态度、服务程序、服务行为是否满足顾客需求，这些方面与顾客个性、态度、知识和行为方式等因素相关，并且顾客对功能质量的看法，也会受其他顾客的影响，所以，顾客对功能质量的评价是一个比较主观的判断。总的来说，顾客在评价旅游服务质量时，是以一个整体概念来判断服务质量的优劣，他们不会把旅游服务分成若干阶段或若干部分，分别加以判断。在评价过程中，顾客对整个旅游过程中薄弱环节的印象会影响到他们对整个服务质量的综合印象。可见，通过进行旅游服务营销策划，不仅可以改善旅游企业的技术质量，而且更为重要的是可以提高旅游服务的功能质量，从而在整体上提高顾客对旅游企业总的感知服务质量。

3．有利于提高旅游企业的服务生产率

服务生产率的问题在服务业中经常受到忽视，这是由于对服务生产率的衡量不同于传统制造业的生产率概念。在服务业中，由于顾客的参与性，顾客的行动不仅提供了服务生产所需的投入，还影响了服务过程中员工和技术发生作用的方式。也就是说，顾客创造的互动影响了服务过程的效率，因此，在服务业中，服务生产率的概率同时包括了服务业的内部效率（服务运营效率）和外部效率（服务产出效率）。当内部效率提高时，如减少人际互动，增加顾客对服务技术的自助能力等，往往会导致外部效率的下降，表现为服务产出的顾客感知质量的降低。通过旅游服务营销策划，一方面能够有效利用企业内部的资源、技术、人员、知识、信息等，提高旅游企业的服务运营效率（内部效率）；另一方面，根据顾客的需求状况和互动能力，改善顾客对服务的参与程度和合作水平，提高顾客对服务的感知质量，从而提高旅游企业的外部效率。可见，旅游服务营销策划的目的是兼顾旅游企业的内部效率和外部效率，使两者之间达到最佳平衡，从而提高旅游企业的服务生产率。

4．有利于提高顾客的满意度与忠诚度

顾客满意是指顾客对一个产品或一项服务的可感知效果与他的期望相比较后所形成的感觉状态，即顾客满意是"顾客对其要求已被满足程度的感受"。顾客可以经历三种不同的感觉状态，当效果低于期望时，顾客期望得不到满足，顾客不满意，就会产生抱怨情绪；当效果与期望相匹配，顾客就会满意；当效果大大高于期望时，顾客会高度满意，进而产生忠诚。一旦顾客忠诚于企业，企业就会得到更多的利益，如交易成本下降，顾客购买增加，顾客推荐购买，企业形象提升等。因此，策划旅游服务营销的终极目的就是要通过顾客忠诚达到企业盈利的目的。这就要求在进行旅游服务营销策划时，必须使旅游企业的品牌、服务、技术、质量等达到或超过顾客的期望，从而能使顾客达到满意，直至对企业忠诚。实践表明，在进行旅游服务营销策划时，由于考虑了顾客参与的因素，顾客对旅游企业的内在需求能够被反映到具体的服务运营中，同时，经过策划后的旅游服务，在时间、货币成本、资源利用、运营效率等方面，能够做到与顾客需求相协调，从而保证了顾客实际体验的服务质量水平超过预期，提高了顾客的满意度与忠诚度。

第二节　旅游服务营销策划的原则和程序

一、旅游服务营销策划的原则

旅游服务的特点和服务营销的基本原理，决定了在策划旅游服务营销时，必须坚持一定的原则。这些基本原则在最大限度上，既能充分利用旅游企业的资源和技术，又可以很好地迎合旅游市场的需求，从而保证旅游服务营销策划的有效性。

1. 供需平衡原则

在旅游服务中，由于环境因素和服务本身的特点，导致旅游需求出现波动性。在一些情况下，旅游需求可能过大，导致旅游服务供给不足，引发供需冲突；在另外一些情况下，旅游需求可能不足，导致旅游服务供给闲置和浪费，给旅游企业造成不必要的损失。因此，对旅游服务的需求周期及其原因进行鉴定和识别，是进行旅游服务营销策划的前提。

对旅游企业来说，问题的关键是如何在需求强劲时有足够的生产能力来满足顾客，而当需求疲软时，又不具备过多的生产能力以避免浪费，换句话说，就是旅游企业必须保持供给能力与市场需求的平衡。要达到这个目的，一种办法是令服务能力紧跟需求变化，即通过不断扩大或缩小组织产出能力来与波动的需求相吻合和一致。例如，在旅游旺季时，旅游企业可以安排更多的交通工具和服务人员，以保证满足过多游客的服务需求；而在旅游淡季时，旅馆可以考虑关闭一层房间，旅游零售商可以安排职工休假等。在进行服务营销策划时，要考虑到旅游企业调整产出能力的途径，如雇用临时工、租赁临时需要的设施或设备、培育多面手员工、出租或维护暂时不用的设施或设备等。

当需求大大超过旅游企业的产出能力时，旅游服务的产出能力调整会受到限制。一般情况下，最佳的产出能力并不是最大的产出能力。最大服务产出能力是由企业的设施状况、员工数量与质量和设备工具特征来决定的；而最佳产出能力，是指企业在保证服务质量的前提下所能接待的顾客数量。当服务产出能力被挖掘到极限时，服务质量通常会恶化，如旅游区拥挤、嘈杂，餐馆排队等候，交通工具超载等。可见，在对旅游服务营销进行策划时，必须在保证服务质量的前提下，尽量满足服务需求与企业产出能力的平衡。

2. 以人为本原则

旅游服务营销策划坚持以人为本的原则，就是指重视旅游服务营销中的两组人群——客人（即顾客）和主人（即旅游服务业组织中的所有工作人员）的作用。服务营销就是对人的营销。服务中涉及人与人之间的相互影响，包括公司雇员与顾客之间的影响，以及顾客与顾客之间的影响。旅游服务业中提供服务的第一线员工起着十分重要的作用，他们可以深刻影响顾客的体验，特别礼貌地接待和关注顾客，可以把普通的体验变成特别的体验。里兹-卡顿酒店的总裁霍斯特·舒尔茨说："人是服务的惟一提供者。即使酒店装修得精美绝伦，食物美味无比，也抵消不了雇员的恶劣服务带给顾客的糟糕经历。"

以人为本原则的体现之一，是通过策划人力资源管理计划和内部营销技术，获得高质量的内部雇员。旅游服务业内部的所有雇员都能影响其服务质量。通过雇员甄选、职前培训和在职培训、提升、奖励、再培训和授权等人力资源管理手段，提高雇员的专业服务能力和人际交往技能，从而为旅游企业培养高素质的业务型雇员。通过对雇员的态度、顾客意识和服务自觉性进行有效管理，以及对旅游企业内部信息的沟通管理等内部营销手段，可以在企业内部创造服务文化和在雇员中建立顾客导向，从而为企业培养具有服务意识和市场导向型的雇员。

以人为本的体现之二，就是指旅游企业注重对忠实客户的培养和维护。过去，旅游服务业营销经理倾向于把他们的重点放在吸引新的顾客上面，但现在越来越多的人开始注重培养与老客户的良好关系。建立、维持和加强与顾客的长期关系，是关系营销的基础理念。对旅游服务业来说，可以通过管理服务遭遇、提供顾客奖励、提供特殊的服务选择、建立顾客数据库、与顾客沟通等手段，强化与顾客的联系，获得长期忠诚的客户。

3. 质量效率原则

旅游服务营销策划必须坚持质量第一、效率优先的原则。服务质量是旅游业的生命。旅游服务的综合性和服务的无形性以及服务质量深刻的内涵，决定了旅游服务质量的抽象性和复杂性。从旅游者角度来看，旅游服务质量是对旅游者在旅游准备、旅游过程中、旅游结束后对旅游服务的体验与其期望值所形成的价值反映。从旅游企业角度来看，旅游服务质量是旅游企业所提供的服务在旅游市场上的认可程度，是企业对市场规律的把握与其内部资源配置效率的综合平衡。市场是检验服务质量的公开场所，只有经过市场检验的服务质量才是合格的。

对于旅游企业而言，旅游服务质量不仅与服务结果、服务过程有关，还与企业过去服务的积累有关。旅游企业的服务质量包括三个方面的内容：品牌性识别、技术性质量和功能性质量。品牌性识别是过去服务质量的积累，是现有服务质量的承诺，更是对未来服务质量的规划。服务品牌具有隐性效应，它会间接影响旅游者对服务质量的评价和识别。技术性质量是旅游服务结果的质量，是旅游者感知服务质量的重要组成部分，对它的评价往往比较客观。功能性质量是旅游服务过程的质量，旅游服务过程中发生的互动关系，必然会影响旅游者感知的服务质量。

旅游服务营销策划不仅追求高水平的服务质量，而且还讲求提高服务的效率。旅游服务的跨行业综合性特点，造成整个服务流程的复杂化。在旅游服务技术有限的情况下，通过一定的服务流程策划，可以使有限的服务资源得到充分的利用，提高服务的内部效率。同时，服务内部效率的提高，可以带来顾客感知服务质量的提高，因而服务的外部效率也会提高。因此，旅游服务营销策划，必须在保持较高服务质量的基础上，提高旅游服务的内部运营效率和外部产出效率。

4. 服务文化原则

企业文化是指企业员工在长期的生产经营活动中培育形成并共同遵守的最高目标、价值标准、基本信念以及行为规范。旅游服务文化是旅游企业文化的核心部分，是结合旅游企业实际特点所形成的独特企业文化形式，是旅游企业在长期经营过程中形成的对服务理念、服务标准、服务规范、服务态度等的共同认识，它不仅是一种管理文化和组织文化，更是一种关系文化。这种关系文化对内主要表现为对旅游企业内部关系的调适，以求在企业中形成团结、合作和互助的气氛，使各部门、各层级之间为了共同的目标相互协作，从而全面提高旅游服务运营效率；对外主要表现为对与顾客、供应商、代理商、政府、地方商业设施、各种团体等关系的调适。

优秀的服务文化从本质上来说，就是提倡一种真诚的服务精神：我为人人服务，人人为我服务。在这种精神的指导下，旅游企业在处理内外部各种关系时，应尽可能为他们提供力所能及的服务，以形成双赢或者多赢的结局。只有这样，旅游企业内部关系才能和谐，外部关系才能更好地为企业服务，使企业在良好的环境下经营。

旅游企业在策划服务营销时，坚持服务文化的原则，实际上就是要注重服务文化的内在功能与外在功能的统一。旅游服务文化通过引导功能、整合功能、激励功能、约束功能等将员工的思想和行为进行统一和规范，使企业的凝聚力大大加强，这对于提高和改进旅游服务质量大有帮助。同时，旅游企业还必须充分发挥服务文化的辐射功能，即通过强势文化的渗透作用，向有关顾客、企业、部门、单位、社区、组织等传递优秀的文化精华，调适与他们的关系，展示良好的企业形象，赢得他们的信任，同时也起到服务营销和公共营销的作用。外在功能以内在功能为基础，通过服务文化的积累和修炼，首先在企业内部形成优秀的服务文化氛围，然后才能向外部扩展，外在功能形成的积极效应，会进一步巩固和强化服务文化。

二、旅游服务营销策划的程序

旅游服务营销策划是一项很复杂的工作，它要求策划者必须按照一定的程序来完成。

1. 确定策划目标

对企业而言，任何策划的最终目的都是为了一定的经济利益。经济目的是企业营销策划的主要目的，也是衡量营销策划成功与否的重要标志，是贯穿企业营销策划过程的一条主线。旅游企业通过服务营销策划，使旅游服务活动更为科学化和有效化，从而用最少的资金投入，产生最大的经济效益。具体而言，旅游服务营销的目标可以有很多种，如树立服务品牌，提高服务质量，提高服务运营效率，营造服务文化等。因此，旅游企业在进行服务营销策划时，首先必须明确策划的具体目标，在具体目标的指导下，再制定合理有效的策划方案。

2. 收集相关信息

相关信息收集的情况，决定着营销策划方案的质量。旅游服务的无形性和综合性，带来信息收集的难度与复杂化。旅游服务营销策划的信息主要包括两方面：企业内部信息和外部信息。内部信息主要是指旅游企业内部的服务资源情况，包括服务人员、服务设施及设备、服务环境等硬件资源，以及服务理念、服务态度、服务技巧、服务水平、服务管理等软件资源。外部信息主要是旅游企业的外部市场环境情况，包括宏观服务环境、顾客服务需求、服务竞争态势等。通过内部信息可以了解企业的服务能力，而了解外部信息是为了洞察市场的服务需求和服务竞争状况，二者的结合为有效的策划方案提供了支持。

3．制定策划方案

在充分收集相关策划信息的基础上，旅游企业必须形成一个可供操作性的营销策划方案。一个好方案的产生来自于好的创意，创意的基本特点是它的独特性，也就是说企业以前所没有的，也是其他企业所不具备的。作为策划人员，一定要挖掘潜力，集中精力，敞开思想，智力互动，进行交流和讨论，把每个人的潜能充分发挥出来，从而得到好的创意。在创意的基础上，旅游企业才能形成一个完整的服务营销策划方案。旅游服务营销策划方案是一个可操作性的文本，它为旅游企业实施策划活动提供了依据。

4．方案评估甄选

旅游服务营销策划方案制定完成以后，一般还要对方案进行评估和甄选，从中选出最有效的方案。对方案进行评估甄选主要有四种方法。

（1）经验判断。借助评估人已有的经验对已设计好的方案的可行性进行评估，评估人的经验包括自己的直接经验和借助他人的间接经验。

（2）逻辑推论。借助于逻辑学原理，对需要论证的方案进行正确的推论，以此判断方案的可行性。在逻辑推论中，类别推论是营销方案评估中经常使用的方法，即根据其他类型的成功方案推论自己的方案。

（3）专家论证。专家论证是指将营销方案提交给具有丰富知识和经验的营销专家进行论证，借助营销专家的知识和经验进行判断，这是营销方案论证中经常采用的方法。

（4）选点试验。选择有代表性的市场进行方案的试运行，借此来判断方案的可行性。

5．实施策划方案

实施旅游服务营销策划时，必须注意以下几个问题。

（1）稳定性与灵活性相结合。一般情况下，营销方案保持相对的稳定性，但当出现特殊情况时，可以采用适度的灵活性，如出现服务失误事件时，就必须根据当时的情形灵活处理。

（2）程序性与机遇性相结合。当旅游环境条件出现好的机会时，这时就不必严格按照方案的程序来进行，对良好机会的利用是对营销方案的最好补充。

（3）交替性与交叉性相结合。交替性是指一个步骤完成后又进入下一个步骤；交叉性是指多个步骤交叉进行。在运行阶段上，不是一刀切，这样可大大提高营销策划的效率。

（4）贯彻与反馈相结合。在策划的贯彻过程中，还必须及时反馈实施情况，如出现问题，应及时调整策略和行动。

6. 测评策划效果

测评方案的目的，是为了使营销策划方案处于一个良好的循环状态。测评策划的效果，可以在方案实施过程中进行，也可以在方案实施完成后进行，其依据的原则包括有效性原则、可靠性原则和相关性原则。测评旅游服务营销策划的效果，可以采用一些财务指标和非财务指标。财务指标主要有销售收入、企业利润、市场占有率等，非财务指标主要有服务品牌形象、顾客满意度、顾客忠诚度等。

第三节　旅游服务营销策划原理

一、旅游服务品牌策划

所谓服务品牌，用一句简洁的语言来表述，就是市场认可的个性化服务标志。其含义包括以下三点：第一，服务品牌是一种服务标志，有其外在形态，不是看不见、摸不着的；第二，服务品牌是个性化的服务标志，是一种特色服务，不是雷同化、一般化的服务；第三，这种个性化的服务标志，是市场认可、社会认同的，在消费者中有一定的知名度与信誉度。服务品牌是一种特殊的品牌形式，是一种通过提供创意服务过程提升顾客满意度的劳务行为的标记，同时它也是企业的服务宗旨、服务理念、经营战略、营销策略及企业精神的综合反映。

旅游服务品牌是对旅游服务的一种承诺。旅游者能够识别这一承诺，并通过信息沟通及实际使用认同这一承诺。旅游服务品牌带来的是旅游者对服务品牌的忠诚，它通过旅游者对品牌承诺的识别、接受与信任而产生。旅游服务品牌，实际上是旅游企业的一项资产，它能够增加提供给企业或顾客的产品或服务的价值。世界著名品牌战略研究权威、美国加州大学伯克莱汉斯商业学校教授雅科（David Aaker）在《创造强有力的品牌》（《Build Strong Brands》）一书中指出："一个企业的品牌是其竞争优势的主要源泉和富有价值的战略财富。"旅游企业进行服务品牌策划，对于建立旅游企业的竞争优势具有重要意义。

首先，旅游服务企业可以通过其服务品牌来强调企业的与众不同，有力的品牌形象可以在以下情况给旅游服务企业带来市场优势，从而实现品牌扩张：当企业计划在更广泛的地域建立分店扩大企业规模时；当企业想进入相关的服务领域时（如从旅行社行业进入酒店行业）；当企业欲开创一项富有革新精神的新服务时等。

其次，强有力的旅游服务品牌有助于顾客认识、理解并信任这种服务。对消费者来说，旅游产品是一种高投入、高风险的产品，当人们做出某种旅游决策时，需要权衡许多可以觉察到的风险。由于旅游产品的生产过程同时也是顾客的消费过程，所以顾客在购买旅游服务之前不能体验该项服务，对某个旅游企业所提供的服务没有概念，无法衡量其喜爱的程度，而顾客对品牌的识别可以使他在接受服务之前就对某旅游服务企业有初步的认识。因此，强有力的服务品牌可以减少顾客的购买顾虑，加速购买的决策过程。

旅游服务品牌策划应该以服务质量和企业信誉为核心内容，以商标、符号、词语等要素为表现形式，浓缩关于服务的重要信息，并能给消费者带来安全的感觉和附加价值或利益。旅游服务品牌策划的途径主要包括以下几点。

1. 树立先进的服务理念，这是创建旅游服务品牌的核心

服务理念是一个企业经营思想、管理哲学和企业文化的浓缩，是企业精神的直接体现。先进的服务理念，以更高的标准指导和约束员工的心态和行为，它是衡量员工工作方式和工作绩效的尺子，时刻提醒员工提供先进的服务。当今最流行的服务理念是"为顾客创造价值"。对于旅游服务而言，许多服务环节甚至整个服务过程顾客都是参与者，从这个角度来说，顾客不仅是消费者，而且也是价值的创造者。因此，旅游企业应当树立"企业与顾客共同创造价值"的先进服务理念，在这一服务理念指导下，企业与顾客是利益共同体，两者之间的关系将会更加密切和融洽。在此基础上，旅游企业提供与竞争对手不同的服务特色，必定会获得企业的竞争优势。

2. 确定准确的服务定位，这是创建旅游服务品牌的关键

服务定位是服务企业根据市场竞争状况和自身资源条件，建立和发展差异化竞争优势，使自己的服务产品在消费者心目中形成区别并优越于竞争者产品的独特形象。简言之，通过定位来创造差异化，从而形成竞争优势。在旅游企业资源有限和市场竞争日益激烈的情况下，关键是要找准旅游企业的服务定位，从而将焦点集中在最擅长或最有资源优势的方面。这包括明确旅游企业潜在竞争优势——选择相对竞争优势——显示独特竞争优势等一系列程序活动。旅游企业可根据市场、自身、竞争者等的实际情况，选择不同的战略，确定明确的服务定位，力争成为目标市场的领导者。

3. 开展"以人为本"的内部营销，这是创建旅游服务品牌的基础

内部营销是指服务企业必须对直接接待顾客的人员及所有辅助人员进行培训和激励，使其通力合作，以便使顾客感到满意。旅游服务活动是依赖服务人员与顾客的交往实现的，在他们交互的"真实瞬间"中，由于服务的无形性特征，顾客没有有形标准来作为评判服务质量的基础，只能通过员工来了解服务的特征，甚至往往会将服务组织的工作人员等同于服务本身。因此员工在服务企业中起决定性作用，拥有一批优秀的、对工作高度满意和高度忠诚的员工队伍是服务企业竞争优势的直接体现。因为服务人员的满意是提供满意服务的基础和先决条件，如果没有员工的满意将不会有满意的服务和顾客的满意，更谈不上顾客的忠诚，也就谈不上服务品牌及企业的竞争优势。内部营销——员工满意——内部服务质量——外部服务价值——顾客满意——顾客口碑——服务品牌——顾客忠诚——竞争优势是一系列的连锁反应。可见，对旅游企业来说，开展内部营销活动，培养高素质的内部员工，是创建旅游服务品牌的基础。

4. 建立高效的内部支持系统，这是创建旅游服务品牌的支撑

企业内部支持系统主要包括合理的组织、严格的管理、先进的技术支持体系和素质优良的员工队伍等要素。企业必须全面地、无一遗漏地优化其中的每一个要素，并且把它们科学地组合起来，做到相互匹配、运转协调、协作严密，这样才能成为要素完备、结构合理且高效的内部支持系统。这种完善的内部支持系统是知名品牌诞生和发展的最佳土壤。对旅游服务企业来讲，这种内部支持系统尤其重要，因为旅游产品从一定意义上来说是一种文化产品，其策划与生产过程有其特有的复杂性，强有力的内部支持系统是旅游服务品牌得以创立的技术支撑。先进的技术支撑是现代社会旅游业创建服务品牌必不可少的支持手段，如靠计算机网络运行的预订系统、查询系统、跟踪服务系统等。

二、旅游服务有形展示策划

在服务营销管理的范畴内，一切可传达服务特色及优点的有形组成部分都可称做"有形展示"。这些有形展示，如果能得到很好的策划，不仅可以帮助顾客感觉服务产品的特点以及提高享用服务时所获得的利益，而且也有助于建立服务产品和服务企业的形象，推广企业的营销策略；反之，如果有形展示不能得到妥善处理，则可能会向市场传达错误信息，影响顾客对产品的期望和判断，进而破坏服务产品及企业的形象。由此可见，有形展示，作为服务企业实现其产品有形化、具体化的一种手段，在服务营销过程中占有极为重要的地位。

对于旅游服务而言，有形展示策划具有重要的意义。

首先，通过旅游服务有形展示策划，可以使旅游者对服务产品产生合理的期望。服务期望对顾客的感知质量具有很大的影响，当期望过高时，会导致顾客感知服务质量下降，顾客满意度就会降低。因此，适度的服务期望，对于提高顾客的满意度是有好处的。运用有形展示，可让旅游者在使用服务前能够具体地把握服务的特征和功能，使旅游者产生合理的服务期望，以避免因顾客期望过高带来负面影响。

其次，旅游服务有形展示可以影响旅游者对企业服务产品的第一印象。有形展示是顾客获得第一印象的基础。糟糕的有形展示，如破旧的汽车，容易给旅游者留下糟糕的第一印象，从而使顾客对企业的服务质量产生疑问。而良好的服务展示，给人以优质服务质量的感觉，使顾客对企业的服务质量充满信心。

最后，通过旅游服务有形展示，可以给游客带来丰满的感官刺激，提高愉悦感。在服务传递过程中，别具特色的服务展示，能给游客带来新鲜感，提高顾客的兴奋度。如餐饮服务人员富有民族特色的着装、格调高雅的音乐等，都能产生这种效果，从而给顾客留下深刻的印象。

旅游服务有形展示策划，主要包括三个方面的内容。

1. 核心展示和边缘展示的策划

核心展示是顾客真正需要的，但不能为顾客所拥有。当顾客购买服务时，只有当其核心展示符合其需求时，顾客才会购买。对于旅游服务而言，核心展示是指旅游服务核心价值的体现。旅游者判断旅游服务质量的优劣，主要的依据是从环绕旅游服务的一些实际性线索、实际性呈现所表达的核心展示。如餐饮服务的核心展示是其宾馆的级别、形象、餐饮人员的服务态度与服务速度等；导游服务的核心展示是导游人员的服务素质与服务技能的外显部分，如仪表、服装、谈吐、气质等。核心展示在策划时，要充分考虑顾客旅游的实际感受和欲望，根据顾客的服务需求和期望，设计不同的核心服务展示。相对于核心展示而言，边缘展示对服务质量的影响要小。边缘展示主要是指顾客在购买服务过程中能够实际拥有的部分，如机票、登机牌、房卡、门票等，它们只是一种使顾客接受服务的凭证。在宾馆里，边缘展示主要包括旅游指南、住宿须知、服务指南、房卡、钥匙等，这些都是伴随着服务全过程的涉及物，从方便顾客和企业管理的角度来说，这些边缘展示都是不可缺少的。在进行边缘展示策划时，务必从顾客需要出发，以方便顾客、服务顾客为原则，尽可能考虑到顾客的生活细节。

2. 旅游服务环境的策划

　　对于旅游服务企业而言，环境的涉及面很宽，如景点的外显环境以及旅行社、交通部门、饭店、餐饮、购物、娱乐环境等。在设计旅游服务环境时，应该考虑到器械装备的设计、造型、使用的车辆、工具以及可能会在顾客心目中形成对服务企业的总印象的具体事宜。旅游有形展示策划，不仅涉及环境与气氛因素，还关系到社交因素，如服务员工的外观、行为、态度、谈吐及处理顾客要求的反应等，它们对企业服务质量具有重要影响。因为顾客可以直接判断服务员工的反应，如能否诚心诚意地处理顾客的特殊要求，能否给顾客一种对企业服务质量颇具信心的感觉，以及服务员工是否值得依赖等。具体而言，旅游服务环境策划可以从实物属性、气氛、员工外貌三个方面加以体现。实物属性能使顾客产生各种印象，塑造顾客感觉，如建筑物的规模、造型、建筑材料、位置等，附带有牢靠、稳固、保守或进步等各种印象。同样，服务设施的气氛会影响其形象，如饭店的实物布局、陈设方式等，会形成豪华、朴素、简洁或大方的气氛。对旅游服务而言，通过人为的创造性设计，使服务环境在视觉、听觉、嗅觉和触觉上的刺激同时得到发挥，从而取得所追求的气氛。至于员工的精神外貌，不仅影响顾客的第一印象，而且还能反映服务质量的优劣，因此，必须对员工进行适当包装，以体现旅游企业整体的形象。

　　3. 前台展示与后台展示的策划

　　对于服务而言，前台展示一直呈现在顾客面前，而后台展示却通常处于顾客的视线之外。旅游者可看到前台发生的一切服务特征，如装饰物、家具、接触员工等，因此，旅游企业应该对前台展示予以特别重视，如果对其依赖某一前台展示特征来树立统一形象的能力持怀疑态度，它就应当考虑将这一前台展示特征转移到处于顾客视线之外的后台。旅游服务的后台包括设备的最重要部分、最重要的员工和成功顾客体验所必需的关键活动，但是，由于它很少接受顾客的审查，故对它的关注程度比不上前台表现的重视程度。但是，由于后台展示的脆弱性特征，如散漫的员工、糟糕的厨房、满嘴脏话的经理、杂乱的仓库等，一旦让顾客得知（如不小心闯入、好奇等），后果将不堪设想，顾客可能会由此产生对服务过程的怀疑和不信任。因此，对旅游服务后台展示的策划也不能忽视。在某些情况下，将一些后台设施或设备放到前台进行展示，可能会起到意想不到的效果。这种策划能成为有效的营销工具，尤其是当相当数量的顾客感知风险与一些特定的服务环节相关联时。如 Benihana 等日本风味的牛肉餐馆，当着顾客的面来准备饭菜，并因此而营造了一种极为特别的餐厅体验。与此类似，许多汽车清洗店允许顾客透过一个巨大的窗户来观看整个服务过程，这样不仅能吸引顾客的注意力，而且在心理上也缩短了顾客的等候时间。

三、旅游服务流程策划

旅游服务流程策划是旅游企业经营理念和战略思想在服务生产过程中的具体体现。它涉及服务管理和服务营销的内容，是一个综合性的、全面的、动态化的过程。对旅游服务流程的策划，必须考虑许多因素，旅游企业服务资源的现状会制约流程的策划，顾客的消费方式和期望也影响策划的主导思想，同时，竞争对手的服务状况也是必须考虑的重要问题。旅游服务流程策划是规范员工、引导顾客的有效手段，通过服务流程策划，员工知道以何种方式向顾客提供何种服务内容，既可以保证服务过程的规范性，也可以引导顾客，防止他们产生过高的服务期望。良好的服务流程策划能将服务包含的四个特性，即支持性设施、辅助物品、显性服务、隐性服务，完美地结合起来，并通过适当的途径让顾客感知。

旅游流程营销策划的方法可以分为四种：第一种方法是借鉴制造业产品的生产线方法，此时旅游服务可以在一种受控的环境下，保持稳定的质量和高效的运转；第二种方法是鼓励顾客的积极参与，允许顾客在服务过程中扮演角色，这对顾客和旅游企业都有好处；第三种方法是将服务分为顾客参与率高和顾客参与率低的服务，从而将服务流程的设计分开来考虑；第四种方法是授权法，通过对员工授权增加他们对服务交互作用的灵活性。

1．生产线方法

借鉴制造业的生产作业，旅游服务流程策划也可以采用这种生产线的作业方法，即将服务过程中大量重复性的工作用一定的标准规范下来，以减少服务质量的波动性，同时可以提高效率、降低成本。如麦当劳就是采用这种生产线方法，进行服务流程的设计和管理的。旅游服务流程策划的生产线方法要保证服务的规范性和高效性，必须具备四个特征：员工有限的自主权、明确的劳动分工、用技术代替人力、服务标准化。旅游服务流程的标准化意味着员工必须按照规定的程序、标准和规范进行服务，不能超出自己的职责范围，如果员工拥有较大的职责范围，则服务过程中的服务质量必然缺乏稳定性和一致性。明确的劳动分工可以使员工发展专门的技能和技巧，并通过时间的积累来培养经验，从而降低旅游企业的运作成本。用技术代替人力的主要原因也在于保持服务质量的稳定性，降低运营成本。最后，服务标准化意味着将服务种类和服务项目限制在一定范围之内，以便为服务流程的可控性和规范性创造条件。服务标准化将大量的服务变成了事先已经设定好的常规性工作，提高了服务的效率，保证了服务质量的稳定性。从管理角度来看，服务标准化还使员工培训和服务过程控制变得极为简单，可以实现顾客的有序流动。

2. 顾客合作生产法

对旅游服务而言，只有在顾客参与服务过程中时，旅游服务过程才开始。这样可以将某些服务活动转移给顾客，以提高服务生产率。同时，顾客参与的过程还为顾客的个性化选择提供便利，顾客可以通过自己的劳动付出，将旅游企业提供的标准化服务个性化，如当餐厅提供的自助品种数量有限时，顾客可以搭配其中自己最喜欢的菜肴组合。用顾客合作生产法进行旅游服务流程策划时，必须注重以下两点要求。

（1）用顾客代替服务人员。这样做的好处是，一方面可以有效地降低运营成本，另一方面可以在标准化的前提下增进顾客的个性化选择，减少服务人员与顾客之间出现问题的可能性。技术进步在一定程度上促进了顾客参与的程度，目前在旅游领域中出现了越来越多的自助设施就是很明显的例子。

（2）理顺服务需求。要理顺服务需求，必须设法让顾客参与，调整他们的需求时间，使其与可获得的旅游服务相匹配。要达到这种目的最为典型的办法是提前预订，以减少顾客的等候时间，也可以在旅游淡季时通过价格的调整来刺激顾客的消费。

3. 顾客接触方法

这种方法首先要将服务系统划分为高度顾客接触和低度顾客接触，然后分别加以策划。旅游服务系统划分为高度接触和低度接触以后，每一个服务领域都可以根据自身的特点单独进行设计，并不断改进服务效率和服务效果，从而在总体上提高旅游服务流程的运营效能。对于低度接触旅游服务，由于顾客基本不在服务系统中出现，因此不会对服务过程产生干扰和影响，此时旅游流程策划可以借鉴制造业的生产流程设计。即使遇上高度接触的旅游服务，也可以将一些部门封闭起来，不与顾客接触，像工厂生产一样进行运作。在高度接触服务中，由于服务水平和服务技能是不确定的，因此需要服务人员具有较高的人际关系处理技巧，这是由顾客是服务过程中的主角决定的。低度接触服务和高度接触服务虽然在服务流程中区分开来，但二者之间还需要适当的服务衔接，以防止不同顾客接触服务之间的脱节。加强二者的沟通和信息交流将有助于解决上述问题，尤其是一些重要的顾客信息。总之，在选择旅游服务流程的方式时，要在营销职能和生产职能之间很好地进行平衡，这是达到顾客和旅游企业"双赢"的基础。

4. 授权法

为了最大限度地满足顾客需求，旅游企业的流程策划思想必须从以内为主的生产线方法，转向以外为主的顾客导向型的授权法。这种方法需要给一线员工较大的自由权和决策权，强调对员工的尊重，反对服务人员严格地按照规章制度执行任务，要求员工在服务现场充分发挥主动性和创造性。旅游企业给一线员工适度授权，可以给企业带来很多好处：一是可以及时改正服务中的错误，赢得顾客的谅解；二是当服务失误出现时，可以给顾客一些额外的特殊服务补偿，超越顾客期望，使顾客感动或惊喜；三是可以发现服务流程中存在的问题，进行服务总结，不断改善服务质量。运用授权法对旅游服务流程进行策划时，主动权掌握在一线员工手中。他们可以自由选择完成服务工作的方式和方法，可以根据服务中的实际情况，主动去满足顾客期望，有权决定服务工作如何设计，有能力对服务中的错误做出灵活反应。一线员工对旅游服务的作业环境最为了解，对整个旅游服务流程中上游与下游活动之间的关系也最清楚。授权的员工可以对顾客需求或不满意的顾客做出及时反应，减少顾客的等候时间，减少由于顾客不满带来的利润损失。

四、旅游服务体验策划

旅游服务体验由四个要素构成：服务员工、服务设施、顾客和服务过程。员工既包括那些与顾客直接接触的人（如餐饮人员、导游人员），也包括那些虽在顾客的视线之外，但同样为服务的产出做出贡献的组织成员（如厨师、会计人员）。服务设施既包括顾客所能接触到的设施（如餐厅、展览厅），也包括那些顾客很少接近的设施（如厨房）。顾客是指服务的接受人和一些与其共享服务设施的人。服务过程是指为提供服务而从事的一系列活动的活动顺序（如顾客在用餐时，顾客与服务组织所采取的各种行动）。

旅游服务体验的四个构成要素，都在服务体验的形成过程中扮演着重要角色。如在餐饮服务中，餐饮服务人员（员工）、餐座与餐具（服务设施）、顾客以及餐饮服务发生的事件序列（服务过程）等在整个餐饮服务中起着不同的作用。对于每一个构成要素来说，又可以进一步细分为一些更具体的内容，如餐座与餐具设施又可细分为餐座的形状、材料、位置，餐具的种类、搭配、摆放等。每一个细节性因素都对整个服务体验产生一定的影响。

根据服务营销学理论，策划旅游服务体验有两种方法。

1. 服务剧本法

所谓服务剧本，是指对服务体验各构成步骤的详细描述，它从顾客角度出发，以时间为顺序。服务剧本可简可繁，由具体服务而定，例如住宿服务的服务剧本就比订票服务的服务剧本要繁琐。从顾客角度出发，认真研究服务的提供过程，对于认识整个服务体验有重要意义。经过认真编写而得到的服务剧本，可清晰详细地描述前台服务的提供过程。服务剧本把握了服务遭遇过程中的诸多分离的顾客活动，能使旅游企业真正从顾客角度来观察服务提供过程，发现其中哪些活动应该发生，哪些服务遭遇对整个服务体验有重要影响。表11-1给出了一个游客购物的服务剧本例子。一方面，案例中的服务剧本描述了游客在购物过程可能经历的一系列具体事件（服务遭遇）；另一方面，服务剧本还鉴别出了一些服务提供过程所应包括的具体方面，如售货员的服务态度、付款速度等，商店需要对他们予以保证，因为它们会影响到顾客的服务消费体验。

表11-1　　　　　　　一个服务剧本的例子：游客购物案例

1. 开始
2. 进入停车场
3. 寻找停车位
4. 进入商店
5. 顾客服务台（存包）
6. 拿货篮
7. 选择商品
8. 请售货员帮忙
9. 查看方位
10. 准备结账
11. 等待
12. 付款
13. 拿包
14. 出商店
15. 到停车场
16. 开车
17. 结束

2. 服务蓝图法

所谓服务蓝图，是指服务体验的关键构成因素的图形表现。它识别的内容包括：顾客、服务人员（前台与后台）、顾客与服务人员的接触点、员工与员工之间的接触点、前台有形展示与后台活动等。更为重要的是，服务蓝图将这些因素当做一个整体来描述，展示它们如何共同创造服务体验。服务蓝图作为一种行之有效的工具，不仅对服务体验的前台行为做出界定，而且对服务体验所需的后台支持予以分析。与建筑物的蓝图相类似，服务蓝图作为一种设计与沟通手段，其目的是帮助营销人员对即将实施的服务体验进行设想与设计。

有时，描述服务蓝图的过程非常复杂，尤其是当服务体验包含诸多构成因素时，如图 11-2 描述了一家酒店内所发生的简单服务蓝图。它瞄准了酒店服务体验的几个特征：第一，它从顾客角度出发，对服务遭遇所包含的前台活动予以识别，涉及创造顾客服务体验的所需行动与步骤；第二，它对顾客与服务人员的接触点予以识别，如步骤 5、6、8 和 9；第三，对顾客与有形环境的接触点予以识别，如步骤 1、2 和 7；第四，它还对支持服务体验的后台活动予以展示，并指出这些后台活动在哪些方面对前台的服务体验予以支持。

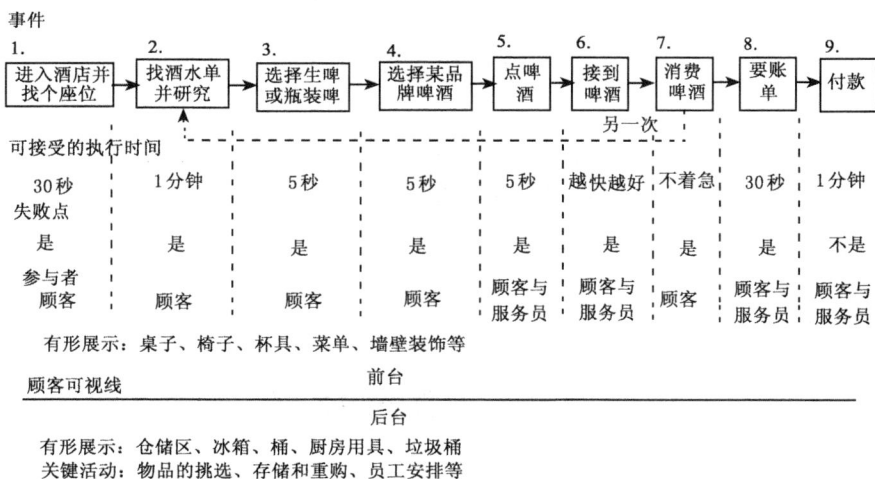

图 11-2　一个服务蓝图的示例：酒店饮酒

旅游服务体验的服务蓝图法，除了履行与服务剧本相似的功能，它还能加深服务员工对整个服务过程的认识，并有助于员工认识其在整个服务体验中所扮演的重要角色。同时，服务蓝图还明确地指出了在整个旅游服务过程中应改变、增加或删除的步骤，从而为旅游服务企业提高服务质量指明了方向。

本 章 小 结

（1）旅游服务营销策划就是运用服务营销学的有关理论，对旅游服务的各个环节进行有效的谋划与设计，使其达到提高整个旅游服务质量的目的。旅游服务营销策划具有系统性、协调性和参与性等特点。

（2）旅游服务营销策划有利于建立有竞争力的服务品牌，有利于提高顾客的总感知服务质量，有利于提高旅游企业的服务生产率，有利于提高顾客的满意度与忠诚度。

（3）在进行旅游服务营销策划时，必须坚持供需平衡原则、以人为本原则、质量效率原则和服务文化原则。

（4）旅游服务营销策划的程序包括：确定策划目标；收集相关信息；制定策划方案；方案评估甄选；实施策划方案和测评策划效果。

（5）旅游服务营销策划包括旅游服务品牌策划、旅游服务有形展示策划、旅游服务流程策划和旅游服务体验策划等内容。

思 考 题

1．与其他旅游策划相比，旅游服务营销策划有何不同？为什么？
2．在旅游服务营销策划中，如何贯彻以人为本的原则？
3．论述旅游服务品牌策划的原理及途径。

☞案例

帝国饭店连锁集团案例

帝国饭店集团从建立至今已有 30 多年的历史。它在西欧、北美和远东都有自己的连锁饭店，还有为数众多的特许权转让饭店。帝国饭店集团成功的管理，在世界上树立了良好的信誉和形象，其原因就在于产品有特色，服务标准化以及各个饭店之间的统一管理和协调。它们可以向来自各国的商务客人提供所需要的设备、设施和系列服务，如快速打字、各种语言的文字处理；传真、复印、24 小时全球邮递服务等。这一切都深受商务客人的欢迎，给集团创造了越来越多的销售额和利润。近年来，集团销售部研究的一个重要问题是如何保证商务客人在世界的几大城市旅行时都能下榻帝国饭店集团的连锁饭店和特许权转让饭店，并能让他们享受统一标准的优质服务。从集团内部的管理情况来看，集团连锁饭店的服务标准和质量是没有问题的，但在集团所属的特许权转让饭店中就不能确保提供相同的服务标准和质量。近来，发生了一件令人很不愉快的事：美国一家很有名的商业杂志公布了今年几家大饭店集团服务质量的调查结果，帝国集团的服务质量和在满足顾客需求方面几乎居于末位（如表11-2所示）。饭店服务评比结果表明，它在满足客人需求方面情况最糟糕；其次在员工服务和价格方面也很差。问题的根源在于饭店的各级管理人员、服务人员没有很好地树立"宾客至上，以市场为中心"的市场营销观念，不能时时处处从客人的需求出发做好饭店服务。为改变这种局面，在下一次评比中挽回影响，重新树立形象，集团对饭店服务进行了重新策划，有针对性地采取了如下措施：

表11-2　　　　　　　　　帝国饭店服务质量调查结果

	优	良	中	差	极差不可接受
住宿		√			
餐饮			√		
员工服务				√	
设备设施			√		
满足客人需求					√
价格				√	

　　（1）培训各级管理人员和服务人员。首先集中力量转变他们的观念，帮助他们树立起"以顾客为中心"的市场观念，让他们懂得市场观念的真正含义，并自觉地把市场观念贯彻到饭店的管理和服务中去。

　　（2）建立以市场为中心的管理体制。各饭店的机构设置、人员安排要能突出体现以市场和客人需求为中心的经营方向和目标，提高和加强饭店市场营销部门的地位和作用。市场营销部门要成为饭店的核心，拥有更大的权力，去领导和协调其他部门。集团要设立专门负责营销的副经理，还要配备一批经过专业训练的营销人员。

　　（3）搞好市场调研，根据客源目标市场的需求进行饭店的经营决策。饭店在设计开发产品、制定价格、选择销售渠道、进行宣传促销活动时，都以市场为中心，以市场调查分析预测为依据。

在制定明确的服务标准、对服务质量进行管理和控制后，帝国饭店提高了服务质量，从而保证了帝国集团的声誉和形象。

问　　题：

1. 帝国饭店连锁集团是如何进行服务营销策划的？
2. 谈谈你对帝国饭店连锁集团这一策划的看法。

第十二章
旅游网络营销策划

第一节　旅游网络营销概述

一、旅游网络营销的概念

"网络营销"在英文中有多种表达方式，汇总起来有：E-marketing、Online marketing、Internet marketing、Net marketing、Web marketing、Cyber marketing 等。人们试图用一些新的术语来概括市场营销在网络环境下所出现的新变化，尽管可以笼统翻译为网络营销，但在理论研究与实践中，我们发现由于在内涵理解上的不一致，容易引起不必要的争论，尤其是旅游业，我国在应用相关信息技术方面与国外有较大差别，常常将"网络"与"因特网"不加区分地等同起来。

E-marketing：E 指"电子"，现代信息技术产品都是电子产品，从广义的角度来看，该概念似乎可以包含一切电子营销方式，但目前一般指通过因特网的"电子商务营销"。

Online marketing：指借助于联机网络的网上营销。联机网络在 20 世纪 60 年代就已出现，而美国的许多饭店集团在 20 世纪 70 年代就通过基于联机网络的 CRS（中央预订系统）来分销产品，而此时因特网还未出现。

Internet marketing：强调是以因特网为工具的市场营销，这是目前最流行的网络营销方式，许多专家和学者常常将两者不加区分地等同起来。

Web marketing：强调通过因特网上的"Web"页面营销，也称网站营销，这是中国旅游业目前一般使用的营销方式。

Cyber marketing：指借助联机网络、无线网络、数字交互式媒体的营销方式。这种方式更加强调无线数字通信（如手机、掌上电脑）、数字交互式媒体（如加装了机顶盒的交互式电视）。目前一些欧美国家（如芬兰）的旅游业已经开展了这种营销方式，这也是旅游网络营销未来的发展趋势。

Net marketing：Net 所指的范围很广，以上所有的概念都可包括。

旅游业还有一种基于 ISDN（综合业务数据网）的 GDS（全球预订系统），该网络是一种专门面向旅游中间商的专业网，一般浏览者不能通过因特网浏览网络，其通过铺设专线将旅游中间商与供应商连接起来。这种方式在欧美发达国家非常普遍，中国虽然有相应的规划，但尚未建立，我国境内的部分外资酒店通过国外的 GDS 来分销其产品。

通过对以上概念的分析，我们发现"网络"一词具有非常丰富的内涵，可以囊括因特网出现前的联机网络和因特网（包括网站）；有线网络和无线网络；因特网和专业网；因特网和数字交互式媒体等。

因此，可以将"旅游网络营销"定义为：旅游业通过以上各种形式的网络来分析、计划、执行和控制关于旅游商品、服务和创意的观念、定价、促销和分销，以创造能符合个人和组织目标的交换的管理过程。

二、旅游网络营销的产生与发展

我国一直到 20 世纪 80 年代才开始逐步应用现代信息技术。在具体将信息技术应用于旅游业时又具有与国外不一样的发展历程。

1. 国外旅游网络营销的发展历程

按照以上旅游网络营销的定义，旅游业应用计算机网络来展开营销的历史则要追溯到 20 世纪 70 年代，我们大致可以将其划分为三个阶段：旅游企业集团内部的网络营销、行业内部的网络营销、因特网与 GDS 相结合的网络营销。

（1）旅游企业集团内部的网络营销。

CRS（Center Reservation System）中央预订系统主要是指饭店集团为控制客源采用的本集团内部的电脑预订系统，最早是由假日饭店集团（Holiday Inn，Inc）于 1965 年 7 月建立的，叫假日电讯网（Holidex-Ⅰ）。从 20 世纪 70 年代至今不断更新，时至今日已拥有自己的专用卫星，客人住在假日饭店里可随时预订世界任何地方的假日饭店，并在几秒钟内得到确认。目前的 Holidex-Ⅱ 每天处理 7 万个订房信息，仅次于美国政府的通讯网，并成为世界上最大的民用计算机网。它已被美国政府指定为紧急状态下的后备通讯系统。

美国喜来登集团（Sheraton Corp.）的 CRS 于 1970 年开通。早在 1976 年，设在圣路城的 Reseeration 订房中心就完成了它的第 1 000 万次预订，并于 1983 年在中东设立第一家电脑预订中心办事处，为进一步扩大中东市场提供了条件。目前，喜来登的 CRS 办事处遍布全球。

美国希尔顿集团（Hilton Hotel Corp.）的 CRS 是 HILHOT 电脑中心，设在纽约斯塔特勒——希尔顿饭店（Statler Hilton Hotel），每月要输入 15 万名客人的预订服务。

英国福特酒店集团（Forteplc）采用的是 Forte－Ⅰ 中央预订系统，其饭店客房总数 97 000 间。该公司率先在欧洲耗费巨资完善自己的 CRS 成为 Forte－Ⅱ，使旅游代理商可以随心所欲地预订其在全球 60 多个国家 937 家不同档次酒店的客房。

此外还有法国雅高的 PROLOGIN、华美达的 ROOMMFINER、顺领的 Sterling Hotel & Resorts、环球的 World Hotel & Resorts 等。

这些集团内部的 CRS 使集团饭店在控制客源方面一直处于领先地位。

（2）行业内部的网络营销。

美国 Sabre 股份有限公司于 1960 年创立 GDS 全球行销预订系统，Sabre 是美国 Airline Company 的直属企业，至今已经有 40 多年历史。GDS 包含 Amadeus、Calileo/Apollo、Sabre、Worldspan 四大系统。

进入 20 世纪 90 年代，由于卫星通讯和 ISDN（综合业务数据网）的发展，GDS（全球预订系统）风靡全球。随着计算机技术的飞速进步，国际间电脑联网更方便，信息费用降低，饭店传统经营方式发生巨大变化，GDS 使中小型独立酒店和大型饭店集团站在了同一水平线上，GDS 成为最为盈利的饭店经营方式。因此，国际订房服务或饭店联网服务都在 20 世纪 90 年代形成热潮，截至 1994 年，运用 GDS 订房的饭店已达到 10 103 家，拥有 256 万间客房。

（3）因特网与 GDS 相结合的网络营销。

随着因特网逐渐普及，欧美的预订市场结构发生了很大变化。GDS 虽然接入成本较高，但由于多年积累，应用者众多，业内地位依然不可取代（美国 99％，法国 85％，欧洲 40％的旅行社接入了 GDS 信息系统）。但是，网络预订的优势也是非常明显的，大型旅游电子商务网站（如 Travelocity.com）或全球化旅游企业集团（如 Hilton.com），其提供的旅游产品竟达三四万种之多，充分满足了旅游者的多样化需求和比较选择愿望。提供特色旅游产品或服务的小型旅游企业，小而精，专门服务于小的细分市场，并在它们从事的领域成为专家。

旅游供应商电话预订、旅行社预订、网络预订呈现三分天下格局，而且从发展趋势来看，前两者的市场份额逐渐下降，网络预订的市场份额逐渐上升。同时一些旅游供应商开始希望摆脱 GDS 的控制，通过因特网来寻求更广阔的营销空间（如荷兰的 KLM 航空公司试图通过因特网直接向终端用户出售飞机运输空间）。

面对来自 Internet 的挑战，以 GDS 为中心的中间商不得不作出相应的应对措施。面对 Internet，GDS 着力在两个方面进行改革：一是使代理的产品类型更丰富，用户界面更亲切方便；二是寻求与 Internet 的融合。同时他们也面临着三个方面的困难：一是原有系统适合于快速处理较大的交易量，而不适合处理来自终端旅游者的详细查询和零散预订，旅游者在预订前的多次查询将导致 GDS 的系统崩溃；二是必须开发新的更复杂的报价系统；三是以上两点又会导致 GDS 收取的使用费逐年增高，降低其对旅游供应商的吸引力。

面对 GDS 佣金费率的逐年提高，旅游供应商的反应是减少对 GDS 的依赖。同时，互联网使旅游供应商能够更自由地拓展市场，无需受到地域限制，通过互联网直销产品显得理所当然。然而，包括行业中最大的饭店集团在内的旅游供应商们仍然认为其自身力量有限，不足以吸引大量的预订者，挤压中间商的做法往往得不偿失。短期内，旅游供应商很难扭转对传统旅游中间商的依赖。

无论是旅游供应商还是旅游中间商，他们都看到了通过因特网来分销产品的巨大空间，因此，尤其是在欧美发达国家出现了 GDS 和因特网融合的营销趋势。

2. 国内旅游网络营销的发展历程

随着现代科技与信息产业的迅猛发展，我国旅游业从 20 世纪 90 年代开始经受着信息技术带来的一波又一波的冲击浪潮。人们一边在憧憬着网络时代旅游业的美好前景，一边又对现实中出现的种种问题感到苦无良策。中国旅游业在旅游电子商务方面的发展又可以分为三个阶段。

第一阶段：1999～2000 年，风起云涌的旅游电子商务网站阶段。

随着中国旅游资讯网（中国最早从事旅游电子商务的网站）对中国旅游界宣称其将从事旅游电子商务后，一股"旅游网站热"便拉开了序幕。随后，携程旅行网、华夏旅游网、青旅在线、北京旅游信息网、逍遥网、e-long 商务旅游网、西部旅游信息网等一大批旅游网站纷纷建立，都想在旅游电子商务这块大蛋糕中分得一杯羹。虽然旅游电子商务在国外（尤其是美国）势头良好，但在中国却遭遇了滑铁卢，当纳斯达克的股票指数一路狂泻时，众多旅游电子商务网站公司只能宣告倒闭了。

第二阶段：2001～2002 年，大干快上的国家"金旅工程"阶段。

旅游电子商务网站的失败，可能有人会认为原因在于发迹于 IT 行业的网络科技精英们不懂旅游，更多的人认为还在于中国的旅游业起步晚，大多还停留在手工操作阶段，以及中国的整体信息化水平较低，导致旅游电子商务这一新事物在中国显得过于超前了。因此，中国的问题在于基础设施没有搭建起来，所以构建一个全国性的旅游信息平台成为一个刻不容缓的问题。

国家旅游局从 2001 年开始，逐步建立全国旅游部门的国家→省（自治区、直辖市）→重点旅游城市三级计算机网络，重点建立起面向全国旅游部门的，包含旅游业的业务处理、信息管理和执法管理的现代化信息系统，初步形成旅游电子政府的基本骨架；同时，该系统也将建立一个旅游电子商务的标准平台，建立行业标准，提供对旅游电子商务应用环境与网上安全、支付手段的支撑，支持国内传统企业向电子旅游企业转型，最终形成覆盖全国的完整的管理和商务网络。"金旅工程"是国家信息化工作在旅游部门的具体体现，也是国家信息网络系统的一个组成部分。"金旅工程"有两个基本的组成要素：一是政府旅游管理电子化，利用现代化技术手段管理旅游业；二是利用网络技术发展旅游电子商务，与国际接轨。总的目标是最大限度地整合国内外旅游信息资源，力争在 3～5 年内，建设和完善政府系统办公自动化网络和面向旅游市场的电子商务系统。

从实质上来说，"金旅工程"要解决两个问题：旅游电子政务和旅游电子商务。两个目标都不错，但问题是，这种全国性的大型项目需要各地方政府与旅游企业的通力合作。从国家旅游局的分阶段目标来看，国家确实非常急切地想完成预定目标，但从实际效果来看并不理想。

第三阶段：2003 年至今，冷静思索后的地区级"金旅工程"或旅游信息平台建设阶段。

单方面依靠国家旅游局来搭建全国性的旅游信息平台，已经显得力不从心。关键时刻，一些区域性的、与国家"金旅工程"相配套的旅游信息平台显示了其强大的生命力，如："四川金旅"旅游信息网、海南"金旅工程"、粤港澳旅游信息平台等。这些区域性的旅游信息平台虽然并未完全建成，但在其初期便已显示了良好的前景，尤其是粤港澳旅游信息平台给很多旅游重点城市提供了发展新思路。

三、旅游网络营销的特点

1. 个性化

Internet 不仅仅是一种新的销售渠道，网上销售正向一对一的个性化发展，这种发展趋势将改变所有公司从事商务活动的方式。个性化是销售商根据过去的经验使 Web 站点或 E-mail 适合用户需要，适应不同年龄和地点的人的不同爱好所从事的网络销售。销售商需要收集有关用户的数据，目标是进行一对一的销售。

有两种个性化技术：一种是共同筛选技术，它把用户的购物习惯、购物爱好与其他买主购物习惯、购物爱好加以比较，以确定他们下次要购买什么；另一种是神经网络匹配技术，即一套模仿人的大脑的程序，其功能是识别复杂数据中的隐含模式，如产品和购物者间的相关性。与传统营销模式相比，网络营销使商人们能够迅速与其每一位用户通信，还可以使用户与商人交谈，从而使他们能够提出特殊产品和用户化服务的要求。到目前为止，少数 Web 站点运营商已考虑充分利用这种亲切的网络营销服务方式。据纽约的 Jupiter 通信公司对 25 家顶尖的在线商人的调查表明，其中 40％的人说他们已开始提供个性化服务，而且 93％的人说他们将在 2004 年内提供这种服务。

如果个性化服务在旅游网络营销中全面推行，将能够开创旅游网络营销的新时代。不仅普通的大宗市场销售和交易的基础将发生动摇，而且，来自网络营销的个人服务还将改变商人与用户做生意的方式。

事实上，由于人口的激增和生产效率的极大提高，大宗市场销售和交易早已处于动荡之中。为每个用户提供个性化的产品和服务不仅仅是当前经济状况的要求，还因为如果没有跟踪个人爱好和购买需求的有效方法，市场销售人员就不得不求助于不准确的销售办法，如按人口统计学来推销他们的商品。

现在网络营销以其简捷的方式个别联系广大用户的能力，也许标志着实现一对一销售的历史性转变。

网上个性化销售也并非一帆风顺，到目前为止，网络营销从上到下对个性化的重要性的看法很不一致。这是因为用户化服务要求人们提供个人信息，有时需要填写冗长的表格，所以只有少数网民愿意这样做。更糟糕的是，在个人隐私方面会引发新的问题，因为 Web 站点难以分辨用户是友好的还是爱探听消息的。

另外，许多 Web 冲浪者对个性化的很多支持者甚感不满，其原因在于为了摸清用户的情况，Web 商人经常监视披露用户各种事项的电子记录。

出于安全考虑，美国政府即将制定可能严格限制利用个人详细信息的法规，而这种信息是商人提供合适的产品所必需的。

目前，有关个性化的未来设想仍旧是不成熟和难以掌握的，针对个人的推荐真正与用户的需求相吻合还需要经历一个漫长的适应过程，因为个性化服务需要采用复杂的数学公式来与人们可能的兴趣相匹配。

对于许多商人来说树立品牌形象与销售一样重要。这些商人们发现个性化能吸引更多的顾客，并把他们长期稳定在其站点上。例如，Ralston-Purina 公司在其 Purina.com 站点设有"方式选择器"，解决有关人们的生活方式的一系列问题，同时发布适合他们个人爱好的各种东西的排列表。这一业务自实施以来，访问人数增加了 25%，为了得到更多的 Purina 市场销售信息，访问者在站点上的停留时间也增加了一倍。

忠诚的用户对商人来说十分重要。网上经销者可以利用会员透露的有关信息，帮助广告商针对最可能成为买家的人做广告，并向广告商收取更多的费用。现在，一个没有针对性的 Web 站点的头号标题广告的平均收益为每千人 17 美元，不到消费者杂志广告收益的一半。行家认为，以广告作为推动力的站点要求有些广告收益达到平均每千个收看者 300 美元。要做到这一点，必须以个性化为经营目标。

对于许多商人来说，网络营销能使产品和服务非常精确地个性化，其目的在于极大地增强现有商务的基础。它对于制造商、批发商和零售商如何组织起来进行商务运作预示着巨大的变化。目前，大多数公司本身通过产品组织起来进行上网运作，产品管理者是市场销售的基本推动力量。将来，公司将以用户管理者代替产品管理者，用户管理者的工作在于通过针对每个用户的需求，精心提供产品和服务。

Internet 具有以个性化迅速赢得数以百万计的用户的能力，这种能力正在创造以前不能以快捷方式销售的产品。例如，美国航空公司目前采用 Broda Vison 公司的一对一销售软件，加强其为经常坐飞机的人服务的站点。通过编制出发机场、航线、座舱和餐饮喜好以及他们自己和家人爱好的简介表，这些人员可以提高订票过程的效率。借助这些简介表和快速联系乘机人员的某种方式，在学校放假的几周时间里，美国航空公司为孩子的父母提供坐飞机到迪尼斯乐园的打折优惠机票，这是一种全新的销售方法。

2. 低成本

旅游网络营销为交易双方所带来的经济利益上的好处是显而易见的，主要表现在以下几点。

（1）没有店面租金成本。

传统的店面相当昂贵，特别是黄金地段，可以说是寸土寸金。而网络营销则需要一台在网络上的网络服务器，或租用部分网络服务器的空间即可。在电子技术、电子工具都高度发达的今天，购置一台网络服务器设备的费用，与实际租用一个商业大厦的费用相比甚至可以忽略不计。

（2）很低的行销成本。

网络营销具有极好的促销能力，经营者仅需负担较低的促销广告费用，而且，可以利用服务器，将多媒体化的商品信息动态地展示，既可以主动散发，又可随时接受需求者的查询。

（3）极低的结算成本。

面向消费者的网络营销系统允许顾客在 Internet 上以信用卡付款，其着重点在于网上的实时结算，这对于顾客来说购物更为方便；对于商家而言，则降低了结算成本，电子商务代表了一种以网络为基础的新的商业结构。

3．无形化

信息时代给传统市场营销带来了发展的契机，其无形化的特点尤其突出，主要表现在以下几点。

（1）书写电子化、传递数据化。

网络营销中采用电子数据（无纸贸易）、电子传递，使营销双方无论身在何处，均可与在世界各地的商品生产、销售、消费者进行交流、订货、交易，实现快速准确、双向式数据、信息交流。

（2）经营规模不受场地限制。

网络营销可以使经营者在"网络店铺"中摆放多少商品几乎都不受任何限制，无论经营者有多大的商品经营能力，网络营销系统都可以满足，而且经营方式也很灵活，你可以既是零售商，又是批发商。通过电子网络，你可以方便地在全世界范围内采购、销售形形色色的商品。

（3）支付手段高度电子化。

为满足网络营销的发展需要，各银行金融机构、信用卡发放者、软件厂商纷纷提出了在网络上购物后的货款支付方法，现已使用的形式主要有信用卡、电子现金、智能卡等。

四、旅游网络营销面临的问题与未来趋势

1．高昂的接入成本

网络接入和电话的高昂费用一直是中国网络用户和运营者争论的焦点。网络接入费是由接入服务费和电话通信费组成。通信服务用户争论说，由 ISP 收取的接入费主要是由于中国电信垄断业务造成的。拥有充足带宽的网站托管成本也非常高，以致大多数电子商务服务提供者只能出租很窄的带宽，导致下载时间非常长，有 46.4％的用户对上网速度不满意，有 20.8％的用户抱怨接入费用太高。即使有上网条件，但用户仍不喜欢选择电子商务，因为传输速度太慢。通常消费者会感到走进一家商店去购买喜好的产品或服务更有效和令人愉快。

1999 年，接入服务费通过行政决定而进行了相当大的下调，服务质量也得到了提升，但是相对于用户的支付能力，费用仍然偏高，从而限制了电子商务的扩展。考虑到国内用户的抱怨，信息产业部在 2000 年 3 月和 10 月再次下调了网络接入费，而且从 2001 年 1 月开始，长途电话费也下降了，国内长途下降到每分钟 0.08 美元，下降幅度为 25%；国际长途每分钟为 0.96 美元，比 1999 年下降 45.8%。

事实上，中国电子商务发展的一些问题来自中国网民自身。根据网络使用的基础规律，网民在线的目的直接影响到电子商务的发展，68.8% 的中国网络用户是为了得到最新信息，13.3% 的用户是参与在线教育。此外，网民的月收入仍然非常低，他们没有更多的购买力来影响电子商务，约 51% 的网民月收入为 61～241 美元。

2. 缺乏信用卡和全国范围内的信用卡使用系统

在中国发展电子商务的一个主要障碍是信用卡和全国范围内的信用卡系统的局限。中国商业银行发行的银行卡实际上大多数是借记卡，只能在已存储的资金中领取。这些卡还收取高额的透支费用，一些银行卡干脆直接拒绝透支。目前在中国银行、中国工商银行和广东发展银行存储外汇的储户可以申请国际信用卡，但是实际发行量非常少。

此外，全国范围内的信用卡系统仍然处于预备状态，银行业本身还没有完全电子化。商业银行发行它们自己的银行卡，而且大多数卡仅仅与它们的发卡行相连，因此要求零售商一个一个与银行设备相连。如果经销商没有与确定的发卡行建立清算机制，那么交易是不可能进行的。虽然在中国发行了万事达和维萨卡，但缺乏一个中央清算机构而阻碍了它成为一个大众的金融工具。

虽然许多商业银行雄心勃勃去发展它们的在线银行业务，并加大投资，但目前提供的服务仍然非常有限，并且在线银行业务仍只在少数几个城市开放。只有中国工商银行开始为内陆城市（如西安和沈阳）提供服务。大多数公司仍然使用线下方式进行网上采购，如现金交易，通过银行的划账或通过银行和邮局代收。

3. 网络安全

虽然政府部门对信息系统的安全性非常重视，但是实际上网络运营者又重视不够，而且一些行业也存在相当严重的网络安全问题。例如一些采用开放的操作系统的计算机网络安全性较低，使它们易受黑客攻击。一些行业的信息系统完全没有安全监管。由于网络安全保障一直落后于信息系统的开发，而且一些国产网络通信设备没有做安全测试。

政府机构已经采取了一些措施来解决网络安全问题：

1997 年 8 月，国家信息技术与标准化委员会建立了信息技术安全（子）委员会；

国务院自动化领导小组办公室通知建立网络安全认证中心，第一批网络安全产品完成测试；

国家技术监督局和公安部建立公安部计算机信息系统安全产品质量监管和检测中心，60 多个产品通过检测，为公安部发布信息安全产品销售许可证书提供技术基础。

4. 信用

阻碍中国 B2B 充分发展的阻力是，企业间的大量应收账款和无法执行的贷款。产销企业不稳定的关系导致了商业企业在售后付款给生产商。这种环境导致了在线买卖和支付的优势的不相关性。

为了建立信用条件，建立法治环境和确定电子商务活动标准是非常必要的。

5. 缺乏人力资源和核心技术

电子商务的发展，需要不同水平的信息技术人才来推动。中国目前缺乏专业的 IT 人员，信息产业中，仅有 12.5% 和 6.25% 的员工分别为软件和硬件工程师。企业信息化仍处于初始阶段。许多电子商务先锋企业，如联想，不得不为其客户和代理商设计专门的课程，并提供免费的培训，试图说服他们接受在线订购系统的使用。其他因素，如缺乏自我发展的核心技术和缺乏足够的在人力资源方面的投资等也是阻碍因素。

6. 内容约束

国家安全领域的内容约束可能影响信息服务领域的业务，例如媒体和娱乐领域。因为网络在这些领域的快速增长，中国商业不能从这个新机遇里享受充分的利益，即使这些约束同样应用于离线服务中。这些监管增加了 ISP 和门户的管理负担和运营成本。

在过去短短的几年中，中国政府在全国范围内促进信息技术的开发和应用方面取得了全面的成就，为电子商务在中国的增长奠定了重要的基础，特别是在国家电信基础设施上的投资，促进了固定电话、移动电话，尤其是网络用户的飞速增长。

中国的电子商务预计能在中短期内发生显著的变化。例如，2000 年网络注册用户有了指数级增长，而中国在 2001 年加入 WTO 后，进一步促进了电信市场的开放，因此创造了一个更具竞争性的环境。这将导致更便宜、服务质量更好的网络服务，尽管这一市场要在 5 年后才对外放开。

第二节　旅游目的地网络营销策划

一、旅游目的地营销/管理组织（DMO）

世界各国，几乎所有的旅游目的地都设有旅游目的地管理机构（Destination Management Organization），并设有与政府旅游管理机构合为一体的或相对独立运作的旅游目的地营销组织（Destination Marketing Organization）。在中国，各级政府旅游局承担了相关职能，在此，统一简称为"DMO"。

DMO 的目标：通过维持社会的、文化的、经济的和环境的基本准则来提高目的地的旅游业绩。DMO 须以一种平等的、毫无偏袒的方式来代表目的地的所有旅游企业，并特别对当地的中小旅游企业的发展负有责任。

DMO 的信息职能：收集当地的、区域的或国内的旅游产品信息并在全世界范围内传播；为当地的旅游企业提供信息，让旅游企业了解当前旅游业发展趋势、旅游市场形势和国内外竞争情况；面向旅游者，还有提供信息咨询的职责——一个公正可信的机构为旅游者提供可观的旅游产品信息，以及一些有用的建议。

欧美各国建立 DMO 的历史较早，一直到 20 世纪 90 年代，这些国家的 DMO 主要通过遍布各地的旅游咨询中心、旅游问讯网络（以电话、信函为通讯工具）、海外办事处等宣传旅游目的地形象。这一阶段基本没有建立以计算机网络为中心的旅游营销/管理系统，通常每年或半年组织编写一次旅游宣传资料。由于没有一体化的信息技术，其提供的旅游信息只能尽量的简单化，效率也不高，不能全面反映旅游产品的种类和价格的变化。旅游业提供预订服务的历史很早，但是基本上以电话为主要工具，由于电话这种媒体工具本身的局限性，导致电话预订服务不能令消费者满意。

随着计算机网络技术的成熟，DMO 开始应用网络技术来建设功能齐全的"旅游目的地信息系统"，其一般模式如图 12-1 所示。

目前世界各国基本都建立了本国的旅游目的地信息系统，如丹麦、芬兰、新加坡、中国等。这些目的地信息系统既有以国家为中心的，也有以主要旅游名胜地为中心的，我国的一些旅游大省（如海南省）也纷纷建立了以本地为中心的旅游目的地信息系统。

当因特网在世界逐渐普及后，旅游目的地信息系统迅速适应了这一变化，各国的 DMO 纷纷在因特网上建立网站，因特网将 DMO 的营销能力扩大到全球范围，同时也通过网络增强了其管理的高效率。

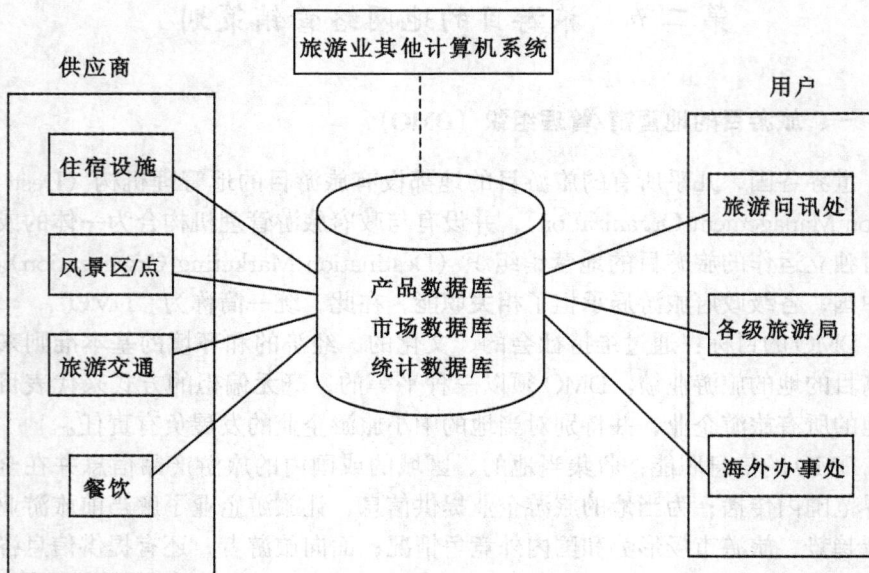

图 12-1　旅游目的地信息系统

二、旅游目的地网络营销策划原则

1．政府主导原则

旅游业没有特定的有形产品，旅游者必须被劝说去购买一系列无形产品和服务（包括一个地区的经济、环境和文化），极少单一经营者能影响游客访问一个特定国家或地区的旅游决策。

设计和推广地区旅游形象，举办大型活动等可较快提升旅游业的国际竞争力。这些工作的性质决定了需由 DMO 来承担。地区旅游业以中小企业为多，只会在特定时间、特定市场上推销其特定产品，不会在国际市场上促销，即使是大型旅游企业集团也不会开展大范围促销，而是需由 DMO 对目的地促销作出统一规划和管理才能保证目的地营销的完整性和整体有效性。

具有"公共物品"属性的旅游目的地促销不能有效促进单一旅游企业或旅游组织的投资。DMO 必须发挥统筹作用，合理定制利益机制，协调产业内各方面的参与。企业参加联合促销比自己单独促销更具经济上的合理性，从而政府的统筹可以有效地调动企业参加联合促销的积极性。

事实上，在许多国家和地区，私营部门也已介入旅游目的地推广和促销。爱尔兰、西班牙、埃及的国家旅游促销组织（Nation Tourism Organization，NTO）已经从国家旅游行政管理机构（Nation Tourism Administration，NTA）中分离出来。NTO 的作用是：专司国家旅游促销，公私合营比较普遍。

2. 强化目的地整体形象的原则

2000 年是我国旅游电子商务网站最兴盛的时期，而且基本上都是商业性的网站，这些网站在营销的过程中都不可避免地遇到了一个相同的问题：网站是以旅游目的地形象为主，还是以企业形象为主呢？当以旅游目的地形象为主时，浏览者常常仅仅只关心旅游目的地的相关信息，并不通过该网站来预订任何旅游产品；当以旅游企业及其产品为主时，而中国的旅游者并不太关心旅游企业的品牌，只关心旅游目的地。这个矛盾必须由 DMO 来化解，旅游者会先浏览 DMO 所建立的网站，了解了旅游目的地的信息后，再决定选择哪个企业的产品，一般是把企业网站链接到 DMO 的网站上，从而形成一个完整的旅游购物流程，而且要不断培养旅游者的这种消费习惯。

因此，DMO 在进行旅游促销时，必须先着力宣传一个国家和地区的整体形象，当旅游者对这种形象认可时，才会发生购买行为，通过链接到相关的企业网站预订旅游产品。

3. 与行业管理目标相结合的原则

旅游目的地信息系统既可以通过网络来宣传某一旅游目的地，同时由于其快捷方便的沟通方式又发展了政府管理机构和旅游企业之间的信息交流渠道，可以将政府的行业管理功能加入其中。我国各省市及地区所建立的旅游目的地营销系统基本具有这样的功能，如王富玉提出的"海南三亚旅游目的地信息—管理系统构想"中，就有面向各类旅游企业的"旅游企业管理功能"，如图 12-2 所示。

三、旅游目的地网络营销策划内容

1. 目标定位

一个旅游目的地在通过网络宣传自己时，首先要确定的是：旗帜鲜明地突出目的地的旅游形象。英国旅游局的"历史文化主题"、苏格兰的"彩虹"和"苏格兰，我的天堂"、香港的"动感之都"、武汉的"水上动感之都"等，都为这些目的地在品牌建立和识别方面贴上了独具特色的标签。设计成功的形象并有效地通过网络展现出来，需要进行详尽的调研，需要对目的地固有的旅游资源有创造性的了解。

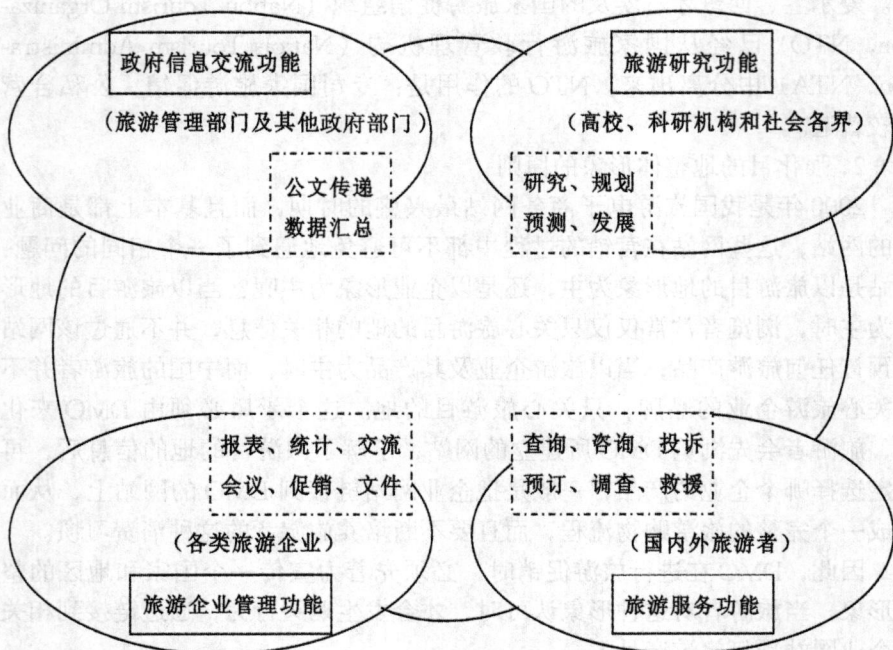

图 12-2　海南三亚旅游目的地信息—管理系统构想①

2. 信息内容确定

旅游目的地常常会在网络上全方位地展示关于该旅游目的地的信息，一般包括以下内容。

（1）旅游目的地常规介绍；

（2）根据旅游中间商在回答旅游者咨询时可能遇到的问题，提供关于旅游地的详细而实用的问题解答（内容可涉及签证、货币兑换、语言、当地习俗、宗教、商店或者银行营业的时间、保健常识、小费等）；

（3）旅游交通信息（包括主要航班、航船、火车、汽车班次和公路网情况）；

（4）官方旅游咨询中心的名录和地址，以及它们提供的服务；

（5）预订功能（让旅游中间商能通过网站订购旅游产品）；

（6）旅游产品数据库查询（使旅游中间商能查到旅游地的饭店、景区

---

① 王富玉．国际热带滨海旅游城市发展道路探析．北京：中国旅游出版社，2000：142

点、餐厅、旅游活动等信息，最好能提供报价）；

（7）发布旅游促销信息（当旅游地推出优惠活动、免费券时，告知旅游中间商并通过他们推向客源市场）；

（8）出版物预订（使旅游中间商能通过网站向 DMO 预订年度旅游手册或培训资料）；

（9）提供目的地旅游企业名录（使旅游中间商可通过企业名称、提供产品种类等查询目的地旅游企业，与之建立联系）；

（10）提供旅游中间商注册成为会员的机会（注册时提供的全部资料将纳入客户关系管理数据库中）；

（11）向本地旅游企业出售网站广告位（因为本地旅游企业希望吸引旅游中间商的注意，通过他们代售旅游产品）；

（12）公布 DMO 参加旅游展销会、交易会的计划和安排；

（13）公布旅游目的地开放新景点、推出新型旅游产品的信息（这些信息是代理目的地旅游产品的旅游中间商所关注的）；

（14）提供不限版权的旅游目的地风景图片、介绍文字和旅游文学作品、多媒体影像资料（使旅游中间商能从网站下载并自由地用于他们自己编制的宣传资料中）。

3．预算决策

营销任务必须与目标结合在一起，而开展网络营销的预算规模和成本又制约着目标的选择。旅游目的地网络营销的预算包括：开发费用、运行费用。全国性旅游目的地营销系统一般由政府独资开发，地区性的旅游目的地营销系统开发费用来源多样。如瑞士阿彭策尔旅游目的地信息系统的开发基金由当地私营企业提供，奥地利蒂罗尔旅游目的地信息系统的开发基金由蒂罗尔州旅游部门和国家旅游局提供，还有许多公私合营的情况。

运行费用一般由 DMO 承担。如果提供预订，广告则可酌情收费，一般不会要求查询信息的浏览者交费，如果能为浏览者提供增值服务（如旅游短信），则可适当收费。

四、旅游目的地网络营销策划方法

1．整合沟通策略

沟通是营销的核心内容，对于旅游目的地来说，如何利用现有的各种网络营销手段与旅游者、旅游企业以及传媒机构充分沟通是不能忽视的。

（1）电子邮件促销。

从数据库或预订记录中挑选适当的消费者，向它们发送特定目的的电子邮件，例如优惠旅游产品信息或每月简讯。电子邮件可以包含全部信息内容，也可以提供链接地址，让接收者点击地址去查看旅游目的地网站的相关网页。

应用客户关系管理系统，你可以输入一定的标准，检索符合特征的旅游者作为电子邮件营销的对象。如果发送邮件的对象众多，采用电子邮件列表（Mail-list）服务软件是十分必要的。电子邮件促销的优势在于其信息传递速度和反馈周期大大短于传统广告或直接邮寄。

澳大利亚国家旅游局官方网站（www.australia.com）在"中国澳洲旅游局网上活动"中提供"E-mail 转介朋友"栏目，浏览者可以将朋友的 E-mail 地址填入相应栏目，将该网站推荐给朋友。

（2）网上俱乐部。

许多目的地网站向访问者提供参加专业俱乐部的机会，免费注册成为俱乐部成员可享受增值服务，但需要向 DMO 提供用于客户关系管理的个人详细资料。增值服务包括提前告知旅游优惠信息、定期发送新闻和快捷预订服务。如：三亚旅游网（www.sanyatour.com）通过浏览者自愿注册网友俱乐部来获得潜在游客的个人详细资料，通过注册的 E-mail，网站定期发送旅游相关信息，达到营销的目的。

（3）提供个性化主页。

有些目的地网站可以根据访问者的需求，为他们设置个性化的主页，用户登录网址就可以看到为他们个人设置的网页：网页通常在上方有一个简单的问候语，如"欢迎你，赵晓雪"；网页呈现的信息栏目是用户最感兴趣的栏目。这通常需要用户回答关于自己的兴趣、喜好及计划等大量问题，这些信息被用于筛选资料以确保在今后有关特别兴趣的内容以醒目的方式展示。

法国旅游局官方网站（cn.franceguide.com）提供"您的收藏夹"，该收藏夹可以根据浏览者的兴趣将相应信息集中放置，从而使访问者下次浏览时不必到处搜寻相关信息，形成一种个性化特色。

（4）发送贺卡的活动。

许多网站向用户提供从站点发送电子贺卡给亲友的机会。用户可选择喜爱的明信片（贺卡上通常是目的地的迷人风景），在"发送方"栏填上自己的姓名和电子邮件地址，在"接收方"填上亲朋好友的姓名和电子邮件地址并附上短信息。贺卡可以两种方式发送：通过电子邮件发送贺卡，其中附带目的地网站的链接；发一个通知让用户登录网站去收取贺卡。电子贺卡是推广目的地网站的有效方法，它为网站带来了更多的访问者，用户的亲朋好友的电子邮件地址也可以进入旅游目的地网站的客户数据库，成为接收目的地信息的对象。

瑞士国家旅游局官方网站（www.myswitzerland.com）提供"电子贺卡"，浏览者可自己选取喜爱的图片，通过电子邮件发送给自己或朋友。不过，该网站的电子贺卡目前还显得比较简单，还不能在图片上排版显示一些个性化的文字信息。

（5）旅游新闻和评论。

由于旅游是个人经历，因此让旅游者写关于他们旅程的短文并在网站上发表让其他人阅读，或者让他们将近期的旅游图片上传到网站是十分有趣的。这些发表游记和评论的游客是旅游目的地的宣传者。当然，其前提是旅游者的旅游经历是愉快的，但情况并不总是这样，因此网站编辑须对旅游者提供的内容进行适当的筛选和修改。我国的大多数旅游网站都开辟了这个栏目。

（6）电子论坛和聊天室。

旅游目的地网站可以开辟电子论坛（采用的技术是"电子公告牌"）或聊天室，提供用户之间聊天或就一些专题进行讨论的场所。网站运营者可以提出一些讨论主题促进用户参与，使板块充满生气。想加入论坛或聊天室的用户要求注册，这是获取用户个人信息的另一个机会。

上海旅游网（www.shanghaitour.net）的BBS论坛包含"你问我答"、"寻找游伴"、"游感而发"、"游程自己排"四个板块，内容丰富而充满生气。香港自由行网站（www.solotour.com.hk）则提供聊天室功能，这项功能在国内旅游网站中并不多见。

（7）意见征求表。

有些旅游目的地网站通过意见征求表来收集旅游者对旅游经历或对网站本身的意见反馈。设计反馈表格是很重要的，应尽量使采集的信息少而有效，网站还应向填写表格的用户致谢或给予适当的答复。

一些简单的调查表可以"自动弹出窗口"的形式出现（当访问网站的特定页面时调查表窗口会自动弹出），也可让用户在注册或注销时回答一些问题，所有信息会自动存入用户数据库。芬兰国家旅游网站（www.finland-tourism.com.cn）在浏览者退出时，自动弹出一个问卷调查表。我国的武夷山旅游网（www.wuyitravel.com）在首页页面上也提供一个比较简单的网上访问调查，并且能及时反馈调查结果。

（8）销售数据库。

许多旅游者通过电话问讯或直接到问讯处获取旅游目的地信息，这也是获取旅游者资料的机会。应对索要宣传资料或进行预订的旅游者进行登记，并输入电脑识别出他们是否已经在客户数据库内。如果还不是，就可以创建新的消费者记录，并在他们回家后跟进电子邮件营销工作。

2. 旅游目的地网站推广策略

对 DMO 建立的互联网站，首要的工作就是吸引旅游者个人和同业旅游企业的访问。站点访问者的数量取决于现有的旅游目的地品牌形象的吸引力、网站推广的力量投入和实施技巧。使旅游目的地网站提高知名度和访问量的方式有以下几点。

（1）与其他网站（电子商务合作伙伴）建立合作关系，交换链接、投入有偿广告或加入搜索引擎；

（2）在每一种旅游目的地的宣传资料和印刷品上都印上网站网址；

（3）通过网上和网下的各种宣传方式提高目的地旅游网站知名度。

与电子商务合作伙伴（传媒公司、电信公司、网络服务提供商、相关网站等）建立合作关系将为目的地旅游网带来大量的访问者。应挑选在主要国内客源市场地区相当活跃并富有成效的电子商务合作伙伴。大部分国际知名旅游网站要在 DMO 网站付费的情况下才与它们建立链接或提供横幅广告（或其他类型的广告）。一些国际旅游组织网站建设成门户网站，提供目的地网站的导航；另外，一些国际知名的搜索引擎，如 Google、Alta Vista 可以免费登录，效果较好。

第三节　旅游企业网络营销策划

一、旅游企业网络营销策划原则

1. 分阶段发展的原则

中小型旅游企业是我国旅游企业的主体。国家旅游局 2001 年旅游统计公报显示全国各类旅游企业达 28.83 万家，其中旅游住宿设施 27.49 万家（包括星级旅馆 0.76 万家，尚未评定星级的饭店 0.41 万家；社会旅馆 8.11 万家，个体旅馆 18.21 万家，旅游星级饭店中客房数在 99 间以下的有 4 504 家，客房数在 500 间以上的仅 94 家）；旅行社 10 532 个（其中国际旅行社 1 310 家，国内旅行社 9 222 家）；主要旅游景点和旅游车船公司等其他旅游企业 1 017 个。建立完全的电子商务网站所需的费用是中小旅游企业无法承担的，因此，可以采用分阶段发展的原则，一般分为以下三个阶段。

第一阶段：部分业务电子化。这一阶段，可选取信息化作用明显、易于实现的经营管理环节率先实现电子化，为企业建立电子商务系统做准备。比较可行的方法是，从业务项目中选择处理量大、需要人员多、手工操作错误率高、有条件实行程序化、标准化和规格化的项目，对业务流程进行程序化、标准化工作，编制相关的程序，通过计算机进行电子化处理。比较合适的项目有财务管理、物资进出管理、客户资源管理、住客基本信息管理等。部分业务电子化后，可以形成运用计算机网络的初始环境，同时也可以将大量繁琐的业务处理工作简化。

第二阶段：电子销售/预订阶段。这个阶段的目标是在部分饭店业务电子化的基础上，建立电子销售/预订系统。这个阶段的企业，不再仅仅满足于将电子化作为提高业务效率的手段，而是要利用网络和电子信息技术辅助企业的市场经营。企业应通过互联网站介绍企业信息和接受预订，在网络上突出特色，利用全球分销系统、预订系统、旅游目的地电子商务系统和第三方网站等渠道实行电子销售，并实施客户关系管理和主动电子营销，提高销售自动化水平和效率。同时，通过日积月累的数据积累，进行交易信息的全程管理和数据挖掘，为智能化决策分析提供条件。通过采纳电子销售/预订措施，饭店的市场开拓能力和竞争能力将得到较大的提高。

第三阶段：全面信息化阶段。这个阶段的目标，是对内实现比较全面的信息化业务流程再造和信息化管理，通过企业管理信息系统及其各专门系统的接口，实现大部分店内信息流、资金流的自动处理和对人员、物资、设备的信息化管理和控制；对外能接受电子预订、支付，与旅游各类企业形成紧密的联系，实现电子协作，按照标准的程序和格式交换产品和供需信息，并且实施电子采购等。当然，全面信息化阶段的实现不仅要基于旅游饭店自身的实力，它与整个旅游行业以致社会经济环境的信息化程序是分不开的。

2．以信息化推动旅游企业组织结构变革的原则

以国际互联网为基础的信息化对旅游企业传统的组织形式带来了很大冲击。信息化使企业组织中信息传递的方式由单向的"一对多式"向双向的"多对多式"转换。"一对多式"单向为主的信息传递方式形成了"金字塔"式的组织结构。这种组织结构是垂直结构，实际上是把企业员工像蛋糕一样切块分割、分层，既造成了部门的分割和层叠，又容易造成官僚主义。企业为适应双向的"多对多式"的信息传递方式，其垂直的阶层结构将演变为水平的结构形式，这将是21世纪旅游企业的组织结构。

这种结构突出表现为两个特点：第一，信息化构建了旅游企业的内部网、数据库，所有部门和其他各方都可以通过网络直接快捷地获得效益，管理人员间相互沟通的机会大大增加，组织结构逐步倾向于分布化和网络化结构；第二，信息化使得中层管理人员获得更多的直接信息，提高了他们在决

策中的作用，从而实现扁平化的组织结构。

企业组织结构变革的另一个显著特征是由集权制向分权制的转变。推行信息化，迫使企业将过去高度集中的决策中心组织逐步改变为适当分散的多中心决策组织。旅游企业的宏观规划、市场预测等经营活动一般通过跨职能、跨部门的多功能型的组织单元来制定。这种由多个组织单元共同参与、共同承担责任，并由共同利益驱动的决策过程使员工的参与感和决策能力得以提高，从而提高了整个企业的决策水平。

二、旅游企业网络营销策划内容

1. 目标定位

旅游企业电子商务网站的建立，首先要确定建立电子商务网站的目的所在，是仅仅建立一个网上的黄页，以树立企业的形象，宣传企业的产品；或是要推广企业的产品及服务，进行简单的电子商务业务；还是建立一个完整的电子商务系统，通过网络开展电子商务业务，并为各种客户提供服务和支持。

携程公司是国内著名的商务旅行服务企业，通过互联网和全国 800 免费电话提供快捷、优惠的订房、订票等旅行综合服务，所属携程旅行网（www.ctrip.com）是国内最大的专业旅游电子商务网站。2000 年 10 月，携程公司全资收购了现代运通商务旅游服务有限公司，并购后的携程公司一举成为国内最大的宾馆分销商，该企业网站的目标是构建中国最大的商务及度假旅行服务公司。

2. 信息内容确定

在网站的目标确定后，如何将网站建成一个对网络消费者富有吸引力的电子商务网站，其网站信息内容的确定是成功的关键，与网站的主题相关的信息内容越丰富，登录上网的浏览者就越多。

携程旅行网在网站信息内容的建设上是经过精心设计的。网站根据主题和目标，围绕和旅游有关的 3C 特色，将内容（旅行指南）、社区（网友咨询和交流）和商务（预订服务）这三者有机地融合在一起，具有特色。该网站的信息内容主要包括以下几个方面。

（1）综合旅游信息：携程旅行网存储了 2 000 余个全国各地的自然人文景观的资料信息，包括饮食、住宿、游玩、购物、娱乐等多个方面；

（2）旅游相关知识：包括旅游新闻、货币兑换、天气预报等信息；

（3）会员自主旅游信息：包括旅游者的倡议、观感、游记和旅游问答等；

（4）与旅游相关的产品和服务信息介绍；

（5）旅游团信息；

（6）自助旅游信息。

3. 客户定位

在网站设计期间应进行充分调研并明确本网站的主要访问者是谁？可以提出这样一个问题："人们为什么要访问我们的站点？"也就是本企业的站点与竞争者相比有什么独特的吸引之处。在进行网站用户定位时，应该对本网站的竞争对象的站点进行深入、细致的分析，看看他们都提供了一些什么样的内容，所针对的访问对象和本网站的客户定位有什么不同，有何特点和不足等。通过分析比较，就能清楚地了解本身的优点和不足，从而做到扬长避短，发挥特色。实际上，对竞争者站点的分析应该贯穿在整个企业站点的建设过程之中，通过全面的分析比较，吸取他们的优点，避免他们的短处。

在进行客户定位时，携程旅行网考虑到自己是一个以旅游为专业方向的电子商务网站，上网的客户肯定是不同层次的旅游者，其地域分布既有中国内地的旅游者、港澳台地区的旅游者，也有世界各地的旅游者。因此，携程旅行网的网页在设计中采用了中文、英文和中文繁体三个不同的版本，以适应不同的上网者选择。同时，携程旅行网在网页中提供了"旅行指南"栏目供客户查阅，提供了网上预订的优惠价格吸引上网者，并开辟了"网上旅游社区"供上网者发表自己的意见，点评景区、旅行社、宾馆、航空公司等。

4. 盈利模式设定

没有利润的企业网站肯定是不能长期维持下去的，因此，盈利模式的设定对网站来说是十分重要的。网站的经营收入目标与企业网站自身的知名度、网站未来的浏览量、网站未来的宣传力度和广告吸引力、上网者的购买行为、对本网站的信赖程度等因素都有着十分密切的关系，因此，企业网站应该根据上述因素的分析来确定本网站的盈利模式。

携程旅行网主要依靠上网者在网上进行旅游节目的预订作为网站运作和盈利的基础。在设计方案中，首先通过预订飞机票和火车票、旅游景点的客房预订和参加旅行团这三个主要产品来获取利润收入；同时以会员制的方式建立网站对旅游景点、旅行社和宾馆的网上展示和广告收费；然后逐步扩展到预订旅游景点的门票、预订餐饮以及旅游纪念品和旅游书籍等。因此，携程旅行网的经营有相当明确的盈利点。

5. 网络预订流程设定

通过电子商务进行并完成网上购物是一个比较复杂的技术流程，但这一复杂的流程应当尽量做到对客户透明，使客户购物操作方便，让客户感到在网上购物与在现实世界中的购物流程没有本质的差别和困难。在很多电子商务网站中，上网者同样可以找到"购物车"、"收银台"、"会员俱乐部"这样熟悉的词汇，实际上其中每一个概念的实现背后都隐藏着复杂的技术细节。但是，一个好的电子商务网站必须做到：不论购物流程在网站的内部操作是多么复杂，其面对用户的界面必须是简单和操作方便的。

6. 客户付款方式设定

企业网站向客户提供的可供选择的支付方式当然是越多越好，这是因为网站面对的是各种各样的网上客户，每一种支持方式都有一定的客户覆盖率；另外，每一种支持方式均有其不同的转账周期。

携程旅行网的客户可以选择采用网上支付和网下付款两种方式。对采用网上支付的客户，携程旅行网推出可使用多种国内外的信用卡支付的网上支付系统。目前，该网站已经与中国银行、上海市金卡工程、Visa、Master Card、JCB、American Express 以及 Diners Club 等分别签署了信用卡受理协议。如果客户选择在网下支付的方式，则可采用通过银行电汇、邮汇及现金付款的方式等，十分方便。

7. 网络广告促销计划

网上的广告收入是每一个企业网站盈利的重要部分，同时也是在网上树立本企业良好形象的必要手段，因此，制定网站的广告宣传策略和促销计划是必需的。企业网站在建立后，若要留住原有的上网者，吸引更多的新上网者，广告是不可缺少的，因此，企业网站要针对本网站的业务特点和客户群设计独立的网络广告促销推广计划。

三、旅游企业网络营销方法策划

1. 网站推广策略

对于大多数企业网站来说，在搜索引擎站点上进行注册一直都是网站推广的最重要的活动。近年来，随着 WEB 的急剧发展，全球的 WEB 站点已经达到惊人的规模，仅搜索引擎和目录站点就已经达到数千个之多。因此，网站推广者必须学会注册搜索引擎，到更多的搜索引擎站点去注册。

在某种程度上，网站链接相对于搜索引擎能够更迅速、更有效地吸引访问者，扩大影响力。通常每一个行业都会有一个或几个访问量较大的权威性网站，旅游业也是如此。如：中国旅游网、搜狐等综合性网站的旅游频道。通过这样的网站加入链接，能够比较准确地圈定访问者的类型，同时，一些旅游行业协会也能提供热门链接。

如果说在线推广可以使网站提升知名度，那么离线广告则可以塑造网站的品牌形象。离线广告宣传其实就是运用传统大众媒体来推广网站，以及在名片、宣传册、信笺等一切旅游者能够看到的载体上印上网址。

另外，也可以在热门网站上发布广告，以及通过邮件列表来推广。

2. 网络营销吸引策略

英特尔前总裁安德鲁·葛洛夫说："整个世界将会展开争夺眼球的战役，谁能吸引更多的注意力，谁就能成为21世纪的主宰者。"

互联网改变了公司与顾客之间的沟通性质，过去，广告内容由传统广告商设计，在网络上，信息则由消费者选择；过去，信息从卖方向买方单方向流动，在互联网上，信息向相反的方向流动。为此，企业要利用难以模仿的吸引工具，形成自己的竞争优势，这也是旅游网络营销成功的关键因素。独具特色的吸引工具包括：娱乐园、网上俱乐部、免费电子邮箱和网络礼品等。

许多网站利用游戏等娱乐活动去推销产品，强化企业形象。由于这些网站向访问者提出不同程度的挑战，他们可能在创造一种体验，这种网络体验具有强烈的互动性、娱乐性和挑战性，通过这种吸引工具能够赢得大量的潜在旅游者，从而创造和强化充满活力的、有趣的和友好的企业形象。e龙旅游网的"游戏天地"提供了许多用flash制作的网络小游戏，从而吸引一批稳定的潜在旅游者。

人们需要成为某个群体的一员，并对其他人的关系感到满意。对于一些人来说，一个网上俱乐部能够满足这种要求。网上俱乐部是个能够与朋友以及志趣相投的人相聚的地方。网上俱乐部是个电子社区，它是自互联网建立以来的一个主要特征。来访者一般必须先注册成为会员，在进入网上俱乐部后，他们常常扮演电子化的人物形象。网上俱乐部吸引人的原因是它们的互动性和娱乐性。这类吸引工具能够提高对公司的忠诚度，强化顾客回馈，并且通过"会员互助"来改善服务。如携程网的"社区"、"VIP专区"，华夏旅游网的"社区"、"交友"等，e龙旅游网的"交友俱乐部"甚至提供了比专业交友网站内容更丰富的功能，这对潜在旅游者的吸引力是非常大的。

免费几乎总能引起注意。网上的免费礼物包括数字资料，如软件（如荧幕保护程序及工具）、照片、数字绘画、研究报告以及非数字礼物（如T恤）。多数情况下，礼品是作为对参与对话（如统计资料收集）的补偿。如中国旅游网提供了很多旅游统计数据，芬兰的旅游网站上提供了许多非常有特色的数字图片，华夏旅游网上的"摄影天地"栏目提供了许多风景图片等。

本 章 小 结

（1）旅游网络营销是指旅游业通过各种形式的网络来分析、计划、执行和控制关于旅游商品、服务和创意的观念、定价、促销和分销，以创造能符合个人和组织目标的交换的管理过程。

（2）旅游网络营销的特点是个性化、低成本和无形化。

（3）旅游目的地网络营销策划原则包括政府主导原则、强化目的地整体形象原则、与行业管理目标相结合原则；旅游目的地网络营销策划内容包括目标定位、信息内容确定、预算决策；旅游目的地网络营销策划方法是整合沟通策略和网站推广策略。

（4）旅游企业网络营销策划原则包括分阶段发展的原则和以信息化推动企业组织结构变革的原则；旅游企业网络营销策划内容包括目标定位、信息内容确定、客户定位、盈利模式设定、网络预订流程设定、客户付款方式设定和网络广告促销计划；旅游企业网络营销策划方法包括网站推广策略和网络营销吸引策略。

思 考 题

1. 查询中国旅游网，了解"金旅工程"的具体内容。

2. 试对我国旅游网络营销发展现状进行简要评析。

3. 分析因特网出现后 GDS 面临的挑战。

4. 简述旅游目的地网络营销中的政府主导战略。

5. 分析政府主导的旅游目的地网站如何解决建立和维护费用问题。

6. 分析旅游企业网站如何解决盈利问题。

7. "海南三亚旅游目的地信息——管理系统构想"会发生目的地营销功能和旅游企业管理功能的冲突吗？如果会，如何解决？

8. 旅游企业网络营销为何需要分阶段发展的原则？

☞ **案例**

陪伴旅游者走天涯——华夏旅游网

1. 网站概况

网上旅游，简单的理解就是通过互联网获得旅游信息，预订旅行团、旅游线路、宾馆、航班来安排旅游。目前，基本上有两种应用功能：一个功能是预览，就是通过互联网了解目的地信息，如景点、食宿和交通等情况；另一个功能是预订，你可以在家里在线预订旅游机票、火车票，甚至目的地的酒店，也可以参加一些旅行社组织的旅游团，还可以根据自己的要求安排旅行计划等。网上旅游迅速发展，原因是其市场前景诱人。

从 2000 年初开始，互联网中的旅游专业网站相继进入扩张期。目前，全国已有该类网站 200 300 家，而且仍有增加之势。据统计，2000 年全球整个电子商务交易额是 1 400 亿美元，旅游占 20%，这无疑是一个较大的份额。更重要的是，这 5 年来，电子商务交易额中旅游占的份额基本上按 350% 的速度增长。新浪、搜狐、网易等国内著名网站都相继建立了自己的旅游栏目；香港的互联网巨头 Tom.com 公司也斥巨资投入华夏旅游网开拓网上旅游市场。

在目前国内众多的旅游电子商务网站中，华夏旅游网以丰富的旅游资讯、优惠的预订价格深深吸引着上网者。华夏旅游网（www.ctn.com.cn）（如图 12-3 所示）成立于 1997 年 10 月，由中国国际旅行社总社、广东新太信息产业有限公司以及华达康投资控股有限公司联合投资组建，现已成为中国目前旅游资讯最丰富、服务功能较完善的旅游电子商务专业网站，丰富易查的旅游资讯是其最大特色。2000 年 1 月 CNNIC 的调查结果显示，华夏旅游网以其丰富的内容、良好的交易功能和灵活的互动性在中国互联网优秀网站大赛中被评为生活与服务类网站第三名，旅游网站第一名。为进一步开拓国际市场，华夏旅游网络有限公司与李嘉诚先生旗下的香港和记黄埔、长江实业结成战略联盟，成立 iTravel 公司，并成为超级网站 Tom. com 在中国网络旅游业的独家合作伙伴。

2．设计思想和方法

（1）旅游资讯设计。

据调查，丰富易查的旅游资讯是华夏旅游网的最大特色，也是其成功的首要因素。在华夏旅游网，上网者既可以用"望远镜"大致了解国内和十几个国家的旅游信息，如景点地图、景点介绍、气候状况等，又可以用"显微镜"详细了解某一具体旅游点的旅游资讯，如交通信息、服务机构、风俗民情，以及专设的都市旅游频道等。华夏旅游网通过以下栏目为上网用户提供旅游资讯服务（如图 12-4 所示）。

锦绣中华：分别从景点介绍、景点地图、导游指点、交通信息、消费指南、气候温度、风味特产、服务机构、风俗民情等多个方面详细介绍国内景

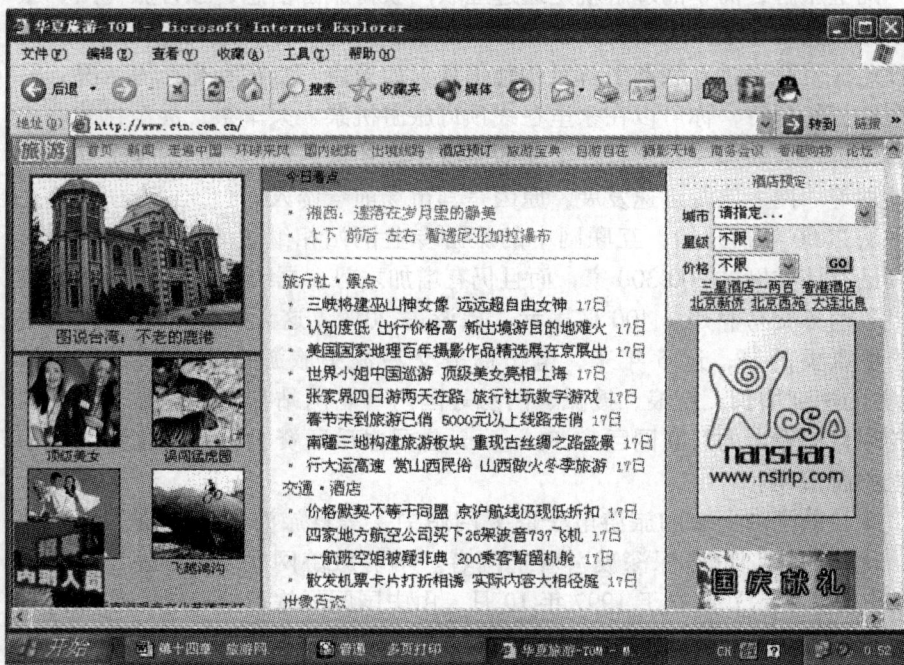

图 12-3　华夏旅游网站界面

点。现已建成黄山、西双版纳风情、九华山、黄果树、九寨沟、武夷山、张家界、海南、云南、山西等 22 个国内著名风景区、旅游城市的专门站点。

环球之旅：提供出境旅游报名须知及程序、线路推荐、气候状况以及当地的吃、住、行、游、购、娱等各方面的实用资讯。目前提供我国香港和澳门地区、韩国、新加坡、马来西亚、印度尼西亚、泰国、法国、德国、澳大利亚、新西兰、美国等十几个地域国家的旅游信息。

旅游超市：是针对上网用户的 B2C 交易平台，提供一站式旅游产品预订服务，旅游者可在线预订机票、火车票、船票、酒店、旅游线路、旅行用品和旅游书籍等。

网上旅游交易会：是针对旅游企业的 B2B 旅游交易平台，旅行社、航空公司和酒店等旅游相关企业可通过此交易平台开展信息沟通、寻找合作伙伴。

主题旅游：华夏旅游网专设探险旅游、宗教旅游、生态旅游、文化旅游四个主题旅游项目。

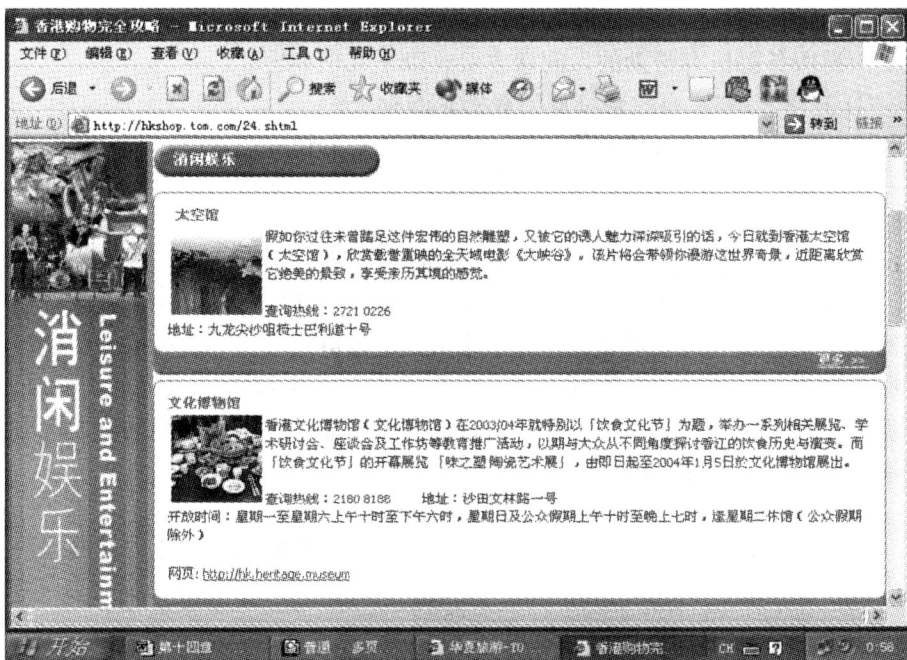

图 12-4　华夏旅游网

旅游黄页：分类收集了国内上万家旅游企业和旅游相关企业的资料，是目前国内最强大的旅游数据库查询系统。可以提供两项内容的检索：一是各省的旅游资讯检索，包括饭店、旅行社、景点、交通、餐饮、购物等方面的内容；二是全国各地旅行社信息查询，以及餐饮、交通、景点、购物、游船等信息的查询。

旅游百科：介绍旅游实用知识，主要有游前先知、衣着装备、交通住宿、旅游保健、饮食购物、法律看台、专家指导、案例评析等。

交通信息：在此可查询国内航班、国际航班、国内列车时刻、国际列车、国际班轮信息。

网上交流：开设有自助探险、旅游摄影发烧友、出门找个伴、旅游投诉台、乡土文化点评五大专栏。

另外，华夏旅游网链接了国内绝大多数旅游类网站，并提供易用的搜索引擎系统，这使网站信息更丰富、更有序。

（2）用户注册和服务设计。

与其他网站不同的是，为提供个性化的网上旅游服务，华夏旅游网在用户注册之初即开展问卷调查。问卷题目不多，但这对华夏旅游网开展有效的网上旅游服务是极有帮助的。问卷主要有以下几项内容。

① 您对于旅游（旅行）（旅游级别）的看法？

喜欢旅游、有机会就去外地玩；经常出差、顺便在当地游玩；对旅游感兴趣、计划利用长假去玩；没时间出远门、但经常在城市周边景点玩；偶尔为之。

② 您比较倾向到哪儿旅游（旅游倾向）？

风光优美的自然风景区，如九寨沟、张家界、武夷山等；历史文化气息浓郁的历史名城、人文景观，如古都洛阳、秦始皇兵马俑等；体验独特民族风情，如西双版纳、吐鲁番等；现代化程度高的大中城市，如北京、上海、大连等；参加主题旅游，如宗教之旅、王朝之旅等；喜欢运动和刺激，愿意参加探险旅游、体育旅游等。

③ 您一般采取哪种方式旅游（旅游方式）？

报名参加旅行团；自己安排行程；怎样都行；方便为主；想尝试网上与陌生人结伴出游。

④ 近期想旅游的旅游地或城市？

⑤ 请将下列旅游因素按您的关心程度排列顺序：

费用开销；交通方便；食宿舒适；风景秀丽；吃得美味；特色购物。

⑥ 您每年到外地出差办事的频率是？

每月几次；每月1次；几个月1次；每年1～2次；从不出差。

⑦ 您经常出差的城市主要有哪几个？

⑧ 您外出旅游或出差时通常会住在：

四星级以上酒店；三星级以下宾馆；服务设施较好的旅社；经济型招待所。

（3）专设都市旅游频道。

华夏旅游网专设的都市旅游频道提供了北京、上海、广州等大城市详细的旅游资讯，这对旅游者来说极具吸引力。目前华夏旅游网已完成了"休闲北京"频道的设计。"休闲北京"频道主要有三项内容：一是四个专栏，二是旅游新闻，三是北京旅游娱乐的查询系统。四个专栏为京城博览、上山下乡、吃喝玩乐、自游人生。京城博览介绍了世界遗产、皇家园林、宗教圣地、主题公园、北京胡同等北京最有特色的旅游景点；上山下乡则介绍百花山、白龙潭、黑龙潭、红螺寺、石花洞、雁栖湖、金海湖、龙庆峡、十渡、京东大溶洞、京东大峡谷、京东第一瀑、康西草原等山水景点；而吃喝玩乐则详细介绍北京的美味佳肴、酒吧咖啡馆、迪厅、购物逛街、休闲健身娱乐设施及住宿的宾馆酒店等（如图 12-5 所示）。

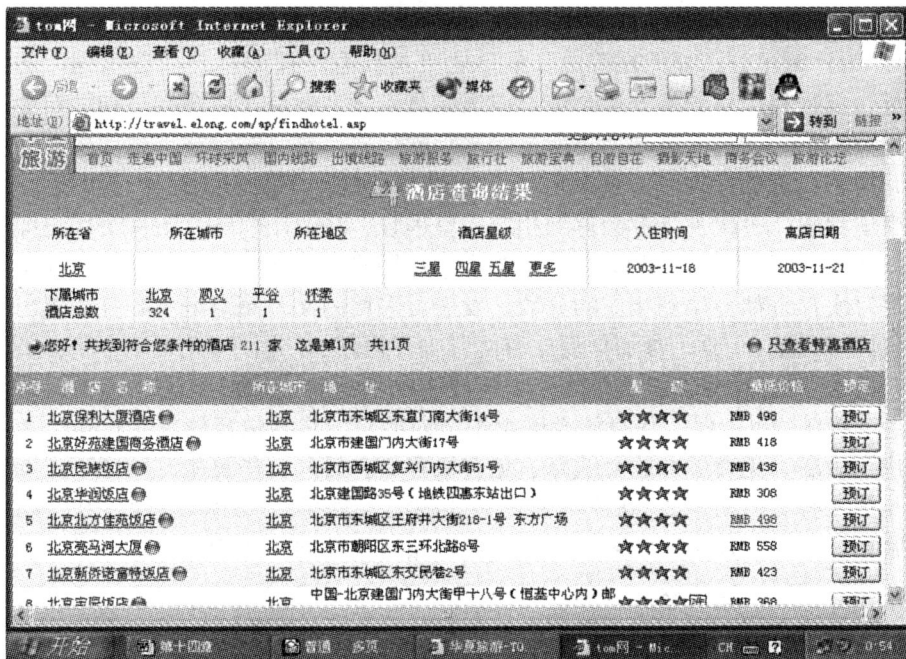

图 12-5　华夏旅游网

（4）强大的搜索引擎。

华夏旅游网非常重视查询功能的开发和完善，专设搜索引擎频道，链接了国内绝大多数旅游网站，用户可以通过关键词或主题查询旅游信息。

3. 收入模式

华夏旅游网的收入主要包括两个方面：一是 B2B 收入，也就是为旅行社、宾馆、旅游景点、航空公司等企业提供信息发布、广告等服务的收入，现有约 3 000 家旅行社、饭店和游船公司的销售部门已进网交易；二是 B2C 收入，也就是提供在线旅游预订，包括旅游线路预订、网上订房、订国际国内机票、长江游船票、国际游轮票、国际列车票等服务的收入。目前华夏旅游网的在线预订服务是通过代理商开展的，如宾馆预订即是与北京百德勤订房中心合作进行的，用户可以用 3～7 折的价格预订全国各地 100 多个城市的千余家酒店。

4. 华夏旅游网和携程旅行网的比较

（1）奖励和优惠比较。

网上旅游服务的关键在于优惠和奖励。华夏旅游网和携程旅行网的奖励措施各具特色。携程旅游网采用携程里程为记价单位，华夏旅游网采用"分"为计量单位，显然携程的计量单位更具新意。按用户"携程里程"的数量，携程将用户分为普通会员、白银会员、黄金会员、白金会员和钻石会员五种类型，会员等级越高，享受的奖励就越多，预订的价格也越优惠。另外，携程会员每发表一条点评可得 2 公里里程数，每发表一篇游记可得 10公里里程数，每次预订都会得到相应的里程数，注册用户每介绍一个用户即可以获得 20 公里携程里程。华夏旅游网在用户注册时提供 1 000 分奖励，用户每次预订都会得到相应的分数。发表可采用的文章每篇记 100 分，提出建设性意见记 50 分，参加华夏旅游网调查可得到 50 分，每介绍 1 个新会员入会得 50 分，积分达 2 000 分，华夏旅游网赠送精美旅游纪念品一份，积分达 2 000 分以上时，华夏旅游网组织定期抽奖，奖品包括精美旅行包、免费住宿酒店、免费参加旅游线路、免费机票等。另外，华夏旅游网还不定期举办各项有奖活动，如 2000 年 3 月举办游记大奖赛，凡参加者即可获得精美旅行包，每周评奖。华夏旅游网和携程旅行网都向注册用户提供会员卡。

（2）网站定位比较。

华夏旅游网的定位为"旅游者休闲最佳朋友"，其宗旨是"旅游业的助手，旅行者的朋友"，目标为"亚太地区最大的旅游专业网站"，口号为"伴您走遍天涯"。携程旅行网将其网站综合定义为四种角色，即一站、一社、一区、一部。一站：即携程网站，一方面立足国内，是"中国人的旅行网站"；另一方面服务来华外国旅客，成为"中国的旅行网站"。一社：即建立虚拟网上旅行社，在网上提供吃、住、行、游、购、娱六个方面全方位的产品，提供订票、订房、订餐、订旅游路线服务。一区：携程旅行网的旅游社区为用户发表点评、相互交流提供场所。一部：就是携程网友俱乐部。

（3）旅游信息设计比较。

华夏旅游网通过专设的锦绣中华频道，分别从景点介绍、景点地图、导游指点、交通信息、消费指南、气候特点、风味特产、服务机构、风俗民情等多个方面详细介绍国内景点，并分别建成黄山、西双版纳风情等 22 个国内著名风景区、旅游城市的专门站点。此外还设立专供查询的旅游黄页频道，分类收集了国内上万家旅游企业和旅游相关企业的资料，是目前国内最强大的旅游数据库查询系统。相比较而言，华夏旅游网的旅游信息服务功能更为全面。

5. 网站前景

我国正在从旅游资源大国转变为亚洲旅游大国，今后的 20 年还将要实现从亚洲旅游大国向世界旅游强国的跨越。

由于旅游电子商务不仅可以打破地域限制，而且可以最大限度地将各种旅游资源以最经济的方式结合在一起，同时，无店铺经营也有助于降低成本，使旅游资源的所有者和消费者都得到益处，因而网上旅游的价格更有竞争力。据调查，目前在网上预订酒店，一般可以打3～7折，网上订票可以打7～9折，网上组团的价格也比网下旅行社便宜。事实上，旅游业不涉及目前最复杂费力的物流配送问题，这也是它相对于其他行业的电子商务更容易发展的优势所在。

作为国内建设最早、规模最大的旅游网站，华夏旅游网有效挖掘自身资源，已拥有相当的优势，包括丰富的网上旅游信息、有效的预订设计等，现又成为香港著名网站 Tom.com 在中国网络旅游业的独家合作伙伴，预计华夏旅游网有望在国内竞争激烈的互联网市场上继续保持其网络旅游业的领先地位。

问　　题：

1. 指出该网站的目标定位。
2. 指出该网站的客户定位，并分析原因。
3. 指出该网站的盈利模式，并分析其合理性。

后　记

目前各高校旅游管理专业大都开设了"旅游市场营销学"这门课程，而且编写的教材也不少，但从结构和内容体系来看，基本上是大同小异，有明显创新和鲜明特色的教材凤毛麟角。根据国家教育部所确定的工商管理类九门核心课程，"市场营销学"位居其中，而作为旅游管理专业的专业课程，"旅游市场营销学"却只能作为选修课程。在教学实践中，"旅游市场营销学"与"市场营销学"两门课程在内容体系上多有重复之处。为了解决这个问题，我们将"旅游市场营销学"课程调整为"旅游营销策划理论与实务"，新课程更加强调业务内容的操作性和应用性，凸显专业课程的实践性特色。

本教材正是基于这一课程的调整和教学理念的更新而编写的。熊元斌（武汉大学）任主编，吴恒（武汉大学）、熊凯（江汉大学）和李帅男（武汉大学）、任副主编。编写组成员还有吴传清（武汉大学）、曾凡涛（武汉大学）、邹蓉（中南财经政法大学）和王娟（武汉大学）。具体分工是：熊元斌负责编写教材提纲、审稿和统稿，以及撰写第 1、2 章；邹蓉撰写第 3 章；吴传清撰写第 4 章；吴恒撰写第 5、6、8 章；熊凯撰写第 7、11 章；王娟撰写第 9 章；李帅男撰写第 10 章；曾凡涛撰写第 12 章。

本书是目前国内第一本关于旅游营销策划方面的探索性教材，主要由三所高校的青年教师编撰而成。由于实践方面的局限性及编者水平有限，本书肯定存在某些缺陷、不当，甚至谬误之处，恳请专家、学者及广大读者批评指正。

本书在编写过程中参考了国内外许多学者的论著或研究成果，在此一并致以衷心的感谢。

本书的出版得到了武汉大学出版社的大力支持，责任编辑路小静女士为本书的出版花费了大量心血，在此深表谢意！

编　者

参 考 文 献

著述

1. 张冬梅著. 市场营销策划. 青岛：青岛海洋大学出版社，1998

2. 陈放，谢弓著. 营销策划学. 北京：时事出版社，2000

3. 胡其辉. 市场营销策划. 大连：东北财经大学出版社，1999

4. 冯健民. 营销八段——营销策划操典. 广州：广东经济出版社，2000

5. 雷鸣雏. 顶尖策划——中国企业著名策划全案. 北京：企业管理出版社，2000

6. 张光忠. 营销策划. 北京：中国财政经济出版社，2001

7. 蒋三庚著. 旅游策划. 北京：首都经贸大学出版社，2002

8. 李蕾蕾著. 旅游地形象策划：理论与实务. 北京：广东旅游出版社，1999

9. 仇保兴. 地区形象建设理论与实践. 北京：人民出版社，1996

10. 马志强. 区域形象：现代区域发展的品牌和魅力. 哈尔滨：黑龙江人民出版社，2002

11. 王成. 企业最优形象定位. 北京：中国经济出版社，2002

12. 饶德江. CI 原理与实务. 武汉：武汉大学出版社，2003

13. 刘德光. 旅游市场营销学. 北京：旅游教育出版社，2002

14. 林南枝，李天元. 旅游学. 天津：南开大学出版社，1997

15. 吴必虎. 中国国内旅游客源市场系统研究. 上海：华东师范大学出版社，1999

16. 菲利普·科特勒，俞利军译. 市场营销——marketing：introduction. 北京：华夏出版社，2003

17. 苏珊. 现代策划学. 北京：中共中央党校出版社，2002

18. 维克多·密德尔敦. 旅游营销学. 北京：中国旅游出版社，2001

19. 李天元. 饭店与旅游服务业市场营销. 北京：中国旅游出版社，

2002

20．宋刚等．旅游市场营销．北京：首都经济贸易大学出版社，1999

21．徐德宽，王平．现代旅游市场营销学．青岛：青岛出版社，2001

22．苟自钧．旅游市场营销学．郑州：郑州大学出版社，2002

23．吴广孝．旅游商品开发实务．上海：复旦大学出版社，2000

24．马勇，王春雷．旅游市场营销管理．广州：广东旅游出版社，2002

25．赵西萍主编．旅游市场营销学．北京：高等教育出版社，1998

26．Ronald A．Nykie 著．饭店与旅游服务业市场营销．北京：中国旅游出版社，2001

27．尼尔·沃思著．饭店营销学．北京：中国旅游出版社，2001

28．林淼．中国旅游价格．北京：中国物价出版社，2002

29．张俐俐．中外旅游业经营管理案例．北京：旅游教育出版社，2000

30．赵西萍．旅游市场营销学．北京：高等教育出版社，1998

31．宋刚．旅游市场营销：理论·实务·案例．北京：首都经济贸易大学出版社，1999

32．吕和发，任林静．旅游促销概论．北京：旅游教育出版社，2002

33．吴广孝．旅游广告实务．上海：复旦大学出版社，2000

34．Milton T．Astroff，James R．Abbey 著，宿荣江主译．会展管理与服务（第五版）．北京：中国旅游出版社，2002

35．向洪主编．会展资本．北京：中国水利水电出版社，2003

36．熊元斌著．中国转型时期的市场秩序与市场管理．武汉：武汉出版社，2003

37．张广瑞，魏小安，刘德谦．2000～2002 年中国旅游发展：分析与预测．北京：社会科学文献出版社，2002

38．李江风．旅游信息系统概论．武汉：武汉大学出版社，2003

39．巫宁，杨路明．旅游电子商务理论与实务．北京：中国旅游出版社，2003

40．刘伟．策划公关新视野．成都：西南财经大学出版社，1998

41．格伦·布鲁姆，艾伦·森特，斯科特·卡特里普著，明安香译．有效的公共关系．北京：华夏出版社，2002

42．谢尔·霍兹，吴白雪，杨楠译．网上公共关系．上海：复旦大学出版社，2001

43．郭芳芳．营销公关策划．上海：上海财经大学出版社，1996

44．李洁．旅游公共关系．昆明：云南大学出版社，2001

45．牛海鹏．销售通路管理．北京：企业管理出版社，1999

46．屈云波．营销企划实务．北京：企业管理出版社，1998

47．伯特·罗森布罗姆著，李乃和，奚俊芳等译．营销渠道管理．北京：机械工业出版社，2003

48．徐蔚琴，谢国娥，曾自信．营销渠道管理．北京：电子工业出版社，2001

49．冯若梅，黄文波．旅游业营销．北京：企业管理出版社，1999

论文

1．郭剑英．需求价格弹性在餐饮定价中的应用．见：扬州大学烹饪学报，2002（1）

2．向荣．对旅游业发展中资金来源的几点思考．见：价格理论与实践，2001（12）

3．戴光全，保继刚．西方事件及事件旅游研究的概念、内容、方法与启发（上）．见：旅游学刊，2003（5）

4．罗秋菊．事件旅游研究初探．见：江西社会科学，2002（9）

5．市场化运作大型文体节庆活动研究课题组．大型文体节庆活动市场化运作行吗．见：上海综合经济，1999（8）

6．吴必虎．中国城市居民旅游目的地选择行为研究．见：地理学报，1997（2）

7．吴必虎．国内旅游者人口学特征研究．见：中国人口科学，1996（4）

8．顾宇红．韩国旅华客源市场的开发．见：旅游学刊，1996（6）